人文社会科学经典文库

Classic Library of Humanities and Social Sciences

全球华语的理论建构与实证研究

QUANQIU HUAYU DE LILUN JIANGOU YU SHIZHENG YANJIU

刁晏斌/著

东北师范大学出版社
·长春·

图书在版编目（CIP）数据

全球华语的理论建构与实证研究/刁晏斌著. —长春：东北师范大学出版社，2024.4
ISBN 978 - 7 - 5771 - 0016 - 6

Ⅰ.①全… Ⅱ.①刁… Ⅲ.①汉语—语言学—研究 Ⅳ.①H1

中国版本图书馆 CIP 数据核字（2022）第 256014 号

□责任编辑：吴应明　□封面设计：张　然
□责任校对：陈国良　□责任印制：侯建军

东北师范大学出版社出版发行
长春净月经济开发区金宝街 118 号（邮政编码：130117）
电话：0431—84568147
网址：http：//www.nenup.com
东北师范大学音像出版社制版
吉林省良原印业有限公司印装
长春市净月小合台工业区（邮政编码：130117）
2024 年 4 月第 1 版　2024 年 4 月第 1 次印刷
幅面尺寸：170mm×240mm　印张：20.25　字数：372 千

定价：78.00 元

前　言

本人对全球华语的研究，断断续续持续了二十多年时间，其间经历了三个不同的阶段，如果套用现在比较时髦的表达方式，就是先后有 1.0、2.0 与 3.0 这样三个不同的版本。

先说 1.0 版本。我的相关研究是从海峡两岸词汇对比开始的，最早可以从《大陆台湾词语的差别及造成原因》一文（《文史杂志》1994 年第 2 期）的发表算起，至今已有二十八年时间了。在此后的五六年间，陆续发表了一些文章，主要是词汇方面的，兼及语法及表达方式等，并且在 2000 年出版了一部有书评说是国内外第一本的专著《差异与融合——海峡两岸语言应用对比》（江西教育出版社）。如果说此期研究有什么特点的话，本人愿意用"两方并存"和"三者兼顾"来表达：前者指的是不仅研究两岸之间的差异，同时也关注与研究两岸之间的融合，后来我们把这一思想归纳、固化为"两翼模式"；后者则是指研究主要立足但不限于词汇、语法与表达方式三个方面，上述《差异与融合——海峡两岸语言应用对比》一书就是这三个方面各立一章。随着该书的出版，本人这方面的研究进入了差不多十年的"空窗期"。

再说 2.0 版本。本人在《海峡两岸及港澳地区现代汉语差异与融合研究》一书（商务印书馆 2015 年版）的"后记"中，对与相关研究"再续前缘"的过程及原因作过简要叙述：

当我再一次把目光转向这一研究领域时，已经是进入 21 世纪十年以后的 2010 年了。此时，手头的各类科研项目基本都已完成，于是开始琢磨申报新的国家社科基金课题。在当年的课题指南中，有一个"海峡两岸暨香港、澳门现代汉语语音、词汇、语法对比研究"，比较来比较去，这是唯一一个与我曾经做过的工作关联度最大、因而有较好基础和较多前期成果的研究方向，于是就在这个选题下设计确定了"海峡两岸暨香港、澳门现代汉语差异与融合研究"这样一个题目。

随着这一选题的获批立项，本人开始"重操旧业"。当然，这并不是简单地回到从前。从"海峡两岸"到"海峡两岸暨香港、澳门",随着研究范围的扩大,必然涉及不同对象之间的比较,其相互关系的消长变化,以及与之有更高适配度的理论与方法等。在上述十年的空窗期中,本人把主要精力用于"现代汉语史"的建构以及相关的研究,此时自然会用现代汉语史的眼光来审视新的研究对象。我们把整个研究纳入现代汉语史的体系之中,认为两岸及港澳现代汉语的诸多差异是早期国语在不同地区、不同社会条件下分化与发展变化的结果,并由此构成了现代汉语史的两条不同路径与线索,而它们在一定程度上的融合则是在新的历史条件下进入新的发展阶段后的必然表现。此外,我们还在理论的阐发与方法的归纳方面有意识地进行了一些探索,这些基本都在作为结项成果的《海峡两岸及港澳地区现代汉语差异与融合研究》一书中有所反映。

最后说3.0版本。

如果说有什么显性标志的话,我愿意提及拙作《从"华人社区"到"全球华语社区"——两岸四地语言差异与融合研究观念的演进》,本文发表于《云南师范大学学报》2012年第2期,当年的《新华文摘》第22期几乎作了全文摘引。这里的"演进"既是学术界的表现,更是个人的写照。其实,在此之前,我们就有意识地把两岸及港澳现代汉语的对比研究扩展到全球华语的视野下和范围内。如果说,从1.0版本到2.0版本的进步主要表现在研究范围的扩大和内容的增多以及理论性的加强,那么3.0版本则更多地体现在观念的转变与"层次"的提高。简言之,就是把相关研究纳入全球华语的实证研究和理论建构之中,进行二者合一的探寻与求索。至于相关的思考、探索以及具体的收获,都将在本书中得到反映。

另外,在我们进行相关研究时,有两个平台对我们助力甚多:一是2013年成立的"北京师范大学全球华语比较研究中心",二是2014年与德国高端出版机构德古意特出版社合作创办的中英双语国际学术期刊《Global Chinese》(《全球华语》),并于2015年正式出刊,至今已经是第八个年头了。

说完三个版本,就该说到本书了。

本书名为《全球华语的理论建构与实证研究》,无疑包含了两项内容:一是"理论建构",二是"实证研究"。说实在话,这两个方面与其说是作者对本书内容的说明和规定,不如说是我们对当下全球华语研究内容的认定与期许。我们认为,全球华语研究可以而且应该首先从这两个方面或维度展开,而我们所做的,充其量仅仅算是一个起步的工作。

其实，就个人的兴趣和能力来说，可能更长于语言材料的处理以及相关的作业，而这大致属于上述"实证研究"的范畴。然而，就全球华语的研究来说，我们觉得，当下实证研究方面固然犹有所待，但是更加不足和急需的，却是理论建构，所以本人才不揣简陋地"扬短避长"，选择以"理论"为本书的主攻方面和主打内容。至于实证部分，基本只是在别人和自己已有研究的基础之上，再向前迈进一小步，即由海峡两岸的对比扩大到更广阔一些的范围，或者是由普通话圈及于国/华语圈。

至于理论方面，虽然也谈不上有什么特别重要的建树，但是至少在以下几个方面可能还有一些意义和价值：

其一是提出并讨论了"全球华语学"的概念。对全球华语的学科建设而言，这可能是一个比较重要的概念。我们虽然早在几年前就已经提出这个概念，但是一直没有进行比较全面的论证与说明，具体原因主要是思考得还不成熟。直到五年前，我们才在《语言战略研究》2017年第4期刊发《试论建立"全球华语学"的可能性与必要性》一文，算是初步论证了这一概念。但是，限于篇幅，似乎并没有把所有的话都说完，更多的话和更加完整的表述是在本书中完成的。

其二是提出并讨论了"全球华语史"的概念。前边提到，我本人在长达十年的空窗期中，把主要精力投入现代汉语史的建构与研究之中，"全球华语史"概念正是由后者合理迁移而来，而这一概念的提出，也使我们得以重新认识和定位前者，并由此而给它带来了新的内涵。我们提出全球华语史，一方面是考虑到学科的发展与平衡，另一方面则呼吁与强调人们加强几乎还处于空白的全球华语的历史，即其形成以及发展变化的研究，从而使整个全球华语的研究在共时与历时这两个维度上获得均衡的发展。

其三是梳理了一些既有结论与认识，斟酌损益，最终给出我们自己的意见和建议，而这在某些方面可能拓展了已有的研究领域、观念和认识。比如，我们首先建立了一个全球华语的概念指称系统，对其历史与现实的基础进行了新的界定，对其研究内容进行了较为细致的划分。另外，也从我们自己的角度提出一些新的思想，比如对全球华语及其研究的几个重要理论基础进行了阐述，在几个重要的视角下，对其理论内涵及研究内容等进行了相对比较深入、全面的讨论，等等。

客观地说，我们是想通过以上方面的思考与探索来参与全球华语及全球华语学的顶层设计，因为我们认为这在眼下是当务之急，至于做得怎样，只能由读者诸君评鉴与批评了。这里想要说的是，在未来的一段时间里，我们的相关思考与探索不会停止，或许还会向着这一研究的4.0甚至5.0版本迈进。

就"实证研究"部分而言，目前的总体情况是差异研究多而融合研究少，所以后者应该是今后一段时间内的一个重要研究方向。为了体现和反映这一点，书后附录本书作者的两篇旧文，它们虽然仅以海峡两岸语言融合为考察和讨论对象，但是其所梳理的事实与总结的规律，应该也在较大程度上适用于观察和讨论全球华语的融合问题。

作　者

2022年6月24日于大连

目　录

第一章　全球华语与全球华语学 ……………………………………… 1
　第一节　全球华人共同语的称名问题 …………………………………… 1
　第二节　全球华语的基础及内涵 ………………………………………… 23
　第三节　全球华语学 ……………………………………………………… 41

第二章　全球华语研究的新思维 ……………………………………… 60
　第一节　全球华语的几个观察视角 ……………………………………… 60
　第二节　全球华语的研究视域 …………………………………………… 72
　第三节　全球华语的研究内容 …………………………………………… 93

第三章　全球华语的历时发展及其研究 …………………………… 106
　第一节　传统国语概述 …………………………………………………… 106
　第二节　全球华语的源流及其发展 ……………………………………… 118
　第三节　国语圈与华语圈的共性考察 …………………………………… 149
　第四节　全球华语史及其研究 …………………………………………… 160

第四章　全球华语各变体之间的差异 ……………………………… 170
　第一节　各变体之间的差异及其表现 …………………………………… 170
　第二节　词汇差异实证研究 ……………………………………………… 188
　第三节　语法差异实证研究 ……………………………………………… 209
　第四节　小结及余论 ……………………………………………………… 221

第五章 全球华语各变体之间的融合 ·········· 225
第一节 全球华语的融合及其表现 ·········· 225
第二节 普通话圈向国/华语圈靠拢 ·········· 235
第三节 国/华语圈向普通话圈靠拢 ·········· 255

参考文献 ·········· 272

附 录 ·········· 295
台湾"国语"词汇与大陆普通话趋同现象调查 ·········· 295
海峡两岸语言融合的历时考察 ·········· 306

第一章 全球华语与全球华语学

第一节 全球华人共同语的称名问题

一段时间以来,学术界对全球华人共同语及相关问题的关注,首先表现在命名、名称的选择以及对其内涵等的探究上。本节中,我们就此问题进行一些梳理和归纳。

一、着眼于全球范围的称谓形式

即着眼于在全球范围内使用的华人共同语而给出的一个涵盖最大范围的指称形式。目前,具有一定使用频率和知晓度的相关称谓形式主要有以下两个系列。

(一)"汉语"系列

即以"汉语"为名或以之为中心语的指称形式,主要有以下几个:

1. 汉语

著名的华语研究专家郭熙先生在其较早的著述中,经常使用"汉语"这一称名来指称包括但不限于中国大陆目前正在使用的共同语,例如他说,"汉语已经是世界性的语言,不再为中国所独有。汉语的发展也不再是中国内部的事情,全世界的华人都在为汉语的发展做出贡献。"游汝杰(2012)也指出,"汉语应包括海内外汉语及其方言,与之相应,汉语语言学和语言教学的视野也亟待扩大。"就语言研究而言,在游文之前,郭熙(2006)就已经指出:"国外和境外的汉语是当代汉语的一个重要组成部分",所以,"华语研究是汉语研究的一部分,是在现有汉语研究基础上的一大拓展"。这分明是在说,"汉语"是一个上位的大概念,而"华语"是一个下位的小概念。有人更是明确指出了这种大小之别:"汉语是大概念,普通话是在汉语下的一个属概念,华语与普通话相似,但具有特殊性。"(唐燕儿、程辰,2012)

邢福义、汪国胜(2012)也表达了相同的思想:"通过对华语语法的深入研究,力求提出一些关于汉语语法特点和规律的新的见解,丰富汉语语法理论。"

其他一些人也有类似的看法和表述，比如林华东（2007）指出："面向世界各地的华人，面向使用汉语的国家和地区，汉语规范化的视野必须更加拓宽，汉语统一的标准必须更加科学，语言工作的观念必须进一步创新。只有这样，才能保证汉语继续往强势化语言发展。"徐杰、董思聪（2013）也说："我们认为，汉民族共同语的传统定义标准在语音方面应该微调为'以北京语音为基础音'，并在全世界范围内倡导'宽式国际汉语'的新理念。"

上引的"宽式国际汉语"是采取"汉语"前加修饰限定语的形式，与此相类的指称形式还有"现代标准汉语"。在实际的研究中，也有一些人使用这一概念，比如赵强强（2015）说："我们可以看出'现代标准汉语'在全球范围内，其称呼及定义因地而异，包括了大陆的'普通话'、台湾地区的'国语'，以及在东南亚与汉语社群以外地区则称为'华语'。"

用"汉语"来指称全球范围的华语，并非旧词新用，而是基于长期以来形成的一种认识，即如周有光（2001）所说："华语又称国语、普通话、汉语、中国语。"这一观点在很长一段时间内似乎已经成为共识。《中国大百科全书》"汉语"条就有以下表述："除了中国大陆和台湾省以外，汉语还分布在新加坡、马来西亚等地。……汉语的标准语在中国大陆称为普通话，在台湾称为'国语'，在新加坡、马来西亚称为华语。"《现代汉语词典》各版（包括2016年第7版）均收"华语"条，释义都是"指汉语"。

2. 大汉语

很显然，这是以"汉语"为基础通过添加修饰限定语而形成的一个新的指称形式，属于一段时间以来非常流行的"大××"（如"大教育""大交通"）格式的类推造词。朱广祁（1992）指出，"港台与大陆的词语差异，还给予我们另一个启迪。对'汉语'这一概念的内涵和外延，我们都应该以开拓的眼光来做新的界定。只把大陆的汉语看成是汉语是狭窄的，只把港台和大陆的汉语看成是汉语同样是狭窄的。美国英语是英语，澳大利亚英语是英语，同样，全世界所有汉语社区的语言也都是汉语。所谓'现代汉语'，事实上应该包括大陆汉语、港澳台汉语、东南亚汉语、西欧汉语、北美汉语等，或许我们可以叫它作'大汉语'。大汉语的研究，现在还是汉语研究中的空白。"

于根元、王铁琨、孙述学（2003）提出了新词新语规范的一些基本原则，其中包括"大汉语的原则"。文中相关的表述是："要考虑到汉语使用广大地区的情况。如'E-mail'，台湾用'电子邮件'。大陆规定术语时应考虑到世界华人区，沟通一下好。"该文也把这一原则表述为"大汉语观"，后来有人还专门就此进行了讨论（才维维、马琳娇，2013）。此外，还有人在讨论"汉语观"时提及"大汉语的观念"，俞允海（2003）指出，"要树立'大汉语'的观念，要从'大汉语'的观念出发，研究新词语。无论是来自普通话的，还是来自方言的；无论是来自海外的，还是来自港台的，都要一视同仁。"

程祥徽提出，应该以普通话（国语）整合成统一的大汉语。赵金铭（2005）也认同"大汉语"概念："鉴于目前全球华人所说的汉语的一致性还较差，我们认同大汉语的概念。"他进一步指出，除普通话和汉语方言外，台湾所说的"国语"，新加坡华人所说的"华语"，东南亚华人、华侨所说汉语及其方言，以及北美、西欧及全球各地华人社区所用汉语，均可属大汉语范畴。

3. 国际汉语

2005 年，澳大利亚学者基于海外汉语教学实际提出了"国际汉语"的概念。此后，这一概念开始超越对外汉语教学的范围，成为一个一般性的"全称"形式。吴春相（2012）对此进行了一些讨论，而对其进行全面阐述的则是洪历建（2014）。洪文指出，其所提倡的"国际汉语"概念中的"汉语"，包括了本土汉语和海外汉语，是复数（Chineses），具体包括中国大陆法定的国家通用语言（普通话）、中国大陆各地存在的汉语方言、中国少数民族使用的作为第二语言的汉语、港澳台地区使用的汉语及汉语方言、世界各地华人使用的汉语及汉语方言，以及世界各国非华人所使用的、作为第二语言/社区语言/外语的各种汉语。吴英成（2003）认为，作为海外最大的华人聚居社会所使用的一种重要语言，新加坡华语无疑有着非常独特的一面，将其定位于华语内、中、外三圈的中圈，并形象地称之为"国际汉语中转站"。另外，吴英成（2010）还提出了一个与"区域汉语"相对的"国际规范汉语"概念，对它的表述是"语音较接近北京话，词汇较为通用，也较符合规范语法"，并且指出这样的国际规范汉语并非单指北京的区域汉语，而事实上它还处于孕育形成的阶段。前引徐杰、董思聪（2013）提出的"宽式国际汉语"概念，所指范围与之基本相同。此外，戴昭铭（2007）根据吴英成（2003）所绘制的华语三大同心圆，略加改造后把其外圈也称为国际汉语，但是与内圈的中原区本土汉语和中圈的海外汉语相对，指的是外语区，即以华语作为外语学习的非华人地区（这些地区主要的学习者包括日韩、欧美等外籍人士），因此与前述吴氏概念的内涵有所不同。

"国际汉语"在对外汉语教学界有较高的使用频率，在学术报道中使用的如"传播国际汉语，繁荣中华文化"（朱婕，2013），机构名称如"国际汉语系""国际汉语学院"，学术期刊如《国际汉语》《国际汉语学报》，等等。

4. 全球汉语

戴昭铭（2007）提出了"全球汉语时代"概念："'全球汉语'的'全球'在本文中指当前汉语所呈现出的全球扩布的状态，而不是指类似英语那种世界通用的性质。"他还强调，在向全球推广汉语的过程中应树立全球汉语的理念，包括坚守核心规范标准和容忍多种变体两个方面。吴英成（2010）也多次使用这一概念，比如其在书中讨论了"全球汉语的崛起""从全球英语到全球汉语""全球汉语三大同心圈"（此前曾称之为"华语三大同心圈"）等。游汝杰（2012）提出"全球汉语融合"问题，其文章由"汉语国际化"（globalization of the Chinese language）概念入手，指的是汉语从中国本土走向海外、国外乃至全球，而文章对全球汉语融合的表述，是在不同地区使用的华语文相互间的趋同现象。至于文中的"全球汉语融合"是"全球汉语/融合"，还是"全球/汉语融合"，即作者是把"全球汉语"当作一个固定组合形式，还是没有直接结构关系的跨层组合，却是难以确定。

与"国际汉语"相同，"全球汉语"基本也是着眼或立足于汉语国际传播的。例如，国家汉办与中山大学合办的中山大学国际汉语教材研发与培训基地建有"全球汉语教材库"，其英译形式为 Global Chinese Teaching Material E－library。2006 年，上海交通大学与马来西亚全球教育集团合作成立了"上海交通大学－马来西亚全球汉语中心"。

总体而言，"汉语"系列的指称形式虽然基本有比较明确的所指，同时有一定的合理性，但至少在以下几个方面不够完备与妥当，因而还有可议之处与调整空间，主要如下：

第一，适用范围和对象方面。《现代汉语词典（第 7 版）》对"汉语"的释义是"汉族的语言，是我国的主要语言"，这样，使用"汉语"来指称全球华人的共同语，无论在"国家"还是"民族"方面，都会面临一些问题：全球华人所使用的共同语，既不限于中国这一个国家，也不限于汉族这一个民族。

第二，所指的明确性方面。仅用"汉语"来指称全球华人共同语，未免有些"因陋就简"，既加重了此词的负担，同时突显了它的不明确性。相比之下，"大汉语"虽然基本避免了前者在指称范围和对象上的明显局限，同时反映了语言观以及语言规范观上的进步，但是其中心语仍然是"汉语"，所以上述"汉语"本身的一些局限性仍然未能去除。另外，由于"大"本身表义的丰富性，使之在用于流行组合形式"大××"中时具有一定的不明确性。比如，"大工业"指将工业、交通以及服务都包含在内的工业；"大文化"指包括文化、教育、科技、体育、卫生等在内的全方位文化，以上主要是着眼于上位以至于上上位的所属相同而作的归并；而"大教育"则指社会化、产业化、系统化和科学化的具有全面性、开放性、多样性、民主性的新型教育（以上均见亢世勇、刘海润主编《新词语大词典》，上海辞书出版社 2003 年版），这显然是着眼于内涵的拓展和观念的更新。另外，"大××"更像是一个一般用于"工作"或"观念"等的"时髦"组合形式，而不太像一个意义严格的科学术语。

第三，可接受性方面。"汉语"系列的指称形式显然是"以我为中心"的一种选择，而这对于已经习惯于使用"华语""国语"等的人群来说，就不容易被其接受和使用。另外，使用"国际汉语"可能还会面临政治风险：把港澳台地区所使用的民族共同语纳入"国际"范围，与现时的国情有较大出入。相比之下，"全球汉语"倒是可以有效规避这一"陷阱"，但由于其仍以"汉语"为中心语，所以在此外的其他几个方面仍然未能避免以上不足。

(二)"华语"系列

同样，这一系列也是以"华语"为名或以之为中心语的指称形式，主要有以下几个：

1. 华语

"华语"这一名称出现得很早，使用得也最为普遍，然而人们对它的理解和表述并不一致。

一种认识是把它当成普通话等的同义词（现在不少人的认识基本仍停留于此），除前引相关表述外，再如关文新（1992）说："海外所称的'华语'，相当于大陆的'普通话'和台湾的'国语'，即都指现阶段的汉民族共同语。"田惠刚（1994）也特别强调，"本文所讨论的'华语'，是严格科学界定意义上的'华语'，它与'普通话''现代汉语'或'国语'是同义词。"

另一种认识则基于同其他指称形式的比较。陈重瑜（1985）指出，"三个名称（指普通话、国语和华语）中，'华语'一词最为清楚、明确，涵盖面也最广，指的是华人的共同语，包括了汉满蒙回藏及其他的少数民族，又超越了地缘上的限制。因此，以'华语'一词概括普通话及国语可以说是清楚又周全，更何况'华文'一词已被广泛地使用了。"张德鑫（1992）说："'华语'一词有点类似'英语'，这个名称的优点就在于共性和个性基本兼具。共性者，华语是中国所有民族的共同语，也是中国大陆、台港澳地区、新加坡等国外广大华人社会的共同语，一称'华语'可以走遍天下，不同国家和地区都能接受；个性者，华语只属天下炎黄子孙的共同语，并非所有国家的国语都是华语，但每个国家都有自己的国语。因此，倘说'国语'仅见共性，'汉语'内涵更多个性，'华语'则居中而左右逢源了。"

徐大明、王晓梅（2009）指出，"我们建议将汉语的标准变体统称为华语。这样，即使地区性的规范活动已经造成了不同的标准变体，我们仍然可以在'华语'的范畴内进一步区分'大同小异'的'华语变体'，如'普通话''国语''新加坡华语''马来西亚华语'等等。"

至于华语的内涵，赵世举（2016）指出："关于'华语'，有不同的理解，过去大多把它定义为海外华人的共同语（汉语）。后来逐步有了广义的看法，但说法各异。我们倾向于广义的理解，把华语界定为：'全球华人（包括中国人）的共同语'。""把华语定义为全球华人的共同语，彰显了华语的整体性。这有利于我们深入认识华语内部的联系性和有机性，全面把握和准确揭示华语的规律和特点。"张从兴（2003）则一口气给出了从简到繁的三个定义："'华语'则可简单地定义为'华人的共同语'，或复杂地定义为'接受汉语为母语的中国人及不具备中国人身份但以汉语为母语的中国人后裔的共同语'，或更复杂地定义为'接受汉语为母语的中国人及不具备中国人身份但以汉语为母语的中国人后裔的共同语，其语音以中国大陆普通话或台湾'国语'为标准，其书写文字以简体或繁体汉字为标准'。"

郭熙立足于华语与普通话的关系给华语下定义，但是前后有变化。郭熙、崔乐（2011）这样说道："什么是华语，这是很费斟酌的一个问题。我个人对华语的理解经历了三个时期：第一阶段2004年在《论'华语'》里是'以普通话为标准的华人共同语'，第二阶段2006年在《论华语研究》里是'以普通话为核心的华人共同语'，第三阶段是'以普通话为基础的华人共同语'，《全球华语词典》最终采用了第三阶段的定义。"

我们基于自己的研究，结合郭氏的定义，将华语重新定义为："以传统国语为基础、以普通话为核心的华人共同语。"

现在，无论在汉语国际传播，还是在更大范围内的相关研究中，"华语"都成为一个国内外学者们相当常用的名词。比如，邵敬敏、刘宗保（2011）指出，"华语社区主要包括五个部分：中国大陆、香港特区、澳门特区、台湾地区以及海外华语社区。当然，海外华语社区还可以细分为日本华语区、韩国华语区、东南亚华语区、美国华语区、欧洲华语区等。"周清海（2016）认为，"从华语走向世界这个新的角度观察，华语的应用与规范问题，就不可能也不应该只从中国国内的需要或角度考虑。我们应该更注重华语区之间的交流，让华语在交流中融合。"

"华语"在当下之所以常用，还有一个重要原因，这就是它被赋予了新的内涵和意义，如徐大明（2006）所说：""华语'作为一个去除其地域性特征的术语，用来指称'华人'的'民族共同语'这样一个国际性规范语言，是一个彻头彻尾的现代化的概念。"郭熙（2009）也指出，"华语概念的提出，有助于科学认识各地华语的关系，有助于加深对各地华语现象的认识，有助于促进世界华人的沟通，也有助于强化世界华人的认同。"

作为单独一个词的指称形式，"华语"显然优于"汉语"。祝晓宏（2011）指出，"相较于汉语，华语指称全球华人共同语更为方便、准确，所以更具兼容性。"钱伟（2014）也比较了二者的优劣："从全球的角度而言，华语的提法比汉语的提法更科学、更准确、更严谨。"

但是，这一指称形式的不足也是非常明显的，李宇明（2017）列出了它的三重歧义：

一是指海外华语。与"华族"相对应，东南亚华人所称"华语"，多是这种用法。这一用法的"华语"，还可以细分为包括方言和不包括方言两种。

二是指普通话或国语。大陆和台湾的"华语教学""华语文教学"，一般是指对海外华人的教学，作为其教学内容的"华语""华语文"，指的就是普通话或国语。

三是指除了地区方言之外的海内外汉语。

其他学者也有不少谈及"华语"一词所指的不明确性和不确定性，比如田惠刚（1994）指出，"华语"是一个涵盖面甚广而又颇多歧义的语言学概念，它确实具有多义性，或者说是指称对象和范围的不确定性。汪惠迪（1999）给"华语"下的定义是"新加坡华族的共同语"，这应该是此词最为狭义的含义。而在一般的学术性文字中，我们还经常看到把"华语"与"现代汉民族标准语"或"普通话"相对应使用的，这样也就把后两者排除在华语之外了。例如，周清海（2008）指出，"我们可以预测，现代汉语标准语将会出现变化，尤其在词汇方面，这种变化更显著。但随着中国影响的扩大，华语也有向普通话靠拢的趋势。"曾毅平（2008）指出，"华语"的含义有广狭两指，狭义的华语指新加坡人所说的汉语标准语；广义的理解，"华语"指海外华人社区方言之外的汉语通用语。此外，还有人把"普通话""台湾'国语'"与"华语"并列相称，显然又进一步缩小了后者的指称范围："今日中国各方言区流通的普通话、台湾'国语'以及海外华人社会的华语，正是这种更加丰富、更有表现力的语言。"（程祥徽，1985）

2. 大华语

2004年，陆俭明先生在第三届中国社会语言学国际学术会议上作了题为《汉语走向世界与"大华语"概念》的学术报告，首次提出"大华语"概念，并将其定义为"以普通话为基础，而在语音、词汇、语法上可以有一定的弹性、有一定的宽容度的汉民族共同语"。后来，陆俭明（2015）又将上述定义修改为："以普通话为基础，而在语音、词汇、语法上可以有一定的弹性、有一定的宽容度的全球华人的共同语。"陆俭明（2016）对此又做了进一步的说明："我们所说的'大华语'跟先前有人所说的'大中华语言圈'的概念不同，'大中华语言圈'涵盖了北京话、广州话、闽南话、客家话等；而我们所说的'大华语'，是指以普通话为基础而在语音、词汇、语法上可以有一定的弹性、有一定宽容度的全球华人的共同语。"

现在，认同并使用这一概念的人比较多。李宇明指出，"全世界有一个比普通话更高层次的东西，那就是大华语。"李宇明（2014）还把大华语列在其所划分的汉语两层级六层次层级构造的最顶端，把它定义为"以普通话/国语为基础的全世界华人的共同语"。李文还进一步说道，"本文为把这一意义上的'华语'同东南亚华族所谓的'华语'有明显区分，响应陆俭明的提议，将其称为'大华语'。"李宇明（2017）对此又做了进一步的解释：在"华语"前加一个"大"，既为了避免"华语"本身的歧义，也是在强调看待华语的全球视角、全球意识，强调一种"新华语观"。

李泉（2015）将大华语界定为："以现代汉语通用语为基础、以普通话为发展和规范方向、通行于世界各地的华人共同语。包括大陆的普通话、地方普通话，台湾'国语'，新加坡华语，海外各地华人社区的汉语等。"李文还指出，国内外汉语教学的语言和文字标准均宜采用"双轨制"：语言标准上，国内采取"普通话"和"地方普通话"双标准，海外采取"普通话"和"大华语"双标准。

李行健、仇志群（2014）也使用了"大华语"之名，指出大华语观和"一语两话"的汉语观要求语言规划的调整，这也是建立一个为促进两岸和平统一服务的文化基础的需要。

周清海（2016）则是在"大语言观"下使用"大华语"的："我们也可以组织更多的世界各地的学术交流，包括跨语言的交流，让语言学者就'大语言'（包括大华语、大英语、大法语等）一起分享其中演变、分合、推广的异同和心得经验，彼此借鉴学习，或更能促进世界语言研究和使用的发展。"

关于"大华语"一词的指称范围和特点，王若江（2010）指出，所谓"大"是就地域而言，大华语的概念更强调区域间的包容性，即不论在世界的任何地区，只要是同源于汉语，就都属于"大华语"的范畴，而这一概念的提出，对于提示人们抱着宽容性的态度接纳多样性的汉语、即学即用的汉语有积极的意义。王文还认为，"大华语"所具有的弹性和宽容度既纠正了"推普"标准偏严的弊端，突破了有标准而难执行的困境，又适应了国际汉语教学新发展的需要；既能增强世界华人的凝聚力，更有利于海外华语教学工作的推进，因此，从本土汉语到全球性"大华语"，是汉语观念的更新、汉语视野的拓展，也是汉语规范观念与时俱进的革新。

在我们看来，相较于"汉语"和"大汉语"，"大华语"既避开了使用"汉语"所带来的问题，同时又强调了其不同于一般使用的"华语"的"大"的内涵特征，因此无疑是相关指称形式选择的一个新的改良和进步，它的影响要比前三者大得多，使用范围也要广一些。目前，特别是在对外汉语教学界，人们比较认同这一概念。（戴昭铭，2014）

当然，人们对"大华语"这一称名的使用，并非只是停留在概念层面，而是作为一种观念或指导思想，用之于具体的教学实践及研究中，比如有人就试图在这种"大华语"观念的视野下，针对海内外华语教育的不同特点，提出汉字教学的分级标准。（王惠、余桂林，2007）

从"华语"到"大华语"，与上述从"汉语"到"大汉语"一样，可以有效规避单独一个词在指称范围和对象上的不明确性。但是，与"大汉语"一样，"大华语"也因为"大"的使用而具有了某种不确定性，似乎依然缺乏学术性概念应有的严谨性和明确性。关于这一点，以下再结合这一称名目前已有的英译形式略做讨论。

2017年3月9日，我们在中国知网"中国语言文字"范围内以"大华语"为关键词进行检索，一共得到6条结果，其所对应的英译形式各不相同：卢德平（2017）译为greater Huayu，戴昭铭（2014）译为the great Chinese，李泉（2015）译为Chinese as a lingua franca，徐复岭（2014）中关键词"大华语词典"译为Large Chinese dictionary①，周清海（2016）译为Greater Chinese，李志凌（2016）译为Supra－Chinese，李宇明（2017a）译为the Greater Chinese。此外，就我们所见，李宇明（2014）给出的大华语的英语对应形式是Suprachinese，陆俭明（2015）则采取了完全音译形式的Dahuayu。

仅就"大"的对译形式而言，就有"greater、Supra、great、as a lingua franca、Da"，或许还有"Large"，涵盖了从意译到音译，从词到词组，以及原词和它的比较级等；就表义而言，各种译法之间也相差很大，比如great和Large，虽然都可以用汉语的"大"来对译，但是二者的意思相去甚远。

上述翻译形式的多样性，一方面与不同的学者对同一概念的理解不同有关，另一方面无疑也与汉语原词"大"本身表义的丰富性、多样性以及由此而产生的不确定性有更直接的关系。

3. 全球华语

2017年3月9日，我们在知网"中国语言文字"下以"全球华语"为关键词进行全文检索，一共得到290条结果，第一条合格形式出现在田小琳（1990）的文章中。田文提到，"最近，香港中国语文学会提出了各地语言学工作者携起手来共建'全球华语大词库'。"王凡（1991）也提到此事："香港语文界提出建立'全球华语大词库'，显然是从当今世界华人之间往来频繁的现实而发，这个词库如果真正建立起来，将大大便利于世界各地华人之间的交流。"进入21世纪以

---

① "大华语词典"可以有两种理解，一是"大华语/词典"，二是"大/华语词典"，所以这里的Large还不能确定一定是对应"大"的。

后，这一指称形式用得逐渐多起来了。

人们对"全球华语"的使用，有时是为了与"华语"有所区别，有时却只是作为"华语"的一种"全称"形式。就前者而言，比如前引汪惠迪（1999）曾把华语定义为"新加坡华族的共同语"，所以，在指称超出这一范围的对象时，就有意识地与之区别，而"全球华语"就是其选项之一。汪惠迪（2001）曾倡议编写全球通用的华语词典，指出这部词典的最大特色是除了收录普通的常用词语之外，还广泛地收编全世界华人社区的特有词语和同一概念的地域变体。从国家或地区上来说，它应涵盖中国大陆、台湾、港澳特区，新马泰和印尼，以及新西兰和澳大利亚、美国和加拿大、西欧的华人社区，文中把这部词典叫作"全球华语词典"。在具体的研究中，吴英成（2003）较早地使用了这一概念，其在文中提出并讨论了全球华语的崛起与挑战问题。

相对于前者而言，后者是更加普遍的情况。一段时间以来，人们在讨论华语时，其实指的往往就是全球华语，上述郭熙、崔乐（2011）所说《全球华语词典》采用了他关于华语的第三个定义，就很好地说明了这一点。再如，邢福义、汪国胜（2012）文章的标题是《全球华语语法研究的基本构想》，但是文中所用的基本都是"华语"，比如所列的四大目标，就是弄清华语语法在世界不同区域的异同，了解不同区域的华语使用状况，针对华语使用、华语教育中存在的突出问题提出对策和建议等。上文提到我们关于华语的定义，也是出自《论全球华语的基础与内涵》这篇论文。

此外，有人还就全球华语的内涵作了进一步的划分和界定，如周明朗（2017）指出全球华语有广狭二义："狭义的全球华语就是大华语，而广义的全球华语应该是世界各国所有说汉语群体的通用语。"施春宏（2017）则立足于"大华语"，指出其在命名视角和定位基础上与"全球华语"有区别：后者主要展现的是华语的范围性，而"大华语"贯穿着华语基础"大同"、发展方向"求同"的理念。另外，施文还指出，考虑到海外方言是否归入华语这一点，"大华语"和"全球华语"可以区别对待：浑言可同，但析言有别。就此而言，不妨给"（全球）华语"做出这样的定位：指为全世界华人使用的、以汉字作为书写载体的语言（即包括海外方言）；特指以普通话/国语为基础的全世界华人的共同语，即"大华语"（不包括方言）。不过，施文还指出，"兹事体大，尚需深入讨论"。

虽然在总体的使用量上，"全球华语"还无法与"华语"相比，但是前者的使用似乎表现出以下两个特点，而这两点在很大程度上又是结合在一起的：

其一，在强调或更加正式的场合使用。前引邢、汪在文章标题中使用"全球华语"，而在正文中只用"华语"就很好地证明了这一点，并且这种情况还比较常见。再如，吴英成（2003）的文章题为《全球华语的崛起与挑战》，但通篇使用的都是"华语";徐大明、王晓梅(2009)的文章题为《全球华语社区说略》,正文中也是用的"华语"。

其二,时间越靠后,用得相对越多一些。我们调查的结果是,这一指称形式基本都是 21 世纪以来使用的,特别是 2010 年《全球华语词典》出版后,推高了其在学术论著中的使用频率。前边谈到,郭熙先生在较早的研究中多使用"汉语"和"华语",其研究华语的论文集也取名《华语研究录》,而后来由其主编并于 2015 年由商务印书馆出版的华语研究论文集则命名为《全球华语研究文献选编》。

确定并使用"全球华语"这一指称形式,一方面可以避免单用"华语"所产生的表义模糊性,另一方面则主要是着眼于现实,使名实之间具有更高的契合度。这方面如徐杰、王惠(2004)所说:"作为一种交际工具和文化纽带,华语如同英语一样早已超越了国界,已经变成了跟月亮、星星和空气一样的属于全人类的共同资源。"在"华语"前加"全球"这样的修饰成分,自然能够更好地突出这一点。

我们虽然并不排斥在表义明确的情况下使用简称性质的"华语",但并不认为"全球华语"的存在价值仅仅只是作为前者的全称形式,它是一个独立的、有明确内涵和外延的学术概念。在"华语"的基础上冠以"全球",至少可以使以下几方面的因素得到进一步的明确和强调:

第一,确定了一个最大的范围,即涵盖了全世界所有的华人社区,因此是一个真正的"上位"和"顶层"概念。

第二,作为一个产生于新时代、因而极具时代特征的崭新概念,与旧有的"华语"形成从内涵到外延等的多方面区别。

第三,可以与当今英语学界流行甚广且早已成为固定研究对象的 World English(世界英语)以及 Global English(全球英语)等构成对应性的概念[①],来进行一定程度上的互相对比参照,从而更有利于相关研究的深入进行以及国际交流与合作。

此外,从科学术语的角度,如果着眼于同前几个指称形式的比较,则"全球华语"既可避免以"汉语"为中心语所带来的其旧有义的影响和局限,又不会产生以"大"为修饰语所可能带来的不明确性和不确定性,同时可以避免"华语"的多义性,并且它本身还有相当高的见形明义的"语义透明度",因此应该是一个最为合理的指称形式。

---

① 本人供职的北京师范大学文学院与德国德古意特出版社联合创办的中英文学术期刊,中文名称为《全球华语》,英文名称则为《Global Chinese》。

至于全球华语的内涵和定义，因为相关研究和认识程度还远远不够，所以到目前为止只能给出一个简单的、有可能还很不完备的表述。不过我们相信，随着研究的不断拓展和认识的逐步加深，相关认识最终会得到进一步的提高与完善。

比如，"全球华语"的"全球"是什么意思？与"全球语言"的"全球"是否相同？吴英成（2010）讨论了"全球语言"的定义（其在书中同时还使用了其同义概念"国际性语言"和"国际语言"），即具有全球性地位的国际语言。书中指出，要成为全球语言，需要符合以下两个基本条件：一是得到世界各国的官方认可，二是需要有不断壮大的非母语使用者人数。以此标准来衡量，汉语到目前为止还不是国际性语言，也不是全球语言（符合这一标准的只有英语，所以英语才是全球语言）。但是，汉语的地位近十年来得以突飞猛进的提升，正逐渐由国家、区域语言成长为国际语言，即将壮大成为继英语之后的又一个全球语言。

按这样的表述，我们简单地回答以上所提此"全球"是否彼"全球"的问题："全球语言"的"全球"是着眼于全球声誉与官方地位①，以及非母语使用者的全球分布；而"全球华语"的"全球"则主要是立足于作为全球华人共同语在全球范围内的分布之广，很大程度上还只是一个地域概念，二者之间有非常明显的内涵与层次之别。正是基于这样的区别，周明朗（2017）才特别强调全球华语有广狭二义，按其划分及表述，现时的全球华语只能取其狭义，即还只是"大华语"；而广义的全球华语即世界各国所有说汉语群体（其中包括大量的非母语者）的通用语，才是真正的"全球语言"意义上的全球华语。到目前为止，这样的全球华语，按吴英成（2010）的表述："仍处在起步阶段。"

除"全球华语"外，相同的意思偶尔也有人使用"国际华语"来表述，比如徐杰、王惠（2004）就说："我们提倡'宽式国际华语'新概念。"不过，该书同页中又把这一概念表述为"国际宽式大华语"。另外，徐杰、董思聪（2013）还把这一概念表述为"宽式国际汉语"，可见"国际华语"并非作为一个固定学术概念的常态性使用。

另外，值得注意的是，如果在网上检索，看到的"海外/国际/世界汉语"以及"全球华语"等语言片段会很多，但是其中有相当一部分两个成分之间并无直接的组合关系。换言之，它们是跨层组合，即"海外/汉语教材、国际/汉语教学、世界/汉语学会、全球/华语广播"等。在实际的考察和研究中，有人因为没能虑及这一点，从而得出不切合实际的结论。

---

① 有人称之为"制度性功能和地位"。（徐杰，2007）

二、与普通话相对的称谓形式

在全球华人共同语的范围内，还有一个中国大陆的普通话与中国大陆以外其他国家和地区的非普通话的对应性称谓的选择问题，就目前的情况来看，比较复杂多样，缺乏统一性，一些指称形式也存在这样或那样的问题，因此这也是一个应当重视、进而深入研究并最终规范和统一的问题。

我们所见，相关的指称形式主要有以下一些。

1. 华语

张德鑫（1992）以"汉语"与"华语"相对，文中指出："'汉语''华语'会很好地'两条腿走路'，一主内，一对外，我国的民族共同语还是叫'汉语'，而'对外汉语教学'及'世界汉语教学'终将正式接纳甚至让位于'华语教学'。"田惠刚（1994）则把"华语"与"现代汉语"并举，分别讨论了华语与现代汉语的相同点以及区别等。仅由以上的观点和表述来看，在很多人的认识中，存在着"华语－普通话/汉语/现代汉语/现代汉语标准语"这样的二元对立。

关文新（1992）从另外的角度指出："如果我们对内叫'汉语'（与国内其他民族的语言相对待），对外称'华语'（与世界上其他国家的语言相对待）；对中国人（汉族及少数民族）的语言教学叫汉语教学，对外国人的语言教学称'华语教学'，那么既可以解决'对外汉语教学'因范围比较窄而产生的令人困惑的问题，又不至于发生内、外汉语教学相混淆的问题，还便于同国内其他地区（如台湾）和海外同行进行学术交流。"

以上观点很有市场，为很多人所沿用，如周清海（2008）也把"华语"与"普通话"对举，称前者也有向后者靠拢的趋势，就是在这一意义上使用"华语"的。另外，周文还以"华语区的华语"来与"现代汉语标准语"对比，也属于同一"系列"的表述。

2. 海外汉语

黄国营（1984）把海外汉语与普通话对举："由于政治、经济、文化等因素，港台和海外不同地区的汉语，和中国大陆的普通话，已经形成了一个值得研究的差距，这种差异在语音、词汇和语法上均有所表现，在某些场合竟构成了交际上的障碍。"我们也用到这一概念，但与之对立的大陆部分的称名用的不是"普通话"而是"大陆汉语"："本文中所说的大陆汉语，是指在中国大陆范围内使用的汉民族共同语，而海外汉语，则是指在台湾、香港、澳门以及其他海外华人社会中使用的汉语。"洪历建（2011）指出，其所提倡的"国际汉语"的"汉语"包括了本土汉语和海外汉语，后者的内涵和所指范围与我们相同。仅由以上所述大致可以看到，在有些人的认识中，存在着"海外汉语－普通话/大陆汉语/本土汉语"这样一个二元对立的概念和表述系统。

3. 国际汉语

关于"国际汉语",前文已经有所讨论,李宇明(2009)也使用了这一概念,但是与前述指称整个华人共同语的含义又有所不同:"为了尽量减少汉语传播过程中的困难,根据汉语国际教育的实践和其他语言传播的经验,有必要提出'本土汉语'和'国际汉语'的概念。"文中明确指出,"本土汉语就是现在的普通话"。李文把"国际汉语"表述为"本土汉语"的"简写本",认为前者系统简化、标准明确,既保留了汉语的基本系统,又方便国际人士的学习,很有应用前景。

4. 域外汉语

"域外汉语"是郭熙(2002)提出的概念,与之相对的部分称为"域内汉语",二者合称"域内外汉语"。该文指出:"广义的域内汉语是中国(含香港、澳门和台湾)所使用的汉语变体的统称,即既包括普通话,也包括各地方言;狭义的域内汉语则专指上述地方的人所使用的现代汉民族共同语,也就是普通话。广义的域外汉语是指中国以外的国家或地区所使用的汉语的各种变体的统称,即既包括通常所说的普通话,也包括汉语的各种方言,例如流行于北美、东南亚等地的广东话、闽南话、客家话,流行于中亚一些国家的东干人中的东干话;狭义的域外汉语是指这些国家或地区所使用的华语,即普通话的域外变体。"文中采用的是狭义,并且进一步指出,本文的"域外汉语"是海外的"华语""华文""中文""国语"等汉语共同语名称的统称。后来,郭先生自己基本放弃了这一称谓,改用下边将要讨论的"海外华语"了。

除此之外,使用这一名称的论著似乎并不多,我们所见还有李春红(2016)的文章,其文把"域外汉语"列为关键词。

5. 海外华语

田惠刚(1994)虽然在他的文章中把"华语"与"现代汉语"对举,但是该文的标题是《海外华语与现代汉语的异同》,可见其正文采用的是如前所说的"简约"形式,而标题所使用的是其"完足"形式,而田文也成了较早使用"海外华语"概念的学术论文。

郭熙虽然提出了"域外汉语",但是用得极少,在着眼于跟"域内汉语"(即普通话)对比的时候,常用的是"海外华语"。郭熙、祝晓宏(2007)指出,"海外华语既是一种社会变体,也是一种地域变体,同时是一种功能变体。"文中出现的与"海外华语"相对的概念是"汉语普通话"。作为郭熙的学生,祝晓宏(2014)也明确指出:"海外华语是现代汉语的域外变体。"

就目前的情况来看,"海外华语"的使用频率相对比较高。戴昭铭(2007)

以"本土汉语"和"海外华语"对举；李宇明（2009）在认为有必要提出"本土汉语"和"国际汉语"概念的同时，也在使用"海外华语"，文中在指出应当组织力量研究不同华人社区的语言状况时列举了多项工作，其中就包括"编写海外华语与普通话的对照手册"；李如龙（2013）认为，海外华语有一个共同的特点，这就是方言词进入通语词较多，但是缺乏严格规范，有时难免界限不清；李泉（2015）指出，基于海外华语一直存在着并将继续长期存在的现实，显然我们不能认为只有说普通话和教普通话才是规范的，对海外华语、台港澳国语、世界各地的方言汉语等，不能轻视更不能轻弃。不过，李文把"台港澳国语"独立出来，这样其"海外华语"的所指范围就与上引各家有所不同。

除学术论著之外，其他如暨南大学华文学院设有教育部与暨南大学共建的"海外华语研究中心"。

除上述几个概念外，一些论著还主要立足于中国大陆的普通话做过其他一些表述。比如，汤志祥（2005）指出："所谓'华语区域特有词语'实际上是指存在于华语的母体（以内地为代表的主体性语言）与它的子体（流行于港澳台及新等分体性语言）聚合而成的整个语言集团里那部分带有明显地区特征的差异性词语。"这里用到两组概念：华语母体和子体，主体性语言和分体性语言。此外，汤志祥（2009）还用到"大陆主体华语"与"海外华语"的对应性指称形式。

与汤文的表述相类似，汪惠迪（2004）用的是"主流华语"，但是未列出对应概念："我们介绍大陆的规范标准，并不是强行推销，而是让其他华人社区了解主流华语的语用标准。"此外，祝晓宏（2011）还使用了郭熙提出的"核心区华语"，作为"汉语"的对等词语，同样没有对应概念："……三是作为视角的华语，侧重从全球视野来看待各地华语，特别是对核心区华语——汉语的观照。"

另外，着眼于同"港式中文"的对比，人们也采用了不同的形式来指称普通话。马毛朋（2012）用的是"通用中文"，文中注明这是2012年4月邢福义教授与田小琳教授在华中师范大学语言研究所讨论相关问题时建议使用的，指现代汉民族共同语的书面形式；石定栩、邵敬敏、朱志瑜（2006）还用到其他指称形式："简单地说，港式中文和内地的标准书面汉语（标准中文）相对应，在政府公文、法律文件、商业书信、中小学教材和大众媒体的严肃新闻中广泛使用。"

在海峡两岸民族共同语对比及相关的研究中，人们一般用"大陆普通话"或"普通话"来与"台湾'国语'"相对应，比如苏金智（1995）说："台湾'国语'不断地在吸收闽南方言词，由此也与大陆普通话产生了一些同形异义词。"

以上从"华语"到"海外华语"这五个与普通话相对应的指称形式中，不加任何修饰限定的"华语"因其本身的多义性，难以与"普通话"形成直接明确的对应关系，如果还要继续使用的话，就需要对它重新进行界定和表述，否则就只能换用其他形式；至于另外四个采取"2+2"形式的称名，或因为其所使用的中心语，或因为其所使用的修饰限定语，或者因为以上两方面，都存在这样或那样的问题。

先看前边的修饰限定语。四个指称形式分别使用了"海外""国际"和"域外"三个词。"海外"在《现代汉语词典》（以下简称《现汉》）的释义为"国外"；"国际"的释义是"国与国之间的"和"指世界或世界各国"；而"域外"《现代汉语规范词典》的释义是"疆域之外"。因此，加上这三个修饰限定语后，如果专门指称"国外"的华语，那么没有什么问题，但是如果包括澳港台地区的民族共同语在内，自然就有问题了，这就是我们前文所说的"政治风险"：与我们现实的国情和主张严重不符。

再看后面的中心语。四个指称形式分别用到"汉语"和"华语"。如前所述，无论用之于"两岸四地"民族共同语还是全球华人共同语，"汉语"都不是一个合适、合理、普遍的选择，那么在这里自然也是如此，再加上其前加修饰限定语所存在的前述问题，因此"海外/国际/域外汉语"肯定也不会是好的指称形式；至于"华语"，以之为中心语本无不可，但是由于前面加了"海外"的修饰，"海外华语"用于指称普通话之外的所有"非普通话"，肯定也是一个不甚合适的称谓形式。

三、关于"华语""华文"和"华语文"

一段时间以来，与"华语"并存并用的，还有"华文"和"华语文"，它们有时所指不同，有时混用不别，因此也有必要加以厘清。

就我们所见，"华语""华文"和"华语文"的使用大致有以下几种情况：

1. 区分使用

对"华语"和"华文"进行区分性使用的论著很多，即认为二者是配对的，各有所指对象和范围。比如，周有光（2001）说："华文又称中文、汉文。汉文用于跟少数民族文字如藏文、蒙文等作对比。华文跟华语相配，中文没有'中语'相配。"周清海（2016）指出，二者系由当初的"国语"与"国文"发展演变而来："1949年之前，中国有很多知识分子通过中印半岛往南迁移，他们之中不少到了东南亚——特别是新马，就留了下来。也有不少知识分子由广州到香港、澳门，之后就留在香港、澳门，或者通过香港到了其他地方去。更有一大批知识分子从上海、南京、福建等地移去台湾。华人大迁移所带去的'国语'和'国文'，在所居地发展形成了当地华人的'华语''华文'。"

郭熙（2004）也是二者并用，并且引用了叶圣陶的相关解释："语"就是口头语言，"文"就是书面语言。把口头语言和书面语言连在一起说，就叫"语文"。

唐燕儿、程辰（2012）就此作了进一步的说明："华文和华语不是一个概念。华语的侧重点在'语'，指的是全球华人约定俗成的用来交流思想的一种交际工具，是一套承载着意义的声音符号所构成的系统。而华文的侧重点在'文'，狭义上'文'可以理解为文字，即汉字符号系统，是与狭义的华语（声音符号系统）相对的概念，学术界更倾向于从广义上理解这个'文'，即指文化。"

我们看到的最新界定是吴伟平（2017）的文章："'华文华语'的界定在排除政治干扰以后也很简单：华文是以方块字为代表的书写系统，包括简体、繁体；华语指各种口语体系，包括同一体系不同名称（普通话、国语、华语）的华人通用语，也包括在特定华人社区流行的方言。"

在具体研究中，也有人比较注意区分二者，比如施春宏（2015）解释说："本文考察的对象是泰国华语报纸上的表达形式，为了称说的方便，我们称之为'泰式华文'；但在不只涉及书面文字表达的情况下，则称作'泰式华语/华文'。"

如果按一般的简缩规则对"华语/华文"进行简化，最大的可能就是采取"华语文"的组合形式，而我们确实也经常能够见到这一指称形式。例如，游汝杰（1992）这样明确自己的讨论内容："本文从台湾华语文书面语出发，讨论台湾与大陆华语文书面语的差异。"胡瑞昌（1994）指出，"新加坡政府规定，英语文、华语文、马来语文和淡米尔语文为四种官方的正式语文。"

在侧重于表达"使用汉字的书面语"意义时，人们一般趋向于使用"华文"，比如以下一段文字中的"华文文学"就不能替换成"华语/华语文文学"：

散居于世界各地的炎黄子孙，正在用着不同的语言文字书写他们的篇章，因而产生了华文文学和非华文文学。目前，后者在中国大陆因被认为是外国文学而没有获得应有的重视。（梁丽芳，2004）

与此类似的再如"华文传媒、华文广告、华文报纸、华文报刊、华文诗歌、华文戏剧、华文作家"等。

在汉语国际教育领域，"华文"与"华语"有时意义无别，但是也有人注意区别二者。蔡振翔（1996）指出，"华文教育同样是以海外的华侨华人子弟为对象，但主要是中华语言文化教学，强调的是实用性。所谓华语教育，我这里指的就是把华语作为第二语言教学所进行的教学活动。"这里一是从对象入手，二是立足于性质表述，二者显然有所不同。

2. 混用不别

混用不别的具体表现，一是用"华语"作为全称形式来概括整个"华语文"，二是用"华文"来指称"华语文"。无论哪种情况，实际上都是把华语与华文的内涵和外延等同起来了。

先看第一种情况。施春宏（2015）在谈及如果不只涉及书面文字表达的情况下，就使用"泰式华语/华文"后，又继续解释道："如果涉及的是更大的范围，则用'华语'来统称华语和华文。"即在上位层次用"华语"来概括下位的华语与华文。不过，更多的人对二者的混用并非基于上述这样的"层次观"或"范围观"，而只是比较简单地用前者替代后者。比如，同样是以"泰国华文"为研究对象，曾晓舸（2004）用的则是"泰华语书面语"，其文章的摘要内容明确指出："本文以在泰国的华人中影响较大的华语报纸《星暹日报》2002年出现的语料为例，分析了泰华语书面语的变异的原因、类型。"引文中以较少使用的"华语报纸"取代极为常见的"华文报纸"，正是"以语代文"的表现。卢绍昌（1984）也把这个意思表达得非常清楚："华语的意思是现代的、标准的，包括口语和书面两种形式的华族共同语。我们要推广的华语就是现代的、标准的，包括口语和书面两种形式的华族共同语。"

再看第二种情况。唐燕儿、程辰（2012）指出："华文是指华人社会共同体所创造的精神财富的总和，它包括了语言，即包括了狭义上的华语和华文。"这里"华文"的"文"指文化，是一个大概念。再如，中国华文教育基金会网站的"基金会简介"中，第一句话是"华文教育是指中华民族语言和中华优秀传统文化在海外华侨华人社会中的教育、弘扬与交流"，而该基金会的英文译名是 Chinese Language and Culture Education Foundation of China。

不过，也有不少人只是在"语文"的范围内使用该词，如林建才、董艳、郭巧云（2007）即是如此："华文在新加坡是第二语言，小学教师们一直在积极探索如何将华文知识有效地传递给学生。"

在涉及对海外华人的汉语教学时，以使用"华文"为常，比如国内有几个著名的华文学院，而"华文教育、华文教师、华文教材"等的使用频率也都相当高。但是，同样的意思，也有用"华语"以及"华语文"的，如以下三篇文章标题中的"华语/文/语文教师"：

王衍军、张秀华：《多语背景下印尼华语教师语言态度调查——以雅加达地区华语教师为例》（《东南亚研究》，2013年第6期）

蔡雅薰：《泰、菲地区华文教师可理解输入与输出教学策略运用分析》（《华文教学与研究》，2013年第3期）

贾益民：《关于海外华语文教师专业发展研究的思考》（《世界汉语教学》，2014年第3期）

另外，在组合形式中，"华语"与"华语文"可以互相替换的实例也有不少，如"华语/华语文政策/教学/教材/教师/课程/传播/能力/认知"等。

曾毅平（2008）也是"华语"与"华文"并用，如第二节为"华语教学中的

'谨慎规范'观",第三节则为"提出实用的华文教学方法,是对社会实在的贡献"。其中的"华语教学"与"华文教学"并无不同。

四、我们的意见和建议

以下,就以上提出的各种称谓形式给出我们的取舍意见及理由。

1. 需要遵循的几个原则

在提出我们的意见和建议之前,首先需要明确几个原则。总体而言,需要充分考虑的因素比较多,而它们都会在一定或很大程度上影响甚至决定我们的取舍选择。我们认为,必须遵循的原则主要有以下几个:

(1) 立足现实。具体而言,就是要充分考虑相关术语下在不同国家和地区的使用情况。总的来说,我们面对的指称形式已经够多了,因此一般人恐怕都不会趋向于另起炉灶再造新名,从现有的形式中择善而从恐怕是最为合理的策略与选择。这样,首先就必须充分考虑各形式的现实使用与分布情况。郭熙(2004)表达的意思有其合理性:"在目前无法统一名称的客观现实面前,把正式名称和俗称分开,采用中国传统上'各称各叫'的做法,不失为明智之举。"

(2) 兼顾内外。我们的立足点当然是中国大陆地区的普通话,由此就有一个内外之别:一是中国的内与外,即中国的"两岸四地"跟此外的其他国家或地区;二是中国大陆地区的内与外,具体所指就是大陆与港澳台地区。在充分了解和尊重上述内外之别的基础上,综合考量,择善而从。

(3) 坚定立场。语言研究虽然不属政治的范畴,但是其中所包含的政治性和政策性也是不容否定的,特别是在本书论题的范围内,所以一定要有一个明确而坚定的立场。在涉及港澳台地区以及海外华人华侨等时,很多问题都具有一定甚至相当程度上的敏感性,因此需要充分考虑并妥善处理。

(4) 适当分工。全球华人共同语及其分区变体的情况相当复杂,因此不可能用一个合适的称名"包打天下",而是应当根据不同的言语社区以及不同的使用人群、场合和范围等,分层次、区别性地使用不同的指称形式,从而形成一个比较完备的概念和指称系统。

在上述原则下,我们就可以进一步讨论具体的意见和建议了。

2. 关于华人共同语的称名

结合上文的讨论以及部分已有学术成果所反映的学者意见,我们的观点是,应当建立两个立足点,从两个角度来选择合适的指称形式。

首先是立足于整个华人共同语,着眼于全局。我们认为,最合适、最恰当的指称形式是"全球华语"。就目前的情况而言,使用最多的是"大华语"和"全球华语",上文已经对二者的优劣进行过简单的讨论,基本可以算作我们作出上述选择的理由。李宇明（2017）着重强调，"大华语"之"大"是范围意义上的"大"，也就是"全球"的意思；而在"华语"前加一个"大"，"也是在强调看待华语的全球视角、全球意识"。既然如此强调"全球"，那么为什么不把它直接用于指称形式中？另外，我们所见各家关于"大华语"的定义，其中心语都是"全球/全世界/世界各地的华人共同语"，既然如此，用"全球"来取代"大"，应该更具合理性和明确性。

当然，在具体语境下的具体使用中，如果出于简约等方面的考量，我们也不反对有限度地使用"华语"这一称名。

前文考察了"大华语"的英译情况，总体而言比较混乱。如果我们考虑选择"全球华语"作为全世界华人共同语正式称名的话，最好应该确定一个合理、正式的英语对译形式。

比照前边的做法，我们在知网上以"全球华语"为关键词进行检索，一共得到 7 篇文章，共使用 4 种不同的英译形式。吴英成（2002）译为 global Mandarin；王惠、余桂林（2007）未列该关键词的英文翻译，但在其文章摘要中随文给出的英语对应形式是 World Chinese；邢福义、汪国胜（2012）译为 the Chinese language in the world。其他 4 篇论文，即周清海（2007），刁晏斌、侯润婕（2016），周明朗（2017）和王晓梅（2017）均译为 Global Chinese。另外，祝晓宏、周同燕（2017）所列的关键词是"全球华语研究"，其对译形式是 Global Chinese study。

着眼于"见形明义"的语义透明度高低，以及与"全球华语"的契合程度，我们认为选用 Global 来对译"全球"最具合理性。至于中心语，主要是在 Mandarin 和 Chinese 中选择一个。港台及海外学者多喜欢使用前者，一是着眼于传统，二是立足于其所使用的国/华语与传统国语之间更密切的联系。但是，毕竟世事变易，今昔不同，另外中国大陆也不同于港澳台和国外。今天中国大陆学者的观点，大致如李宇明（2014）所说："用 Mandarin 指称今天中国的'国语'，已不合时宜，应称为 Standard Chinese，或者 Chinese，或者直接写作 Putonghua。"但是，Putonghua 与"华语"概念所指不同，而 Standard Chinese 指称华语也有些名不副实，所以比较合适而又合理的选择，是使用当今英语世界广泛通行的 Chinese。这样，我们趋向于选择 Global Chinese 来作为"全球华语"的正式英文对译形式。

其实，由上述检索结果看，这一选择也是符合"少数服从多数"原则的。

其次，是立足于局部，着眼于"内""外"对比。我们认为，"普通话""国语"和"华语"这三个概念应当并用，这既是对现实的尊重（因为三者都是长期使用的，并且短期内也不可能互相取代或替换），同时是为了统一指称、避免混乱的需要。我们使用三者的前提是基于它们的区别,而不是在前述周有光(2001)等认为三者同义基础上的使用。

我们用以上三个概念来指称源远流长的汉语在当代的三种地域/社区/功能变体:"普通话"指中国大陆地区正在流通和使用的华人共同语;"国语"指在中华人民共和国的三个特殊区域即港澳台三地流通和使用的华人共同语[①];"华语"则指在上述区域以外的"外国"使用的华人共同语。三者均有下位概念:"普通话"的下位概念是各种地方普通话或地域普通话;"国语"的下位概念则主要是三个具体的言语子社区,即台湾"国语"、香港国语和澳门国语;而"华语"则有更加广阔的分布,其典型区域如人们经常提及的新加坡华语社区、马来西亚华语社区等,对它们的称名,我们建议采用"国名+华语"形式(其实这也是很多人的做法),如"泰国华语""英国华语"等,如果需要指称范围更大的形式,也可以采用"欧洲华语""北美华语"等。

另外,上下位概念之间的关系,并不是截然分开的,如一些有较多华人新移民的地区,比如当下在新加坡以及美国的一些唐人街,往往呈现出普通话、国语和华语三者叠加的情形,它们既交互并存,自然也会互相影响,从而使当地华语发生某种程度的变化,而这种变化也会使下位概念与上位概念之间的关系等产生某些变化。

从"全球华语"到"国名+华语",形成一个具有较强内部一致性、边界比较清楚的三层次或四层次的概念和指称系统,图示如下:

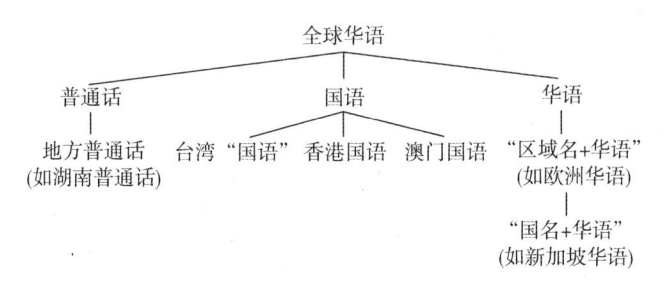

```
                        全球华语
              ┌────────────┼────────────┐
           普通话          国语          华语
              │      ┌──────┼──────┐      │
           地方普通话  台湾"国语" 香港国语 澳门国语  "区域名+华语"
          (如湖南普通话)                            (如欧洲华语)
                                                      │
                                                 "国名+华语"
                                                 (如新加坡华语)
```

这里的上下位概念,已经涉及华语及其变体的层次问题,关于这个问题,我

---

① 三地中,台湾对共同语一直沿用"国语"旧称,而在香港地区,这也并不是一个陌生的称名,比如"'就'字当副词、连词用,粤语国语意思相似"(董桥《英华沉浮录》,海豚出版社2012年版),至于"国语电影""国语金曲"更是常见。澳门地区常见的指称形式是"华语""普通话"等,但有时也用"国语",比如以下一例:"他还指出,澳门的国际医疗队是全球25支国际医疗队中少有能掌握粤语、国语、英语和葡语的队伍。"(《澳门时报》,2020-2-23)这样,"国语"之名在港澳台三地均有使用,加之三地之间相较其他各区具有更大的内部一致性,所以就统一以"国语"为之命名。另外,港澳台三地民族共同语统称为"国语",也是意在从一个角度明确甚至强调其与内地传统/早期国语之间的渊源及流与源关系。

们将在下文进一步讨论。

3. 关于非普通话的称谓问题

在相关的研究中，必然会遇到中国人陆地区的普通话同除此之外的"非普通话"之间的对应性称名问题，主要是后者的指称形式问题。在这方面，以前人们往往各行其是，所以导致情况比较复杂，而有的形式或学术性不强，或有比较明显的疏漏，因此亟须建立一个相对比较规范、内涵比较明确、与其他概念有比较大的辨识度的固定指称形式。

其实，明确了整个全球华人共同语的概念和指称系统后，这个问题已经迎刃而解了：首先是"普通话－国语－华语"三分，即着眼于"普通话"分别与"国语"和"华语"的对指，可以选择"普通话－国语"或"普通话－华语"；其次是着眼于更大的范围，即普通话与整个"非普通话"，则可以选择"普通话－国/华语"形式。相对而言，"国/华语"作为一个固定的指称形式稍嫌复杂，然而这可以看作为了表达的精细和严密所付出的代价，随着其内涵的不断固化和明确，不排除简化为"国、华语""国/华语"或"国华语"的可能。在本书以下的行文中，有时为了突显地域范围及其包容性，我们也会使用李宇明（2014）提出的"××圈"概念，分为"普通话圈""国语圈"与"华语圈"①，在前者与后两者对举时我们会用"普通话圈"与"国/华语圈"。

4. 关于"华语""华文"和"华语文"

结合在日常表达以及学术研究中"汉语""中文"的使用情况（它们既包括口语，也包括书面语），比较理想的状态，是在"华语""华文"和"华语文"中选择"华语"作为"通称"形式，在需要区别口语和书面语的时候，分别采用"华语口语"和"华语书面语"形式；如果语境允许，当然也可以直接使用"口语"和"书面语"，也就是说，采取和"汉语"完全相同的表述方法和形式。如果这样的话，"华文""华语文"自然也就没有必要使用了。不过，即使在国内学术界，这样的"统一"也有相当的难度，再加上国外的各种情况，自然就更是难以做到了。

我们在前边讨论各种原则时，首先提到的就是"立足现实"。在这方面，如果立足现实，恐怕"华文"很难取消，所以我们只能从"理想的状态"回到"现实"中来。因此，当下比较合理的选择可能是，在统称时用"华语"，在别指时分别用"华语"和"华文"，即仍然基本维持现状，赋予"华语"上位和下位两

---

① 李宇明对应性地提及"普通话圈"与"老国语圈"，后者包括本书所说的"传统国语"以及当下的台湾"国语"。我们所说的"国语圈"则剔除前者，保留后者，另外再加上港澳地区的民族共同语。至于除此之外的其他部分，我们一律以"华语圈"来概括。

个层次的含义。

不过，无论上述哪种状态，"华语文"都是有些多余的指称形式，并且它实际的使用频率也一直不高，所以可以而且可能逐步取消对它的使用。

除维持现状外（如国内的华文学院和国外华文学校的"华文"虽然已经有一些"名不副实"，但毕竟难以改变，而"华文报纸/文学"等的"华文"则是恰当的），我们也要呼吁尽可能改变"华语""华文"和"华语文"混用不别的情况，比如在"对外华语教学"领域，多用"华语"，少用"华文"，争取不用"华语文"。

第二节　全球华语的基础及内涵

在当今的语言学界，"华语"及"全球华语"等早已经是人们耳熟能详的概念了，相关的研究成果也日渐增多。但是，由于所持立场、观察角度等的不同，加之目前对许多相关问题的研究还不够，所以人们对同一个概念的理解和表述往往会有不小的差异；而对于一些似乎已有共识的问题，实际上还可能存在一些认识上的盲区或模糊之处，因此有必要做进一步的厘清。

本节中，我们拟就全球华语的基础及其内涵问题谈一点看法。为了便于称说与对比，以及避免误解和歧义，根据上一节中给出的意见和建议，我们首先对所用的几个主要术语做一简要说明。

"华语"与"全球华语"：二者意义相同，均指全球范围内的华人共同语，当然也包括本节中经常用到的普通话和国语。为了行文的简约，以下只用"华语"，在需要区别时，我们会加上国家或地域的限定，比如"新加坡华语"；有时为了在整体上与中国大陆地区的普通话相区别，我们也用"华/国语"这样的指称形式。

"国语"有两个含义：其一是指清末至民国时期的全国共同语，这一所指我们在现代汉语史研究中经常称之为"早期/初期现代汉语"；其二是指当下仍在港澳台地区广泛使用的民族共同语。为了区别二者，前者我们称之为"传统国语"，后者则不加标记，如果需要进一步的区分，就加上地区限定，比如"台湾'国语'"。

另外，有时为了实际的需要以及行文的方便，我们也采用"现代汉语"这一中国大陆通行的指称形式，指的是从清末民初直到今天的汉民族共同语。

一、已有的一般论述

对华语基础及其内涵的认识，应当从华语的基本概念意义入手。这里大致包括两个问题：一是华语和其他相关概念的关系，二是华语本身概念的内涵。

先看第一个问题。

在较早的时候，中国大陆地区的部分学者通常把"华语"等同于"普通话""汉语""现代汉语"等，这大致可以概括为"等同说"。比如，田惠刚（1994）就持这一观点，而周有光（2001）也认为"华语又称国语、普通话、汉语、中国语"。

现在，很多人有了不同于以往的新认识，徐大明、王晓梅（2009）的表述大致可以作为其中的代表："但是对于世界上将近十三亿的使用汉语的人口来说，不管自己使用的是什么样的汉语变体，他们都直接或间接地认同一种汉语的标准语，这就是在中国大陆叫作'普通话'、在台湾叫作'国语'或'华语'、在新加坡和马来西亚称作'华语'的汉语标准变体。"

这种"变体说"显然去掉了上述几个概念之间的等号。

再看第二个问题。

目前，虽然已经有越来越多的学者注意到上述几个概念之间的区别，但是仅就"华语"而言，却仍有不同的理解和认识。比如，有人认为华语有广、狭二义，如汪国胜（2012）所说："对于'华语'的概念，学界有不同的理解。主要有两种：一种是广义的，指华族的共同语和方言，即不论是大陆的普通话，还是世界其他华人社区使用的与普通话存在一定差异的华族共同语，还是方言，只要是华人使用的汉语，就是华语。另一种是狭义的，指以现代汉语普通话为核心或基础的华人共同语。"但是，很多人并不认同"广义说"，比如周有光（2001）就明确指出，华语"指全世界华人的共同语，不包括方言"。

就是同样认同华语有广狭二义，其所指和内涵也可能有所不同。林万菁（2006）指出："'华语'的含义有广狭两指，狭义的华语，指新加坡人所说的汉语标准语，与大陆所说的'普通话'、台湾所谓的'国语'大体上是同实异名的关系。广义的理解，'华语'指海外华人社区方言之外的汉语通用语。"

人们对华语之所以会有广狭两种理解，原因可能有二：一是比照现代汉语的广狭二义，即包括方言在内的广义现代汉语和不包括方言的狭义现代汉语即普通话（这显然是在华语与现代汉语之间"划等号"的结果）；二是所持立场不同，如上引林万菁（2006）显然是站在新加坡立场上作出的表述。

谈到立场，概括而言，学者们大致有以下三种不同的选择，并且会在一定甚至很大程度上坚持与坚守各自的立场。

第一种是中国大陆的立场。我们可以先看两段有一定代表性的表述：

所谓"华语区域特有词语"实际上是指存在于华语的母体（以内地为代表的主体性语言）与它的子体（流行于港澳台及新等分体性语言）聚合而成的整个语言集团里那部分带有明显地区特征的差异性词语。（汤志祥，2005）

相对于原生地和主体而言，港台书面语是比较边缘化的、次要的区域性分支，其生产力有限，流通范围也有限，不能对内地书面语产生深刻的影响（词汇影响另当别论）。（戴昭铭、赵一凡，2009）

以上表述分别把大陆的语言（当然是普通话）与海外的华语看作母体与子体，或者是主体与分支的关系。对于这一点，有人说得更是直截了当："华语是我国普通话的区域性变体。"（梁冬青，2006）

第二种是中国大陆以外的立场。

如果说，大陆学者的立场是强调与维护普通话的"主体"或"正宗"地位，那么中国大陆以外学者的立场则是在一定程度上摆脱或弱化其所在国家/地区华语的"从属"地位。以下一段话大致可以作为代表：

"国际宽式汉语共同语"是一套简单而且稳定的共同核心语言要素，它本身不是任何一种具体自然语言，而是一组语言特征，它存在于大同小异的各汉语变体之中，所有的汉语共同语区域变体一起组成一个没有家长的语言大家庭：北京汉语、广州汉语、上海汉语、新加坡华语、台湾华语、纽约唐人街华语。既要维持大同，又要尊重小异，应该给予汉语共同语的各地特色以充分的地位和完整的尊严。要摆脱"中心""一统"等过时观念的束缚。（徐杰，2006）

周清海（2007）对此表示支持，认为"应该倡导'国际宽式汉语共同语'这个理念"。

上述立场的不同，从"华语"以及"全球华语"的英译上也能反映出来：对前者，中国大陆学者多译为 Chinese 或 Chinese language，后者则多为 global Chinese；中国大陆以外学者多用 Mandarin 来对译"华语"，而"全球华语"则通常用 global Mandarin，新加坡学者一般把新加坡华语译为 Singapore Mandarin。

第三种是"中立"的立场。

现在，出于某种考虑，有人试图改变或有意模糊上述立场差异，比如郭熙对华语定义的改变及相关解释就体现了这一点。如上一节所述，他给出的华语定义，经历了"以普通话为标准的华人共同语"，到"以普通话为核心的华人共同语"，再到"以普通话为基础的华人共同语"三个阶段的变化。

很显然，从"标准"到"核心"再到"基础"，是在不断地"降级"，而在我们看来，这当然是立场日趋"中立"的表现。至于为什么会有这样的变化，郭先

生的解释是:"我们对华语在认识上的发展变化是为了更好地处理普通话与各地华语之间的关系。"(郭熙、崔乐,2011)

另外,郭熙还抛开现有的华语译名,坚持使用 HUAYU 或 Huayu,并对其"微言大义"作了以下的阐述:"我希望通过造一个英文新词的方式把'华语'的概念引入英语世界中去,以此向世界传递一个信号,原有的 Chinese 已经无法涵盖我们现在对'华语'的定义了。《全球华语词典》与海外华语研究中心的英文翻译都采用了这种译法。对'华语'的定义与翻译是认识上的一场革命,对我自己也是认识上的一次飞跃。我们过去讲语言大多只讲'交际工具',现在我认为必须强调语言是一种'认同工具',正如我们过去常说的语言是民族的纽带。"(郭熙、崔乐,2011)

随着上述第三个定义的提出,以及影响巨大的《全球华语词典》对它的采用,"以普通话为基础的华人共同语"似乎已经成为时下最权威、最有影响的定义了,所以本文就以此为对象进行一些讨论。

按一般的理解,所谓基础,意为"事物发展的根本或起点",而把这一词义代入上述定义中,则华语就是"以普通话为根本或起点的华人共同语"。那么,这个"根本或起点"是什么呢?如果用上述的"变体说",很多人的认识当然就是各种变体的"母体"了。关于这一点,梁冬青(2006)说得非常干脆:"华语是我国普通话的区域性变体。"而持这种意见的恐怕还大有人在,比如长期在新加坡工作的香港学者汪惠迪(2002)也说:"新加坡华语是在新加坡的土壤上形成并发展起来的现代汉民族共同语——普通话的区域变体。"

针对这样的观点,我们将在下文进行具体的讨论,这里先从技术层面指出一点:说华语是普通话的区域性变体,隐含的意思自然是普通话在先而华语在后,而这显然与事实不符。因为 1955 年 10 月相继召开的"全国文字改革会议"和"现代汉语规范问题学术会议"决定将规范的现代汉语定名为"普通话",并确定了普通话的定义和标准。也就是说,"普通话"是 1955 年中国政府决定加强汉语的规范化而采用的汉语标准语的名称,而在此之前,无论新加坡和马来西亚的华语,还是港澳台地区的国语都已经存在了。

我们试图站在"中立"的立场,从郭熙的"基础说"入手,讨论华语的基础及内涵问题,主要观点是华语有两个不同的基础,即历史的基础和现实的基础,二者合一,才能比较客观准确地理解和揭示华语的基础及其内涵。

二、华语的历史基础

本小节中,我们将结合清末民初以来的官话和传统国语在各相关国家和地区的发展来看华语的基础及其内涵。

在这方面，已有的研究和论述已经相当不少，我们稍加梳理就可以理出一条比较清晰的线索。

先来看台湾的情况。

周有光（2010）对台湾推行"国语"及其成效作了以下简单介绍：

> 国民党接管台湾，第一件大事是使台湾人能说中国国语。……1946年台湾成立"台湾省'国语'推行委员会"，艰苦工作，积极推行。经过13年又3个月的时间，1959年任务完成，实现了全省大中小学都以"国语"为校园语言，全省各种公共活动都以"国语"为交际媒介。推行委员会于是宣告结束，此后经常性的"国语"教育，由学校继续担当。台湾从全省都不懂"国语"，变成中国有史以来第一个普及"国语"的省份，不能不说是"极大的成功"。

台湾推行以及普及的当然是传统的国语，而不可能是后来的普通话。换句话说，台湾"国语"的基础，只能是传统的国语而不是普通话。关于这一点，仇志群（1996）说得非常明白：

> 台湾一直没有像大陆那样明确地提出"国语"的标准，实际上"以北京音为标准音，以北方方言为基础方言"也就是台湾所说的标准"国语"的标准。台湾从1949年以来与大陆长期隔绝，形成一个封闭的汉语言环境。虽然坚持以"国语"为标准语，但台湾的"国语"的规范标准，自然地靠向了南方官话痕迹颇重的50年代前的现代汉语书面语，也可以说靠向了一个历史的静态的标准。

如果说以上表述仅能代表大陆学者的观点，那么我们再看澳门以及台湾学者的表述：

> 台湾"国语"则是由大陆人带到台湾去的一种官话，它的特征一是特别容易吸收其他方言的成分，二是规范标准主要听从人的规定。（程祥徽，1997）

> 国语"唐山过台湾"，四十多年来，在台湾落地生根，自行发展，已逐渐与海峡对岸的"大陆普通话"有些不同，形成了"台湾'国语'"——一些外国语言学家所称的Taiwan Mandarin。（曹铭宗，1993）

通过以上三段引语，至少可以明确以下两点：第一，进一步证明前边所引两段大陆学者所说，即台湾"国语"是传统国语的直接使用和推广；第二，传统国语进入台湾后，结合本地实际情况，有所发展变化，从而与大陆地区的传统国语以及后来的普通话产生一些差异，拉开一定的距离。

结合以上内容，如果说传统国语是台湾"国语"的"根本或起点"，无疑是非常正确、非常准确的。

我们曾经从"两个距离"的不同来描述海峡两岸民族共同语的差异：与早期国语（即传统国语）的距离，大陆远大于台湾；书面语与口语的距离，台湾远大于大陆。这一表述大致也可以从继承、发展和变化的角度支持上述结论。

香港的情况大致也是如此。

许多研究者习惯上不分港台，其实正是着眼其同（自然也包括它们共同的历史传承）。戴昭铭、赵一凡（2009）说："（20 世纪）50 年代以后，出自港台本土的一些语言特点渗入'国语'，逐渐融合成了既与传统'国语'有别，又与内地书面语有别的'港台式'国语。"

关于香港国语的来源及使用情况，石定栩、邵敬敏、朱志瑜（2006）说："以 1919 年的新文化运动为契机的白话文运动，必然对全国的书面语产生深远的影响，香港的书面语也不能例外。此后的几十年间，香港书面语的发展大致与内地书面汉语同步，无论中小学语文课本，还是文学作品、报纸新闻，基本上用的是标准汉语书面语。"

这里的"标准汉语书面语"显然是指传统国语而不是后来普通话的书面语。另外，香港的学校教育教材安排和选取，总体而言大致还"停留"在传统国语时代，说明的也是同样的问题。香港学者田小琳（1997）就此写道：

我们以中学语文课本第三册（中二上学期用）的内容为例来探讨一下。本册 17 篇课文，文言文 6 篇，占 35%，现代文 10 篇，新诗 1 篇。现代诗文中，新诗是 20 年代作品，描写文三篇是 30 年代作品，记叙文一篇 50 年代，另一篇胡适的《差不多先生》，选自《新生活》杂志，也应该是二三十年代的，抒情文一篇 60 年代，两篇 70 年代，两篇论说文年代不详。……70 多年来，语文课本的教学内容未曾有过大刀阔斧的改革，文言文和二三十年代名家名作占住大量的席位不肯退休。就说朱自清先生的《春》吧，自 1937 年选入教材，至今长达 60 年之久。

澳门因为毗邻香港，又与之同属粤语区，加之有大致相同的社会背景，所以在语言方面也表现出很高程度的一致性。

澳门学者黄翊（2007）这样写道："在行文上，港澳粤方言也比普通话地区保守，尤其是在书信写作和公文写作方面。在港澳写作人和阅读人心目中，几乎形成一个共识或风气：半文半白的作品或兼用文言词语的作品常被认为具有古雅的风格，表明此类文章的作者是念过书、有文化的人。"这里的"保守"和"半文半白"以及"兼用文言词语"等，正是传统国语的重要特点，而这也就从一个方面说明，澳门国语书面语的基础，同样也是传统国语。

除港澳台国语社区之外，世上最大的一个华语社区——新加坡的情况也是如此。

徐杰、王惠（2004）说："新加坡是在没有普通话口语基础，没有普通话直接影响的情况下推广华语的，其长期用作学校教材的书面语也是五四时期的书面语。"

既然是在没有普通话口语基础、没有普通话直接影响的情况下推广和使用华语，显然新加坡华语的基础就不会是普通话。而长期用作学校教材的书面语也是五四时期的书面语（关于这一点，我们在后边还会专门讨论和证明），正说明其与传统国语之间的关系——以后者为基础。

以上所引，大致都是根据各地情况分而论之的，其实我们还能看到很多总体性的论述，以下酌引两段：

在新马一带，辛亥革命之后，华侨学校就用国音教识字；台湾地区光复之后在学校和社会上也大力推行'国语'；说来还是港澳地区通语的普及最晚，识字教学用的一直是粤语方音。然而，由于汉字兼用口头语和书面语，又连接古今，贯通南北，现代白话文也早就在海内外通行并占据主导地位。（李如龙，2013）

1949年之后，各地华语与现代汉语标准语分别发展。各华语区保留了"国语"的许多特点，受"国语"的影响是巨大的。各地的华语也没有经历过类似近期中国社会的激烈变革与变化，受现代汉语标准语的影响也很少。各地华语又受到不同外语的影响，各地的社会、经济、政治制度也不同，和大陆的差距更大，因此造成了各地华语之间，各地华语和现代汉语标准语之间出现差异。（周清海，2008）

后一段话把中国大陆普通话社区和其他国/华语社区分得很清楚，把国语（应指传统国语）与现代汉语标准语（即普通话）也分得很清楚，应该首先就是基于对全球华语基础的认识。

其实，这种在相关研究中把国/华语与大陆普通话相对而言的做法比较普遍，部分原因正如汪惠迪（2008）所说："中国的台湾、香港、澳门以及新加坡和马来西亚在地域上接近，都实行资本主义制度，价值取向相同，因此形成了一个华语语用圈。由于科技发达，信息传递便捷，民间交往频繁，因此语言长期处于活跃互动、互补状态，词语的交流广泛、快捷、频繁。五区之中任何一区所产生的新词新语，立刻通过媒体或影视作品等传播到其余四个地区，通常都能在当地落户，为当地语言用户所接受，成为五区共用的词语。"

不过，在我们看来，这里还忽略了另外一个重要原因，即五区国/华语都以传统国语为基础，并且与之保持了相当程度的一致性，所以才有如此的共性。

至于中国大陆地区的普通话，自然也是在传统国语的基础上发展而来的，但是二者之间有一个相当明显的分化过程。如果寻根溯源，这一过程则如郭熙（1993）所说："如果说'五四'文白之争的尾巴还只是给汉语后来的分化留下了一个诱因，而苏区的建立又埋下了以后分化的种子的话，那么中共延安根据地的建立以至整个解放区的扩大和蓬勃发展则使得汉语的分化日趋明显化了。"

更大的分化及此后的发展变化起于1949年及以后。徐杰、王惠（2004）就此写道:"中国于1949年发生了重大政治巨变,成立了中华人民共和国。……这些变化自然地映射到语言上,促使了语言尤其词汇发生了巨大的变化。……但是由于新中国前三十年的封闭,这些词汇有些并未影响到海外。也就是,中国普通话变了,而新加坡华语并未跟着改变,不同也就出现了。有些中国普通话不用的词语在新加坡仍然活跃在新加坡华语中。"我们认为,如果把比较对象从词汇扩大到整个语言,把对比的视野从新加坡扩大到整个大陆以外的国/华语世界,以上表述同样也是合适的。

另外,前述中国大陆以外的学者多用 Mandarin 来对译"华语",也能从一个方面证明我们以上的观点。《牛津英语大词典》对 Mandarin 的解释是:"一般来说,Mandarin 指中国的官员和受过教育者的口头语言;也可指在中国口头使用的共通语的各种官话,特别指北方的变体——它形成了普通话的基础。"(丁安仪、郭英剑、赵云龙,2000)这种作为普通话基础的官话,显然应该是指本文所说的传统国语。

把以上的观点和材料简单总结一下,就是传统国语与当今的华语/国语/普通话之间,有派生的关系,即后者都是前者的地域/社区/功能变体;至于普通话与各地国/华语之间,却没有这种派生关系,说后者是前者的变体,是不能成立的。

如果着眼于历史源流,我们显然不能认同"以普通话为基础的华人共同语"这样的华语定义,而如果改为"以传统国语为基础的华人共同语",则是可以接受的。

三、华语的现实基础

前边的讨论中,我们基本只提到中国大陆普通话和其他国家或地区国/华语的差异。其实,谈到差异,我们首先有必要明确以下一点:近些年来,人们在进行华语对比研究时,往往都只着眼、立足于差异(主要是普通话与国/华语的差异),这样就给人一种印象,似乎这种差异很大、很普遍,但是这其实并不符合实际。实际情况是"大同小异",即国/华语内部的一致性远大于差异性,当然就普通话与任何一地的国/华语相比而言也是如此。

就以台湾和大陆对比而言,仇志群(1996)已经明确指出以北京音为标准音,以北方方言为基础方言就是台湾"标准国语"的标准,而这一"标准"至今也仍在一些教学机构使用,用于教授学习汉语的外国人。(李行健、仇志群,2014)在现实的差异中,语法方面最小,语音系统方面也主要只有舌尖前音和舌尖后音(平翘舌)以及轻声、儿化的有无和多少等较为明显的差别。就差异最大的词汇方面来说,苏金智(1995)认为,两岸有差异的词语在5000个左右,占总词汇库不会超出10%,而根据我们的研究,参照其他同行学者的意见,两岸有差异的词语大致在 3%—5%，并且随着两岸关系的稳定和交往交流以及语言融合的持续进行，这一比例还在不断降低。

其实，在当今的形势下，普通话与国/华语融合的一面表现得非常明显和突出，对此我们在本书"实证研究"部分将有专章进行讨论。汪惠迪（2008）在谈到国/华语五区的共性后接着又说，台湾、香港、澳门，以及新加坡和马来西亚的五区共用词语大量流入大陆，成为六区共用词语，甚至已经成为"大华语"的共用词语。周清海（2008）也表达了大致相同的意思："中国改革开放之后，因为应用的需要，和外面华语世界的语言接触频繁，普通话和其他地区的华语差距正在逐渐拉近。各华语区的新词语大量涌入普通话中，新的表达方式逐渐出现在大陆的书面语中，这也使普通话出现了新的面貌。"

当然，这只是问题的一个方面。另一方面，普通话对国/华语的影响也越来越大，由此也促使后者向前者靠拢。周清海（2008）就此写道："但随着中国影响的扩大，华语也有向普通话靠拢的趋势。新马以前说'特别好、特别快、特别想、特别喜欢'，现在逐渐让位给'特'，说成'特好、特想'。新马及港台的'高过你'，也在中国不少地方替代了'比你高'的说法。新马华语的量词'粒'（一粒球、一粒苹果），逐渐让位给'个'，'一拨人'和'一批人'也有互相消长的现象。"

我们当然还可以找出更多的相关事实，而所有这些事实都指向了一点：曾经一度被拉大的普通话与国/华语距离已经开始缩小，或者说它们的个性在减少，共性在增加，因而正在经历趋同性的发展与变化。以上事实应当予以充分注意和高度重视，因为这是我们站在今天的立场和角度，在定义华语、认识和明确其内涵时需要关注和考虑的一个重要因素。

另外一个更需要关注和考虑的重要因素是现实情况下普通话在整个华语世界的地位和作用。汤志祥（2009）曾就这个问题写道："无论就华语的发源地、代表性、纯粹性、集中性，还是其使用人口、使用范围以及使用程度等方面看，中国大陆的华语（即华语普通话）无疑是全球华语的主体。"短短一句话中，汤文一下子列出了七个方面的理由，来说明普通话最有资格作为全球华语的主体。

我们认同这一观点，除了汤文所列的七点外，以下再从几个不同的角度和方面作简要的阐述。

第一，从与基础方言的关系看。普通话和它的基础方言始终未曾分离，这一点非常重要，如程祥徽（1997）所说："大陆普通话因有一种方言为其语音标准与基础方言，所以鲜活而有根基。"至于国/华语，朱德熙（1987）曾经就台湾的实际情况指出："至于台湾'国语'，由于长期与基础方言北京话隔绝，必然要发生变异。与基础方言隔绝的另一后果是使它失去了赖以维持其稳定性的制约力量。所以台湾'国语'的不稳定的程度与普通话相比，恐怕是有过之而无不及。"当然不只是台湾，其实整个国/华语都是如此。

第二，从普通话的国际地位看。汉语是联合国的六种工作语言之一，中华人民共和国是联合国安理会常任理事国之一，所以联合国的工作语言当然应该是中国的国家通用语言，即《中华人民共和国国家通用语言文字法》所明确和规定的普通话。另外，就语音而言，国际标准化组织（ISO）经过多年审议，最后在1982年决定采用汉语拼音方案作为汉语罗马字母拼写法的国际标准。（周有光，1988）由于汉语拼音是拼写汉民族标准语的拼音方案，所以以此为标准，不仅明确了规范的拼写法，实际上也明确了它所代表的规范读音的国际地位。

第三，由汉语国际传播的实际看。眼下，中国大陆地区无疑是汉语国际推广与传播的主体。截至2015年底，全球的孔子学院和孔子课堂数量分别达到了500所和1000个，注册学员总数190万人，分布在135个国家。另外，据中国高等教育学会外国留学生教育管理分会的统计，2013年共计有来自200个国家和地区的356499名各类外国留学人员分布在全国31个省、自治区、直辖市的746所高等学校、科研院所和其他教育教学机构中学习。外国学生学的是普通话，写的是简体字，用的是汉语拼音。此外，还有各种汉语水平考试，自然也是以普通话为标准。据统计，截至2013年底，全球共有汉语考试考点860个，其中海外考点530个，分布于112个国家，国内考点330个，分布于71个城市。2013年，全球共有500万人参加由孔子学院总部、国家汉办举办的各类汉语考试。我们有理由相信，随着全球性汉语热的持续升温，普通话必将向更多的国家和地区的更大范围推广与普及。

第四，由海外华语的现实及发展看。周清海多次强调，国/华语在语言规范方面应保持共同的核心，而这个核心就是中国的普通话，各地区的国/华语应尽量向这个核心靠拢。周先生明确指出，新加坡在推行华语或华文教学运动中涉及语言标准的问题时，应以中国的普通话作为标准，因为"华语的前景在中国，不在新加坡"。尚国文、赵守辉（2013）指出，"新加坡华语在规范化过程中默认的标准是普通话，这在学界已有共识。"台湾的情况如前引李行健、仇志群（2014）所说，以北京音为标准音、以北方方言为基础方言的"标准国语"至今仍在一些对外华语教学机构使用。[①] 香港自1997年回归以来，普通话的地位也在不断提高，以下是《人民日报·海外版》2013年6月10日第5版一则报道中的一段：

[①] 其实在一些对中国人的华语教学中也在使用一些传统的、与普通话相同的标准，比如我们在2012年赴台参加一个语法学研讨会，有一位台湾同行宣读的论文就是批评当下在台湾比较流行的"有＋VP"是病句，主要理由就是传统国语中没有这样的形式。

如今的香港，各种各样的国际会议、论坛及展览，地铁与巴士的报站，客服电话的语音提示等，都能听到普通话。根据香港特区政府2012年初公布的香港2011年人口普查结果，在2011年，大约1.4%的人口以普通话为最常用的语言，较2001年的0.9%高。此外，尚有约46.5%的人口报称能说普通话，与2001年比较大幅上升约13.2个百分点。

此外，报道中还指出，国家普通话水平测试在香港实施以来，对香港地区推广普通话起了积极作用。参加测试的人数由1996年的141人次增加到2010年的9317人次，升幅达65倍。截至2010年底，港人参加测试的总人数已超过7万人次。另据香港特别行政区政府统计处2022年2月发布的《香港2021人口普查报告》，能说普通话的5岁及以上人口比例，由2011年的47.8%增至2021年的54.2%。

我们有理由相信，随着中国国力的不断增强和国际影响力的持续提高，普通话在全球华语圈内的影响会越来越大。

这样，着眼于现实，如果我们还用"以普通话为基础的华人共同语"这一华语定义的话，可能至少需要加上两点限定：一是时间的限定，即立足于"当下"而不是"从前"；二是要对"基础"进行重新解释，即不是作为"根本"或"起点"，而是作为规范标准的主体或主要依据，或者说是核心的内容。不过，既然如此，郭熙先生的第二个华语定义，即"以普通话为核心的华人共同语"或许比第三个更合适一些，因为"核心"的意思就是"中心"。

结合以上历史和现实两个层面的基础，如果要给华语下一个简单的定义，我们趋向于用"以传统国语为基础、以普通话为核心的华人共同语"。

四、需要进一步澄清的一个问题

华语的基础和内涵问题十分复杂，以上只是初步提出我们的看法，这里涉及的问题还有很多，以下仅就华语的历史和现实两个视角问题，做进一步的澄清和说明。

我们认为，观察和分析华语，应该有历史和现实两个视角，或者说华语有历时和共时两个维度。到目前为止，人们对华语的一般认识，主要来自现实的视角或共时的维度，所以我们认为有必要特别强调一下历史和历时的问题。

我们认为，华语以及与之相关的一组概念的所指，虽然是一种共时层面的存在，但却是历时发展累积的结果，所以要明确和厘清它们各自的内涵以及相互关系，首先就应该历史地看问题。限于篇幅，这里我们仅就传统国语与普通话之间的关系来进行说明。

据我们了解，一般论者大致都认为普通话只是传统国语的改称，比如林焘

(1998)说:"中华人民共和国成立后,在 1955 年 10 月召开了'全国文字改革会议'和'现代汉语规范化学术会议',确定以'普通话'作为汉民族共同语的正式名称,代替过去通行的'国语'。"

至于为什么会在新中国成立后把传统国语改称普通话,王理嘉(1999)谈到以下两点:"普通话这一名称一方面包含着对国内少数民族语言文字的尊重,另一方面也是为了强调其普遍性,以便推广。"关于两点中的前一点,苏培成(2010)说得更为具体和全面:"为了体现各民族的平等与相互尊重,为了避免少数民族误以为国家只推行汉语而歧视少数民族语言,所以在 1955 年 10 月召开的全国文字改革会议和现代汉语规范问题学术会议上,对规范的汉民族共同语的名称进行了认真的研究和讨论,决定把清末到民国时期的'国语'改名为'普通话',而且对'普通话'做了新的解释,赋予它科学的含义。"

那么,早期的国语和后来的普通话这两个能指形式是不是仅为替代关系,它们的所指是不是完全相同?这个问题到目前为止似乎还没完全进入人们的视野,或许有人可能根本就不认为这是一个问题。

然而,这的确是一个值得好好研究的问题。

我们初步的看法是,从"国语"到"普通话",不仅仅是名称的替换,而改变的原因也不仅仅是如上王、苏二位所说,其背后还有更为深刻的政治和语言自身原因,以下试就这两个方面作简要的说明。

先说第一方面。中国共产党机关报《人民日报》1951 年 6 月 6 日发表的社论《正确地使用祖国的语言,为语言的纯洁和健康而斗争!》一文,对中国的语言规范以及普通话的发展产生过深远影响,该文中有以下一段话:

应当指出:正确地运用语言来表现思想,在今天,在共产党所领导的各项工作中具有重大的政治意义。在国民党及其以前的时代,那些官僚政客们使用文字的范围和作用有限,所以他们文理不通,作出又长又臭的文章来,对于国计民生的影响也有限。而在共产党领导下的中国就完全不同了。党的组织和政府机关的每一个文件,每一个报告,每一种报纸,每一种出版物,都是为了向群众宣传真理、指示任务和方法而存在的。它们在群众中影响极大,因此必须使任何文件、报告、报纸和出版物都能用正确的语言来表现思想,使思想为群众所正确地掌握,才能产生正确的物质的力量。

我们认为,后来的名称改换,正是为了与"国民党及其以前的时代"作有效的区隔,这样,两个不同的名称自然就具有了两种不同的政治内涵。

再说第二方面。近二十年来,我们一直从事现代汉语的发展演变即"现代汉语史"的研究,我们认为,传统国语和普通话实际上代表了现代汉语大致前后相接的两个不同发展阶段。

早在1992年，我们就对现代汉语做了一个阶段划分，分为以下四个阶段：1919—1949、1949—1966、1976—1977、1978至今。后来我们又认为，如果分期不必过于苛细的话，也可以把新中国成立后到改革开放前的两个阶段合而为一，视为同一阶段的两个下位分期。这样，如果把传统国语和普通话的概念带入上述分期的话，则新中国成立前属于第一阶段，而进入第二阶段以后属于普通话阶段。

关于第二阶段始于1949年的理由，我们指出："这是在前期的基础上发生巨大变化的时期。此期语言的所有发展变化，几乎都与新中国成立后社会制度的根本改变以及一系列对语言文字大规模的整理和规范化、纯洁化活动有关，这些活动带来了现代汉语面貌的大改观。"下边分别从文字、语音、语法和词汇方面做了进一步的说明。

我们关于现代汉语的阶段划分已经得到不少同行学者的认同。比如，郭伏良（2001）根据新中国成立以来汉语新词的产生情况对现代汉语史所作的分期与我们完全相同；何九盈（2007）提出近代以来中国语文转向的问题，并划分为五个阶段，其中第四阶段也是始于1949年；邵敬敏在为杨海明、周静《汉语语法的动态研究》（北京大学出版社2006年版）一书所作的序言中，谈到现代汉语在近一百年里发生了三次急剧变化，其中第二次的起点也是1949年。关于这一划分的部分理由，邵先生指出："中华人民共和国的成立标志着以解放区语言为代表的新词新语新用法迅速替代了旧词旧语旧用法，这体现为'社会革命'的成果，从而形成了'革命式语言'。"

当然，语言的发展有阶段性，但各阶段的起止时间却不能绝对化，这就像河流一样，可以分为上、中、下游，但是没有人能够准确而令人信服地说出它们的具体分界点。因此，虽然今天含义的普通话在1949年还没有提出和明确，但是明显的转变却始于此时，所以认为此时是普通话阶段的开始或许并不是不可以接受的。

明确华语的历史和现实两个视角，特别是历史的视角，对我们观察、了解和认识全球华语的基础与内涵以及其他一些相关问题，无疑有很大的意义和价值。最起码说，通过两个视角得出的认识和结论总会比一个视角来得全面、深入一些。

针对华语及其运用以及相关的研究和国际推广，我们在这里要郑重提出一个口号：尊重历史，正视现实。

尊重历史，立足于历史的视角和历时的维度，就会对当下共时平面华语各主要分支的"同源"性质产生更加清醒的认识，从而对各地华语给予充分的尊重，因为传统国语在不同的言语社区不同步的发展变化，才最终形成了今天的差异和分歧。这种历史形成的现实，不应该成为我们的包袱，而是我们的财富。徐大明、王晓梅（2009）指出，"事实上，除了'沟通'，华语还有重要的'认同'作用。"这种认同的作用和价值，正是基于华语独特的历史发展过程。郭熙（2004）指出，"汉语已经是世界性的语言，不再为中国所独有。汉语的发展也不再是中国内部的事情，全世界的华人都在为汉语的发展作出贡献。"以上结论的得出，首先也是基于对华语历史的尊重。另外，郭熙（2006）还着眼于华语的规范标准指出，"各地华语之间并不能用同一个绝对的规范标准，应该在它们之间展开协调，应该充分考虑到各地华语趋同与存异以及双向互动问题。"这同样也是充分考虑到华语独特的发展历史。

正视现实，就是在充分尊重各地华语及其差异现状的同时，还应该正确认识和评估普通话在当今国/华语圈的地位、作用、影响和价值，特别是对于国/华语标准的确立和规范的制定而言，这一点尤为重要。虽然我们无意把普通话当作"家长"，但却也不赞同"一视同仁"或"等量齐观"，因为这样势必导致各是其是，即在华语教学特别是国际推广中各持自己的标准，从而造成很大的麻烦甚至混乱。实际上，这样的问题已经出现："外国青年常问：我想学中文，大陆中文，台湾中文，香港中文，学哪一个好呢？"（周有光，2010）

周清海（2004）在谈到新加坡华语向普通话靠拢的原因时指出，"因为我们知道，保留太多自己的语言特点，只会给自己带来麻烦，不利于和别人的沟通。"另外，周文还指出："对台湾语文界和语文教育界的朋友特别强调差异，我提出的劝告是：台湾在为自己建立语言身份时，必须考虑'走得出去走不出去'的问题。"我们认为，这才是客观而又实际的态度。

其实，今天的大陆学者就这个问题基本已经达成共识，这基本就是陆俭明（2005）所表达的观点："一方面要提倡以普通话为规范标准，另一方面我们又不做死的规定，不一定要求境外华语港澳台国语要不折不扣地完全接受中国普通话规范的限制，也可以有一个容忍度。"大致同样的意思，于根元（2006）简约地表述为："标准可能不会多，具体要求要宽容。"

五、关于华语是否包括方言的问题

关于华语的内涵，还有一个重要的问题，这就是它是否包括方言。在这方面，有两种不同的意见和观点。

1. 认为华语包括方言

汪国胜（2012）在指出华语有广、狭两种意义后，进一步指出，"从语言研究的角度来看，也许做广义的理解更为合适。"游汝杰（2012）则是从"全球化背景下的当代汉语"角度切入这个问题："我们认为，从国际的观点来看，当代汉语应包括海内外各地的汉语及其方言。研究的视野也应扩大到全球各地的汉语及其方言，特别要加强海外汉语及其方言的本体研究和使用研究。其研究成果将对语言接触、双语现象、语言教学等各领域大有学术价值。我们对'汉语'内涵应重新认识，汉语应包括海内外汉语及其方言，与之相应，汉语语言学和语言教学的视野也亟待扩大。"游文中的"当代汉语"或"汉语"，显然是一个最大的概念，即相当于这里讨论的全球华语。

2. 认为华语不包括方言

与上引表述相比，持"不包括说"的人似乎更多一些，并且往往表述得直截了当。如上引周有光（2001）就非常肯定。此外，再如郭熙（2006）指出："现实意义中的'华语'不包括方言，它有自己的标准，所以它又是一种标准语。"田惠刚（1994）也表达了同样的观点："（华语）是指在海外使用的闽、粤、潮、客、琼等方言的共通语，而不是这些方言本身。"徐杰、王惠（2004）所用的上位概念是"华人语言"，下含共同语"华语"和"华人方言"："华语（Mandarin）是华人使用的语言，是华人的民族共同语。华人语言包括民族共同语和闽、粤、吴、赣、湘、客六种华人方言。华人方言是华人语言的地方变体。"姚德怀（2013）则着眼于新加坡华语，同样说得非常清楚："新加坡的'华语'只指汉语普通话，不包括方言，华语即 Mandarin。"

有的表述虽然不那么直截了当，但意思也是清楚的，比如吴英成（2003）指出："随着华语在全球各地日益通行，它与英语一样，也开始衍生各种地域华语变体。以过去属于同文同种的中国大陆、台湾地区、香港特区、新加坡华人为例，由于近百年来各自不同的历史命运，加上华语与当地通行的汉语方言以及外族语言的融合等因素，富有地方色彩并深受当地华人认同的华语变体自然产生。"这里把华语与当地通行的汉语方言与外族语言对举，显然它们之间是并列的而不是包含的关系。

关于海外华人的共同语和方言，李如龙（2013）梳理得比较清楚："海外华人在外定居，远的已有数百年历史，近的也已逾百年。他们带走的母语是中国东南部的汉语方言，主要是从泉州、漳州带去的闽南方言和从广州带去的粤方言。海外形成华人的通语——华语，是后来的事。大体和 20 世纪的新文化运动和民国以来国语运动的开展是同步的。"当初的民族共同语国语自然是不包括方言的，现在的汉民族共同语普通话也不包括方言，所以全球华人的共同语自然也应如此。我们今天无论是讨论小的概念，即某一地域内的普通话/国语/华语，还是讨论大的概念，即"全球华语"，都是在共同语的范围内进行，因此都不应该包括方言。

如前所述，把方言包括在华语之内，或许是受广义的现代汉语包括方言观念的影响,其实,与其把方言包括在内,然后再以广义、狭义别之,而在实际的具体研究和操作中,却并不把方言包括在内,不如直接把方言排除在外。那么,接下来的一个问题是,方言被排除在外,它的"位置"如何安放?其实方言就是方言,它与"华语"分属于不同的系统,它们的来源及发展过程和道路也各不相同,因此不宜搅在一起。

当然,在全球华语的研究中,我们无法、也无须排除方言的因素。事实上,方言也是观察前者的一个重要视角,或者分析和解释某些问题的一个重要抓手或途径,但它毕竟不是问题本身,因此不应该成为华语研究的主要对象或对象之一。

六、关于全球华语各变体的层次问题

要比较全面地了解和认识全球华语的内涵,除上述各方面外,还有一个重要的点,这就是普通话/国语/华语变体的层次问题。我们曾经谈到,全球华语观念的提出和确立,给我们的语言研究开辟了新的领域和内容,其中就提到华语的层次问题,但是限于篇幅以及当时的认识,并未就此展开。其他人的相关研究中,有的直接论及或涉及这一问题,但就目前的状况来看,认识差异较大,远未达成共识,所以还有进一步讨论的必要。

李行健、仇志群(2014)指出,"大华语"的概念提出后,学者们对华语社区作了这样或那样的划分,有的一分为五(中国大陆、香港特区、澳门特区、台湾地区、海外华语社区),有的一分为四(大陆华语、台湾华语、港澳华语、海外华语),而《全球华语词典》则以社区华语的概念划分出大陆、港澳、台湾、东南亚和其他境外五类。文中认为,大华语如果展示开来,不会是一个单层次的、平铺排列的界面。

吴英成(2003)认为,全世界的华语可以依据扩散的种类,它在居留地的社会语言功能域、语言习得类型等因素,划分为三大同心圈:内圈、中圈、外圈。内圈指以华语为母语或者全国共同语的"中原"地区,包括中国大陆与台湾;中圈指以华语作为共通语的海外华人移民地区;外圈指以华语作为外语学习的非华人地区,这些地区主要的学习者包括日韩、欧美等外籍人士。郭熙(2006)认同吴文的以上划分,把内圈华语称为"核心区华语",而"核心区华语"之外,因为种种原因,在贯彻"标准"上会形成自己的特点。

吴、郭的观点实际上是把全球华语从内到外划分为三个层次,就与本章讨论范围相关的部分而言,第一层次包括大陆的普通话与台湾"国语",第二层次则包括新加坡、马来西亚等地的华语。

徐大明、王晓梅(2009)与上述观点有所不同,文章着眼于语言认同和使用把全球华语社区分为"核心华语社区成员""次核心华语社区成员"与"外围华语社区成员"。认为凡是讲华语、直接认同华语的都被他们划入核心圈，包括中国大陆、中国台湾以及新加坡、马来西亚等地。很显然，这是把大陆普通话、台湾"国语"以及新加坡、马来西亚等地的华语看做同一层次。

李宇明（2014）的观点又有所不同，文中提出了汉语"两层级六层次（或五层次）"的层级构造。所谓"两层级"，就是共同语和方言，前者包括大华语、普通话/国语和地方普通话三个层次，后者则包括大方言、次方言和土语三个层次（或大方言与土语两个层次）。李文还指出，"大华语有若干华人社区变体，如大陆之普通话，台湾之'国语'，东南亚之华语等。""随着华人外出的脚步，历史上在世界各地形成了而且今天还正在形成不少华人社区（包括新老'唐人街'）……这些已经形成的华人社区也可能产生大华语的变体。"如此看来，李文的观点部分等同于前引徐杰（2006）所说的："所有的汉语共同语区域变体一起组成一个没有家长的语言大家庭：北京汉语、广州汉语、上海汉语、新加坡华语、台湾'国语'、纽约唐人街华语。"即把各地华语看作大华语下同一层次的变体。

以下给出我们的意见和看法。为了使问题简化，以下主要按本章第一节确定的"普通话—国语—华语"三分的概念体系来讨论三者之间的层次问题。

我们认为，划分全球华语的层次，应该有两个角度，由此就应该有两种不同的划分。

首先是共时的角度。着眼于全球华语的现实分布及其相互关系，我们认为普通话与国语和华语处于同一个层次。在本章第一节我们所列的全球华语概念和指称系统图示中，已经比较清楚地说明了我们的观点。需要指出的一点是，我们与有些观点的不同之处，是认为与普通话和国语处于同一个层次的，是整个"海外华语"，而不是某一具体的"区域名＋华语"（如"东南亚华语""欧洲华语"）或"国名＋华语"（如"新加坡华语""泰国华语"）。换言之，我们不认为普通话与"东南亚华语"或"新加坡华语"处于同一个层次。

其实，早有学者明确表达了与我们相同的意见，比如前引邵敬敏、刘宗保（2011）把华语社区分为五大部分，即中国大陆、香港特区、澳门特区、台湾地区以及海外华语社区，并且认为海外华语社区还可以细分为日本华语区、韩国华语区、东南亚华语区、美国华语区、欧洲华语区等。如果把这里所说的言语社区折换成其所用语言，那么海外华语（海外华人的共同语）既与普通话等处于同一层次，同时又有下位的东南亚华语、欧洲华语等，只是邵、刘二人的文章把"区域华语"与"国别华语"并列为同一层次，可能是一个小小的疏失。

其次是历时的角度。本书以"现代汉语史"的思想和知识体系为基础（详下章），落实在这个问题上，就是一要立足现实，二要关注历史，而后者在层次划分问题上的作用和价值显然在很大程度上被人们忽略了。着眼于历史源流，海外华语与台港澳国语（主要是台港国语）之间有部分较为直接的派生关系（我们将在下一章用较多的事实证明这一点），所以它们不宜完全平列在同一个层次。这样，全球华语下的普通话、国语和华语应该是一个两层次的系统：第一层次是普通话与国语，而华语则基本处于第二层次，二者分别与上述吴英成（2003）华语三圈的内圈与中圈相对应。

关于全球华语的层次划分，我们有必要再作以下几点说明：

第一，所谓层次划分，无非是为了对划分对象及其关系产生更进一步的了解和认识，划分标准不同，自然就会有不同的结果，而这样有可能揭示研究对象不同侧面的特点与内涵，从而有助于形成更加完整、全面的认识。这有点类似语法研究中的"本位"观：一般的语法体系都是单本位，但也有的体系采用复本位。

第二，港澳地区的情况稍显特殊。在一般的相关论著中，讨论的也不多，所以目前对它的认识还比较有限。但是，有一点是非常明确的：香港的两文三语（英文与中文，粤语、英语与普通话）与澳门的三文四语（葡文、英文与中文，粤语、葡语、英语与普通话）现实，使得其民族共同语使用情况及面貌跟其他华语社区有较大不同，所以还较难定性和定位。但是，如前所述，如果着眼于历时，香港国语对海外华语的传播和形成有很大的贡献（详后）。正是着眼于此，我们把它与台湾"国语"合并，与普通话列为同一个层次。

第三，以上只着眼于普通话、国语与华语的层次划分自然是非常粗疏的，因为三者都可以做进一步的划分，由此自然还应该而且可以划分出更多的下位层次（上文所引各家观点在这方面都有不同程度的涉及）。我们认为，这应该是全球华语下一步研究的一项重要内容，随着相关研究的持续进入和不断深入，我们应该能够在不远的将来绘出一幅比较详尽的"全球华语层次结构图"。

第四，李宇明（2017）从另外的角度提出了全球华语的层次问题："大华语拥有多个华语变体，最重要的是大陆的普通话、台湾的'国语'、港澳华语、新马印尼文莱华语等，北美华语正在形成，欧洲华语略有雏形。"由此给我们两点启发：其一，同一或不同层次的华语变体在"重要性"上是有所区别的；其二，不同的华语变体本身发展程度有别，由此就使得整体情况更加复杂多样，研究难度进一步增加。

关于这个问题，我们将在本书第三章中进行详细讨论。

第三节　全球华语学

2012年，我们首次提出了"全球华语学"概念，但是限于当时的条件等因素，并未就此展开进一步的讨论，而在一般的研究中，这个话题似乎也无人提及。现在，在相关研究已经取得很大进展、人们的认识进一步提高的情况下，我们认为讨论这一问题的条件已经基本成熟，而全球华语学的建立也迫在眉睫。

一个"××学"概念的提出和建立，不是轻而易举的事情，它一方面需要有大量研究实绩的支撑，另一方面也应该进行充分的论证。以下主要围绕后一方面，就建立全球华语学的可能性、必要性、重要性以及它的内涵等问题进行一些初步的讨论。

一、汉语研究及其分支学科

我们有必要首先对汉语及其研究的内涵、内容范围及学科划分等情况进行一些梳理，作为我们提出全球华语学这一概念的重要知识背景和现实依据。

在汉语及汉语语言学研究中，有很多术语其实都是一名二实的。比如"语法"，邢公畹（1994）指出："语法有两种意思，一是人们说话时所依据的词的变化和组词成句的规则；二是语法学，即语法工作者对语法系统和语法规律所作的理论概括和说明。"吕冀平进一步指出，客观上存在两种语法体系（即"语法体系"也是一名二实）：

> 语法学家在分析和描写语法现象的时候，要用一套科学术语把那些互相联系又互相制约的语法现象加以系统的分析和说明。对于语法现象是如何联系的，又是如何互相制约的，不同的观点和方法就会得出不同的结论。语法学家按照自己的结论去系统地描写这些联系和制约，然后形成一个整体。这个有系统的整体也叫作语法体系。不过这个语法体系跟前面所谈的作为客观存在的那个语法体系不同，它将是因语法学家的不同观点而各异的。严格说来，这后者应该称为语法学体系。

因为"语法"一词包含"语法"和"语法学"二义，所以"语法体系"自然也是指称"语法体系"和"语法学体系"这两个不同的概念。

不仅"语法"这样，"词汇"也是如此。比如，著名语言学家孙常叙先生的现代汉语词汇学开创性著作，就以《汉语词汇》为名，其实它就是一部重量级的"汉语词汇学"。

当然，更多的时候人们是用"××""××学"的形式来区别二者的，于是就形成了一些语言研究分支学科整齐的对称性分布：汉字—汉字学、语音—语音学、词汇—词汇学、语法—语法学、修辞—修辞学、音韵—音韵学、训诂—训诂学等。

如果要对二者关系进行简单的表述，大致就是："××学"是以"××"为研究对象的一门科学。比如，汉字学是以汉字为研究对象的一门科学。

不止一些汉语分支学科如此，就是作为上位划分的"汉语"研究也是如此：与"汉语"相对应的概念是"汉语学"。王希杰（1990）就曾经呼吁："我们需要'汉语学'。汉语学是以汉语为研究对象的一门科学。它是汉藏语学中的一个部分，也是汉学中的一个部分。"

著名语言学家许威汉先生曾经出版过一部《汉语学》（广东教育出版社1995年版），这是一部汉语通论性质的著作，内容包括绪论、文字、语音、词汇、语法五个部分。白兆麟（1997）称之为"建立'汉语通论'的新尝试"。另外，俞咏梅（2006）讨论汉语学现代转型问题，论文所列的关键词有"汉语学本体论，汉语学认识论，汉语学方法论"。

在汉语学界，比"汉语学"更常见的，是与之同义的"汉语语言学"，以下仅以几篇论文的题目为例：

林玉山：《汉语语言学百年》（《东南学术》，2000年第6期）

马庆株：《汉语语言学走向世界的途径：兼谈语义功能语法》（《南开语言学刊》，2004年第2期）

詹卫东：《大数据时代的汉语语言学研究》（《山西大学学报》，2013年第5期）

戎建廷，任晓霏：《汉语语言学的个性化时代需求》（《汉字文化》，2022年第11期）

北京大学的教育部人文社科重点研究基地从成立起就命名为"北京大学汉语语言学研究中心"，直到2011年才更名为"北京大学中国语言学研究中心"。

在"汉语学"下，王希杰（1990）还提出了"现代汉语"与"当代汉语"的对应性概念"现代汉语学"与"当代汉语学"："在今天，在90年代，在21世纪，建立现代汉语学和当代汉语学具有特别重要的意义。"关于前者，王文还做了进一步的表述："现代汉语学把现代汉语作为一个复杂的开放的系统来研究，不仅研究它的内部子系统及其相互关系，语音子系统、语义子系统、语法子系统、词汇子系统，还研究这个系统同使用者汉人及使用的环境汉人社会、东方文明之间的相互关系，还要研究语用子系统。"

沈孟璎（1999）列有《现代汉语的研究》一章，其第一节的标题是《现代汉语学是语言学的一门学科》，其下有两段类似定义式的表述：其一是"现代汉学……是以具体民族语言——现代汉语为研究对象,揭示现代汉语的结构体系、特点及发展规律的具体语言学(或称个别语言学)";其二是"现代汉语学是共时语言学中对具体语言——现代汉语进行相对静态描写研究的一门学科"。

郭熙(2004)指出:"研究语言的学科是语言学,研究汉语的学科当然就是汉语学。人们习惯了汉语语言学这个命名,这本无可厚非,但以汉语为对象进行研究的学科宜用'汉语学'命名似乎更恰当。"基于此,以全球华语为对象进行研究的学科自然就是"全球华语学"。

其实,不仅汉语研究如此,其他很多社会科学以至于自然科学及其研究也是如此,如历史—历史学、地理—地理学、生物—生物学、物理—物理学等。

以下是"百度百科"对"生物学"的解释:

生物学(Biology),是自然科学六大基础学科之一。研究生物的结构、功能、发生和发展的规律,以及生物与周围环境的关系等的科学。

下面把以上梳理的内容简单总结一下:

第一,无论是"总体"还是"分体",在汉语研究范围内,一名二实以及"××"与"××学"呈对应分布是一种普遍现象。这一普遍现象说明,作为具有一定发展过程和学术积累的研究领域,它既包含客观"事实"及相应的规则系统,也包含主观的观念、理论以及相应的知识系统,前者即上述的"××",后者即"××学"。

第二,至于为什么如此,一个比较合理的解释是,对任何一个客体或对象,如果只有"最基本"的"本体事实"研究,就既不符合人们学术研究由事实到理论的一般发展模式,也难以容纳不同的研究取向、不同的理论来源及体系等,如果再考虑研究角度、目的、方法等的不同,情况自然就更加复杂了。但是,无论情况多么复杂,理论的表述和建构都是科学研究的重要追求之一。

第三,就一般的情况来看,"××"与"××学"既合又分:如果着眼于"××学","××"可以认为是前者的简称;如果立足于"××",则"××学"相比于前者,多出了作为一门"学科"所具有的一些内容和特征。

我们认为,在全球华语日受重视、研究初具规模的情况下,一方面建立全球华语学是题中应有之义,另一方面进行这样的理论建构也正当其时。

二、全球华语研究的主要内容

以下我们对以往的主要研究内容以及与之相关的表述作一简单的梳理,一是为了认清现实,二是看看还缺少哪些方面,而这些方面与全球华语学建立的必要性之间有何关联。

游汝杰(2012)指出:"我们认为,从国际的观点来看,当代汉语应包括海内外各地的汉语及其方言。研究的视野也应扩大到全球各地的汉语及其方言，特别要加强海外汉语及其方言的本体研究和使用研究。其研究成果将对语言接触、双语现象、语言教学等多个领域大有学术价值。我们对'汉语'内涵应重新认识，汉语应包括海内外汉语及其方言，与之相应，汉语语言学和语言教学的视野也亟待扩大。"

游文虽然用的是"当代汉语"，讨论的却是全球华语，而这样的观点应该说已经成为学术界的共识。所以，就当前的情况来看，全球华语（包括"大华语"等）几成学术热词，并且越来越受重视（特别是涉及对外汉语/海外华语教学问题时），进行相关问题研究的人以及相关成果也越来越多。

祝晓宏、周同燕（2017）分三个阶段对三十年来国内的全球华语研究进行了较为全面的总结，指出20世纪80年代围绕华语的具体研究主要是中国大陆以外地区华语词语及华语规划和使用情况的介绍；20世纪90年代主要是围绕华语本体与规划以及华文教学三个方面；21世纪以来则涉及华语学科、华语本体、华语规划、华语词典、华文教学、华语接触和华语生活等方面。虽然研究范围不断扩大，质量和水平也有所提高，但是就总体的情况来看，基本还是围绕"本体"和"实务"方面进行的。换言之，主要是在前述一名二实的前一个"实"的范围内展开的。

就一些论著关于华语研究内容的规划和表述来看，大致也是如此。例如，郭熙（2006）把华语研究的主要任务表述为华语使用现状、语言规划、各地华语特征、各地华语教学中的问题和解决方法、华语资源的开发和利用。刘华、郭熙（2012）把海外华语方面的研究归纳为"华语的界定、性质研究""华语语言特点研究""华语区域词语、特色词语及变异研究""华语和现代汉语对比研究""华语规划与华语规范研究""华语推广与华语文教学研究"等几个方面。很显然，它们依然大都是侧重于"具体问题"的研究。

再看最近的表述。王晓梅（2017）把郭熙《论华语研究》所列的华语研究五项内容和中德合办学术期刊"Global Chinese"（《全球华语》）征文启事中所列征文范围的五个方面归纳总结为以下三个方面：一是微观的本体研究，包括各地华语特征以及变异与变化的研究；二是宏观的语言使用、语言态度与语言理论研究，包括各地华语使用现状的研究、语言维护与转用的研究、基于全球华语视角的语言规划研究、语言态度以及语言意识形态方面的研究等；三是语言教学与学习研究。以上三个方面，只有第二点超脱了具体的语言现象和语情研究，具有一定的理论色彩。

邢福义、汪国胜（2012）列出了全球华语语法研究分两步走的"实际目标"和"理论目标"。前者是目前正在做的工作，包括以下四点：第一，通过调查，弄清华语语法在世界不同区域的差异，特别是在不同区域的变异情况；第二，了解不同区域的华语使用状况；第三，针对华语使用、华语教育中存在的突出问题，提出对策和建议，为国家语言规划和语言政策的制定提供一些参考意见；第四，为汉语方言和民族语言的调查研究积累经验。后者则主要是以前者为基础，因此很大程度上可以说是前者完成后的努力方向，包括两个方面：第一，通过对华语语法的深入研究，力求提出一些关于汉语语法特点和规律的新的见解，丰富汉语语法理论；第二，通过对华语内部的不同变体、华语与外族语言的相互接触以及华语的变异形态等问题的考察，力求得出一些关于语言发展的新的认识。很显然，其研究团队现在所做的工作，主要是第一步的。

通过以上的叙述和归纳，我们可以看到，就目前来说，全球华语的研究主要集中在基础和基本知识的建构方面，理论的探究和富有理论色彩的阐述还比较少。实际上，这样一种格局其实正体现了这项研究的"初期性"，因为就一般的研究和学术发展过程来看，总是先有事实的发掘，然后才有理论的建构。

如果把"本体研究"和"应用研究"看作"实"，把"理论研究"看作"虚"的话，那么任何一个研究范围或学科门类恐怕都应该是"虚""实"结合，由此才能形成一个比较合理、完备的知识体系；而由认识的提高和学术的发展来说，这既符合人们由点到面、由表象到内在的认识规律，同时反映了学术研究由低到高、由浅入深的发展路径和方向。

站在今天的时间节点，对全球华语研究进行回顾和前瞻，我们得到的认识是，当"务实"的研究已经取得较大进展，相关知识已有一定程度的积累后，我们在继续努力的前提下，也应该适当"务虚"，进行一些更有理论色彩、理论意义和理论价值的探索。也就是说，把全球华语的研究向全球华语学的范围和层次推进。从这个角度和意义上说，时代需要全球华语学。

三、全球华语学的成立条件和依据

全球华语学无疑属于"学科"的范畴，而一个学科的建立需要有其背景和条件，下文就围绕这个方面进行一些探讨与说明。

根据《中华人民共和国学科分类与代码国家标准（GB/T 13745－2009）》给出的定义，学科是相对独立的知识体系。宁静、罗永胜（2015）对此作了以下解释和说明："'相对''独立'和'知识体系'三个概念是定义学科的基础——'相对'强调了学科分类具有不同的角度和侧面；'独立'则使某个具体学科不可被其他学科所替代；'知识体系'使'学科'区别于具体的'业务体系'或'产品'。"

那么，满足什么样的条件，才称得上是一门独立的学科？吕俊（2001）给出了这样的答案:"根据学科学规定,凡是一种系统知识所研究的对象与其他的知识系统不同,亦即有着自己独特的、有别于其他学科的工作任务,并能据此而产生与完成任务相适应的理论、原则和方法,而这些理论、原则和方法又不是可以被其他学科的理论、原则和方法所取代的,这样的知识体系就可以成为一门独立的学科。"此外,吕俊、兰阳(1997)还指出了新学科建立所需要的三个必备条件:一是一定的历史条件,二是一定的理论准备,三是要有一批思想敏锐、勇于创新的学术和学科带头人的队伍。

把以上两段表述综合归纳一下,我们大致可以得出建立一个新学科的四个重要前提和必备条件:一是具有一定的历史条件,二是研究对象明确固定且有区别性,三是拥有自己的理论与方法,四是有一支相对固定的学术队伍。以下就围绕这四个方面逐一进行考察和分析。

1. 历史条件

"一定的历史条件"是一个比较模糊的表述,在这里我们主要理解为时代背景、语言及其研究的内外环境,此外还有现实的需求等。

关于全球华语及其研究的时代背景,我们可以从大的方面表述为中国的经济实力和国际地位不断提高,国家"一带一路"开始实施并在世界范围内得到广泛认同和支持,国际中文教育事业高速发展,汉语国际化进程加快推进,全球范围内的汉语热不断升温,世界各地华人社会联系空前密切,各地华语交流不断、互动频繁,等等。

上述时代背景在很大程度上也反映了目前我国外部语言环境的总体面貌。除此之外,就国内学术界而言,人们的语言战略意识空前觉醒,对语言的认识有了长足进步(比如语言规划观、资源观、经济观、服务观等越来越成为共识,也越来越受到重视),汉语学研究不断发展和进步,体现出强烈的开拓意识、创新意识、理论意识和学派意识。

在以上背景下和环境中,全球华语及相关研究也有巨大的现实需求,如郭熙(2006)所说:"华语研究既有理论意义,更是实践上的亟须。"

陆俭明(2016)谈到把"大华语"概念引入汉语教学的两大好处,同样可以理解为两大现实需求:一是有助于增强世界华人的凝聚力和认同感,有助于建立和谐的华人社会;二是有助于推进世界范围内的汉语教学。这当然还不是现实需求的全部,郭熙(2006)在谈到华语研究的意义时,首先提到的是可以丰富社会语言学理论和有助于语言观念的更新。另外,郭文还指出,华语研究是汉语研究的一部分,是现有汉语研究基础上的一大拓展。

谈到拓展,王希杰(1988)早就指出:"超方言、中介语、准普通话这些过渡语,都是客观存在的语言现象,都是现代汉语的重要内容之一。现代汉语学应当研究它们。对它们的研究不仅仅有实用价值,对于推广普通话、语言规范化、语文教学、通讯工程、人工智能、经济建设等都是大有益处的,而且有理论意义,其研究成果必将大大丰富理论语言学的宝库,有助于进一步揭示人类语言之谜。"这里所说的过渡语,在全球华语的范围内有广泛的分布,自然也应当在研究范围之内。

2. 研究对象

郑颐寿(2011)结合汉语辞章学的建立,指出了确立研究对象的重要性:"明确研究对象,在实现建立汉语辞章学的目的、建立科学的独立的区别于其他相邻、相近的学科中具有决定性的作用。"王希杰(1988)则指出:"现代汉语学发展到今天,迫切需要重新认识自己的研究对象。对于现代汉语的新的更全面的多元的多层次的认识,必将推动现代汉语学的新的飞跃。"

全球华语以及全球华语学就是以全世界华人共同语为研究对象的,这一点无疑是十分明确的。如前所述,人们在这个方面已经做了很多工作,并且已经认识到还有更多的工作可做。李宇明(2017)一口气列出了全球视角下华语研究的许多新课题,首先提到的是:大华语的总体面貌怎样?大华语及各华语变体的语音、词汇、语法及应用方面有哪些特点?老华语社区与新华语社区有何不同的特点?如何协调各华语社区间的语言政策、语言教育和语言研究?每个华语社区如何纵向传承华语、如何协力向世界传播华语、如何建造汉语国际传播更多的传播源和接力站?如果这些还主要属于具体"语言问题"及"实务"的话,那么以下一些问题无疑具有丰富的理论内涵和理论色彩:如何划分华语社区?如何看待华语变体?大华语与"大英语""大法语""大西班牙语""大德语""大俄语"等形成途径的异同、现实影响的异同以及发展走势的异同?大语言对其内部的语言变体有何影响、对国际语言生活有何影响?在我们看来,这样一系列研究内容,很多都应该属于全球华语学的范畴。

着眼于研究对象,我们大致可以归纳总结为以下几点:

第一,全球华语以及全球华语学有明确、固定的研究对象,并且它的内涵和外延是目前任何一个已有的语言及语言学分支学科所无法完全覆盖的。

第二,对全球华人共同语这一对象的研究具有巨大的社会意义和学术价值,并且为目前所亟须,因此应该花大气力不断推进。

第三,总体而言,相关研究还处于起步或初始阶段,特别是涉及"理论"的方面,无疑还有巨大的开拓空间。

祝晓宏、周同燕(2017)指出:"对于一门学科而言,立德是底线,立身是根本——确立自己的研究范围和研究议题,回应社会关切,解决应用中的问题,以获得存在感。而要获得更多的认同感,立言是途径——建立学说,特别是建立能够影响邻近学科发展的理论学说,推动整个学科知识体系的丰富。从这个意义上讲,全球华语研究任重道远。"

我们或许可以对上述"任重道远"作以下解读:一是内涵无比丰富,二是意义、价值巨大,三是开拓空间非常广阔,四是更具前沿性和挑战性,五是需要投入更多的研究资源。

3. 理论与方法

关于全球华语学的建立,我们曾经做过以下的表述:"一般而言,一个新的分支学科的建立,大致要满足以下几个条件:一是有固定的研究范围及内容,二是有自己的理论支撑或体系,三是有独自的适用研究方法。现在看来,这几点已经基本具备了,换句话说,就是我们已经初步具备了建立'全球华语学'这样一个新的语言研究分支学科的条件。"

以下拟就二、三两点,即建立全球华语学的理论与方法问题,展开进一步的讨论。

江蓝生(2016)指出,"一个新兴的研究领域、研究门类的健康发展,理论建设是至关重要的,它决定着研究的方向、研究的目标和研究的方法,意义重大。"杨自俭(2000)认为,在任何一门独立的学科中,其"理论与应用两部分界限清楚、自成体系,并能为其他学科提供理论和方法"。这些都说明了对于一个新兴学科来说,理论的重要性,而如果我们把方法论也看作理论的一部分,自然也并不显得牵强。

就现实的情况和将来进一步的发展看,全球华语学的理论、方法可以区别为以下两个方面、两个层次:

一是现实的方面和层次,这部分基本属于"完成时",即在已有的研究中已经使用了哪些理论和方法,得到了哪些理论性、规律性的认识,这无疑是全球华语学得以成立的现实基础和重要条件;二是"将来时",即在未来的进一步研究中,我们应该能够总结归纳出更多与本学科契合度更高、专属性更强的理论与方法,这既是可以预期、因此应当努力追求的目标,同时进一步显示了全球华语学的巨大理论内涵与开拓空间,而这些当然也可以看作全球华语学得以成立的潜在依据。

我们认为,以上两个方面合在一起,才能够在理论与方法上完整准确地反映建立全球华语学的必要性、可能性及合理性。以下我们就这两个方面分别进行讨论。

先说前一方面。

祝晓宏(2016)对近十年来华语研究的理论探索进行归纳,指出人们对"华语"之名、全球华语社区、华语分圈、华语研究方法论、华文教学性质、华语规划等理论问题进行了探索并逐步达成了一些共识。简单地说，全球华语或大华语等从概念的提出，到具体研究的实施，都有着极强的理论背景。比如，全球华语社区观念的提出及其下位概念的划分，是社会语言学社区理论的直接应用，而对它的界定和研究，也是在其理论框架下进行的。其他方面再如华语"三大同心圆"的划分及相互关系的认定和表述，则直接借鉴了世界英语的相关理论。

我们将在下一章论及观察和研究全球华语的四个新视角，其实也涉及相关研究的理论问题，这里先行列出：一是作为华人共同语的全球华语，二是作为语言资源的全球华语，三是作为语言变体的全球华语，四是作为教学对象与教学媒介的全球华语。就与之直接对应的理论而言，主要就有共同语理论、语言资源理论、语言变异理论、对外汉语学理论等。

也许有人会问，以上提到的理论，都是所来有自，它们能算是全球华语学的理论吗？杨自俭（2000）结合翻译学学科建设，表达了以下的观点，同时可以在一定程度上回答上述疑问："尽管它要借用语言学、文艺学和符号学以及思维学的理论、原则和方法，但又不是仅从其中任何一个学科借用的，而是经过针对自身的工作任务而进行调整和整合的。其实，这也是一切综合性学科的特点，是十分正常的现象。"

除此之外，目前也已产生一些主要基于全球华语及其具体问题研究而得出的理论或理论性的认识，比如在华语规划、规范与协调等方面，目前就取得了不少新的认识。

关于研究方法，我们有一个最基本的认识，这就是无论进行哪一方面的研究，离开方法论的指导、不依照具体的方法，就会寸步难行，全球华语的研究自然也不例外。至于具体的产生于并用之于全球华语的方法，似乎还不见有人比较集中地归纳总结，但是这方面却早已不是空白。郭熙（2009）总结了"华语规划论给我们的启示"，不妨看作比较宏观的华语规划理论和研究方法：一是从问题到资源，二是从管理到服务，三是从单一国家或地区到跨国跨境，四是从强制到市场，五是自发的华语规划到自觉的加强声望的华语规划。

我们立足于"两岸四地"民族共同语的对比研究，也有意识地尝试使用了一些新方法，比如相对宏观层面的既研究差异也研究融合的"两翼模式"；比较微观层次的直接对比研究、计算对比研究、微观对比研究。举例来说，所谓微观对比研究，就是在词汇（主要是词义）对比研究中，提出"语素本位"和"义素本位"概念，就是由语素和义素入手，来进行更加深入细致的对比研究，从而对比较对象各方面的差异获得进一步的、全方位的了解和认识。我们有充分的理由相信，这样的方法完全可以放大应用到全球华语范围内更多对象之间的对比研究。

祝晓宏、周同燕（2017）谈到近十年来华语研究在理论上的探索，概括为华语名称的确立、华语研究方法论的追求、华文教学性质的廓清、华语社区的提出、华语规范观的演变。文章认为，虽然严格地说这些共识还称不上是成熟的理论，但是在观念认识上确实推进了华语研究，乃至对一般语言学研究也有所启发。在我们看来，这些理论上的探索无疑是非常有意义和价值的，而其中之一，就是初步奠定了建构全球华语学的理论基础。

再说后一方面。

朱玲、李洛枫（2013）指出，"判断一个现代学科的价值，关键要看它能否在现代学术理论的基础上产生具有说服力和吸引力的成果，并以此发展新的理论和方法。"崔应贤（2003）认为，"任何一门学科都是这样，与实践直接联系的技术操作达到一定阶段、一定的水平层次的时候，便会出现对理论建设的急切盼待与呼唤。两者之间的理想状态是相辅相成，相互促进，形成良性的机制：坚实的基础技术性操作不断为科学的理论系统提供有力的理据保障，而完备的理论系统反过来又可以指导和增进具体技术操作中的科学含量。"上引邢福义、汪国胜（2012）更具体地表达了相同的意思，并体现为"两步走"的策略："通过对华语内部的不同变体、华语与外族语言的相互接触以及华语的变异形态等问题的考察，力求得出一些关于语言发展的新的认识。"

的确如此。当全球华语及相关研究已经进行了一段时间，并且取得一些成果之后，对理论的呼唤、相关理论的产生也就是水到渠成、顺理成章的了。与我们的讨论相关的内容则是，全球华语研究为相关理论的产生提供了巨大的空间，而这也是全球华语及其研究的理论建设以及全球华语学能够成立的一个潜在（其实有很多已经显现）可能性，而我们也有理由相信，随着研究范围的不断拓展与水平的不断提高，这一潜在可能性将不断地变为现实。

比如，上引李宇明（2017）所开列的那些理论性课题，无疑是指向全球华语新理论的；而对全球华语应该进行怎样的完整理性认识和理论表述，就是摆在我们面前的一个重大新课题。王宁（2006）指出："从20世纪90年代到现在的十几年中，大家越来越认识到共性是寓于个性之中的。我们必须把各种语言都研究透彻，才能从里面归纳出来真正的普遍性。如果这种普遍性不能覆盖某一种语言，我们就不能说它有普遍性。"如果把这段话限定在全球华语的范围内，把各种语言限定在不同变体的范围内，就成了一个非常符合我们所说情况的表述。也就是说，当我们把全球华语的各种变体都研究得比较深入透彻之后，我们也就可以真正了解和认识它的普遍性，并最终完成相关理论的建构。

4. 研究队伍

时至今日，全球华语研究早已不是白手起家的阶段了，而在学术队伍及相关的基础建设方面也已初具规模，不但涌现出一批主要用力于此或对此有浓厚兴趣并进行了较多研究的各年龄段的学者，成立了相关的研究机构，也有专业刊物以及主题比较集中的系列学术会议等，而这些自然成为全球华语研究得以持续进行和不断深入、全球华语学得以建立和进一步发展的重要保障。

在学者队伍中，老一辈起到了重要的引领作用，比如陆俭明先生首倡"大华语"概念并不断地为之呼吁和宣传，邢福义先生亲自领衔投标国家社科基金重大项目"全球华语语法研究"并亲自进行研究，李行健先生亲率"老教授团队"长期从事两岸语文系列辞书的编纂工作并进行了一些理论性的探索和表述。中年学者中，也不乏领军人物，比如郭熙先生长期从事华语本体及教学和规范规划等的研究，成果很多，影响很大，并培养和带动了一批青年学者；李宇明先生通过主编《全球华语词典》和《全球华语大词典》，聚拢了一大批中国大陆内外的专家学者，既产出了重要的学术成果，也大大提升了本研究领域的人气，使这一研究引起学界内外更多人的关注。中国大陆地区以外，也有一批学者深度或比较深度地介入相关研究，如港澳台地区的田小琳、程祥徽、石定栩、邹嘉彦、汪惠迪、黄翙、徐杰、邵朝阳，新加坡的周清海、陈重瑜、卢绍昌、吴英成，马来西亚的王晓梅、邱克威等。

与研究队伍直接、密切相关的是学术机构和学术会议，在这方面也已初具规模，并且在可以预见的将来还会有更大的发展。

相关教学和研究机构的建立大致可以追溯到新中国成立之初，比如北京华文学院（原北京归国华侨学生中等补习学校）就始建于1950年，此后成立的有暨南大学华文学院、华侨大学华文学院等。2005年，由教育部语言信息管理司与暨南大学共建的研究平台"海外华语研究中心"正式成立，主要任务是对海外华语语言进行全面的监测与研究，反映海外华语的语言使用状况，具体包括全球华语语料库、全球华语词典、全球华语研究和全球华语教材建设等（见该中心简介）。与此类似的再如北京师范大学全球华语比较研究中心，虽然创立时间较晚、规模不大，但是依托学校的资源和人才优势，应该也有很大的发展与提高空间。此外，还有一些研究机构也设有相关的下属部门，如北京语言大学的国家语言资源监测与研究中心就下设海外华语研究中心。

国内也已举办过不少相关的学术会议，如暨南大学海外华语研究中心2005年12月于暨南大学华文学院举办的"首届华语调查研讨会"；2009年11月由暨南大学华文学院、暨南大学海外华语研究中心主办，商务印书馆、新加坡南洋理工大学国立教育学院亚洲学部协办的"第二届全球华语论坛"（第一届在新加坡举行）；2019年10月由厦门大学马来西亚分校中文系召开的首届"马来西亚华语研究论坛"。此外，还有一些范围较小因而主题更为集中的系列学术会议，如由南开大学等校主办的"海峡两岸现代汉语问题学术研讨会"已经连续召开了十届,由北京师范大学现代汉语研究所等单位主办的"两岸四地现代汉语对比研究学术研讨会"也已经连续举办了五届,并且这两个系列会议都将持续举办下去。

学术期刊方面,直接以华语、华文为研究对象的如暨南大学华文学院主办的《华文教学与研究》,北京师范大学文学院与德国德古意特出版社合作创办的中英双语期刊《Global Chinese》等;其他以"华文"为名的如厦门大学海外教育学院主办的《海外华文教育》、北京华文学院主办的《世界华文教育》等。

由于以上方面我们手头的资料有限,所以还不足以形成一个全面完整的表述,但是作为举例性质,用以证明全球华语学的成立在此方面所具备的条件,基本已经能够说明问题了。

四、为什么要建立全球华语学

首先,我们想明确并强调以下一个重要观念:全球华语研究迫切需要顶层设计。

如前所述,人们在提及"语法"这个术语时,其实已经把"语法学"包括在内了,既然如此,似乎也就没有必要再去刻意强调后者了,而实际的情况似乎确实如此:比如人们非常熟悉"汉语""现代汉语",而对"汉语学""现代汉语学"等概念却相当陌生。但是,后两者毕竟都是已然的客观存在,其作为分支学科的知识体系建构也早已完成并且还处于不断的、进一步的充实和提高过程之中。换言之,人们无须再去强调重视事实的发掘抑或理论的建构,因为它们已经沿着既定的轨道在不断运行和向前发展。但是,全球华语却是一个新的研究领域,正处在知识积累和学科建设的初始阶段,所以我们应该有"顶层意识",同时有必要先做好顶层设计,从而引导这一研究向更加有序、更加合理的方向发展,并不断达到新的高度。

如果是在一项研究开始之前进行所谓的顶层设计,因为脱离具体的研究实践和实绩,自然容易因其难切实际而流于空洞、苍白;而今天的情况是,全球华语的研究虽然已经展开,但是基本还处于草创未就阶段,即一方面已经有了一些结论和经验,另一方面也初步看到了更多的不足,并且还迫切需要进一步明确今后的研究路径和方向。所以,我们认为现在进行顶层设计正当其时,而实际上它也成为摆在人们面前的一个亟待研究的课题。

顶层设计的一个重要方面,就是比照其他相邻学科,明确和建立"二分"格局,即划分为全球华语和全球华语学。通过以上的讨论,我们或许可以看得更加清楚一些:如果没有全球华语学,单纯的全球华语研究一定是不完整的,是犹有所待的。

在上述顶层设计下,我们再来回答为什么要建立全球华语学的问题。

我们认为，建立全球华语学的观念、概念并付诸实际行动，至少会在以下三个方面给我们的相关研究带来巨大的益处。

1. 有利于拓展研究范围

李宇明（2017）指出，"大华语"研究目前还处在"观念萌生、资料搜集"的初始阶段，很多判断还都是感性的。然而，"大华语"观念的提出，不管是对华语的认识还是华语的研究、华语的发展，又都是具有重大意义的。我们认为，这种"大华语"观念首先应该是一种理论的概括，而不是一个操作层面的概念。有了这样的观念和认识，自然会给相关研究带来新的变化，而其中的重要表现之一，就是拓展研究范围。研究范围拓展的具体表现，大致有以下两个方面：

一是在全球华语研究内部拓展范围。比如，李宇明（2014）给"大华语"所下的定义是"以普通话/国语为基础的全世界华人的共同语"，这一定义中比其他定义多出了"国语"。李文的解释是："在定义中加入'国语'的因素，既照顾到历史，又考虑到各华人社区的语言文字生活现实。"那么，这个"国语"到底是民国时期的"老国语"，还是今天的台湾"国语"，李文却并未说明。几年以后，李宇明（2017）才比较明确地指出，大华语中包括老国语圈与普通话圈，而前者从民国时期一直延续到台湾，再进一步发展到海外。如此看来，上述定义中的"国语"基本等于"老国语＋台湾'国语'"。

我们在这里举这样一个例子，无非是想说明，在对全球华语的认识和表述（这是其理论建构的一个最基本的，也是非常重要的方面）中加进了"国语"的因素，无疑是对已有认识的一个补充和提高，同时更加契合其来源及发展的实际。李宇明（2021）就此指出："把'国语'放入'全球华人共同语'的定义中，是认识的一种深化，是认识到了汉民族共同语'再整合'的新趋势，也是实事求是的学术态度。"另外，由此提出的"老国语圈"和"普通话圈"概念，又引出了一个很大的新"话题"，或者说是拓展了一个新的研究空间，由此带来的问题如二者的内涵和外延、发展路径和形成过程、相互关系及其消长变化等。总之，不仅在共时的平面增加了宽度，还把视角引向历时的范畴。

王晓梅（2017）指出："理论上，全球华语研究应该涵盖世界各地的华语变体；现实中，目前的主要成果相对集中于几个国家和地区。"很显然，在研究对象的覆盖面上，也应该继续努力，而这当然也是拓展研究范围的一个重要方面。

二是在全球华语以外，即更广的领域内拓展研究范围。比如，按已有的认识，全球华语是全世界华人的共同语，但是，以往对共同语的研究通常只限定在中国大陆或普通话的范围，这样就不足以回答远超此范围的共同语的所有问题。所以，对全球华语作为共同语的理论探讨，会倒逼人们从更大的范围、更高的层次来探讨共同语问题，从而形成新的认识，补以往相关认识和理论之不足。

2. 有助于提高水平，加深认识

由于目前全球华语研究尚处于李宇明（2017）所说的"观念萌生"阶段，所以有很多问题都没能很好地解决，因此现在对全球华语的认识还比较有限，而主要着眼并立足于全球华语学的有针对性的研究，一方面有助于整体研究水平的提高，另一方面也有助于加深对全球华语的理解和认识。

比如，陆俭明（2017）主要立足于汉语国际传播，针对其给出的大华语定义指出："'大华语'的概念提出来了，也得到了学界一定程度的认同，但是，如何具体理解'弹性'，具体该如何掌握'宽容度'之'度'，在语音、词汇、语法、语用上具体该怎么操作，怎么落实，目前尚无研究。……上述问题无疑应作为首要研究课题列入'全球华语研究'之中。"很显然，对上述问题的研究，自然会带给人们一些新的认识。但是，问题还不止于此，我们曾提出不同国家和地区的华语研究者都有自己的"立场"，并且在一定程度上也都会坚持。而祝晓宏、周同燕（2017）也婉转指出："不少人已经认识到对待海外华语应该做到包容或宽容，应该承认这是一个进步。问题是，包容或宽容这些说法本身就蕴含着一种不平等的眼光，而另一面我们又承认各地华语是平等的。"对这样的深层次问题应该怎么认识，怎样解决？它会对全球华语的本体研究、规范、规划以及教学研究带来什么？给全球华语学带来什么？

周明朗（2017）提出了全球华语的广义与狭义问题，前者是指世界各国所有说汉语群体的通用语，而后者则是大华语，即全球华人的共同语。我们有无必要作这样的区分，它会给对全球华语的认识带来哪些新知？这无疑也是很有挑战性的问题。

再如，徐大明、王晓梅（2009）指出，马来西亚华语与新加坡华语的语音、词汇与语法系统相似，但又有差异。就词汇来说，马来西亚华语更多地受到马来语和汉语方言的影响，而新加坡华语则有较多的英语借词。就以往的研究来看，人们主要着眼并致力于普通话与国/华语的差异比较，而我们曾经讨论过港澳台地区标准书面汉语的共性与个性，也就是相互间的一致性和区别性问题。现在看来，这样的工作应该可以推广到整个全球华语的范围。具体地说，就是在全球范围内，像新加坡、马来西亚等属于比较典型的华语社区，当地华语属于成熟的柯因内语（孙德平，2020），而其他如欧美华语等显然不是。那么，由此就应该考虑各华语社区的层次划分问题，研究其划分的依据、意义和价值等，而这无疑也会带来研究水平的提高和认识的加深。

当然，我们并不是说，如果不提全球华语学，上述研究就不会进入人们的视野，或者说它们就不能被全球华语的知识体系所容纳，我们想表达的意思是：在全球华语学的顶层设计下，上述富有理论内涵又对理解和认识全球华语至关重要的问题更容易进入人们的视野，更易于进行整体式、系统化的研究，从而在总体或某些局部加快推进研究进程，并使之达到更高的认识水平和理论高度。

3. 有利于理论的建构和完善

我们在上文指出，全球华语研究为相关理论的产生提供了巨大空间，而适时提出全球华语学的概念，无疑会进一步促进理论体系的建构和不断完善。

邢福义、汪国胜（2012）曾对其全球华语语法研究"实论结合"的指导思想作出以下解释："实"既指语言事实，也指语言现实；"论"指理论思考与总结。"实"是基础，是重点；"论"是延伸，也是提升。结合本节论题，我们对此的理解如下：

第一，一个语言研究领域，可以而且应该有"实"与"论"的划分，如果与我们的讨论内容对应起来，前者是全球华语，后者则是全球华语学。

第二，"实"的研究固然重要，但是如果不能上升到"论"的层次，那么它就会在研究范围和所达到的高度上大打折扣，就像是登山而没能到达顶峰。

第三，有理论的意识，然后才会有"实体"研究基础上的理论总结、理论升华，最终实现并完成一个新学科的建构。

我们曾经引用了许嘉璐所说的话："两岸语言文字的差异，就是分头演变之果，是特定历史环境之使然，其实也是对汉语汉字的传承和丰富，都应该得到尊重、珍惜。"然后，我们立足于海峡两岸暨香港、澳门民族共同语的对比研究，提出了以下看法：

从共时层面来说，当代汉语因有上述差异而更加丰富。"两岸四地"当下的民族共同语合而成为一个巨大的共时平面，所有现象和用法的总合构成了当代"大汉语"的共时全貌，这一全貌远比任何一地汉语的单一面貌更为复杂多样、丰富多彩，在形式和内涵上都达到了一个包罗四地的"最大值"，不仅能给人们提供更多的观察角度和研究内容，而且也为更多理论、方法的运用提供了更大的空间和现实需求。对"两岸四地"众多语言现象的充分观察、充分描写和充分解释，一方面为当代的语言研究者提供了展示自己才华、进行多样性研究并产出高水平成果的非常广阔的空间和舞台，同时也提出了巨大的挑战。

这里，完全可以循着我们曾经走过的由海峡两岸到海峡两岸暨香港、澳门，再到全球华语的研究路径，把这段表述放大用于后者，就像俞咏梅（2006）以下两段话也可以用于后者一样：

中国不仅是汉语言文字的祖国和大国，也应该是汉语言文字学的祖国和大国。西方现代语言理论正是我们理解中西语言类型体制性差异并建构汉语学现代理论的逻辑工具，但我们学习西方理论，最终目的还是为了创建属于我们自己的现代汉语科学。

在全球化趋势的今天，在多元文化的历史语境中，汉语学如何应对当代西方各种强势语言学理论的影响，进行自我定位和自我构想，实际上也决定了汉语学如何争取实现自主性，并由此参与界定普通语言学和人类语言学史的问题。

史有为（1993）曾经针对传统语言研究中存在的问题，提出"呼唤柔性、走向柔性"的口号。今天，立足于全球华语的研究现状和进一步发展的需要，我们也郑重提出"呼唤全球华语学、走向全球华语学"的口号。

五、全球华语学的内涵

到这里，我们有必要给全球华语学下一个定义，并对它的内涵等作进一步的讨论和阐述。

杨自俭（2002）根据《简明不列颠百科全书》《中国大百科全书·语言文字》和《Routledge Dictionary of Language and Linguistics》中给"语言学"所下的定义，斟酌损益，给出了自己关于语言学的定义，如下：

语言学是一门研究人类语言及其相关对象的人文科学。它的研究领域分为共时的和历时的、理论的和应用的、微观的和宏观的三个对立方面，其任务是描述语言事实，寻找并解释语言发展的规律，发掘语言学理论，总结语言研究方法，并将其研究成果应用于语言研究和其他领域。

我们认为，如果把全球华语带入这个定义，再稍加变化，大致就可以得到全球华语学的定义，即：

全球华语学是一门研究全球华人共同语及相关对象的一个语言学分支学科。它的研究领域大致可以分为共时和历时、理论和应用、微观和宏观等三个相互依存和对立的方面，其任务是描述语言事实，寻找并解释其发展规律、发掘理论、总结研究方法，并将其研究成果应用于语言研究和其他相关领域。

以下就此进行简单的解释和说明。

比照上述其他语言研究分支学科的实际，就学科领域、研究内容、学术内涵等而言，我们认为全球华语学应该是全球华语与全球华语学的叠加。具体来说，二者在全球华语上是重合的。换言之，我们对全球华语进行的研究和表述，同时也属于全球华语学的研究和表述；反过来说，当我们进行属于全球华语学范畴的研究时，研究的仍然是全球华语。所以，就这一点来说，以往所有的相关研究，都可以而且应该纳入全球华语学的范畴。

然而，这样的表述似乎抹杀了全球华语与全球华语学的区别，进而似乎也否定了后者成立的必要性，但是事实并非如此。那么，剩下的一个问题就是，从全球华语到全球华语学，到底多出了些什么？

其实，一个成熟而有经验的学者，应该不难理解"××"与"××学"之间的联系与区别,这里我们不妨先举一个语言研究其他领域的例子来予以说明。

著名词汇学家葛本仪先生在不同时期先后撰写出版了四部词汇研究著作,即《现代汉语词汇》《汉语词汇研究》《汉语词汇论》和《现代汉语词汇学》,以下我们就第二部与第四部略作比较。

在第四部即《现代汉语词汇学》(山东人民出版社2001年初版、2004年修订版,商务印书馆2014年第3版)的初版前言中,作者提到本书与《汉语词汇研究》(山东教育出版社1985年版)的不同:"有的地方要有补充,也有个别地方要做适当的修改。此外,当然还要增加一些新的观点和内容,讨论一些新的问题。"

仅就章目的比较,就大致可以看出后者相比前者增加了哪些"新的观点和内容"或"新的问题"。《汉语词汇研究》共四章,分别是词、词素、词汇,造词与构词,词义,词汇的发展;《现代汉语词汇学》共七章,分别是对词汇的再认识,词和词素,词的形成及其结构形式,词义,词义的类聚,词义的演变及其规律,词汇的动态形式探索。很显然,新增的主要是第一章、第六章与第七章,而仅由标题看,这三章无疑更有理论色彩和理论内涵,同时与"词汇学"的名目更相匹配、更显一致。

为了使上述"词汇研究"与"词汇学"的对比更全面一些,我们不妨再以上述七章内容与另一本著作,即曹炜《现代汉语词汇研究》(暨南大学出版社2010年修订版)的章目进行对比。曹书共有九章,分别是:词和词位,现代汉语的构词法和构形法,词汇和词汇的分类,现代汉语词汇的形成,现代汉语词汇类聚(一、二、三),现代汉语词形类聚,现代汉语中的词义类聚。书中虽然也有一些理论性的阐述和规律性的总结等,但总体而言,显然是立足于"实体"而不是"理论"的。

再举一个近代汉语词汇学的例子。徐时仪(2013)所著《近代汉语词汇学》,该书之所以不像一般的近代汉语词汇研究著作那样名为"近代汉语词汇(研究)",我们仅从其目录就能探知大概:"绪论"部分讨论了近代汉语词汇学的研究对象、范围和意义,第一章名为"近代汉语词汇学研究的语料",从第二章到第五章分别讨论了词与词汇、近代汉语词汇的传承与发展、近代汉语词汇与词义的演变、近代汉语词汇与词义系统的发展,第六章讨论近代汉语词汇的特点与价值取向,第七章讨论近代汉语词汇的研究方法,第八章讨论近代汉语词汇研究的现状和展望。很显然,这里边也有许多"理论"或可以称之为"词汇学"的许多因素。

由以上的简单对比，我们大致就可以了解全球华语学及其研究会比全球华语研究多出些什么内容了，换言之，就会对前者的内涵有一个较为明确的认识。最简单地说，这"学"的内容至少可以归纳为以下几个方面：

一是对大到整体、小到局部的理论背景、理论前提与理论依据等的梳理、整合与有条理的阐发，对宏观、中观以及微观研究方法有意识地创造、使用以及归纳、总结与表述。

二是在具体事实研究的基础上，不断总结规律，并进而上升为理性的认识，最终建构一个完整的、有明显自身特点的理论知识体系。

三是把理论触角和追求延伸至更大范围和更高层次，这方面大致如上引俞咏梅（2006）所说，不仅要"实现自主性"，也要"参与界定普通语言学和人类语言学史"。如果说得更直白一些，就是为整个人类的语言学研究及其理论作出基于全球华语研究实践的独特贡献。

以下，再简单讨论全球华语学的学科归属问题，这也是其学术内涵的一个重要方面。

陆俭明、沈阳（2010）从多个角度对语言学学科的研究方向和内容作了比较系统的梳理，并对拟议的"语言学"一级学科的下位划分给出了自己的意见和建议。在前一方面，主要以人类语言共同属性及彼此差异为对象的研究方向是普通语言学，以某种或某些特定语言为主要对象的研究方向是具体语言学；按时间维度，语言学可分为共时语言学和历时语言学；按研究目的，语言学可分为本体语言学和应用语言学。在后一方面，分为普通语言学、应用语言学、现代汉语、历史汉语、国际汉语教育、少数民族语言学、中国古典文献学等七个语言学下的二级学科；而列于"现代汉语"二级学科下的三级学科有语音学和实验语音学、句法学和语义学、汉语方言学、词汇学（含词典学）、现代汉字学、话语分析和语用学、修辞学等七个。

按以上划分，我们大致可以对全球华语学的学科属性与内涵作一个大概的描述：

其一，全球华语学与汉语语言学（汉语学）一样，都以特定语言为主要对象，因此属于具体语言学范畴；如果着眼于时间维度，它应该属于共时语言学，但是在具体的研究过程中也要较多地结合历时的考察与分析，因此一定程度上也兼有历时语言学的要素和特点；按研究目的，则全球华语学既研究本体，也研究应用（如华语规划与华语教学），因此可以认为兼属于本体语言学与应用语言学。

其二，全球华语学与现代汉语学大致属于同一层次，即可以作为一个新的二级学科，而上引后者下属三级学科的划分，也都能在全球华语中找到相对应的研究对象，因此大致也可以用之于全球华语学的下位类别划分。至于全球华语学真正建立以后，最终是取代现代汉语学还是与之并列，则要看将来的发展。

郑颐寿（2011）指出，"任何新科学的建设都取决于社会的需要，都是时代的产儿。时代向前发展，其政治、经济、文化也与时俱进。"结合本节的讨论内容，我们认为，全球华语学的建立适应了社会的需要，是与时俱进的新时代的产儿，我们盼望并呼吁它的真正建立和持续发展。

第二章 全球华语研究的新思维

华语研究在我国已经有三十余年的时间了,其视野也从境外华语到海外华语,再到全球华语,而全球华语研究的主力在中国(祝晓宏、周同燕,2017)。站在这样的时间点上,我们一方面有必要反思、总结过去,另一方面则要面向未来,确定今后努力和发展的方向,从而使全球华语及相关研究走得更远并取得更大的成绩。

本章讨论了我们首先提出全球华语的观察角度问题,试图从不同的角度提出一些以前考虑不多或不够的问题,把我们的研究引向深入,特别是进入"全球华语学"层次的理论探索;其次讨论全球华语的研究视域问题,试图从不同的研究领域和方面来定位和定义全球华语,从而丰富其内涵,拓宽其研究视野,最终达到研究效益的最大化;最后我们立足全球华语的研究内容,进行简单的回顾与总结,在此基础上提出"拾遗补缺"的建议,并对一些应该作为重点研究的内容进行了深入探讨。

第一节 全球华语的几个观察视角

观察与研究全球华语,可以从不同的角度、不同的方面来进行。我们认为,以下几个视角的确立及相关认识的补充、完善和提高,是至关重要的,下面就此展开讨论。

一、作为华人共同语的全球华语

全球华语是全球华人的共同语,这是目前得到广泛认同的观点。如前所述,比较有影响的"华语""大华语""全球华语"等的定义,基本都明确指出了这一点。比如,汪惠迪(2004)的表述是"华语是全世界华人的共同语";郭熙在不同时间不同文章中的定义分别是"以普通话为标准/核心/基础的华人共同语"(郭熙、崔乐,2011)。此外,李宇明(2014)的"以普通话/国语为基础的全世界华人的共同语",陆俭明(2015)的"以普通话为基础而在语音、词汇、语法上可以有一定的弹性、有一定的宽容度的全球华人的共同语",也都强调了全球华语的华人共同语属性。类似的表述如"华语是华人使用的语言,是华人的民族共同语"(徐杰、王惠,2004);"'华语'作为一个去除其地域性特征的术语,用来指称'华人'的'民族共同语'"(徐大明,2006)。我们曾经讨论过现代汉民族共同语的多元观,其中的一项内容就是分布多元,即认为现代汉民族共同语不仅存在于"两岸四地"这四个言语子社区,也存在于其他海外华人社区。

对于全球华人的民族共同语,除了其沟通作用之外,现在人们谈论比较多的是它的认同作用。张宁(1989)曾指出:"民族共通语和民族标准语都是超地域性的,它们是民族认同感的历史心理文化基础。新加坡的'华语',台湾的'官话',香港的'国语'等,都可以在整个中华民族中通用,在世界的任何地方,都可用作华夏文化的共同标记之一。"陆俭明(2005)认为,建立并确认"大华语"概念的好处是,首先有助于增强世界华人的凝聚力和认同感;郭熙(2009)也认为,华语概念的提出,有助于科学认识各地华语的关系,有助于加深对各地华语现象的认识,有助于促进世界华人的沟通,也有助于强化世界华人的认同。

从以前常说的汉民族共同语到现在我们讨论的全球华人的民族共同语,这显然并不仅仅是指称与涵盖范围的扩大,作为语言研究者,我们更关心的是以全球华语为对象的民族共同语观念,会给我们的全球华语观及全球华语研究带来哪些影响。

总体而言,"共同语观"有助于进一步明确全球华语的性质和特点,但更加重要的是由此会带来一些新的认识和新的研究角度。具体而言,这些新的认识和研究角度大致包含但并不仅限于以下几个方面:

1. 共同语与标准语

作为共同语,全球华语与一般所说的"标准语"是两个不同的概念。对共同语与标准语的关系以及二者之间的差异,以前人们的关注显然不够。胡明扬(1986)曾经指出,"民族共同语和民族标准语是两个不同的概念。民族共同语一般是自然形成的,可以没有明确的规范。'官话'正是这样一种汉民族共同语。民族标准语是有明确规范的民族共同语,是在民族共同语发展的一定阶段人为地推广的。普通话就是这样一种汉民族标准语。"李宇明(2003)进一步阐述了共同语与标准语的不同:"民族标准语与民族共同语概念不同。标准语是指有明确标准的规范化程度较高的共同语,是共同语的高级形式,一般以规范的书面语为代表。"无论是从"道理"上讲,还是从"事实"上看,全球华语显然是共同语而不是标准语。① 由此直接引发的一个观点就是,不应该以标准语的规范标准来看待和界定全球华语,在具体的语言规划实践上也应充分考虑到这一点。陆俭明(2015)强调大华语应该在普通话的基础上"有一定的弹性、有一定的宽容度",其实正是基于这样的认识。

当然,问题还不止于此,由"共同语观"还会带来一些更深层次的问题和思考,而这无疑会有助于我们对全球华语认识的加深和研究范围的拓展。比如,人们经常会把共同语与标准语相提并论,就中国大陆而言,似乎是二者俱备的:共同语是胡明扬(1986)所说的官话,也就是目前普遍存在的"地方普通话"②,也有人称之为"次标准语"(林清书,2005)。但是,就全球华语而言,目前并不存在作为其"高级形式"的标准语,那么就将来的发展而言,是否有必要和可能确立并推广它的标准语形式?如果说这个问题仍然没有离开语言规划的范畴,那么我们不妨再举例,从其本身的角度提出一些问题。

李贞(2002)认为,共同语是一种较宽泛的多层次的语言范畴,如果把这一认识带入全球华语中,应当怎样理解?徐杰(2007)强调,"大华语"本身不是一种具体自然语言,而是一组语言特征,它存在于大同小异的华语各区域变体之中,这对于我们了解和认识作为共同语的全球华语有何帮助或启发?张文(2016)指出,汉民族共同语在不同的场合又被称为国家"通用语""普通话""汉语""国语""华语"等,这些称谓反映出汉民族共同语所负载功能和价值属性的多样性。那么,作为华人共同语的全球华语所负载的功能和价值属性应该怎样发掘、认识和表述?

2. 共同语与过渡语

就性质而言,全球华语应属于"过渡语"。苏金智(2016)给共同语下的定义是:"语言群体中大多数人日常生活中共同使用的语言。"在中国大陆地区,就大多数人日常的使用而言,真正的"主角"既非普通话也非方言,而是介于二者之间的过渡语,即"地方普通话";而在全球范围内,华人之间的共同语同样既非标准语,也不是方言,因此它也是一种与地方普通话性质大致相同的过渡语。关于这一点,程祥徽(1985)指出:"蓝青官话一方面不是纯正的北京话,但另一方面却使北京话得到了补充,使之变得更加丰富,更有表现力。今日中国各方言区流通的普通话、台湾'国语'以及海外华人社会的华语,正是这种更加丰

---

① 一些研究者以之与"兰青官话"或"地方普通话"相类比,其实也在间接地说明这一点。不过,这个问题还应该进一步讨论和证明。

② 李宇明(2014)在其汉语层级划分中,把地方普通话列于普通话的下位层次,应该是基于这样的认识。但是,这个问题还没有进行深入的讨论,目前人们一般认为普通话既是现代汉民族的共同语,也是它的标准语。

富、更有表现力的语言。"

"过渡语"在中国本来是对外汉语学界最常使用的一个概念，它总是与各种偏误联系在一起的。其实，它的特点和性质不仅表现为一系列的偏误，它本身就是一个独特的语言系统。这个系统和其他语言系统一样，不但在语音、词汇、语法等方面有所表现，而且在语义、语用等方面也有独自的特点（邓刚，1993）。这段话有助于我们正确理解作为过渡语的全球华语及其下位变体的性质。

就今日中国大陆的地方普通话来说，它是普通话与方言之间的过渡语。那么，就全球华语来说，它的两端分别是什么？这可能是一个非常复杂的问题，如果要给出一个令人满意的答案，必须进行更多的深入研究。此外，从过渡语视角出发，还能提出一些值得认真研究的问题。比如，史有为（2012）提出一个"初始过渡语"概念，指的是在婴幼儿开始学习母语和一般学习者开始学习二语时所出现的一种简单而特别的非标准言语形态。此外，在对外汉语学界的过渡语研究中，经常还会用到"僵化"和"变异"的概念。这样的概念及相关研究给人的启发是过渡语本身并不单纯，或许它也可以划分为不同的层次或阶段。如果上述设想能够成立的话，那么它是否可以用于对全球华语内部某些差异性的考察、分析和解释？

李如龙（1988）提出了过渡语的模糊性问题，指的是过渡语兼有普通话和方言两种成分，这两种成分的构成因地而异、因人而异，并且处于不断变化之中。那么，全球华语是不是也具有这种模糊性？如果有的话，应该怎样进行归纳和总结？此外，有人还提出了过渡语与过渡文化问题（赵凌，2007），相信这样的问题在我们的研究范围内也同样存在，而这无疑也开启了我们认识全球华语的另外一个新角度。

3. 共同语与方言

持全球华语的"共同语观"，自然就应该把方言排除在外。共同语与方言是相对的概念，二者是并列而非包含与被包含的关系，所以明确和肯定了全球华语作为全球华人共同语的性质，实际上也就排除了它包括方言在内的可能性与合理性。詹伯慧（1997）从语言渊源的角度，指出现代汉民族共同语与现代汉语方言之间是"兄弟姐妹"关系，而不是"父子"关系，这一比喻应该而且可以"放大"到全球华人共同语与华人方言之间。我们认为，明确并强调这一点，一是可以纠正某些人有意或无意把二者混在一起的观点和做法；二是可以使作为研究对象的全球华语相对单纯，具有更强的同质性或内部一致性；三是有助于以方言为参照或比较对象来进行共时和历时层面的对比研究。

4. 口语与书面语

全球华语既包括口语，也包括书面语，对它的研究应当二者并重。以前人们对共同语的观察和论述，主要着眼于口语。而在很多场合，"华语""华文"的并用客观上也进一步明确或强化了这一区分。实际上，除了口语之外，共同语自然还应该包括书面语。卢绍昌（1984）明确指出："简单地说，华语的意思是现代的、标准的，包括口语和书面两种形式的华族共同语。"这虽然只是就新加坡华语而言，但是扩大到整个全球华语范围内无疑也是如此。然而，就已有研究来看，似乎却有一个错位：虽然人们认同甚至强调华语的口语属性，但是华语研究却主要是在书面语范围内展开的，这一方面是受某些条件等的限制（如口语语料汇集不易，田野调查困难较多），另一方面也不能排除传统观念影响的因素（如传统的汉语史研究只能以书面语为语料，而现代汉语本体研究基本也是如此，真正的口语研究并不多见）。但是，全球华语口语及其研究同样也值得重视，无论是就共时层面而言还是就历时层面而言都是如此。其中的理由大致如下：

其一是从"道理"上讲。人们一般所说的语言，都是既包括书面语也包括口语的，所以一般的语言研究自然也应该既包括书面语研究也包括口语研究，二者合一才能形成反映语言整体或其某一局部一般形式、表义及使用特点等的完整、真实研究，对全球华语及其研究而言，自然也应如此。

其二是由事实看。周清海（2016）指出："华语区的日常口语，差距就比较大。以新加坡为例，早期新加坡社会的主要语言是各种汉语南方方言，因此方言对新加坡华语口语的影响非常大，许多典型的新加坡华语口语语法现象都有方言语法的痕迹。然而，随着方言的使用日益式微，越来越多的新加坡年轻人放弃了方言，他们所说的华语受方言的影响也开始减弱。"新加坡是这样，其他地区应该也是如此。

5. 关于共同语的使用主体

全球华语属于全球华人（甚至还不止这个范围），而不是仅属于某一国或一地的人。张从兴（2003）把华语定义为"接受汉语为母语的中国人及不具备中国人身份但以汉语为母语的中国人后裔的共同语"，已经特别明确和强调了这一点。周明朗（2017）则在此基础上更进了一步。周文强调全球华语有狭义与广义之分，前者的使用者仅限于华人（即"大华语"所涵盖的范围），后者则将使用者的范围扩大到全世界所有说汉语的群体，并且周文就是在这个意义上使用"全球华语"的。上述认识对于全球华语的规范和规划问题至关重要，简言之，一国之内与"四海之内"的语言规范和规划，应该有很大、很多的不同。郭熙（2006）就此指出，"各地华语之间并不能用同一个绝对的规范标准，应该在它们之间展开协调，应该充分考虑到各地华语趋同与存异以及双向互动问题。"

除此之外，由使用者的角度，可以更好地了解和认识全球华语各子社区语言形式所存在的各种不同，同时为我们的具体研究提供了一个相关问题的解释路径和窗口；另一方面，由"人以群分"到"语以群分"，这无疑也有助于对各地华语进行更为客观、准确、细致的划分。

总之，我们认为，作为华人共同语的全球华语视角的确立，以及这种"共同语观"的建立，具有极为丰富、巨大的理论开拓与事实发掘的内涵。对于这一点，我们首先应该有充分的认识和足够的重视，然后在此基础上再展开进一步的深入研究。关于后者，除上边各点之下提到的一些问题外，再如上述"过渡语"是一个舶来的概念，英语为 inter-language 或 interlanguage，最初引进和大量使用的，一直是对外汉语学界，后来汉语研究中也借用这个概念来指称"地方普通话"，但是二者之间显然有很大的不同：前者是语际的，即不同语言之间的过渡或中介状态，而在语言教学中，则指母语与目的语之间的一种过渡或中介状态；后者则是语言内部的，是方言与标准语之间的过渡或中介状态。把过渡语的概念用于全球华语，又带来了上文已经简单提及的新问题：其一端可以认为是标准语，另一端却不能认为就是方言（当然方言也是一个重要因素，但肯定不会是全部）。另外，如果着眼于历时，处于一端的标准语以什么时代的为准？是当下的普通话，还是早期的传统国语？应该说，这些都是很有挑战性的问题。

二、作为语言资源的全球华语

陈章太（2008）指出，"语言是一种有价值、可利用、出效益、多变化、能发展的特殊社会资源。对语言资源应当积极保护，科学建设，合理开发，有效利用。"林有苗（2009）则认为，"语言不仅是语言和语言学的资源，它还是一种特殊的生态资源，一种特殊的文化资源，一种社会经济资源，一种政治与外交资源。"

现在，语言的"资源观"已经越来越深入人心，成为人们对语言新的认识甚至是新的语言观的重要组成部分，而从这一角度看全球华语，自然也会得出一些新的认识，进而对其研究产生积极的影响。

把全球华语当作语言资源，并且在"资源观"下对其进行观察与研究，一方面大大拓展了全球华语的研究范围，另一方面也可以作为语言资源研究的一个重要领域，进而获取新的材料、新的发现、新的认识。以下我们从几个方面进行讨论。

1. 全球华语是一笔独特的、丰富的、宝贵的语言资源

徐杰、王惠（2004）指出："作为一种交际工具和文化纽带，华语如同英语一样早已超越了国界，已经变成了跟月亮、星星和空气一样的属于全人类的共同资源。"吴伟平（2007）曾就粤方言的使用情况指出："我们务必时时提醒自己，粤方言区的人在使用普通话的前提下，保留本方言区独特的文化和语言也是在为

中华文化的整体繁荣，为民族共同语的继续发展做贡献。"李行健（2012）就海峡两岸的语言状况指出："当前两岸的语言文字差异，是分隔在两个不同地区中各自发展的结果。这些发展中出现的差异，应看作不同社区的群体对民族共同语发展的贡献，也是我们民族共同语丰富性和多样化的可贵资源。"上述表述完全适用于全球华语：全球华语丰富多彩、纷纭复杂的语情，曲折多样的发展历程，以及它们背后所隐藏的规律等，堪称宝库，这一资源远比任何单一的语言变体及其发展变化来得丰富、深刻、广大。

2. 资源观给全球华语研究带来新的增长点

对于作为语言资源的全球华语，要对其价值进行评估，也要进行必要的监测与保护，由此自然可以给相关研究带来一些新的增长点。比如，在价值评估方面，尹小荣、李学民、靳焱（2013）指出："各种语言、方言，包括各个不同的言语社区之间的资源分布是极不平衡的。对其价值进行评估，首要任务就是对各种语言、方言或社区进行尽可能穷尽式的调查，对语言在该区域内所具有的存在价值、经济价值和环境价值形态做出尽可能详细的描写，这个工作本身就带有区域性特征。"以前人们也重视和强调对全球华语及其变体的调查和描写，但基本只限定在"语情"方面，现在看来，这显然是远远不够的。另外，同样做得很不够的，还有全球华语的监测工作及相关的研究。崔乐（2011）指出，与汉语的多领域、跨媒体监测比较而言，海外华语、少数民族语言的监测研究刚刚起步，还较为薄弱，在语料积累与技术手段上都还不够成熟。此外，崔文强调，应推进语言监测成果在语言教学、辞书编纂、公共服务、传媒、经贸、翻译等领域的应用研究。张普（2007）主要从监测和检测角度把语言资源分为三大类，并对每一类的相关工作进行了简要说明，我们很大程度上可以在这三大类的范围内来观察和进行全球华语的研究。第一类是语言资源，是从语音、文字、词汇、句法、语义、语用等层面建立的语言资源，对此主要是进行语情调查；第二类是言语资源，是从语言使用角度建立的语言资源，是语言的社会应用资源，对此主要是建立各种通用的、专用的、动态的、静态的、多语的、平行的语料库，还包括与语料加工、处理相关的知识库、数据库，以及有关的语言文字处理标准和规范；第三类是语言学习资源，是从教育资源和学习资源的角度来看待语言资源，把语言资源作为一种学习的对象和内容。现在看来，在这三个方面依然有大量工作需要去做。

谈到资源，对其加以保护也是题中应有之义。朱艳华（2016）提出了跨境语言资源保护问题，认为跨境语言具有国际交际、跨境文化传播、边防信息收集、跨境民族认同等非跨境语言所不具有的特殊的社会功能，然而跨境语言资源的保护问题尚未受到应有的重视。这里虽然主要是就一些同时存在于中国境内与境外的少数民族语言而言的，但是全球华语无疑是更大的跨境语言，它当然也需要保护和维护，并且由此也会带来更多值得而且应该研究的问题。

3. 资源观下的全球华语研究会带来更多的效益

对于资源，更加重要的工作与任务是对其加以开发利用，而对全球华语资源的开发和利用无疑会产生多方面的效益。接下来，我们仅就全球华语作为一种独特、宝贵、丰富的资源，在语言本体研究方面的意义和价值略做讨论。以前人们谈及华语研究及其价值，往往着眼于其对"标准汉语"研究的作用。例如，郭熙（2006）指出："显然，华语的研究，尤其是着眼于空间维度推移上的华语研究，将是我们观察汉语标准语的一个重要窗口，也是我们对标准规范化过程的一种检验的机会。"祝晓宏（2011）进一步指出，"引出华语的视角进行比较是为了更好地研究标准语的变异，这可以算是对吕叔湘（1983）提出的'通过对比研究语法'思想的继承和发扬，也可以说是华语研究本身一个非常重要的意义所在。因此，华语视角是一种补充性的视角，它不会也无法取代汉语视角。"其实，除此之外，我们更应重视全球华语作为"本体"研究的意义和价值。我们曾经讨论过为什么要进行海峡两岸暨香港、澳门语言对比研究，最终的结论是："在当下的语言研究中，共时与历时相结合已经成为人们的共识，而'海峡两岸暨香港、澳门'语言对比研究正为这一旨趣的实现提供了最好的机遇、场地和条件。正因为如此，'海峡两岸暨香港、澳门'语言差异及融合的事实及其背后的规律和理论内涵，可以说是上天对所有汉语/华语研究者的一份厚赐，不仅应该充分尊重和珍惜，更应该充分开发和利用，从而出成果、出方法、出理论，进而推动整个汉语语言学研究，使之达到更高的层次和境界。"如果把这一认识扩大到整个全球华语以及各个变体及其相互之间的对比研究，大致会收到"思过半"的效果。

三、作为语言变体的全球华语

通俗地说，语言的变体是指语言因使用者在时间、地域、年龄、性别、社会阶层等方面的不同而出现的各种不同用法和差异（张丽，2010）。吴英成（2003）指出："随着华语在全球各地日益通行，它与英语一样，也开始衍生各种地域华语变体。以过去属于同文同种的中国大陆、台湾地区、香港特区、新加坡华人为例，由于近百年来各自不同的历史命运，加上华语与当地通行的汉语方言以及外族语言的融合等因素，富有地方色彩并深受当地华人认同的华语变体自然产生。"现在，人们普遍认同各地华语是"变体"，至于是什么样的变体，比较全面的认识是认为它"既是一种社会变体，也是一种地域变体，同时也是一种功能变体"（郭熙、祝晓宏，2007）。

但是，在涉及相关问题时，也还有不少模糊之处，需要进一步厘清。

1. 全球华语作为一种语言变体，具有多层次的内涵

对于作为语言变体的全球华语内涵的层次性，我们有以下的认识：

第一，全球华语作为一个整体，是最高层次的变体。关于华语及其变体的"层次"问题，上文已经做过一些讨论，这里再择其要点作进一步说明。对于华语变体的层次，以前主要有两种认识：一种是列于跟普通话相同的层次，例如唐燕儿、程辰（2012）认为，"汉语（这里指的是'大汉语'）是大概念，普通话是在汉语下的一个属概念，华语与普通话相似，但具有特殊性。"另一种则是视之为普通话的变体，比如梁冬青（2006）明确指出，"华语是我国普通话的区域性变体。"现在看来，这两种认识都有问题。王德春（1994）指出："从历时语言学的观点看，共同语也是一种变体，是与其他方言一样的变体，是在一种方言的基础上形成的，所不同的是，共同语在交际功能上、在使用范围上获得很大发展，其他变体在功能上服从于它。"李宇明（2014）正是着眼于此，把"大华语"列在其所构拟的汉语使用（交际）层级构造的最顶端，而把普通话/国语列为第二层级。李泉（2015）所划定的大华语范围，"包括大陆的普通话、地方普通话，台湾'国语'，新加坡华语，海外各地华人社区的汉语等"，显然也是基于同样的认识。

第二，某一地区或国家的国/华语，既是全球华语的一个组成部分，同时是一个独立的变体，这是中间层次的变体。汪惠迪（2002）指出："新加坡华语是在新加坡的土壤上形成并发展起来的现代汉民族共同语——普通话的区域变体。"徐大明、王晓梅（2009）建议将汉语的标准变体统称为华语，认为如果这样的话，即使地区性的规范活动已经造成了不同的标准变体，我们仍然可以在"华语"的范畴内进一步区分大同小异的华语变体，如普通话、国语、新加坡华语、马来西亚华语等。也就是说，全球华语本身是一个"变体集"，是由各种下位变体构成的一个集合。

第三，构成变体集的某一种具体的变体，还可能有自己的子变体，这也是最低层次的变体。按以上的表述，普通话也是一个子变体，它的下位变体则是普遍存在于各地的地方普通话，即上述的过渡语。李宇明（2014）指出，地域普通话才是发生学意义上的普通话的地域变体，是方言人在学习普通话过程中产生的带有地域方言色彩的语言现象。普通话及其变体之外，如吴英成（2010）把新加坡华语分成北京标准汉语（普通话）、新加坡标准华语、新加坡本土华语及新加坡"罗惹"华语等四种变体，这显然也属于"变体的变体"。

2. 变体从何处来

全球华语是变体，那么它的"母体"是什么？换言之，全球华人共同语由何而来？在这个问题上，人们的认识远没有达成一致。目前一种比较普遍的看法是

把普通话当作母体，比如上引汪惠迪（2002）和梁冬青（2006）就说得非常明确而又肯定，而作出相同或相似表述的也大有人在。与此不同的另一种认识是，普通话并非华语变体的母体。比如，前引徐大明、王晓梅（2009）把普通话、国语、新加坡华语、马来西亚华语等均列为大同小异的华语变体，显然是把普通话与华语由"上下"关系降为"平等"关系；李宇明（2014）把大华语列于比普通话更高的层次，这也说明后者不可能是前者的变体；周清海、萧国政（1999）就新加坡华语与普通话的对比明确指出："新加坡华语和普通话，是现代汉语在不同国家和地区的两种社会变体。"不过，文中"现代汉语"的所指是比较模糊的。

上一章中，我们从多个方面论证了传统的"老国语"与当今的华语、国语、普通话之间具有派生关系，即后者都是前者的地域/社区/功能变体。而有一些学者的观点和表述也是支持上述观点的，比如田惠刚（1994）指出："海外华人的先辈多半是从两广和福建移居海外的，因此，散居世界的华族或华裔多半能操一种或一种以上的闽粤方言，但是由于这些方言之间的差异实在太大，所以移居海外的华侨在交际时必须借助于一种共通的语言媒介——国语。"这里的"国语"显然是历史的概念（即以上所说的"早期/传统国语"，也有人称之为"老国语"），而不是现实的概念（即今天台湾省所用的概念）。李行健（2015）立足于海峡两岸对比，说得更加直接而又明确："共同语分成台湾的'国语'和大陆的普通话，也就是'老国语'产生了两种变体。"

理清和理顺全球华语的"身份"定位、渊源以及各地华语之间的关系，对我们正确理解和认识全球华语，更好地从事相关研究，无疑有着非常重要的意义和作用。周清海（2016）指出，要解决大华语社区变体的问题，就得了解各华语区的语情。在"变体观"背景下，不仅要了解各华语区共时平面的语情，还要理清历时平面的语情，这样才能真正弄清全球华语"从何处来"，同时可能在一定程度上回答其"向何处去"的问题。

与上述的"共同语观"和"资源观"一样，全球华语的"变体观"也会给相关研究带来新的课题、新的拓展、新的挑战。比如，上引郭熙、祝晓宏（2007）认为华语是社会变体、地域变体和功能变体，而在此之前，邵敬敏、石定栩（2006）就把"港式中文"看作上述三种不同类型变体的综合体。在我们看来，全球华语也正是这样一种综合体。由于全球华语社区可以细分为很多子社区，所以上述"三体"在不同的言语社区中自然会有所不同，而这正是不同华语变体之间差异的形成原因之一，由此也给我们进行相关的调查、分析和解释提供了很多具体的线索和路径。李连伟、邢欣（2016）提出了"跨文化语用变体"概念，并对相关现象进行了讨论，虽然文章是就汉语中融入英语的某些交际文化和语用规则所形成的变体而言，但我们认为这一认识同样也可以放大到全球华语范围：语用变体与上述的"三体"虽然可能有个别的交叉,但是具有总体上的区别,另外再加上"跨文化"的因素,所以一方面可以补以往对华语变体观察的不足,另一方面无疑也会给相关研究带来新的因素。董思聪、徐杰(2015)提出了"如何在技术上确定普通话区域变体的特点和普通话差错的分际"问题,指出可以将体系性、稳定性和可理解性作为三项基本的诊断标准来对二者加以区分。这是一个与全球华语规范和规划密切相关的问题,但又不仅限于这一方面。怎样确定上述"三性"的内涵和标准,以及怎样把相关认识用之于具体语言现象的判断和认定等,都能在一定程度上使研究视野扩大、触角前伸。

四、作为教学对象与教学媒介的全球华语

邱质朴(1981)指出:"语言教学可能是语言学实用价值最广阔的领域。汉语面向世界的推广工作是汉语资源开发的一个重要方面。"陆俭明(2005)在谈及建立并确认"大华语"概念的好处时,除了首先提到的"有助于增强世界华人的凝聚力和认同感"外,其次提到的就是"更有助于世界范围的汉语教学"。在全球范围内,华语既是教学的对象,同时是教学的媒介,所以我们把这方面的研究概括为作为教学对象和教学媒介的研究,并且认为确立这一观念对全球华语的推广及相关研究具有至关重要的作用。

但是,就总体情况而言,对作为教学对象与教学媒介的全球华语本身以及相关教学理论和实践的研究还相当薄弱,而在有些方面甚至还没有开始。姚敏(2016)指出:"作为汉语国际传播研究的重要组成部分,学界对华语传播的研究重视程度还远远不够,研究力量相对单薄。华语传播的规律性研究,华语传播的政策、规划研究及历史研究,华语传播教育标准以及华裔语言习得规律,华文教学方法的系统研究等都是未来可以深入开拓的领域。"

对作为教学对象与教学媒介的全球华语,一项最重要的研究内容就是它的标准问题,前引陆俭明(2015)所提到的"弹性"和"宽容度"就是一种标准;赵强强(2015)提出在海外汉语教学中应制定语音教学的多元标准;李泉(2015)则提到国际汉语教学中应有"双轨制"的标准:"国内外汉语教学的语言和文字标准均宜采用'双轨制'。语言标准上,国内采取'普通话'和'地方普通话'双标准,海外采取'普通话'和'大华语'双标准。"

至于具体的标准是什么,以及如何表述,目前只见个别人提及,尚未见到进一步深入细致的研究。徐杰、董思聪(2013)提出,汉民族共同语的传统定义在语音方面应该微调为"以北京语音为基础音",从原来的"以北京音为标准音"到以北京音为"基础音",显然是基于各华语社区的语音差异而对民族共同语概念及表述所作的调整。那么,词汇和语法方面的标准又应该怎样确定和表述?这

当然远不是如何措辞的问题,而是基于为给出科学答案而付出的巨大的、一定程度上是另辟蹊径的研究之上。

除此之外,还有很多应当深入研究的具体问题。比如,于锦恩(2011)以民国时期为立足点,探讨了华文教材语言资源当地化问题,而这在当下依然是一个有待解决的问题。陈丽君(2006)从对外汉语教学的角度,探讨了语言资源的利用问题,并且列出了以下几个方面:语言是一种可审美消费的精神产品——重视文学语言的教学;语言文字是多样性文化资源中的一种——重视汉字文化教学;语言还可以是一种旅游吸引物——重视旅游汉语的教学。这虽然尚属比较浅表的层次,但是也有一定的启发性和可操作性。

以上主要立足于全球华语及其研究探讨四个新视角会给对它的研究和认识带来一些什么。其实,除此之外,还有另外一个角度,或者说另外一个方面的内容。现在有一种认识是,全球华语研究既可以作为"本体",同时可以作为一种"视角"(祝晓宏,2011),而后者主要是对"汉语"的观察和研究而言的(郭熙,2012)。我们虽然不主张把"华语"与"汉语"及二者的研究对立起来,但是客观的事实是,至少到目前为止,二者还是畛域分明的,所以二者之间的互相观照既有可能,也有必要。我们在这里要说的是,应该而且可以通过华语及其研究来反观汉语及其研究,在某种程度上也可以说是通过研究华语来类推和促进汉语学的研究。

正是基于这样的认识,我们认为,以上提出的一些问题,有的对汉语研究也会有一定的启发作用,而有的则可以延伸及于后者。比如,上引徐杰、董思聪(2013)主要立足于"国语圈"和"华语圈",提出把汉民族共同语的语音标准微调为"以北京语音为基础音";而董思聪、徐杰(2022)又进一步指出,"基于民族共同语标准适度多元的理念,本文建议放弃'以北方话为基础方言'这一不切实际的表述,将现行普通话定义中的词汇标准微调为'以北京话词汇为基础词汇'。"那么,我们接着提出的问题是,语音和词汇的标准微调了,那么共同语语法的标准呢?是否也要作出必要的调整和改变?其实,对于"普通话圈"来说,这也是一个很大的问题。20世纪末,胡明扬(1987)、侯精一(1994)以及刘叔新(1995)等就对普通话的标准问题提出质疑,而曹德和(2011)则直接给出了自己新的界定和表述:"普通话是以北京音系为语音规范基础,以典范的现代汉语书面作品中普遍用开且已趋稳定的用例为词汇和语法规范依据的中国国家通用语。"很显然,这个问题还有很大的讨论空间,而类似的问题显然并不止这一个。

第二节 全球华语的研究视域

在本章开首我们已经说明，讨论全球华语的研究视域问题，是试图从不同的研究领域和方面来定位和定义全球华语，从而丰富其内涵，拓宽其研究视野，最终达到研究效益的最大化。本节中，我们循着自己的研究路径，结合他人已有的研究实践，从三个方面探讨全球华语的研究视域及由此引发的相关问题。

一、本体研究的视域

在国内语言学界，本体研究往往是与应用研究相对而言的，而在对外汉语学界，本体研究则经常与教学研究相对。那么，本体研究指的是什么？陆俭明（2007）就此给出了答案："汉语本体研究是指对汉语本身的语音、词汇、语法、语义、语用等诸种现象及其历史演变和发展进行考察、描写、分析、解释，并升华为理论，以建立相应的理论系统这样的一系列研究。"一些语言研究者往往也以此来进行身份及研究范围等的划分，如著名语言学家邢福义先生就自称为"一个汉语本体研究者"。

在语言学的理论语言学、本体语言学与应用语言学三大板块划分中，立足于本体研究的本体语言学"三分天下有其一"，而在一般的语言研究实践中，人们基本上也总是由本体入手，兼及其他。对全球华语研究而言，自然也应如此，所以，本体研究是其最重要的着眼点和立足点。在本体研究中，有共时和历时两个视点与角度，关于历时问题我们将在本节下的第三小节讨论，另外后边还有专章对相关事实进行发掘与梳理，所以这里只讨论共时的全球华语本体研究。

1. 三个重要的立足点

我们认为，进行全球华语共时层面的本体研究，有以下三个主要的立足点：

第一个立足点是个体研究，这也是整个研究中最重要、最基本的立足点。所谓个体研究，我们把它界定为以某一变体为对象的全面研究，如台湾"国语"研究、新加坡华语研究等。在进行这样的研究时，通常要确立一个比较对象，其中最常见的就是以普通话为参照的对比研究，其中的原因一是因为普通话圈是全球华语的祖籍地并且在今天是其规模最大、最具代表性的变体；二则因为全球华语研究的主力在中国大陆，所以以普通话为参照对象理所当然地成为人们的首选。本书第一章第一节讨论了普通话与非普通话的对应性称名问题，主要就来自这方面的研究。

关于立足于个体的全球华语研究，我们提出以下三点建议：

其一，对于已有较多研究成果和较好研究基础的某些个体（如上述的台湾"国语"、新加坡华语等），应当进一步拓宽和加深，最终形成系统、完整的研究。

其二，对于那些研究刚起步甚至还没有起步的华语变体，如欧洲、北美和非洲的华语，应当改变观念、克服困难，尽早开始或加速进行。

其三，对不同的华语变体研究应各有侧重。各地华语变体的产生或形成时间以及演进速度等差异很大，总体而言可以认为处于不同的发展阶段，如北美华语正在形成，而欧洲华语仅略具雏形（李宇明，2017）。对于已经发展得比较成熟的变体，主要进行共时层面的描写与分析，而对于正在形成或仅具雏形的变体，则在前者的基础上，还应该对其已有的和正在进行的动态发展变化予以更多的关注。

第二个立足点是个体之间的对比与比较研究。我们所在的全球华语研究机构名为"北京师范大学全球华语比较研究中心"，一般而言，研究离不开比较，而比较也是研究的一部分，所以不加"比较"二字似乎并不会造成信息不足的问题。但是我们认为，加上"比较"二字，正可以突显全球华语的特点及其研究的性质：全球华语概念的提出很大程度上就是缘于比较，而对它的研究，自然更是离不开比较。就目前基本的情况来看，相关研究主要是普通话圈与国语圈和华语圈之间的比较，而这显然是不够全面的。我们认为，全球华语各变体之间的比较研究应当在各个层次展开并深入进行：

其一是三圈之间的比较，目前国语圈与华语圈之间的比较还很少，这方面应当加强；

其二是国语圈与华语圈内部的比较，比如台湾"国语"与新加坡华语或马来西亚华语之间的比较；

其三是各华语变体与所在国/地的主要语言以及华语方言之间的对比研究。

在具体的对比或比较研究中，应当更多地以对比语言学和比较语言学的理论、方法为指导，把本来由语际比较而形成的理论和方法用于语言内部不同变体之间，这本身也会给这些理论和方法带来新的应用领域以及新的拓展。

第三个立足点是整体研究。这方面大致有两个要点：一是对全球华语及其研究要有一个整体的认识，二是在这样的认识下统筹谋划具体的研究内容及步骤等。

关于前一点，我们有一个基本的认识和理念：全球华语研究是一篇大文章，所以一定要有大的格局和布局，特别是起始阶段的布局谋篇非常重要。关于后一点，按照一般的认识及研究"由分到总"的发展模式，这方面的研究目前似乎还属于不急之务，因为在个体及个体之间的比较研究尚未充分展开的情况下，总体的研究自然会面临很多困难，甚至难以展开。但是，这也并不等于说目前这方面就是一个尚无法完全触及的领域，我们的理由一是上述的个体及个体之间的比较研究其实也是整体研究的一部分，二是现时的研究也可以做某些总体的设计，进而在这一设计下进行一些开创性、尝试性的研究。比如，邢福义先生领衔的团队所进行的全球华语语法研究，在我们看来就是一项首先立足于总体或整体的华语语法研究。邢福义、汪国胜（2012）谈及上述研究的"近远布局"，即分期部署、分步推进。整体工程拟分为两期："一期"是单点的事实调查和描写，"二期"是各点的比较与研究。"一期"又将分为两步：第一步，先选择最具代表性的若干区域，重点调查，积累经验；第二步，推及需要考察的其他区域，全面调查，系统总结。这样的研究应该称之为整体布局之下的局部研究。

2. 三项要求

在讨论完本体视域下全球华语研究的三个立足点后，我们想针对目前的实际情况（主要是研究中存在的问题与不足），再提出全球华语本体研究的三项要求。

第一个要求是"真实"。所谓"真实"，就是要准确掌握并正确反映研究对象的语言实际，争取做到不"失真"。文学界常说"真实是文学的生命"，对于语言学及语言研究来说，何尝不是如此！进行全球华语研究，比较理想的状况，一是调动尽可能多的"本地人"参与，二是进行大规模、全方位、常态化的田野调查。就目前的情况来看，以上两点都难以很好实现，而实际的情况是很多人都是在没有或较少有本地语感的情况下，利用一些间接语料来进行相关研究，由此就极容易带来研究结果在一定程度上失真的问题。

比如，现在多数人进行两地或多地之间的词汇对比，都是以某一或某些工具书为线索或依据，其实这就有较大的局限，甚至存在一定的风险。具体而言，其一，这往往是一种"后时"的研究，因为工具书从编纂到出版，总要有一个周期，而在当今的互联网及自媒体时代，语言的发展变化速度很快，所以由此就使得某些研究成果可能会有一定的甚至较大的滞后性；其二，工具书本身如果存在某些局限甚至错误，肯定会直接影响研究质量。比如第二个方面，吴礼权（2011）谈到其在台湾工作期间，对台湾"国语"及其使用情况除进行田野调查（每天看台湾各重要电视台的谈话节目，有意识地与台湾的学者和学生以及社会各界人士进行广泛交往交谈）外，同时借助两岸学者所编写的有关两岸现代汉语词汇对照手册（包括一些学者词汇学论著中的对照用例）进行案头调查。最终，二者的结果比较却使之感到非常困惑，因为在田野调查中，作者感觉两岸现代汉语标准语在词汇上存在的差异并不是太大，可是在两岸学者所编写的词汇对照/比较手册中列举出非常多的差异，似乎表明两岸词汇差异是很大的。造成上述情况出现的原因，我们认为是双方研究者的互相"失真"。就大陆学者的研究而言，吴文归纳了三点：一是有些人因不太熟悉或不够了解台湾民众词汇使用的实际状况,错将台湾人所使用的闽南方言词或客家方言词当成台湾人共通的现代汉语标准语词汇,以此与大陆所共通的普通话词汇进行对照;二是有些学者因不了解台湾所使用词汇的真实内涵而用大陆普通话中表示另一个概念的词来与之比照,因而出现比照上不够准确的问题;三是有些学者将台湾从日语中借用来的词当作台湾使用的现代汉语标准语词汇与大陆的普通话词汇相比照,从而产生比照失当的错误。就台湾学者的研究来看,同样存在上述问题,甚至还有更加严重者。以由台湾学者编纂、台湾德威国际文化事业有限公司2009年出版的《两岸常用词语对照手册》为例,其中归纳了九类问题,比如误将大陆部分地区所说的词语(即方言词)当作大陆通行的普通话词汇,误将在某特定语境中使用的形象化的词语或缩略词等当作普通话词汇,将大陆不普遍通行的词误认为是普遍通行的普通话词汇,并以此与台湾所使用的现代汉语标准语词汇进行对照,从而说明两岸词汇上存在差异。针对上述情况,吴文发出了"还原海峡两岸现代汉语词汇差异的真实面貌"的呼吁,而这也成为该文的标题。

我们之所以不厌其烦地举这样一个例子,是想说明两个问题:其一,一些学者由于缺少对研究对象深入了解的客观条件和主观努力,致使自己的研究成果失真,甚至形成讹误;其二,其他的研究者如果再以这样的工具书为依据进行具体的研究(如前所述,这样的研究比较多见),自然就会以讹传讹,从而有可能在更大的范围内造成"二次失真",由此自然就会形成一些错误的认识,或者得出错误的结论。

那么,怎样才能做到不失真呢?我们认为,最有效的办法就是进行深入细致的田野调查,其次是做好案头工作,其中最重要的方面就是在语料上花大气力,以保证其常用性、可比性、当下性和前瞻性。

第二个要求是充分。这里的"充分",主要是指邢福义(1991)所提出的"三个充分",即充分观察、充分描写、充分解释。邢文虽然是就语法研究而言的,但我们认为可以用之于整个华语的本体研究。本节的核心观点是用本体研究的态度、思想和方法研究全球华语,所以我们理应也提出这样的要求。"三个充分"是语言研究中很高的标准和要求,邢文中也谦虚地说,就其个人的研究实践而言,距离"三个充分"的要求实际上是十分遥远的。但是,对于科学研究和科学研究者来说,总是应当志存高远,这一方面是应当对自己有高标准严要求,另一方面则是因为"取法乎上,仅得其中"。

在全球华语的本体研究视域下,"三个充分"中最核心的是描写充分,因为观察充分一方面是描写充分的保障条件,另一方面终究要在后者中才能体现出来;而解释则要立足于描写的基础之上,没有充分的描写,解释自然也就难以达到充分的境界。

描写充分主要表现和体现在精细化，另外在一定程度上也可以表述为细颗粒度或高清晰度。然而，现实的情况是有不少相关研究成果水平不高，比如还只限于或满足于比较简单的浅表层次的"对比"或"比较"，像指出某一变体的某一形式，或在某一方面与普通话有哪些或什么样的差异，或者再比照相关研究的一些固定"套路"，进行一些背景以及原因的分析等。这样的研究自然与上述的精细化或细颗粒度、高清晰度相去较远。

李行健（2013）把两岸有差异的词语分为"显性差异词"和"隐性差异词"两大类，前者包括同名异实词、异名同实词、一方特有词三小类，后者则包括义项差异词、色彩差异词、搭配差异词、应用频率差异词、方言差异词和异形差异词六小类。从"显性"到"隐性"，无疑在精细化方面有了新的开拓与提高，由此会直接带来相关工具书质量与水平的提高。我们对海峡两岸暨香港、澳门某些语言项目进行了一些"微观对比"研究，比如"表扬"一词，从来未见任何两岸对比词典/手册等将其列入差异词语，而我们通过大量的语料调查证明，在当下的台湾"国语"中，"表扬"多是"表彰"的意思，即此词在普通话中的语义特征是［＋轻度］［±正式、公开］，而在台湾"国语"中则是［＋重度、正式、公开］。这样在语义特征层面的观察和描写，既找到了"表扬"一词的两岸差异，同时获得了一种可以在原有基础之上进一步深入的方法，从而在"充分"这一点上向前迈进了一步。

上述实例也提醒我们，要想做到描写的充分，往往需要针对研究对象的特点，在方法上求新、创新。比如，谢永芳、张湘君（2015）以华语社区"手机"一词的异称为例，立足普通话系统，引进社会科学"指标体系"研究模式，甄选三级共10项指标，采取客观、主观两种赋值计算法，比较测量这组异称词语的结构，用数据位次显示差异，并借助数据对词语结构在华语社区异称选择竞争中的制约作用进行解析。"指标体系"属于新的方法手段，采用它有助于词语比较的精细全面、准确可信，有助于开启测量式比较和数据式解析华语社区差异词的新尝试，促进相关研究在指标数据时代的深化和拓展。另外，李计伟（2014、2015）分别用定量统计的方法对比分析了马来西亚华语动词和形容词的特点及其与普通话的差异，方清明（2013）利用口语语料库进行海峡两岸语气标记的统计对比研究等，都在充分描写方面进行了有益的探索。

第三个要求是理论性。这里的理论性包括两个层次、两个方面，一是理论的应用，二是理论的创造。在当前的阶段，前一方面自然应该得到更多的关注，也应该是重点的用力方向。我们曾经提出在海峡两岸暨香港、澳门民族共同语的对比研究中理论性或有理论色彩的研究不足问题，并归纳其具体表现：一是有一些研究基本停留在"分类—举例/罗列—简单说明"的模式，很少使用业已存在并被证明行之有效的理论和方法进行深层次的考察与分析;二是虽然有一些分析,但往往都是针对某一现象或形式本身,多是一些"就事论事"式的解释和说明;三是很少看到就所讨论现象进行一些规律性的总结或理论性阐述的论著。正因为有以上三种表现,所以就相当一部分成果来说,学术含量往往不高。

祝晓宏(2014)就华语语法研究指出,应该借鉴包括现代汉语语法研究在内的各种理论,并举了一些有益探索的例子,比如有人运用依存语法理论研究新加坡华语动词,有人从语言接触的角度探讨粤语对马来西亚华语语法的影响,有人在生成语法框架下研究新加坡华语反身代词,有人在类型学视角下解释新加坡华语特殊"话题句"及其句法特征的来源。再如,李计伟(2012)以东南亚华语中特殊的"介词+X+起见"格式和"以策+X"格式为例,证明了"两个三角"理论在海外华语语法特点发掘中的价值;黄立诗(2013)从语法化的视角考察了马来西亚华语中"回"用作动态助词的现象,等等。

3. 两个注意事项

在进行本体视域下的全球华语研究时,除上边所说的三个立足点、三项要求外,针对目前研究的实际情况,我们还特别强调以下两个注意事项:

第一,注意研究的系统性与均衡性。这里的具体所指,大致包括以下几个要点:

其一,全球华语是一个大系统,我们的宏伟目标是对其进行全覆盖式的研究,这是系统、均衡的重要所指之一。比如,全球华语的范围到底有多大?这似乎已经不是一个问题了,因为答案就是"全球"。但是,这样的范围描述是不是就很全面了?就目前的情况而言,是否还有尚未进入研究视野的变体形式?姚德怀(2017)认为,《全球华语大词典》忽略了"一路"上的东干华语。现在居住在中亚地区的东干族,他们的语言源头是一百多年前的中国陕甘方言,经过时间的推移,现在的东干语可以说是一种特殊的华语,有为数众多的特有借词,这些借词应该收入"全球华语大词典"。

其二,在全球华语这个大系统下,包括众多的子系统,而上述所谓的"全覆盖",自然是应该对其包罗无遗的。王晓梅(2017)指出,"理论上,全球华语研究应该涵盖世界各地的华语变体;现实中,目前的主要成果相对集中于几个国家和地区。"一段时间以来,立足于个体的研究主要集中在国语圈的台湾和香港以及华语圈的东南亚(主要是新加坡和马来西亚),其他则涉及得不多,这显然是不够系统均衡的。《全球华语词典》出版后引起学界的关注,有不少评论性的文章发表,其中批评性的意见比较多地集中在词典收录范围不够均衡上。比如,刘晓梅(2013)指出,"严格来说,《华语》并非真正收录全球华语词汇,主要集中于亚洲,美洲、澳洲的收了一小部分,欧洲、非洲的是空白。而即便是亚洲也不均衡,集中于东南亚,华人相对集中的日本则很少,韩国、朝鲜也是零收录。"此前,王世凯、方磊(2012)也表达了相同的意思,建议该词典可以考虑收录更多地区的华语社区词,以副"全球华语"之实。2016年出版的《全球华语大词典》虽然在这个问题上略有改观,但总体而言并无根本性的改变,其中的一个重要原因,就是已有的研究不够均衡所致。

其三,就每一个具体的华语变体而言,它们也都是自成系统的,即具备作为语言研究对象的所有要素,而对此都应进行具体的研究,尽量减少遗漏。祝晓宏(2014)在谈及华语语法研究存在的问题时指出两点,其中的第一点就是主要以词为中心,以句子和篇章为中心的研究极少,词法、句式和篇章语法特点的调查不足。如果扩大范围,这个问题依然比较突出:比如就传统所说的"语言三要素"来看,目前的研究主要集中在词汇方面,语法不多,语音更少。

第二,注意不同华语社区之间的区别性。以上虽然强调全球华语研究的系统性和均衡性,但那是着眼于全局,同时着眼于一个比较长的阶段而言的;如果着眼于不太长的一段时间,我们并不主张平均用力,像撒胡椒面一样追求一个均匀的覆盖面,而是提倡区别对待各华语子社区的语言变体。具体而言主要指的是:

其一,根据具体情况及现有条件,采取分步走的战略,循序渐进。就目前的情况来看,除普通话圈的普通话外,国语圈的台湾、华语圈的新加坡和马来西亚的研究相对集中,成果也最多,已经打下了比较好的基础,因此可以而且应该进一步扩大覆盖面,实现系统化和深入化,然后作为"样本"用于更多华语变体的研究。

其二,关注不同变体在不同言语社区的形成和发展情况,对研究内容有所侧重或取舍。如前所述,李宇明(2017)注意到不同的华语社区处于不同的发展阶段,指出北美华语正在形成,而欧洲华语还只是略有雏形,如果这可以算两种情况(即两个不同的发展阶段)的话,那么再加上已经具有较长历史、发展比较完备的某些变体,实际上至少就有三种情况了,即已经形成、正在形成、略有雏形。很显然,以上三种情况需要区别对待。比如,就大的区分来说,对已经形成的,可以更多地侧重于共时状况,进行相对静态的观察与描写;而对于后两者,则应更多地侧重其历时发展,更多地观察和描写其正在进行的发展变化。以上两个方面相结合,既体现了共时与历时相结合的学术取向和旨趣,同时又将使人们对全球华语的观察更加细致、全面,更有纵深感和历史感。

二、社会语言学的视域

社会语言学是研究语言与社会之间相互关系的学科,有狭义和广义之分。狭义社会语言学又称"城市方言学",主要研究语言的变异;广义社会语言学除语言变异研究外，还包含交际民族志学、语言社会学、语言社会心理学、会话分析、互动社会语言学等研究领域，研究对象主要是语言与交际、语言与文化、语言与民族、语言与社会心理。

社会语言学是一个理论来源和思想内涵丰富、研究范围很广、涉及对象众多的现代语言学分支学科，正因为如此，邱质朴（1981）认为，从当代的语言学观点来看，结构语言学和社会语言学（包括语言社会学）是两个相对立的学科，前者可视为"微观语言学"，后者则可视为"宏观语言学"。

总体而言，社会语言学与我们所讨论的全球华语及其研究有着千丝万缕、非常密切的联系。因此，在前者的视域下，可以帮助我们从另一个角度了解和认识研究对象以及研究内容等。

1. 全球华语研究与社会语言学的密切关系

毫无疑问，社会语言学与全球华语及其研究具有非常高的关联度，甚至具有很高的一致性。具体主要表现在以下几个方面：

第一，研究取向高度一致。陈原（1982）指出，"社会语言学是在这样的社会条件下为适应人类社会对信息传递和交换的需要而发展为一门独立学科，企图解决新的社会生活所提出的语言课题。"至于是什么样的语言课题，徐大明（2006）的看法是，"社会语言学作为语言学的一个分支学科，就其目前发展的总的情况来看，并不是'包罗万象'的各种'非本体'的研究，而是在有限的几套理论指导之下的语言'本体'的一些分析和解释。社会语言学之所以取得目前的学科地位，主要是由于它在推动语言学界认识到语言不是一个封闭的静态系统而是一个开放性的动态系统方面所起到的主要作用。"郭熙（2004）谈及了"中国社会语言学"的两个重要使命：①描写、解释语言变异的各种现象及其原因，为不同时期语言政策的制定提供依据，解决中国社会语言生活中的各种问题；②充分利用中国特有的社会资源和语言资源，为世界社会语言学作出自己的贡献。

我们在本书第一章第三节给全球华语学所下的定义是："全球华语学是一门研究全球华人共同语及相关对象的一个语言学分支学科。它的研究领域大致可以分为共时和历时、理论和应用、微观和宏观等三个相互依存和对立的方面，其任务是描述语言事实，寻找并解释其发展规律、发掘理论、总结研究方法，并将其研究成果应用于语言研究和其他相关领域。"如果把以上对社会语言学的认识和表述与我们的定义相对照，就会发现二者之间有许多共同之处，特别是在研究取向上高度一致：一是立足于各种语言现象本身，二是在描写的基础上寻求广泛的解释，三是争取在理论上有所建树，四是追求研究的应用价值。

第二，二者研究在一定程度上重合。周庆生（2010）曾经对中国社会语言学研究做过较好的回顾和展望："20多年来，在许多领域取得了重要成果，譬如语言生活状况、语言变异和变体、语言与文化、语言接触、双语双方言、语码转换、移民语言、濒危语言、言语交际、语言规划领域。在今后一段时期内，有望进入该学科前沿的课题大概有：普通话的地方变体、汉语的民族变体、语言与国家认同、方言与地方认同、民族语言与民族认同、英汉双语使用、语言生活状况、多语服务等。"上述很多方面都与全球华语有密切的关联，可以把后者看作前者的载体之一。比如，全球华语本身就是因变异而产生的变体，它与各地的文化、语言接触、移民情况和特点等直接相关，甚至在很大程度上是后者的产物。就具体的研究实践来看，一方面，很多社会语言学的研究本身就是针对全球华语的，因此自然也属于全球华语的研究；另一方面，反过来也是一样的，有一些全球华语的研究也可以看作社会语言学的研究。

比如，就前者来说，以下是中国知网所收录的部分标题中含有"社会语言学"字样的以不同国/华语变体的历史、现状及使用状况等为研究对象的学术论文：

张振兴．台湾社会语言学史五十年述评［J］．语言教学与研究，1988（02）．

徐大明．新加坡华社双语调查：变项规则分析法在宏观社会语言学中的应用［J］．当代语言学，1999（03）．

赵会可，李永贤．台湾语言文字规划的社会语言学分析［J］．山西师范大学学报，2005（06）．

赵守辉，刘永兵．新加坡华族社群家庭用语的社会语言学分析［J］．社会科学战线，2008（08）．

史淼．两岸三地恐怖电影命名的社会语言学考察［J］．学术交流，2013（01）．

张媛媛，张斌华．语言景观中的澳门多语状况［J］．语言文字应用，2016（01）．

张锦玉．基于印尼青年华人中文姓名的社会语言学考察［J］．八桂侨刊，2016（03）．

郑军．印尼棉兰华裔青少年语言使用状况调查［J］．海外华文教育，2016（04）．

至于虽然未标"社会语言学"字样，但无疑应属于其研究范围的研究成果就更多了，如游汝杰、邹嘉彦（2009）利用香港城市大学"中文各地区语言异同"共时语料库，从共时角度比较了各地中文词汇使用的不同情况，分析了新词的发展变化，并从港澳报刊地名词的演变观察社会的变化；郭熙（2004）讨论了语言协调与"华语"问题。很显然，这些都属于社会语言学与全球华语"二者合一"的研究。此外，像杨荣华（2011）以及王立、储泽祥（2015）等，大致也是如此。郭熙（2005）把海外华语列为面向社会的社会语言学的热点之一，正是对二者关系的最好说明。

第三，社会语言学的思想可以为全球华语研究所用。社会语言学有很多重要思想，在很大程度上可以为全球华语研究所用，以下仅举数例进行说明。社会语言学家苏金智先生曾经指出，"社会语言学研究不是纯学术性的研究，除学科建设外，还致力于解决由社会产生的各种语言问题，在研究解决这些语言问题过程中进一步推动学科建设。我从事社会语言学研究二十多年，最深刻的体会是，中国的社会语言学研究要为国家和社会服务，尤其要做好两个方面的服务，一个方面是为国家语言文字政策的制定提供服务，另一个方面是为提高全社会的语言交际水平服务。"这里的"两个服务"，其实也正是全球华语研究的两个最重要目标和任务。（熊建辉、魏日宁，2011）

扬·布鲁马特、高一虹、沙克·科霍恩（2011）认为，全球化社会语言学现象表现在三个方面，即新媒体、移民、"大"语言的传播，由此也带来了三大问题，即影响的广泛性、群体和语言变体的不平等性、权力资源的多元性。在我们看来，全球华语是汉语全球化的产物，并且这一过程还在继续，它本身就是一种"全球化社会语言学"现象，自然也有上述三大表现以及由此所带来的三大问题。正因为如此，一方面，我们可以把全球化社会语言学这一新兴的思想、理论、观念和相应的方法用于全球华语的研究；另一方面，后者的研究也有可能给前者提供一个最佳的试验场地，验证甚至于补充和进一步完善相关的理论和方法。

现时的语言研究已经进入语料库语言学时代，全球华语研究自然也不例外，因此怎样建立适合研究需要的语料库，成为全球华语研究应当首先考虑解决的问题之一。苏金智、肖航（2012）认为，社会语言学研究所需要的语料库除了具有一般语料库所具有的特点外，还应该包含丰富完整的社会语言学信息：一是语料样本具有广泛性、代表性和平衡性；二是语料样本信息丰富完整，包含作者的民族、性别、年龄、出生地、母语等更多背景信息（其中部分信息需要通过标注获得）；三是具有多层次、多方位的标注，例如在词语标注方面，不仅有词性标注，有些具有地域特点的词语还应该有地区来源的标注等。在我们看来，以上三点也应该是建立全球华语及其变体的语料库时应当具有甚至突显的信息。

第四，社会语言学的方法可以为全球华语研究所用。社会语言学是非常注重调查研究程序以及方法建设、规范和使用的学科，在其研究成果中，有很多关于方法的归纳和表述，而其中很多内容正可以为其他方面（包括全球华语）的研究所借鉴，甚至于直接使用。

张廷国、郝树壮（2008）列出了社会语言学研究方法的三个特征：定性与定量研究相结合、解释性、实证研究。如果说以上三点在很大程度上属于整个语言研究的共性特征的话,但是其所包含的具体内容以及操作方法与模式等,却有很大的不同。比如,现时一般的本体研究中,人们也强调定性分析与定量分析相结合,但无论是定性还是定量,都比社会语言学来得单纯和简单。在社会语言学中,常用的定性研究方法有观察法、直觉与内省判断法、个案研究和采访法;而社会语言学在进行定量研究时,则需要运用变量、假设、设立对照组、采访与案例的研究与观察、语言变异的量化分析等,具体所用有问卷调查法、实验法等(张廷国、郝树壮,2008)。就问卷调查来说,社会语言学有一套从最初设计到最终展示的完整而严格的规范,可操作性极强。张廷国、郝树壮(2008)列出的相关内容就有以下一些:问卷调查的形式(包括类别和结构形式),问题的类型(包括诱导式问题、封闭式问题、开放式问题、二分式问题、多项选择题、等级排序题、程度排序题),问卷调查的设计(包括总体运筹、布局和问题的设计与排序),注意事项(关于问题的设计、关于敏感性问题、问卷调查的测试),问卷调查的数据处理和结果展示等。

如果说上述方法偏重于微观层面的话,王远新(2005)则从比较宏观的层面进行了阐述:"语言是一个异质有序的结构系统,尽管存在着错综复杂的变异形式,但它们却沿着一定的方向发展变化。社会语言学有关语言变异的描写和解释方法论,不仅能够有效地解释语言变化的起因,而且可以描述语言变化的过程,在某种情况下,还可以预测语言变化的趋势。"这里所说的起因、过程和趋势,无疑也是全球华语研究的重要内容。

进行全球华语研究,往往也能够在社会语言学的一些具体研究中获得方法论的启示,甚至可以获得直接借用的方法。比如,祝畹瑾(1992)指出,研究语言变异与社会诸因素的关系所需收集的资料涉及三个主要方面:一是语言使用者的资料,指的是说话人的社会背景或社会属性;二是使用语言的资料,指的是说话人在一定的语境中所说的话语;三是有关语言态度的资料。在我们看来,这也是一种方法的指引。

基于以上四方面,我们甚至有理由对全球华语学进行以下的表述:

本体语言学+社会语言学=全球华语学

2. 语言变异理论视域的全球华语研究

以上从四个方面讨论了全球华语研究与社会语言学及其研究的密切关系,特别是前两点,即研究取向高度一致,二者研究在一定程度上重合,都在语言变异研究方面有着最充分的体现。

语言变异是社会语言学研究的重中之重,对此有很多相关的表述,如"语言变异是言语交际中普遍存在的言语现象,是社会语言学研究的核心。社会语言学联系社会研究存在于现实话语中的各种语言变异,从而揭示在社会诸因素影响下制约言语发生变异的一些规律"(郭晓燕、刘睿，2011)。语言变异研究主要考察语言变异与社会因素之间的关系，旨在探究活生生的、现实生活中语言的变异形式、过程、原因和规律，是社会语言学最经典、最主要的内容，称为变异社会语言学(田莉、田贵森，2017)。

至于社会语言学为什么要研究变异，王远新(2005)说得非常清楚："社会语言学之所以特别重视语言变异的研究，是因为除了学科发展的内部因素和外部条件之外，主要取决于社会语言学两方面的研究目的：①真正了解鲜活的、正在被使用着的语言。为了达到这个目的，就不能不面对现实语言中的各种变异形式；或者说，不研究现实语言中的各种变异形式，就不可能真正认清语言的真实面貌。②进一步认识语言的变化和变异的过程、原因、规律，预测语言的发展趋势。社会语言学研究的一个重要目的，是要追踪那些能够反映语言历时演变的共时变异形式是怎样扩散的，"用现在说明过去"，即用现在的变异形式说明过去的变化，并且在此基础上预测变化的趋势。

对于语言变异的具体研究内容，赵蓉晖(2005)有以下说明："'变异'概念可以看作整个社会语言学体系的核心和枢纽——如果将'变异'的概念在共时的维度加以拓展，那么语体、语域、不同变体的选择和混用均可以进入变异研究的视野；如果从历时的角度将'变异'概念加以延伸，那么便可以将语言演变、语言消亡也纳入变异研究的范围；而语言演变和消亡的过程又和语言接触密不可分。社会语言学的微观和宏观领域因此可以有机地结合在一起。"

我们认为，对语言变异理论视域的全球华语研究而言，应当特别强调以下三点：

第一，立足语言变异，研究语言变体。全球华语属于区域性变异，即来自不同区域的说话者所显现出的语音、词汇或语法等方面的变异。全球华语之所以能够形成、存在和发展，正是华人共同语在不同国家和地区变异的结果，所以，全球华语研究要着眼并且立足于语言变异。然而，就具体对象而言，人们研究的并不是"变异"，而是"变体"。游汝杰、邹嘉彦(2009)对此给出的解释是："各种语言变异的存现形式就是'语言变体'。'语言变体'是一个内涵很宽泛的概念，大至一种语言的各种方言，小至一种方言中某一项语音、词汇或句法特征，只要有一定的社会分布的范围，就是一种语言变体。"徐大明、陶红印、谢天蔚(1997)引用英国语言学家郝德森的观点指出："'变体'可以用来指称各种层次上的语言存现单位。'变体'的技术性定义是'一组具有相同社会分布的语言形式'。这里所谓'社会分布'是指一群接受和使用某一些语言形式的人。"

就当前全球华语"本体"研究的实践来看，人们所观察和分析的对象，正是从大到小各种各样的语言变体：大到国语圈或华语圈中某一语言子社区，小到一个具体的读音或具体的词。在今后的全球华语研究中，仍然要立足于语言变异，研究各种语言变体。

第二，关注正在进行的变化。徐大明、陶红印、谢天蔚（1997）谈到，现在社会语言学家通过对语言变异的研究，发现语言的历时变化就产生于并体现在语言的共时变异之中。所以，以拉波夫为先驱，语言学家开始了对"进行中的变化"（change in progress）的研究。孙金华（2009）对此作过进一步的说明："通过语言变异研究，拉波夫发现，语言的历时变化可以在共时的变异中得到体现。也就是说，通过研究进行中的变化，社会语言学家有可能摆脱历史语言学家语言变化研究中受到的局限。这一发现开创了社会语言学进行中变化研究的先河，为社会语言学的研究提供了源源不断的理论支撑，也成为社会语言学得以繁荣发展的坚实基础。"

关于"变异"与"变化"的关系，徐大明、陶红印、谢天蔚（1997）认为，在语言的使用中，变异是无处不在的，而变化是相对来说比较特殊的现象，因此变异并不等于变化。许多目前发现的语言变异是稳定的变异，这样的变异形式提供了变化产生和发展的条件。我们对此的理解是，语言变化是对已有语言变异形式在某一、某些方面或某程度上的改变，而这种改变都是正在进行的（如果完成，可能就成为新的变异形式）。所以，书中把变异与正在进行的变化相对。

"正在进行的变化"是语言常态化的表现，对此，许多学者都有相关的表述。程祥徽（2005）指出："语言的生命如同放大了的人生，每时每刻都在变迁，永远保持运动的形态。"于根元（2006）认为，"运动是没有开始也没有结束的，一切都处在中介状态，所有的语言都是中介语。语言研究的就是语言运动中的个性和共性。"周荐（2011）则针对词汇方面的情况指出："词汇的发展、变化是每时每刻都在发生的，因为它时刻追踪着社会每一点每一滴的变化，并全面而及时地加以反映。时有古今，地有南北，词汇的发展和变化，在时空上表现得尤其明显。"

然而，在全球华语的研究中，人们往往更多地着眼于稳定的变异，而对于正在进行的变化却注意得不够。就当下的情况来看，前者主要是"差异"，即国/华语与普通话之间业已产生和形成的诸多不同之处；后者则主要是"融合"，即中国大陆改革开放以来，特别是本世纪以来普通话圈、国语圈和华语圈互相靠拢的现象和事实。我们曾就海峡两岸民族共同语对比研究提出了一个"两翼模式"，并且作过较多的尝试性研究，现在看来，我们有理由把这一模式扩大到整个全球华语的研究之中。此外，前引李宇明（2017）提出北美华语正在形成，而欧洲华语还只是略有雏形，这无疑也是一种正在进行的变化，对此也可以而且应该进行即时性的跟踪研究。

第三，拓宽视野，进行多维研究。一是横向的拓宽，即在进行全球华语的本体研究时，把语言自身及其使用以及更多的社会因素纳入其中，综合考虑，从而知其然更知其所以然，争取研究效益的最大化。二是纵向的拓展，即除了立足于现实外，还要瞻前顾后。即如上引王远新（2005）所说，既要关注过去，也要预测未来。举例来说，一般的对比研究中，人们主要关注某一形式或用法在不同地区的有无及各种差异，至于其来龙去脉，比如是怎么形成的、受哪些因素的影响，现时的变化及将来可能的发展等，经常却不在考虑和讨论的范围之内。如果作为比较简单的具体研究，这样做虽说未尝不可，但总体而言不能说是完整的研究。所以，在这方面我们正可以多向社会语言学的变异及变体研究借鉴，从而使全球华语的研究更加全面、深入以及可持续发展。王玲（2009）以"有＋VP"的研究为例，表达了与我们相同的思想："以往的研究多数侧重于分析'有＋VP'格式的历史发展、句法结构的表现、表达的语义或者是分析'有'修饰谓词用法的成因等，很少有人关注实际生活中'有＋VP'格式的使用情况。因此，我们当时着重关注的是'有＋VP'格式的使用实态，希望通过实际的调查解决下列问题：在汉语普通话中这种格式有哪些人在使用？这些人有什么特点？这一格式今后的发展趋势是什么？"其实，这样的研究也正是我们想要的。

3. 言语社区理论视域的全球华语

徐大明（2006）对言语社区理论曾经做过很好的说明："言语社区理论对社会语言学迄今所取得的重要成果提供了一个集中性的理论概括，是社会语言学对普通语言学的最重要的贡献之一。言语社区理论的核心观点为：语言作为一个具有一定同一性和稳定性的符号系统，既是人类言语交际活动的一种抽象，也是人类社会中群体结构的标记和区别特征。因此，语言的自然存现单位即言语社区。言语社区研究作为一个针对讲话人的组织系统的研究，在中国具有最广泛的研究对象，作为一个人口大国，不仅语言的资源取之不尽，而且汉语社区作为一个最庞大的本族讲话人的体系也是无与伦比的。"

对言语社区在语言研究中的意义和作用，也有很多阐述。比如，"言语社区作为一种研究理念，可以引导研究者从语言事实出发研究使用中的语言"（刘庆伟，2010）；"言语社区既能揭示出社区内各类语言事实的演变规律，又阐明了各要素对于构成言语社区的作用，最终反映了语言与社会共变的真实机理"（陈颖，2014）。

把言语社区理论与"华语"对接，徐大明、王晓梅（2009）提出了"全球华语社区"的概念，表述为"一个依托全球华人社会的言语社区"。我们认为，从以前的华人社区到现在的全球华语社区，反映了研究观念的演进：仅从直接可感的部分来说，一是由"人"转换到"言语"或"语言"，这样就有了一个视角甚至立足点的转换，显然更贴近语言及语言研究；二是进一步明确并强调了研究的范围，同时是视野的进一步扩大。具体而言，则有以下三点：一是可以获取一些新的认识角度；二是可以进一步促进各华人言语子社区语言研究的深入展开；三是拓展研究领域，促进历时研究的展开。

对言语社区理论视域的全球华语研究而言，更应该注重以下几点：

第一，建立全局观与层次观。全球华语是一个大系统，内部包含众多的子系统，而子系统中也可能包含下位的小系统。不同的系统之间，当然是分层次的，徐大明（2008）就此指出："言语社区内部的一致性是相对的和多层次的，一致性是言语社区的存在条件，在某些方面的不一致性恰恰是言语社区层次性的体现。"李现乐（2010）对此做过更加具体的说明："言语社区的层次性并非表现为一个大言语社区下的在同一平面上的一些小社区的简单排列。其层次性更体现在内部不同层级的亚社区或小社区存在着的嵌套或包含关系。"

第二，关注和重视各子社区的特殊性，如社会的现状及历史发展、主要华语言语及其使用情况、本地官方语言及方言的情况等，由这些因素寻求对其华语变体的特点等的更好解释。王玲（2009）通过对厦门、南京和阜阳三个言语社区"有＋VP"格式使用情况的调查，其统计结果显示，在不同的社区，"有＋VP"格式在实际话语中的变化速度和所处的阶段是不一样的，大体上可以分成三个阶段：基本完成阶段，"有＋VP"格式在口语中基本被接受；发展阶段，"有＋VP"格式在口语中的使用率较高；起始阶段，"有＋VP"格式在口语中刚刚开始出现，使用率较低。陈羽（2015）在言语社区理论观照下研究了若干数量词标记和指示词标记，涉及它们在不同时代的变化，比如"大跃进"时代数词标记的夸大表达等。类似的研究有一定的指标意义，可以广泛用之于各言语子社区的具体现象研究之中，从而对其言语特点等有更加深入、全面的了解和认识。

第三，扩大视野，进行更多方面的研究。言语社区是语言学的首要研究对象和语言调查的基本单位（徐林明，2004），同时是言语行为的存在场（李现乐，2010），言语社区的复杂性主要表现在它可以从不同的角度作不同的划分，由此就带来了更多的观察和研究角度。周永军（2015）从认同的角度划分了五种类型的言语社区，其中包括属于民族认同的华语社区；向音、李峰（2011）指出，按照社会学的理论，社区可以分为区域性社区和非区域性社区，后者也有人称之为精神社区。关于后者，夏历（2009）认为，言语社区的范围也不应该局限在地域层面，应将精神层面的言语社区纳入言语社区研究的范畴。何丽（2014）也专门就此进行了讨论。已有相关研究成果中大致属于精神层面的言语社区如留学生言语社区、外资公司员工言语社区、白领言语社区、农业转移人口子女言语社区、军事领域言语社区等。社会语言学的研究提示我们，以往的全球华语不同子社区之间的对比研究，人们通常只是从整体上进行对比，一般不考虑不同性别、年龄以及社会阶层等对语言形式的选择及使用等的影响甚至于决定作用，随着研究的深入，这些方面也应该引起关注，在必要时也可以进行一些更具针对性的考察与分析。

以下是对本小节主要思想进行的总结。我们认为，社会语言学的理论和方法对全球华语的研究至关重要，具体而言大致包含以下四个要点：

其一，全球华语的形成、现状及其发展，最主要的动力来自社会，是诸多社会因素共同作用的结果，所以，要真正了解和认识全球华语，真正全面深入地研究它，社会因素永远应当是其关注的一个重要方面；

其二，借助社会语言学的诸多理论、方法和具体的操作规程等，可以更好地进行全球华语及全球华语学的研究；

其三，全球华语研究可以而且应当充分利用社会语言学的研究资源和具体成果，以使之得到进一步的充实和完善；

其四，社会语言学是全球华语学的重要理论来源之一，后者的建立和完善，需要从前者中汲取更多的养料。

三、现代汉语史的视域

我们于1992年提出了现代汉语历史发展演变的构想，此后即开始从事与此相关的研究，在取得了初步的进展后，结合进一步的思考，于2000年正式提出"现代汉语史"的概念，而此后所从事的一系列对近百年来现代汉语的发展演变研究[①]，都是在现代汉语史的框架下进行的。

就个人的研究实践来说，早期的现代汉语史研究其实是立足于现代汉语普通话并在这一范围内进行的，因此如果用"普通话史"来概括，似乎更恰当一些。自20世纪末以来，我们以较多的精力投入由海峡两岸到海峡两岸暨香港、澳门，再由海峡两岸暨香港、澳门到全球华语的共时与历时研究，虽然使用的主要仍是现代汉语史的研究理念和方法，但是研究对象的范围已经大大拓展，套用现在比较时髦的表述方式，可以说是现代汉语史的2.0版本，或者说是升级版的现代汉语史。

在全球华语研究中引进现代汉语史的视角，并且用后者的"标准模式"进行相关研究，这在我们这里已经成为"新常态"，但在整个学术界似乎还缺乏共识。我们认为，现代汉语史新视角的建立和研究模式的引入，有助于对全球华语的了

---

① 我们于2013年竞标成功的国家社科基金重大项目"百年汉语发展演变数据平台建设与研究"，就是这一选题下的集成性研究，该项目已于2020年顺利结项。

解和认知，同时有助于其研究在某些方面更好地、可持续地进行。本小节中，我们拟就相关问题进行讨论和说明。

1. 现代汉语史及其主要思想

毋庸讳言，仅从字面看，"现代汉语史"是有歧义的，而我们所要表达的意思是"现代汉语/史"。简言之，现代汉语史就是现代汉语发展演变的历史。我们给出了现代汉语史的定义：以现代汉语的历史发展演变及其规律为研究对象的现代汉语的一个分支学科，它也是整个汉语史的一个组成部分。现代汉语史的核心内容就是全面考察现代汉语的发展演变，分析和解释造成发展演变的内部及外部原因，在此基础上再对其发展演变的规律加以总结。

我们对现代汉语史的相关问题进行了简要的讨论，主要涉及现代汉语史的提出依据、分期、研究内容、研究方法、同其他相关学科的关系、研究的意义和方法、研究成果概览等，另有两章分别对量词和其他几种词汇、语法现象进行了示范性的研究，其中很多内容可以用于全球华语的共时与历时研究，或者为其提供观念、方法等方面的借鉴。

以下仅就这两个方面进行说明。

早在 2009 年，我们曾经画过一幅现代汉语史线路图，直到 2015 年才对外公开，如下：

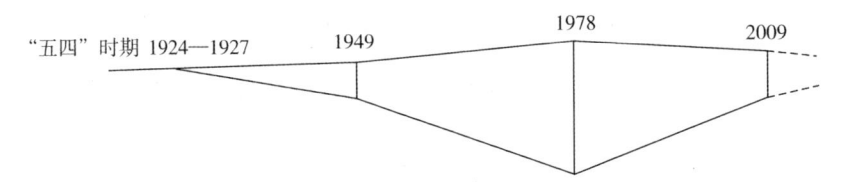

"五四"时期 1924—1927　　1949　　　1978　　　2009

简单地表述一下，就是完整的现代汉语史系由两条线索以及它们的共同起点构成：起点就是 20 世纪前半叶的早期/传统国语（老国语）；两条线索中，一条较为曲折，与传统国语相比变化较大的普通话的形成与发展演变；另一条则相对较为平直，与传统国语有更高一致性的国/华语。在此基础上，书中还谈了以下几点认识：

第一，由来源看，有一个明显的分化与变迁过程；

第二，当今的诸多差异是历时发展在共时平面的反映；

第三，着眼于"史"的历时研究，是一个亟待加强的方面；

第四，两条线索进一步的发展主要是由差异走向融合。

以上的线路图和四点认识虽然主要是着眼于普通话圈与国语圈之间的对比，但是我们认为也完全可以放大为对全球华语的普通话圈与国/华语圈的对比性认识。

我们提出了"现代汉语史"的口号，同时认为这是其研究的总原则：立足现代汉语，贯通古今中外。文中对此作了如下的解释：

立足现代汉语，主要是说现代汉语是现代汉语史研究的母体，离开前者，也就无所谓对后者的研究，而贯通古今中外，则有更深刻的缘由和内涵。

现代汉语是由古代的语言发展演变而来的，二者之间自然有千丝万缕的联系；而在现代汉语的形成和以后的发展中，外来因素的影响和制约也是相当大的，这些影响和制约使得现代汉语的面貌发生改观，也使得现代汉语的发展轨迹产生某些偏移。所以，在我们的研究中，古今与中外必须是互相观照、互相发明的，不如此，就无法进行现代汉语史的研究。

我们提出要贯通古今中外，还有另一层原因，这就是有感于目前学术界和许多研究者的现状。长期以来，汉语研究中的条块分割比较严重，许多人都是各自严守自己的"领地"，从不越雷池一步，所以，现代汉语和古代汉语互不搭界，而汉语和外语研究更是老死不相往来。这种现状，在自然科学和社会科学都早已由分化走向综合的今天，越发显得不合时宜，并且也严重地影响和制约了语言研究的发展，使之难以有新的突破，也难以达到应有的高度。因此，要打破隔阂，走出封闭，寻求新的突破，取得更大的进展，就必须贯通古今中外。

就概念及其逻辑关系而言，现代汉语史属于具体语言学范畴，可以列为其下属的一个分支学科，此处我们主要着眼于它的独特性以及对全球华语研究而言的重要性，也作为一个独立的视域对相关问题进行讨论和说明。

2. 现代汉语史与全球华语史

如前所述，按我们现在的认识，在现代汉语史的理论框架和知识体系中，普通话、国语、华语的共时状况及历时发展均为其重要的组成部分，而如果着眼并立足于这一点，我们或许应该用一个更具包容性、内涵更为丰富的"全球华语史"在一定范围内取代前者。我们可以把上引现代汉语史的定义进行合理的"移植"，这样大致就可以得出一个全球华语史的定义：

全球华语史是以全球华语的历史发展演变及其规律为研究对象的全球华语学的一个分支学科，它也是整个汉语/华语史的一个组成部分。全球华语史的核心内容就是全面考察全球华语的发展演变，分析和解释造成发展演变的内部及外部原因，在此基础上，再对其发展演变的规律加以总结。

提出全球华语史，并非概念游戏，而是有其实际意义和价值的，具体而言大致包含以下几点：

其一，确立一个观念视角，由此可以进一步强调其历时研究的必要性与重要性，并最终使之成为全球华语及全球华语学研究的一个重要组成部分；

其二，进一步充实和丰富全球华语及全球华语学的内涵；

其三，从一个方面加强全球华语学的理论建设。

华语从哪里来，到现在经历了哪些发展变化，这就是全球华语史的最主要研究内容。毫无疑问，这是一个很大的课题，但到目前为止基本还没有展开，因此还有非常大的开拓与发展空间，它可以而且应该成为全球华语研究的一个很大的新增长点。刘晓梅（2016）针对《全球华语词典》语料库的建立问题提出了自己的建议，可以看作上述问题研究的一个方面："笔者建议，《全球华语词典》的编纂不光要依据共时的静态语料库，还要依据历时的动态语料库。可以考虑各区域分为早期（20世纪40年代及以前）、中期（20世纪50年代至70年代）、近期（20世纪80年代至今）。收词和例句都均衡地分布在各个时期，并强化最初用例。这样，读者就能从词典的描写中看到共时的面貌和历时的变化，也更利于体现词语或用法吸收、共享的来源和方向性。"

我们基本同意刘文的观点，认为全球华语史是可以分期的，分期时应当首先考虑以下几个重要环节与事实：一是传统国语在海外的传播，二是传统国语的分化以及分化后形成的普通话圈与国语圈，三是国语圈直接以及经由港台地区向海外的辐射和传播。相关的问题将在下一章继续讨论，这里暂时搁下。

3. 共时研究与历时研究相结合

时下，在语言研究中提倡和贯彻共时与历时相结合早已成为人们的共识，而这也成为现代汉语史的重要理论基础和研究理念之一。对全球华语研究来说，这一点应该有其特别的内涵，由此也会在一定程度上带来观念的转变、思路的改变以及研究策略的调整等。具体而言，主要体现在以下两个方面：

其一，"真正的"共时研究。我本人学汉语史出身，也曾经有过较长时间的汉语史（主要是近代汉语句法）研究经历。比较史的研究与共时平面"本体性"的研究，二者虽然都要对某一或某些具体现象进行观察、描写与分析，但还是有一定区别的，其中最大的一点在于因目的不同而带来的研究路向及"兴奋点"的不同：前者需要了解某一或某些现象在不同时空中的分布情况，但是往往限于"基本面貌"的了解，寻找可资进行点对点比较的线索或项目，最终把不同的点串联起来，形成一个完整的发展链条，即史的线索；后者则主要把研究对象封闭在一个共时的范围内，虽然也会根据需要进行一定程度的横向与纵向考察，但是根本的立足点还是在研究对象本身，要对其进行深入细致的剖析，力争做到前边所说的"三个充分"。把以上所说"史"的研究简单总结一下，就是一般的历时研究着眼于"史"，在共时观察与描写以及相关的解释方面往往线条要粗一些，通常并不要求一定要达到共时研究中的"三个充分"，或者另有不同的侧重点，而这是由其研究目的和任务决定的。

这里我们所说的"真正的"共时研究，大致就是指"三个充分"的共时研究,而我们之所以提倡并强调这一点,主要基于以下两点理由:一是我们一直推崇高清晰度或细颗粒度的语言研究,认为唯其如此,才能精确地反映语言及其运用的真实样貌和状态,进行全球华语的研究自然也应如此;二是全球华语的历史并不太长,要真正理出一条发展线索,往往需要在高清晰度或细颗粒度的情况下才有可能实现。举例来说,本人指导的博士研究生邹贞(2016)考察过海峡两岸"资深"一词的差异与融合情况,文章的视角从词义深入到义素层面,把此词的义素分析为[＋人][＋职业][＋年限长][＋表彰],而以此为基础,就可以考察与描述此词在台湾的发展变化情况,主要表现为内涵不断减少、外延不断扩大,用义素序列对比表达,就是[＋人][＋职业][＋年限长][＋表彰]→[＋人][＋职业][＋年限长][±表彰]→[＋人][±职业][＋年限长][±表彰]→[±人][±职业][＋年限长][±表彰]。了解了此词在台湾"国语"中的变化情况及路径,就能够以此为基础进行其与普通话之间的对比。对比结果显示,此词在普通话中"复显"以后的发展,大致也是循着这一路径,只是一定程度上有"跨越式"的表现。这种"微观对比研究",从一个方面来说,就属于我们所说的"真正的"共时研究,我们应该在全球华语研究中不断探索,在更大的范围内进行这样的研究。

其二,"共时中的历时"研究。人们在强调共时与历时相结合的时候,出发点无疑是基于对共时与历时的划分以及一定程度上把二者放在对立的两端。其实,二者之间不仅有分,也有合,而后者才是真正的常态。于根元(2002)大致就指出了这一状态:"语言的各个历时都是在一定的共时里的,各个共时又都是在一定的历时里的。"萧国政(2001)说得相对更具体一些:"区别历时和共时很重要,但是注意共时中的历时也很重要。从这个角度讲,不仅共时的时间连续构成了历时,而且共时内部的差异,也包含和沉淀着历时。"对这个问题讨论最为充分的是张普、石定果(2003),关于历时中包含共时,文中用一个比喻来说明:"在今天,我们还可以把历时状态看作是一段由许多略有变化的小照片连接而成的电影胶片,表现着动态的过程,而把共时状态视为一段胶片中的每一张,表现着瞬间的定格。"关于共时中包含历时,文章中用下图来表示:

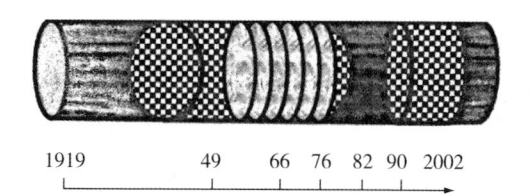

1919　　49　　66　76　82　90　2002

文中的说明是:"我们如果将现代汉语(上图中木纹所示时段)视为一个共时状态……但是从1919年至今已经是近一个世纪,二十世纪初期的现代汉语与今天的现代汉语显然存在很大的差异。人们又可以把现代汉语分成一些更小的时段（黑色时段），可以进行一些更小平面的共时研究。"

以上表述基本指明了我们提出现代汉语史的主要理由和依据，而这也同样适用于全球华语及其研究。具体来说，如果把全球华语看作一个共时平面的话，其间也有历时的发展变化，比如在中国大陆改革开放前后就有明显的不同（此前普通话圈与国/华语圈以"分"为主，而此后开始趋向于"合"，详后）。对此我们应该进行全面的考察与分析、归纳与总结。

4. 立足当下，关注未来

我们之所以建立全球华语研究的现代汉语史视域，甚至提出全球华语史的概念，主要是试图在相关研究中除了建立史的视角、史的观念外，更加注重建立史的格局。所谓"史的格局"，简单地说就是对过去、现在与未来的全程关注，而其中有两个最重要的点：一是从哪里来，二是向哪里去，合在一起就是全球华语的"来龙去脉"。

就共时与历时相结合的全球华语研究来说，其最重要的内容有两个方面，而这也就是本小节标题中所说的"立足当下，关注未来"。

"立足当下"非常容易理解：我们现在急需对全球华语有一个相对全面、完整的认识，所以当务之急是了解语情，人们目前所做的也主要是这方面的工作。由于研究对象本身的复杂性与多样性，所以立足当下的研究将是一项长期任务，对此学术界应该也有共识。如果说"立足当下"的研究主要是"做"的问题，那么"关注未来"首先是一个观念和认识的问题。

我们所理解的全球华语的未来，大致有以下两层含义，而每层含义都有与之相对应的不同研究任务与取向。

其一，"客观"的未来。这主要是指在一般的"自然"状态下语言的发展变化，其真实样貌在一定程度上可以通过预测求得。所谓"预测"，用于根元（1999）的表述，就是"用科学假设的态度，以现实存在的已经成为我们经验的事实的显语言为前提和依据语言现象自身的发展规律，结合语言现象所赖以存在的社会文化和时代的大背景，运用预测能力，对语言现象的发展提出一个科学的超前的判断"。王希杰（1996）基于潜显理论，还提出了语言预测学和修辞预测学的概念，并且指出："语言的预测是很重要的。语言是人类最重要的交际工具和思维工具，是文化的载体和传播工具，同每一个人都密切相关，是现代社会发展和进步中不可缺少的最重要的因素，那么我们怎么能够忽视了对它的发展演变的预测呢？"

在全球华语研究中，由于尚处于"初级阶段"，目前基本还不具备进行大规模、整体性预测的条件，但是这并不妨碍我们在进行某些具体研究时在这方面进行一些思考、探索以及表述，这是完全可以做到的，并且这也有助于对某一或某些现象形成更加完整的认识，从而使我们的研究有更大的意义和价值。

其二，"主观"的未来。民族共同语的确立与健康发展，依赖于语言维护系统的建立和正常运作。语言维护是社会语言学的重要概念，也是它的重要研究内容之一。李宇明（2014）结合普通话的情况，总结了其维护系统的五大支撑，即法律、规范标准等，普通话的学校教育体系和培训测试体系，规范的辞书体系，媒体示范体系，语言生活管理机构及相关的学术团体、学术刊物等。回到我们的讨论对象上来，对全球华语的未来走向及面貌，可以在一定程度上借助语言维护系统进行人工干预。现在研究较多的全球华语规划以及教学标准的制定等，其实都是在做这样的工作。也就是说，通过一定程度的人工干预，使之达到一种更理想的状态，这虽然已经超出了"史"的范围，却是全球华语及全球华语学研究的应有之义。

第三节　全球华语的研究内容

以上两节分别讨论了全球华语的观察视角和研究视域，以及由此所产生的认识和研究取向等。以下则以研究内容为对象，对相关问题进行讨论。

一、回溯过往：已有研究及其主要内容

如前所述，全球华语以及与之相关的研究开展已经有三十多年的时间了，总结归纳一下，研究内容主要涉及以下几个方面：

1. 本体调查及研究

本世纪初以来，一些有识之士不断呼吁进行和加强对全球华语的研究，比如周清海（2002）指出："中国的语言工作者、研究者也应该研究世界各地区的华语，了解它们在当地的使用情况，它们和大陆普通话有哪些变异和区别，在这方面应该做些什么有益的事情等，都应该提到日程上来了。"李宇明（2009）也强调："应当组织力量研究不同华人社区的语言状况，特别是历史上形成的华人社区所使用的有特色的华语，应进行深入的语音、词汇、语法、语用等方面的调查，编写海外各地华语的对照手册，海外华语与普通话的对照手册等。"

时至今日，这方面的研究已经取得很大进展。就研究范围和内容而言，刘华、郭熙（2012）概括为华语的界定、性质研究，华语语言特点研究，华语区域词语、特色词语及变异研究，华语和现代汉语对比研究，华语规划与华语规范研究，华语推广与华语文教学研究，等等。的确，在上述诸多方面，我们都看到了

为数不少的各类研究成果，其中既有著名学者的精心之作，也有不少年轻学子的学位论文，以及一些中青年学者的调查与研究成果。

特别可喜的一点是，相关研究出现了项目引领带动的新局面。2011年国家社科基金重大项目"全球华语语法研究"正式立项，这一由学界泰斗邢福义先生领衔的目前国内社科界最顶级的科研项目，一下子把全球华语语法研究带入一个"高大上"的新境界，起到了巨大的引领和示范作用，同时整体拉动和推进了华语的本体研究。作为一个系统工程，该项目分为两期：一期是单点的事实调查和描写，历时4年多，已经完成了一步，即对3个地区（台湾、香港、澳门）和3个国家（新加坡、马来西亚、美国）华语语法的调查，写出了6卷本的《全球华语语法调查报告》并开始陆续出版；二期则是各点之间的比较与研究。目前，一期的第二步工作已经启动，共选择印度尼西亚、菲律宾、泰国、澳大利亚和英国5个国家，计划用5年的时间完成调研工作。这一工作已获国家社科基金的滚动资助。[①]

除此之外，北京语言大学崔希亮教授主持的2012年度教育部重大项目"全球汉语中介语语料库建设和研究"，本人主持的2010年国家社科基金一般项目"两岸四地现代汉语若干差异与融合现象研究"，以及为数众多的其他各级各类项目，也都在一定程度上促进了相关的研究。在这方面，最新的进展是由暨南大学华文学院郭熙教授领衔的2019年度国家哲学社会科学基金重大项目"境外华语资源数据库建设及应用研究"，以及浙江师范大学王辉教授领衔的2021年度国家社科基金重大项目"人类命运共同体视域下非洲百年汉语传播研究"，前者把华语研究推向更广的范围、更宽的领域，后者则把视线延伸到遥远的非洲，建立起长达百年的时间线。

词汇方面，可以与"全球华语语法研究"媲美的就是《全球华语词典》的研制和编纂了，它是由国家语委立项支持，由中国内地、香港、澳门、台湾以及新加坡、马来西亚等华人社区的30多名语言学者历时5年完成的。2016年，《全球华语词典》的升级版《全球华语大词典》也已面世，使全球华语词汇研究及工具书编纂达到了一个新境界。

关于全球华语的本体研究，人们在以下几个方面已经初步达成共识：

第一，此项研究大有可为。郭熙（2006）指出，"我们过去更多的是静态地观察汉语，忽略了变化中的汉语；更多的是从中国大陆的角度看待汉语，忽略了跨国、跨境情况下的汉语运用。"正因为如此，周清海（2008）说："今天的汉语研究，还远远没办法满足汉语推广和汉语发展的需要。"基于这样的反思与认识，

[①] 据中国高校人文社会科学信息网2015年10月15日报道。

人们逐渐认识到华语研究的必要性和重要性，具体而言，至少有以下几个方面：其一，对于作为与普通话有诸多差异的诸多华语变体，可以而且应该进行多方面、多角度的研究；其二，作为观察普通话特别是当代汉语的一个窗口和视角，有助于后者研究的深化；其三，除了"沟通"，华语还有重要的"认同"作用。这样，它的研究意义和价值也就不仅仅局限于语言及语言学本身了。

第二，各地华语之间确有多方面的、较大的差异。具体而言，词汇方面的差异最大，语音次之，语法差异相对较小。大量的研究都集中在各个方面的差异，而大量的研究成果也都从不同的方面、不同的角度证明了差异的存在。对各种差异产生的原因，人们也从社会以及语言自身等方面进行了探究和解释，在这方面也形成了一些比较一致的意见。

第三，各地华语之间不仅有差异，也有融合。所谓"融合"，就是各地华语之间的相互靠拢，其最主要的表现就是普通话与其他地区华语之间关系由疏到近的变化。改革开放之初和其后的一段时间内，这样的变化主要是随着普通话对其他地区国/华语各种形式的引进和吸收而实现的；随着中国国力的不断强盛和国际影响力的持续扩大，一些研究者注意到，各地国/华语也呈现出向普通话靠拢的趋势，这种双向互动使得各地华语的差异正在逐渐缩小。

2. 规划及规范研究

上引刘华、郭熙（2012）所归纳的华语研究内容已经提及这个方面。目前，这方面的研究多在比较宏观的层面进行，而涉及的实践领域主要集中在汉语/华语国际教育方面。实际上，像上述"大华语"和"国际汉语"等概念的提出和界定，都是着眼并立足于此的，而与之相关的规划与规范理论、理念、标准等，也都是人们经常讨论的内容。郭熙先生是较早关注华语规划的学者，他对华语规划以及华语视角下的中国语言规划等都做过很好的讨论。另外，在一段时间以来持续升温的中国语言规划研究中，不时也有对这方面问题的探讨。我国语言规划研究的重要阵地《语言战略研究》2016年创刊后，也致力于推动这方面的研究，比如仅当年第5期发表的相关论文就有《全球化视角下的汉语能力标准研究》《华文水平测试（HSC）的基本理念》《两岸语言规划问题阐微》等。

对全球华语的规划与规范问题，目前比较重要且有较高共识度的认识主要有以下几个：

第一，"宽式"的标准。陆俭明（2005）指出："一方面要提倡以普通话为规范标准，另一方面我们又不做死的规定，不一定要求境外华语港澳台国语要不折不扣地完全接受中国普通话规范的限制，也可以有一个容忍度。"陆文的立场及表述与部分海外学者稍有不同。徐杰、王惠（2004）提倡"宽式国际华语"概念，而周清海（2007）也倡导"国际宽式汉语共同语"理念，他们都认为，所有的汉语共同语区域变体一起组成一个没有家长的语言大家庭：北京汉语、广州汉语、上海汉语、新加坡华语、台湾华语、纽约唐人街华语，既要维持"大同"，又要尊重"小异"，应该给予汉语共同语的各地特色以充分的地位和完整的尊严。

第二，华语同心三圈的划分。新加坡学者吴英成（2003）指出，全世界的华语可以依据扩散的种类，在居留地的社会语言功能域、语言习得类型等因素，划分为三大同心圈：内圈（以华语为母语的中国大陆与台湾地区）、中圈（以华语为共同语的海外华人移民地区）和外圈（以华语为外语的非华人地区）。郭熙（2006）认为，这种划分是符合事实的，对于华语的研究也是非常有益的，并把内圈的华语称为"核心区华语"。徐大明、王晓梅（2009）也有三大同心圈的划分，但与吴文的观察和表述角度有所不同，分别是认同并使用华语的核心区，间接认同华语、讲方言的次核心区，以及认同华语、不讲汉语的外围区。

徐杰、王惠（2004）借用国际英语学界的理念，用"连环套"方式对华语从中国内地到海外的扩散进行了更为细致的六环划分，如下：

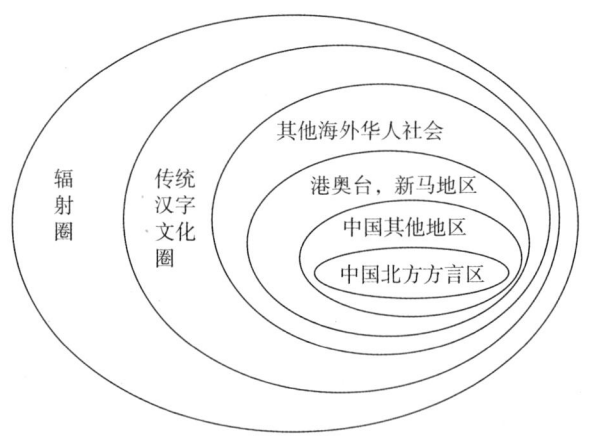

其他海外华人社会
港奥台，新马地区
中国其他地区
中国北方方言区
传统汉字文化圈
辐射圈

第三，分清对象和范围，既要规范，更要协调。汪惠迪（2004）指出："在以华语为共同语的前提下，'规范'应该是在一国或一个行政区的范围之内，亦即在内部进行的人为的对语言使用标准的干预，它的对象是本国或本区的共同语。'协调'是在国与国、国与区或区与区之间进行的对语言使用标准的干预，它的对象是不同国家或地区的共同语。'规范'的目的是解决一国或一区内部在共同语使用中所产生的问题，'协调'的目的是为了解决在全球范围内共同语使用中所产生的问题，以提高各社区用华语进行交际时的沟通度。"郭熙（2006）也就此指出："各地华语之间并不能用同一个绝对的规范标准，应该在它们之间展开协调，应该充分考虑到各地华语趋同与存异以及双向互动问题。"目前，这样的认识已有非常高的共识度，在相关的研究和表述中，"规范"和"协调"均已成为关键词和常用词。

二、未来展望：做什么和怎样做

时至今日，全球华语研究已经取得了很大进展，但是如果比较宏观地看，只能说才刚刚开始，今后要做的工作还有很多，简单梳理一下，首先应当包括以下几个方面：

（一）立足于本体的研究

对于语言研究而言，对其自身及使用状况的关注永远是第一位和最重要的。对全球华语下一步的本体研究来说，应该涵盖共时、历时和比较三个方面。

1. 了解语情：进行共时平面研究

邢福义、汪国胜（2012）在谈及"全球华语语法研究"目标时，首先提到的是"深入了解华语语情，揭示华语语法的基本面貌"。如果不限于语法，"了解语情"和"揭示基本面貌"可以看作对全球华语共时平面研究目标的高度概括，同时是这一研究的基本要求和目标。

全球华语共时平面研究的当务之急，是弄清各种语言事实，而要真正做到这一点，首先应当在"全面、深入"上多下功夫。另外还有一个重要问题，这就是语料。

所谓"全面"，一是指地域的覆盖面要大，即应尽快地把研究视野向更大的范围铺开，真正做到"放眼全球"；二是指研究内容的覆盖面要大，即华语的各个要素和层面都应进入研究视野，争取不留或少留死角。目前的情况大致是，东南亚（主要是新马）华语研究相对较多，其他地区相对较少，有些地方几乎还没有展开；研究内容方面，主要集中在传统的三大要素，特别是词汇方面，其他方面较少或基本没有涉及。所以，在以上两个方面，都有非常大的开拓空间。

所谓"深入"，主要是指研究内容的发掘程度及其取向，以及有助于达到这一目标的某些方法的选择和使用。汪国胜（2015）指出，"（华语的）这些差异，有的是显性的，人们容易觉察，有的则是隐性的，容易被人忽略。相对于语音、词汇来说，不同地区华语语法的一致性较高，但并非没有差异，其差异往往表现在一些细节上。因此，研究华语语法，需要关注细节，从深层次上加以观察，对事实进行深入的发掘。"我们认为，这里所强调的差异中的"隐性"以及"细节"，正是深入研究的着眼点和下手处。

我们在海峡两岸民族共同语的对比研究中，曾经提出"深度对比"和"微观对比"的概念，前者强调对"隐性差异词语"进行研究，而后者的最新尝试是从词深入语素和义素层面，对两岸有差异的词语进行更加细致的考察分析。我们认为，这样的思路和方法完全可以扩展用之于整个全球华语词汇以及其他方面的研究中。

关于语料，史有为（2008）曾经指出，词汇研究目前最薄弱的就是精度和量化，这一表述同样适用于全球华语词汇以及其他方面的研究：总体而言，目前相关的研究确实是"精度"不够，因此其深度自然就大受影响；而造成这一局面的重要原因之一，就是研究中"量化"方法和手段的薄弱甚至缺失。

谈到量化，自然就会涉及语料和语料库问题。刘华、郭熙（2012）指出，至今"尚未进行基于大规模真实语料库的统计研究"，原因主要是大规模真实语料库建设滞后以及使用不便。如今的语言研究早已进入语料库语言学时代，语料对于研究的重要性不言而喻。工欲善其事，必先利其器。我们的当务之急就是要加紧建设广覆盖、多样态、大规模、实时性的语料库，这是进行全面、深入研究的基本保障。

就研究路径而言，当然是由局部及于整体。前者是指各地华语的分区研究，后者则是全球华语的总体研究。就目前的实际情况来看，我们当然应该着眼并着力于前者，但是也不排除适时地在某些局部进行多区甚至"全域"的考察与研究。

2. 理清脉络：进行历时平面研究

这是目前全球华语研究最薄弱的环节，甚至在很多方面还是一片空白，所以需要特别加以强调。

姚德怀（2007）指出，研究各华语地区语言现象的异同，"归根结底便是内地、台湾、香港以及各华语地区的汉语/华语近百年来的演变过程是怎样的，最终又怎样达到各地区当代华语的现况。"我们认为，这里实际上指出了有两种历时研究：一是整个全球华语的历史，二是前者架构下各地华语的历史。以下我们就从这两个角度分别进行讨论。

（1）着眼于整体的历时研究

我们对近百年来"全球华语史"的认识是，它基本始于"五四"时期确立的国语，大致从 20 世纪二三十年代开始逐渐分化，最终形成中国大陆地区的普通话和大陆以外的华语这两大部分，由此也构成了两条不同的发展线索，如上一节所列的现代汉语史线路图所示。

这当然是一个非常粗线条的、尚不完整的表述。周清海（2016）初步理出了一条稍微具体一点的线索，大致可以概括为以下几个时间基本前后相接但部分重叠的环节和过程：

中国大陆→其他华语区（包括港澳台）：1949 年之前，中国有很多知识分子移居上述地区，他们带去的国语和国文，在港澳台地区得以保留和使用，在东南亚则发展成当地华人的华语和华文。

香港→其他华语区：前述留在香港地区的大陆学者、作家、记者和编辑等知识分子，用 1949 年以前中国所用的国语文在香港出版了许多读物（包括教材），向东南亚以及世界各地销售。这些读物伴随着那一代东南亚和世界华人孩童的成长，也使得东南亚和其他华人世界的华语书面语深受其影响。

台湾→其他华语区：台湾"国语"保留了许多"五四"前后期的特点。中国大陆改革开放之前，所有的华人社区都和台湾有密切关系，华语区的知识分子大部分都曾经在台湾受过大专教育，台湾不少学者也到华语区（特别是新加坡和香港地区）从事教育工作，由此使得台湾"国语"对全球华语产生了非常大的影响。

中国大陆←→其他华语区：中国改革开放后，与各华语区的交往频繁，由此使得普通话和华语开始趋向融合。普通话在改革开放之初吸收了相当数量的国/华语词汇，其中有些是传统国语词汇的回流；随着与国/华语区交往的日益频繁，以及中国传媒影响力的扩大，普通话的输入局面正在逐渐转变为向后者输出。

以我们对近百年来现代汉语发展演变的研究来看，上述归纳基本符合事实（相关问题我们将在下一章继续讨论）。但是，要成为人们能够接受的、真正的史的知识和叙述，无疑还需要做很多理性思考和大量的实证研究，不仅工作量巨大，而且需要更多地依赖分区的共时和历时研究成果的支撑。

（2）着眼于局部的历时研究

各地华语都有自己的发展历史，其中所包含的重要时间节点和事项，受本地语言或方言、所在国家或地区政治经济形势及社会文化生态等的影响及其程度，与共同语或祖语以及两区或多区之间关系的远近及其发展变化等也都不同或不完全相同，由此就造成了各地华语本身及其使用等多方面差异，也形成了它们各自不同的发展史。比如，新加坡华语的历史就与美洲华语的历史差异巨大，所以需要区别对待、分别研究。

从逻辑顺序和学术发展进程来看，无疑应该先着眼于局部的、分区的各地华语史，然后着眼于整体的全球华语史。所以，在当前及今后很长的一个阶段内，我们应该更多地关注和从事单区华语的历时研究。本人曾经撰写过实际上属于普通话发展史的《现代汉语史》[①]，其实我们可以而且应该有更多与此类似的"史"，如新加坡华语发展史、马来西亚华语发展史，等等。

我们在进行两岸民族共同语的对比研究中，提出过一个"两翼"模式，就是强调既要研究两岸的差异，更要研究二者在差异基础上的融合。我们认为，这一模式也完全适用于全球华语史的研究。就前者来说，更多的是着眼"过去"，描

[①] 福建人民出版社 2006 年版。

写和解释诸多差异及其产生的原因，进而理清其发展变化的脉络和路径；就后者来说，主要是立足"当前"，即历时发展过程中现阶段互相靠拢的最新情况，所以更加强调和突出"实时性"与"即时性"。

进行单区华语发展史的研究，需要做大量的工作。分解开来，大致可以概括为以下几个方面：

第一，本地华语输入过程及其与祖语或共同语关系的发展变化，华语文教育与传播及其发展过程的发掘与梳理。

第二，不同阶段的本地华语共时样貌及其使用状况的考察、描写与历时对比。

第三，本地华语与本国（地）共同语或官方语言，以及其他民族语言、方言等的关系及其相互影响。

第四，与其他华语（特别是祖语）社区语言及社会生活及其发展变化等的参照对比。

3. 对比借鉴：进行横向比较研究

吕叔湘（1992）强调要通过对比研究语法。其实不仅是语法，任何科学研究都离不开对比或比较，全球华语的研究自然也不例外。

要进行比较研究，首先要确定比较的范围和对象。就全球华语而言，我们认为主要有两大范围，且每个范围内都可以确立不同的比较对象。

（1）华语内部各区之间的比较

在全球华语以及某一单区华语的研究中，应当更多地进行二区以及多区之间的比较，由此来获取更多的观察角度，发掘更多的语言事实，总结更多的规律。就具体的比较对象而言，我们认为主要有两个：一是与中国大陆的比较，就是与"五四"时期及此后阶段的传统国语以及后来的普通话进行比较，无论是上述的差异还是融合，都能通过这方面的比较而得以较为充分地揭示和展现；二是跟其他一个或多个华语社区之间的比较，借此可以发现不同区域之间的共性表现和个性特征，从而既有助于对单区华语的了解和认识，更有助于全球华语知识体系的建构和完善。

关于华语内部各区之间的比较研究，这里强调以下几点：

第一，各区之间的比较，是观察某一研究对象的"固定"的而不是"临时"的视角。也就是说，这样的比较和对比应当成为研究中的一项常规内容。

第二，比较对象不应限定为某一个，完全可以随着研究内容和角度等的不同而变换，比如既可以是不同国家/地区之间华语内部的比较，也可以是同一国家/地区内部华语与非华语之间的比较等。

第三，比较研究既可求同，也可求异。就前者来说，主要可以说明比较对象之间的一致性甚至共源性；就后者来说，则可以了解和掌握比较对象各自的特点。

(2) 华语及其研究同其他"国际语言"及其研究的比较

在全球华语研究中，我们有必要以之为主体，同其他具有类似构成情况、特点及表现等的非单一使用地区和主体的诸多"国际语言"进行比较，其中最为重要的比较对象就是 World English/International English/Global English（世界英语/国际英语/全球英语）。当然，除此之外，也可以与当今在国际上有较大通行和使用范围的语言，比如西班牙语、法语、葡萄牙语以及阿拉伯语等进行某种程度的比较研究，甚至与朝鲜语（韩国、朝鲜以及中国境内朝鲜族所用的语言）等，也都可以在一定程度上进行比较。

进行全球华语同其他国际语言及其研究的比较，至少可以获得两个方面的收益：一是获得事实的参照，二是寻求理论的借鉴。以下，仅以全球华语同世界英语之间的比较为例略作说明。

就前一方面来说，总体而言，世界英语的形成与发展，有其复杂的内部原因与外部条件，无论就其与华语相同部分还是不同部分，都可以进行比较，从而对全球华语的形成过程、特点和作用以及将来的进一步发展等产生新的认识。具体而言，世界英语由世界范围内的不同英语变体组成，各个变体的产生及其具体样貌，与某一国家或地区的社会政治、历史文化、语言状况等密切相关，在共性的基础上又形成了独特的个性特点和独特的发展轨迹，由此自然也可以反观华语变体及其发展。特别是在一些国家和地区还有华语、英语并存并用的情况，比如新加坡华语与新加坡英语，二者共生共存于一国之中，使用主体也有很大一部分的重叠，因此具有更大、更多的可比性，理当充分发掘和利用。

就后一方面来说，世界英语的研究起步早于全球华语，发展得也比较快，到目前为止所取得的成果已经非常可观，不仅有固定的学术团体和出版物，举办过不同规模的专题国际研讨会，也产生了一些重要的学者和有广泛国际影响的理论（高超，2006）。所以，这方面的比较、参照和借鉴可以给我们带来更多、更大的收益。比如，围绕世界英语的层级划分，许多学者提出了自己的理论见解，如 Braf Kachru 包括内圈、外圈和延伸圈的三圈理论，Modiano 的"国际英语的向心圈"理论等，这些理论和见解已经为华语学者所借鉴。上引吴英成（2003）和徐大明、王晓梅（2009）的三圈划分就与之有直接关联。再如，世界英语理论认为，各种语言变体都有其合理性，英语变体不存在优劣之分，也不存在绝对的"标准英语"之说（李涛，2006），这对我们认识全球华语及其各地变体，正确认识和处理它们之间的关系，以及进行相关的语言规划和规范标准的制定等，自然也都有借鉴意义和价值。

基于上述认识，我们呼唤全球华语研究的国际视野，希望能够多了解其他国际语言的语情及研究情况为我所用，特别是在理论研究方面，更需要跟踪、追赶、超越，最终汇入世界国际语言研究的大潮，并做出属于全球华人学者的基于全球华语独特事实研究的独特贡献。

(二) 着眼于应用的研究

本体和应用是语言研究的两翼，以上我们简单地讨论了立足于前者的研究，接下来就该探讨后者以及与之有关的研究了。限于篇幅，我们只选择两个最直接、最重要的方面进行举例性说明。

1. 上下求索：面向语言规划的研究

如前所述，在这方面已经做了很多工作，也产生了一些很好的认识，但是在今后的研究中，还需要进一步"上下求索"。所谓"上"，就是应该站得更高，对一些更具全局性的、更深层次的重要问题进行思考并给出答案；所谓"下"，主要是指把注意力从华语是否需要规划和协调，以及规划协调的一般原则等比较"务虚"的问题，转移并集中在一些更加"务实"的方面，比如怎样进行具体的规划和协调，对已经或可能遇到的问题怎样处理，或者从相对比较宏观的层面进入微观层面，进行一些更加细致的考察与分析。

如前所述，徐杰、董思聪（2013）曾经建议，汉民族共同语的语音标准应微调为"以北京语音为基础音"，并且解释说这里"基础音"的意思不是要把地方普通话（大致可以理解为华语的各地方变体）的语言特色塞进普通话，而是要让普通话的区域变体可以同北京语音有所不同，但又不能差异太大，以免影响到语言交际的顺畅进行。文章认为，从"标准"到"基础"，改动的虽然只是一个词，却是基本观念的本质性改变："以北京语音为标准音"体现的是独尊性和排他性，它定义的是点和线；"以北京语音为基础音"体现的是多元性和兼容性，它定义的是面，是维持相互理解度为前提的浮动范围。语音之外，卢绍昌（1984）曾着眼于新加坡华语指出："华语的语法应该广泛地从各种具有代表性、典范性的白话文作品中找到规范的资料。我认为'华语'的语法要从中国的典范白话文著作中找规范，也可以从新加坡出版的典范白话文著作中找规范。"应当说，这样的语法规范观，一方面对普通话传统的语法规范有了一定突破（不局限于中国大陆地区的典范白话文著作），另一方面肯定会更加切合新加坡华语的语法实际。

以上已经由华语的整体规划进入某一华语变体的具体规划范畴了，在这方面应该有更多的工作可做。比如，以新加坡华语为例，尚国文、赵守辉（2013）认为，将其分为"规范华语"和"大众华语"两种变体应该更符合实际情况；吴英成（2010）则将其分为北京标准汉语（普通话）、新加坡标准华语、新加坡本土华语及新加坡"罗惹"华语等四种变体，并对各种变体进行了初步的界定和描述。分类的不同,既反映了规范观及其标准等的不同,同时给具体的规范或规划带来实质性的不同。

2. 知行合一:面向华语文教学的研究

王德春(1994)认为,"共同语的地域变体和社会变体是客观存在的,在功能上与共同语互相补充,又服从于共同语。所以,它们在对外汉语教学中也占有一定的地位。"然而,"作为汉语国际传播研究的重要组成部分,学界对华语传播的研究重视程度还远远不够,研究力量相对单薄"(姚敏,2016),却也是无法回避的现实。基于以上认识,我们有充分的理由把面向华语文教学的研究作为全球华语应用研究的一个重要方面。

郭熙(2015)提出了汉语教育的"三大分野说",即国语教学(针对中国人的国家通用语言教学)、华文教学(针对海外华人的民族语言教学)和中文教学(针对其他外国人的外国语教学),这是一个非常好的思路。我们认为,在相关的研究中,首先应该把华语地区与非华语地区、面对华裔与非华裔等的教学及研究区分开来。郭熙、崔乐(2011)就前者的特点写道:"与面向非华裔的对外汉语教学相比,华文教学有其特殊性:由于教学对象不同,相应的教学理论、教学方法、教材大纲、课堂活动也不一样……华文教学与面向非华裔的对外汉语教学的一个根本区别在于教学目标上的差异。非华侨华人学汉语只是学'交际工具',华人学汉语除了学'交际工具'之外,还要学'认同工具'。"

我们认为,面向华语文教学的全球华语研究应该在两个维度上展开:一是理论,二是实践。如果前者是"知",后者是"行"的话,则最终目的是实现"知行合一"。以下就此略作讨论。

在理论方面,一段时间以来,把某一理论"嫁接"或运用到对外汉语教学中的相关研究特别多,诸如中介语理论、关联理论、多模态理论、图式理论、多元智能理论、任务型教学理论、语块理论等。但是,我们似乎还没有见到提出较为系统的"全球华语理论"并用之于华语文教学研究的论著或观点。反观我国英语学界,把世界英语概念及相关理论用之于英语教学的研究已经屡见不鲜,并且早在20世纪80年代初就在世界英语的框架下提出了其中国变体,即"中国英语"的概念(郭艳,2008),由此进而探讨教学标准、教学策略及相关问题等。这样的研究无疑既有理论色彩,更富实践价值。

在全球华语的视野下,立足于华语文教学,我们至少应该在以下几个方面进行富有理论色彩的探索:

第一,建立并不断充实和完善与华语文教学直接相关的全球华语理论;

第二,全球华语的理论和实际会给我们的华语文教学带来什么,我们需要在以往的基础上做出哪些调整和改变;

第三，针对不同国别（地区）、不同教学对象，探讨"因材施教"的华语教学理论与方法。

在实践方面，涉及的问题更多。李如龙（2016）指出："华人地区的语文教育，就语言方面来说，需要解决的首要问题是语言教学和教学语言两个问题。所谓语言教学是教什么语言，要求学生学什么，学成什么样；所谓教学语言是用什么语言授课，要求学生用什么语言回应。"在这样的认识下，李文列出了一长串相关的工作，其中包括在不同地区为不同的教学对象编写多样合用的教材和工具书，经过试验不断修订；考察学生的语言习得和语言学习的不同规律，探讨把二者衔接起来的科学方法；运用教育学、心理学和应用语言学的原理试验和改进教学方法；等等。

我们认为，在华语文教学的实践中，需要做的工作真的很多，以下仅就一个小的方面略做举例说明。

于锦恩（2011）谈及了民国时期华文教材语言资源当地化的一些具体做法，如编写适用于南洋地区的文化内容和语料当地化的补充教材等，但限于条件等，做得并不彻底。时至今日，这似乎还是一个没能很好解决的问题，由此也给相关的教与学带来一些困扰。比如，在一篇对外汉语教学研究的论文中，有人列出语言学习者的各种离合词使用偏误，其中有一类是趋向补语"起来"位置有误，所举的误例是"大家正在看表演呢，他突然鼓掌起来"（仝金钟，2012）。然而，我们在台湾"国语"的书面语和口语中，都看到或听到过这样的"误例"，而印象中在其他一些华语地区的媒体上，也看到过这样的用法。

新加坡媒体（特别是口语性较强的文本）上，这样的用例相对较多，如：

围观的其他民族被歌声感动得鼓掌起来，特别有世界大同的味道。（《联合早报》，2015-2-21）

在美国的两家中文媒体上，也有相同的用例：

老师叫我的名字时，我特别害怕。朋友们都鼓掌起来，我就走上去，心跳得很快。（《国际日报》，2013-12-18）

那节车厢内的其他乘客不约而同地为她鼓掌起来。（《世界新闻网》，2016-8-18）

其实不仅在一些华语区，就是在一些南方方言区的地方普通话中，也有这样的表达。[①]

[①] 这正好说明了一些南方方言与华语有更密切的关联。我们曾就此咨询过闽南师范大学吴晓芳教授，她的回答是可以接受，虽然知道是错误的搭配。然后进一步解释说，之所以可以接受，是因为当地人确实可以这样说；而之所以认为是错误的搭配形式，则是基于对普通话语法知识的了解和掌握。

我们由此得出的认识和结论是：传统的对外汉语教学，真的应该变"粗放"为"细致"，而其中的一个追求和表现就是按地域和人群、目标和动机等进行细化和差别化处理与对待，不但要建立和坚持这样的理念，更要脚踏实地多做这方面的研究。

　　除以上两个方面外，面向和立足于华语应用的研究还涉及很多其他的领域和方面，比如信息处理方面，除了学界关注程度比较高的繁简字转换及科技术语问题外，还有各种字表的研制、某些华语/方言用字的整理与规范等。此外，还有一个重要的方面，这就是相关工具书的编纂问题。我们曾经结合《全球华语词典》提出了一些应该进一步思考的问题，同时表达了我们的希望，期待有更多的衍生产品问世。比如，着眼于全球范围，可以开发一些不同品种的词典，如全球华语学习词典、全球华语专科术语词典、全球华语外来语词典等；着眼于某一华语社区，也可以开发一些立足于本地的词典，比如适合中国大陆读者使用的全球华语词典、适合新加坡读者使用的全球华语词典，等等。

第三章　全球华语的历时发展及其研究

上一章第三节中，在讨论全球华语下一步的研究内容时，我们提出要进行历时平面的研究，并且细分为着眼于整体的历时研究与着眼于局部的历时研究两个方面，另外在此前还多次提到"全球华语史"的概念。我们始终认为，历时研究之于整个全球华语的研究是至关重要的，这一方面是因为问题本身的重要性，另一方面则是因为相关研究基本还属于空白，亟待发凡起例，搭建起一个基本的起始平台。

本章中，我们试图在这方面理出一个基本的头绪。

第一节　传统国语概述

"传统国语"是我们在近些年来的研究中经常使用的一个指称形式，指的是"五四"时期至中华人民共和国成立初期这一阶段的现代汉语；而同样的所指，有时我们也会根据研究对象以及内容等的不同选用同义的"初期/早期现代汉语"以及"早期国语"等。在我们现代汉语史的阶段划分中，传统国语与现代汉语的第一阶段是重合的。此外，在相关研究中，也有一些学者使用"老国语"来指称这一阶段的汉语，以此来与今天台湾"国语"相区别，如李行健、仇志群（2014），周清海（2016），李宇明（2017）等。

关于全球华语的来源和形成过程，我们持有一个基本的认识，就是其与传统国语有着极为紧密的联系，即传统国语是全球华语的起点和"蓝本"。具体的理由和证据，我们在本书第一章第二节"华语的历史基础"一小节中已经进行过一定程度的讨论。也正是因为如此，我们对全球华语进行历时考察，传统国语就是应当首先关注的内容。

一、传统国语的来源

如前所述，传统国语是现代汉语的一个阶段（前端），所以学术界对其来源及初始阶段的讨论一般都是在"现代汉语"的名称和框架下进行的，冠之以诸如

"现代汉语的来源""现代汉语的形成"之类的名目。按一般的理解和表述,现代汉语有广狭二义,狭义仅指普通话,广义则指普通话加上方言。如果立足于全球华语,我们无法在现代汉语的概念基础上考察和讨论前者的来源和形成问题,所以必须把概念建立在传统国语的基础上和范围内。

在我们所进行的现代汉语史研究中,现代汉语的来源是一个非常重要的问题。按此前学术界的一般认识,现代汉语是直接由近代汉语、间接由古代汉语继承发展而来,而一般汉语史三个或四个阶段的划分也容易使人形成存在"古代汉语→近代汉语→现代汉语"或"上古汉语→中古汉语→近代汉语→现代汉语"这样一个前后相继发展链条的印象。

一般的汉语史研究基本都是循着从上到下的路径,探寻汉语及其具体的语音、词汇、语法形式等从古到今的发展变化。而我们为了回答现代汉语"从哪里来"的问题,则尝试由下到上的反推,利用本人学汉语史出身的小优势,对相关问题和因素进行分析与思考,在 2010 年发表了《"文言史"及其研究刍议》一文[1],后来又发表了对相关问题展开进一步讨论的《关于文言史的几个问题》[2],以及因上述反推而对传统汉语史及其研究进行反思,进而对其研究版图做出重新划分并提出"新汉语史"概念的《传统汉语史的反思与新汉语史的建构》和《再论传统汉语史的反思与新汉语史的建构》[3]。以下把上述几篇文章中的相关思想进行简要介绍。

我们认为,按照传统的汉语史划分以及相关的认识,无法很好地回答现代汉语的来源问题。举最简单的例子来说,我们无法合理解释以下现象:第一,现代汉语从词到句保留了大量古代汉语成分,其中有相当部分在近代汉语中却不用或较少使用。这也就是说,按现有知识体系和认识,在古与今之间存在或一定程度上存在"断档"现象;第二,现代汉语中大量存在"欧化"以及"日化"等的形式和用法,而这些现象在近代汉语中基本上是不存在的。为了寻找问题的答案以及给出解决方案,我们由吕叔湘先生为江蓝生《魏晋南北朝小说词语汇释》(语文出版社 1988 年版)所作的序言中提出的把汉语史分成语音史、文言史和白话史的设想得到启发,最终以此为基础提出"复线多头"的新汉语史概念。

就"来源"而言,传统国语是由文言史和白话史这两条汉语史发展主线(此即以上所说"复线")最终汇合而成的,而在这两条线索与传统国语之间,分别有"欧化文言"和"欧化白话"这两座连接桥梁。也就是说,从文言史、白话史

---

[1] 《民俗典籍文字研究》2010 年总第七辑。
[2] 《陕西师范大学学报》2017 年第 1 期。
[3] 《吉林大学社会科学学报》2016 年第 2 期,《辽宁师范大学学报》2018 年第 6 期。

到传统国语,再到后来的普通话与国/华语,这些不同时期、不同阶段前后相接汇合在一起,就构成了从古至今完整的汉语发展史。

以上内容可以图示展示如下(其中的现代汉语史部分可以结合上一章第二节的"现代汉语史线路图"及相关说明):

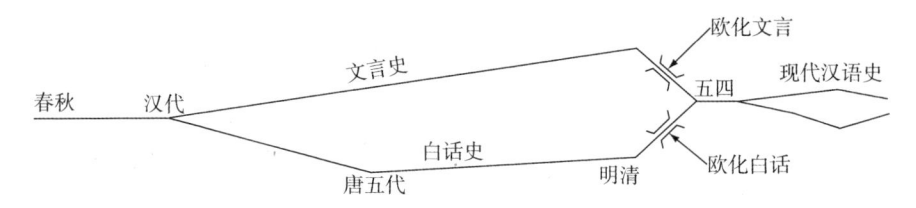

```
                        文言史              欧化文言
                                              ╲
                                          五四  现代汉语史
春秋   汉代                                  ╱
                                         欧化白话
             唐五代    白话史    明清
```

简单总结一下:传统国语的来源分别是古代的文言与白话,如果更加准确地表达,则是经过欧化洗礼的文言与白话,即明末清初以来逐渐形成的欧化文言与欧化白话,系由二者整合与发展变化而来。①

二、传统国语的形成

关于传统国语的确立或起始时间,现有观点存在较大分歧。我们曾经对此进行过较为细致的梳理,列出了1501年说、明末清初说、清末说、"五四"说、1949年说等五种不同的观点。另外还有一种模糊说,即在具体的表述中有意模糊处理,避免给出一个确定的时间界限或作相关表述。

在以上几种意见中,我们赞同"五四"说,即认为传统国语的最终形成时间是在1919年前后的"五四"时期,并就此进行过一定程度的论证。我们认为,在这个问题上要形成统一认识,首先应当明确以下几个原则:

其一,确定传统国语的形成时间应以书面语而不是以口语为准;

其二,是"求异"而不是"求同",即立足于此前语言的差异来作为划定起始时间的主要依据;

其三,传统国语的形成时间应当是一个相对模糊的时间段,且与此前阶段有一定的过渡性;

其四,考核标准应当全面均衡,但应以词汇和语法为主要指标,兼及表达方式及修辞等。

至于以"五四"时期为传统国语起点的具体理由,我们较为全面地考察与分析了此期词汇和语法的诸多特点,比如语法方面,引用了王力(1989)讨论"五四以后汉语语法的发展"时所列出的七点,向熹(1993)"五四以后汉语语法的

---

① 这是一个非常重大的问题,近年虽有讨论,但还很不充分,今后可以而且应当展开全面深入的研究。

发展"一节所列的十一个方面,以及谢耀基(2001)详细列举的 20 世纪初以来的各种欧化现象,来说明此期语法与前期的差异,进而证明二者应当划归两个不同的阶段。另外,此期还出现了很多白话语法著作,这也是白话取代文言并最终成为"正宗"书面语形式的一个方面的证据,当然也可以认作传统国语形成后在一个方面的应用与表现。

总之,在语法方面以"五四"时期为传统国语的起点,理由最为充足,而在词汇方面其实更是如此。此外,在以下的讨论中我们会看到,现有的部分研究已经指出并证明,早期海外华文媒体所用语言经历了由方言到共同语的转变,而转变的时间基本都指向 20 世纪 20 年代初,其实也是给我们的上述观点提供了新的证明,即民族共同语书面语形式一经形成,就开始由中国大陆向海外辐射,而海外华文媒体语言也在此时开始向民族共同语转换与靠拢。

另外需要说明的一点是,按现在很多人的理解和表述,现代白话与文言在"五四"时期完成了交接,后者于是就退出了历史舞台,甚至于"寿终正寝"了。事实果真如此吗?答案显然是否定的。其实,"五四"以后还存在一个为时不短的文言与白话并存阶段。能够支持我们这一观点的理由有很多,比如,胡适于 1922 年发表《新文化运动与国民党》一文,对当时国民党的语言政策及措施提出了尖锐的批评:"国民党当国已近两年了,到了今日,我们还不得不读骈文的函电,古文的宣言,文言的日报,文言的法令!……一个革命的政府居然维持古文骈文的寿命,岂不是连徐世昌傅岳棻的胆气都没有吗?在这一点上,我们不能不说今日国民政府所代表的国民党是反动的。"[1] 如果说,这里指的是 20 世纪 20 年代初,毕竟离"五四"时期还不远,那么我们不妨再把视线下移,看看此后的情况。

1922 年创刊、1933 年停刊的《学衡》杂志,被认为有明显的复古倾向且崇尚文言,其所发表的文章也在实践并宣示着"学衡派"的主张,比如以下一段文字:

盖白话文因其词句组织之平易解放,活动自由,故其表现作用,有较文言文之须受法度声律等拘束,为易于骋其奥衍曲折之致,以达其透切深密之旨,而能明白晓畅者,此殆可公认。则以学术思想之随时代进步,愈趋繁复精密,其文字上书写所使用之方式,亦必使之趋于繁复精密,以全其功用。白话文适应此种要求而起,亦不能否认者也。[2]

虽然与"正宗"文言有一定差别,但是其与 20 世纪 30 年代通行的白话文本

---

[1] 胡适. 胡适全集(第 21 卷)[M]. 合肥:安徽教育出版社,2003:438-439.
[2] 易峻. 评文学革命与文学专制[J] 学衡,1933(79).

无疑形成强烈反差。其他方面,再如一些公务文书与法律文书等大致也是如此,而"中央社"的电讯稿直到1949年随国民党政府败逃台湾之后,才由文言改为白话(张博宇,1974)。

我们指出上述事实,一方面想纠正一些人的一个误解,另一方面则想以此说明,传统国语不仅继承文言,同时还在并未完全消逝的现实文言语境中生存、发展并与之相互影响。

三、传统国语的特点

我们曾列举初期现代汉语语法的四个特点,即纷纭复杂、同义形式多、超常用例多和有发展变化。其实,上述四个特点基本也可以用之于传统国语的其他方面,因此大致可以认作其总体上的特点。

关于此期语言的特点,学者们也有一些讨论。比如,周光庆(2001)归纳了"五四白话"的四个基本特征:一是以口语为基本,二是融进欧化成分,三是留用古语成分,四是选收方言词语。陈建民(1999)则指出:"五四是白话文的创新时期,无章可循,不讲规范,各人按各人的语文功底,或夹杂近代白话和文言,或夹杂欧化句子,或使用方言俗语,随意性很大,当时就被人称为'洋八股''学生八股',文绉绉,洋里洋气,似通不通……它反映五四时期的汉语与当代汉语确实存在着明显的差异。"

以下循着这样的讨论和表述,结合我们自己的观察和认识,从比较宏观、偏于"风格"的角度,归纳和概括传统国语的特点。我们认为,此期语言及其使用最为明显和突出的特点,主要表现在以下两个方面:

第一,古雅色彩突出。

这里的"古",指的当然是古代,具体而言主要是指文言形式,同时包括一些古代白话的形式和用法。上引陈建民(1999)所说的"夹杂近代白话和文言",直接指向的就是这一特点。此外,俞香顺(2005)也指出,"'五四'时期的白话文相对于文言来说,是'白'的、俗的,但是相对于大众语言来说又是'文'的、雅的,悬浮于大众语言与文言文之间。"

这方面的表现,以词汇为最,所以下边主要立足于此进行讨论。

在此期的各种文本中,在白话中间夹杂一些文言词语是常见的现象。例如:

然则中国人虽绝顶聪明,归根结蒂,仍是聪明反为聪明误。呜呼,吾焉得一位糊涂大汉而崇拜之。(林语堂《中国人之聪明》)

人都是情换情的,惟孝亦然。(俞平伯《贤明的聪明的父母》)

我们的华侨在外国,谈起话来,时常被外国人称作"吵闹的勾当",我以为是良有以也。(梁实秋《小声些!》)

上例中的"然则""虽""呜呼""吾""焉得""之""惟""亦然""良有以也"等均为典型的文言词语或凝固形式,在此期都并不罕见,有一些甚至还很常用。

我们通过对不同语料对比分析了现代汉语不同阶段中词的音节长度,结论是第一阶段单音节词的使用数量最多,而以单音节词为主正是文言词汇的重要特点之一。以下的用例基本就只见于此期:

你稍微的加一点思索,便可知道我所付与你的,都是答应你的要求。(《冰心文集》第一卷)

你自己荐她来,又合伙劫她去。(鲁迅《祝福》)

我家的后面有一个很大的园,相传叫作百草园。(鲁迅《从百草园到三味书屋》)

词汇之外,古雅色彩在语法方面也表现得非常突出。我们在讨论传统国语句子形式时,列有"古句与准古句"一节,指的是一句话中全部或部分地采用了古白话甚至于文言的句子形式,并且指出此期这样的句子为数众多,涉及面也相当广(如包括介词结构、主谓词组、述宾词组、省略句以及"被"字句与"把"字句等),以下酌引几例:

暂且先与社会以一震惊的刺激。(瞿秋白《饿乡纪程》)

虽然不比赤膊之有切肤之痛,却又渐渐的觉得世上有些古怪了。(鲁迅《阿Q正传》)

他们在中央亚细亚,在波斯,灭人国,墟人城,屠毁人的宗社。(郑振铎《桂公塘》)

以上三例中,分别有介词结构居后(这是文言的基本格式)、结构助词"之"用于主谓之间取消其独立性,以及"使动用法"。

以下再以民国小学国语课本为例:

学堂暑假,一月已满,今日早起,穿新衣,入学堂,先生授我新书,告我曰:汝读此书,当比首册,更有味也。(庄俞编写、张元济校订《商务国语教科书》中册第一课,1917年)

农夫种稻,手足勤劳。历春夏秋三时,始得粟。又用砻去壳,用白去糠,始成白米。然后炊之釜中,或为饭,或为粥。食者当知其不易也。(同上,第四课)

至于其他文体中文言色彩浓厚,甚至半文半白的文本形式,就更是多见了。例如:

君长白产,幼寓湖北,民国三年与余同学于北京贝满女子中学。君性脱爽,多才艺,性情过人。同学相善者,疾病忧苦,君爱护无不至。平居深思慕吉思爱丹女士之为人,欲以一身肩社会贫民之重任。国步多艰,社会需君矣,君勉乎

哉！（冰心《陶玲小传》）

第二，外来特征明显。

何九盈（2007）指出，"现代书面语的发展过程，在相当程度上是欧化的过程。"所以，要谈此期的语言，"欧化"现象是无法绕过的概念与事实。新文化运动的重要人物傅斯年1918年在《新潮》第1卷第2号发表《怎样做白话文》一文，力主"欧化文学主义"："自己做文章时，径自用我们读西文所得，翻译所得的手段，心里不要忘欧化文学的主义。务必使我们做出的文章，和西文近似，有西文的趣味"，"万不要因一时的失败，一条的失败，丢了我们这欧化文学主义。总要想方设法，融化西文词调为我所用"。应当说，这样的观点和表述在当时具有相当的共识，许多人还付诸实施并身体力行。也正因为如此，才出现了如张卫中（2006）所说的情况："'五四'以后，文坛上欧化成风，许多作家都是读了大量翻译文本，或者直接阅读外文作品以后开始创作的。与鲁迅、郭沫若、冰心、郁达夫等作家早年曾接受过中国古典文学的熏陶不同，许多青年作家在语言资源上借鉴的主要就是翻译语体。因此很多当时年轻的作家就形成了语言的欧化潮。"其具体表现大致如王飞（2008）所说："现代白话文的句式、文法、词汇等的构建在很大意义上是基于翻译实现的。句式上模拟欧洲语言句法结构，创建白话文句式，甚至通过翻译直接借用它的语法规则。"

长期以来，一提到欧化，人们想到的基本就是语法，似乎只有语法才存在欧化的问题，其实这样的认识是片面的。我们主张用"外来形式"这一指称形式取代"欧化"，其具体所指大致包括两个方面：一是"纯"外来的形式，包括外来词语和外来句式等；二是由于受外语影响而产生的某些形式或用法，或者汉语中某些固有形式由于受外语影响而发生的变化。另外，即使在"纯"外来的形式中，它的所指也不仅是词汇和语法，此外还有文字、语音以及属于语言使用范畴的修辞等。上述诸多方面在早期国语中都有相当充分的表现，由此也成为此期语言及其使用的一个非常明显而又突出的特点。

以下主要就语法方面来举例说明。

北京师范学院中文系汉语教研组（1959）讨论了"五四"以来汉语语法的发展，在词法部分谈到连词"和"用法的扩大，明确指出"五四以后，由于翻译外语的关系，特别把'和'连接的能力扩大了"，并且列举了一些俄汉对照的用例。我们也以"受外语影响的连词"为小标题，对此进行了分析和举例说明。简单地说，主要由于受英语连词and用法的影响，此期"和"的使用与以往相较有了明显变化，其中最明显的一点就是与传统用法中只能连接指称性成分不同，大量用于连接陈述性成分。例如：

昨夜我听到牠们在佛堂里发疯似的叫和跑，今天便都死了。（杜若《猫的故

事》）

他自己底父亲就在他家作活和赶叫驴。（许地山《春桃》）

M住在我的隔屋，是个天真漫烂又是完全神经质的女孩子。稍大的惊和喜，都能使她受极大的激刺和扰乱。（冰心《往事》）

这里的陈述性成分也包括某些副词及助动词等，以下是《毛泽东选集》第一卷中的两个例子：

国民党政府将一切民主党派，首先和主要地是中国共产党，打入地下。

他们就不愿和不能彻底推翻帝国主义，更加不愿和更加不能彻底推翻封建势力。

此外，传统的连词"和"只能连接词和词组，因此其前边和后边均不能出现停顿，而英语的 and 没有这样的限制。影响所及，此期"和"前加逗号的用例也比较常见，以下是《冰心文集》第一卷中的几个例子：

中外和古今的好的诗歌，都带有最浓厚的时代的精神，和特具的国民性，能予作者以极大的观感。

虽有时不免喜欢玫瑰的浓郁，和桂花的清远，而在我忧来无方的时候，玫瑰和桂花也一样的成粪土。

母亲呵！我不应如此说，我生命中只有"花"，和"光"，和"爱"，我生命中只有祝福，没有咒诅。

在句法方面，我们讨论了此期处所补语位于述宾结构后边的形式，举了较多的用例，如下：

究竟穷是什么事，暂且不放他在心上。（瞿秋白《饿乡纪程》）

你丈夫叫什么名字？给我写上名字在钱票上。（潘漠华《人间》）

护士放我在他的背上。（冰心《分》）

她插了一束玫瑰花在我的花瓶里。（巴金《玫瑰花的香》）

这样的形式在传统文言及古白话中极少见到，它实际上对应的是英语中诸如"put something on…"这样的句型（如"Put the book on the table."），因此是一种典型的欧化或外来形式。

传统国语的上述两大特点，已经成为国/华语的"胎记"，在当下的国语圈与华语圈中仍然表现得非常充分。

四、传统国语的分化

很久以前，我们曾经拟定了一个研究题目"传统国语的分化及变迁"，它的提出基础和基本依据是海内外的汉语都是由当初的国语分化而来的，而我们要回答的问题是：分化起于何时？是怎样分化的？分化后，二者各自沿着怎样的道路发展变化？最终形成了哪些重要的差异？造成差异的内部和外部原因是什么？其中有哪些规律性的东西？

我们甚至还列出了研究提纲，其中的研究内容如下：

第一，国语概况。国语与后来的语言有较大的不同，这一点在语言的各个要素和各个层面都有非常明显的表现；

第二，国语的分化。海外汉语在很大程度上是对国语的沿用，因此这一部分主要讨论大陆汉语何时以及如何从国语中分化出来。国语的分化与隔离，起于20世纪20年代起"国统区"与中共领导的革命根据地的对立，其肇始时间是在第一次国内革命战争时期（1921—1927），到1949年以后，分化进一步加深和加快。

第三，国语分化后的发展变化。

然而，此后虽然我们曾经不止一次地对相关问题做过进一步的讨论（比如对国语分化起始时间的进一步明确和证明），但是这一研究一直未能着手全面进行，对我而言已经成为一件憾事。稍微能够弥补这一缺憾的，是本人指导2011级博士研究生吴亮同学写作并完成了30万字的毕业论文《国语分化研究（1919—1949）》，该文盲审时获得三位匿名评审专家很高的评价，并于2014年5月顺利通过答辩。

以下，我们大致将从两个方面进行简要的讨论和说明。

1. 普通话圈的萌生与形成

上述吴亮（2014）对国语分化的研究结论主要有以下几个，基本都指向了传统国语的两大特点，而这也反映了普通话圈从萌芽到初步发展的过程及其主要事实表现：

其一，"国统区"较多地保留了文言、古白话中的词语和句式，书面语色彩浓厚；而解放区更多地使用"纯"现代白话，较多地使用了口语词和方言词。从语言风格和表达取向来看，更正式、更典雅的形式多在"国统区"使用，较少在解放区使用。

其二，伴随"西学东渐"，"五四"前后进入汉语的"欧化"句法与外来词大多保留并活跃在"国统区"，虽然其中有一部分跨越地域扩散至解放区，但其中有不少只是偶尔使用，并且随着时间的流逝逐渐弃而不用。

其三，从国语开始分化起，两区的语言一直呈非匀速、不平衡的发展："国统区"发展缓慢，语言变化较小；解放区发展迅速，变化较大，最终渐行渐远。

陈建民（1997）对"爱人"词义的变化做过一番考证，基本理出了一条此词的现代汉语史。"爱人"本为意译词，对译英语的 lover，义同"情人"。20世纪20年代以后，随着中国共产党的成立，出现了为共同理想而奋斗的革命伴侣，他们之间的称呼为了体现其思想认识及身份,在找不到合适、现成形式的情况下,最终选择将"爱人"另赋新义,于是此词就产生了"指丈夫或妻子"的新义项。这一称呼 20 世纪二三十年代在当时的革命根据地出现并开始使用,新中国成立后迅速扩大到全国。在此后的很长时间内,此词在普通话圈内只在这一义项下使用;而与此同时,在国/华语圈,"爱人"一词却只有"指恋爱中男女的一方"的原有义。

"爱人"词义在不同区域的分化及发展并非个例。冯友兰(2004)曾以"合作""登记"和"意见"等词为例,做过以下说明:"在当时我同共产党接触的时候,虽然都说的是一样的字眼,可是各有各的了解,往往答非所问。在解放之初,许多知识分子都有这种情况。"以上是周清海(2016)举的例子,周文就此解释道:"这是中国国内'国统区'和解放区之间词汇上的差距。其实,'国统区'用的就是'国语''国文'。"也就是说,来自"国统区"的知识分子,对解放区的语言使用情况已经产生相当的陌生感与距离感,而这正是上述解放区语言及其使用与传统国语渐行渐远的具体表现。

普通话圈的最终形成是在 1949 年中华人民共和国成立之后,对此我们做过简单的表述:

此期的所有发展变化,几乎都与建国后社会制度的改变和一系列对语言文字大规模的整理和规范化、纯洁化活动有关,这些活动带来了现代汉语面貌的大改观,比如:

文字方面,变繁体为简体,规范掉了一千多个异体字;

语音方面,对异读进行了审订,公布了新的汉语拼音方案;

语法方面,确立了规范的形式,和以前相比,语法应该说是大大地简化了。

词汇方面的变化则主要表现在,由于社会制度的变化而导致的旧词语的大量退隐和反映新制度、新生活的词语的大量显现,此外,还有较多词语的色彩义(如感情色彩)发生了变化。

然而,到今天为止,普通话圈的形成过程及表现是尚未引起更多人重视、当然也很少有人涉及的一个研究领域,而无论是着眼于传统所说的现代汉语,还是着眼于我们所讨论的全球华语,这都是一个非常重要的问题。

2. 传统国语的维持与变化

要谈这个问题,大致应从 1945 年台湾光复时谈起。台湾光复后,由于当时的国民党政府认为"语文为维持民族向心力之基本条件,亦为一切政治之基本工具",因此把让台湾人说"国语"当作头等大事来抓。1946 年,成立"台湾省国语推行委员会",开始积极推行"国语"。到 1959 年,就达到了以"国语"作为行政、教育和报刊新闻用语的目标(金美,2003)。

毫无疑问，台湾"国语"与传统国语是一脉相承的。

戴红亮（2012）指出，"台湾的语言文字标准与民国时期很多标准具有很强的继承性，许多标准，如注音符号、《汉字常用字汇》以及标点符号、盲文点字等都是 1945 年前就已经制定了，后来主要是不断地修订和完善。"仇志群（1996）也认为，台湾的"国语"规范标准，自然地靠向了南方官话痕迹颇重的 50 年代前的现代汉语书面语，也可以说靠向了一个历史的静态标准。

这种"历史的静态标准"的最重要表现，就是"古旧色彩"非常浓厚，对此学者们都非常关注并进行了大量表述。周殿生（2006）指出，"台湾'国语'在很大程度上继承和沿袭了'五四'以后白话文的某些特点，即使是口语也不乏斯文；而大陆的普通话则更多地表现为大白话和大众化，因此更为普通化。"李志江（2008）也指出，"台湾的'国语'更为强调传承，许多书面语词在台湾一直使用，甚至在口语中也十分活跃。"周质平（2004）更是认为，"所有台湾语文上的特色，可以一言以蔽之曰'饶富古意'，台湾呈现的是中国 20 世纪中期以前的语文现象，甚至连标点符号都'一仍旧惯'。"

当然，台湾"国语"在全面继承传统国语的同时，也发生了一些变化，由此也形成了与后者一定程度的差异。就原因和表现来说，主要反映在以下几个方面：

一是语音方面的变化。由于历史原因，台湾当局在光复后所推行的"国语"，其语音已经不是"纯粹"的北京音，而是带有明显的"南味"，如郑良伟（1990）所说，"用 40 年前的北京话作名义上的标准国语，实际上却是上海人、浙江人的北京语做典范，及现在的北京话脱节。"陈重瑜（1986）也认为，标准华语昔日受吴语影响较深，这里其实指的也是语音。正因为如此，所以"台湾电视上的'标准国语'，北京人一听就知道不是北京话，它在语音上的两个大特点是没有儿化韵和少有轻声。"（郑良伟，1990）

二是深受闽南话的影响。邵朝阳（2008）指出，在台湾，台湾"国语"受闽南方言的影响，仇志群、范登堡（1994）就此举了很多例子，如动词区别习惯动作和未然性动作，一般过去式和完成式表现对立以及"有、会、要"等助动词的使用等。

三是受日语的影响较大。孙倩（2009）就此指出，台湾自身即是一个富有多种语言的地方，在闽南语、客家话以及各原住民的语言之中被强行灌输进了日语词汇，使得台湾语言中保存了为数众多的日语词汇以及结构形式，主要是直接取自日语或音译自日语的词语。从电视台的"星星物语"节目，到报纸上的"浮世绘"，从手上的"便当"到家里的"多桑"，类似的词语比比皆是。

以上是国语圈中台湾"国语"的基本面貌和主要特点，以下再简单讨论香港国语的情况。

1949年之前，香港地区的书面语言基本与内地一致，石定栩、邵敬敏、朱志瑜（2006）就此指出："以1919年的新文化运动为契机的白话文运动，必然对全国的书面语产生深远的影响，香港的书面语也不能例外。此后的几十年间，香港书面语的发展大致与内地书面汉语同步，无论中小学语文课本，还是文学作品、报纸新闻，基本上用的是标准汉语书面语。"这一局面大致延续到20世纪60年代。"60年代中期的政治动乱导致了港英语言政策的改变，香港书面汉语因此失去了与大陆书面汉语的联系，开始自行发展，慢慢出现了一些独特的东西。"（石定栩、王灿龙、朱志瑜，2002）

这些"独特的东西"最主要的表现就是"港式中文"。所谓"港式中文"，就是一种中英夹杂、半文半白、不粤不标、远离汉语规范的一种混杂语文，但它充分体现了香港的地方特色，是香港语文现实的真实反映（石定栩，2006）。港式中文的特殊之处，在于保留了相当一部分标准中文已经不再使用的文言成分，而且其中有相当一部分是作为粤语成分而间接进入的（石定栩、邵敬敏、朱志瑜，2006）。

这种港式中文其实仍与传统国语一脉相承，我们曾经通过考察多种传统国语语法现象等在港式中文里的遗存和使用情况，证明了这一点。马毛朋（2012）介绍了港式中文连词的调查结果，其中谈到"和"可以连接异类词以及功能不同的短语，此外还具有连接分句的功能（通常位于后一分句的开头，用逗号与前一分句隔开），文中所举的例子如下：

有男教师表示妻子分娩，自己未能照顾初生孩子，却在学校照顾别人的孩子，严重影响教学质素和照顾家庭。（《太阳报》）

身处船上豪华餐厅的乘客，惊闻撞击声和杯碟飞跌，急忙奔出灯光熄灭的餐厅。（《明报》）

中大工商管理学院表示，深圳学院的工商学院将主攻开办制造业物流供应链等本科课程，一日后可加强中国商业研究，和安排香港学生到内地实习。（同上）

这样的形式和用法，与我们上文所引《冰心全集》中"和"的用例完全相同。

至于粤语对香港国语的影响，大致类似于闽南话对台湾"国语"的影响，这两种方言相对于北方话而言发展较慢，因此更多地保留了古代的语音、词汇以及语法等，而这些古的形式也在一定程度上被两地国语吸收（即上文所说的"间接进入"），从而进一步强化或加深了二者的"古意"。

国语圈中的澳门，其口头语言和书面语言情况大致与香港相同，口头交际主要是粤语，而通行的书面语中，也有类似港式中文的"澳式中文"，对其具体表现，黄翀（2007）做过以下的描述："与普通话书面语接近，但掺杂着不少方言成分、文言成分和外语成分。在写作中，不同的体裁有不同的掺杂（或并用）方式，有些是无意的掺杂，有些是有意的掺杂；有些是葡粤掺杂，有些是义白掺杂，有些还故意掺进外语的成分。……在澳门出现中英夹杂、中葡夹杂的现象；尤其是在公文写作中，半文半白的语体大行其道，同时中葡夹杂现象严重，成为澳门公文语体的显著特征。"表现在语言风格上，也是"文"气很浓，其中的部分原因如黄翀（2007）所说："在港澳写作人和阅读人心目中，几乎形成一个共识或风气：半文半白的作品或兼用文言词语的作品常被认为具有古雅的风格，表明此类文章的作者是念过书、有文化的人。"

下面把本节内容简单总结一下：

传统国语是源远流长的文言史与白话史"两江汇流"的产物，在这一过程中，欧化起到至关重要的作用；传统国语书面语的形成时间大致在"五四"时期，在形成的过程中以及此后的发展中，文言、古白话和欧化这三个因素仍然不断地碰撞、融合、演化，在此期语言的各个层面及总体精神上都打下了深刻的烙印，表现为"古雅色彩突出"和"外来特征明显"这样两个突出特点。传统国语形成后，随着20世纪二三十年代国共两党在政治斗争下分而治之，因不同的政治诉求、不同的社会经济文化基础和条件以及不同的语言政策等而开始分道扬镳，走上了不同的发展之路，最终分化为普通话圈与"国语"圈。后者对传统国语更多的是继承与维护，因而在总体精神及风格上都与之保有相当高的一致性，当然也在发展中融入了一些方言及外来因素；前者因为朝着通俗化与口语化的方向发展较快，所以在上述几个方面与传统国语以及台/港/澳国语产生了较大的距离。

第二节　全球华语的源流及其发展

我们对本章内容的定位是"全球华语史视角和框架下的全球华语源流及发展演变研究"，而全球华语史不仅起于各地的华语史，并且是由后者汇合而成的，所以全球华语史的研究应当先分后总，即先由个别地区的华语史做起，然后再及于整体的发展演变研究。以下，我们就循着这样的思路，主要做一点起始阶段的初步调查工作。

郑良树（1998）指出："如果以中国南方大都市广州为中心，以印尼首都耶（雅）加达为半径，向左右摆动划出一个半圆的扇面，那么，这扇面内的区域，不但麇集着疏密不等的华族人口，而且其土地的开发、经济的发展、政治的演变、文化的塑造以及历史的撰述,都离不开这个民族,个别国家甚至于或深或浅地染上了这个民族的风采。"郑文着眼于海外华文教育,首先划定了自己的立足点,而在我们看来,这同样为我们考察华语在海外落地生根、发芽成长过程确定了立足点,所以我们的目光首先就应聚焦于此。

一、全球华语的形成及发展过程

就现有的研究结果看,汉语最早传播以及华语最早形成的地区是东南亚,主要是新加坡和马来西亚(一般称为"新马地区",有的马来西亚学者也称为"马新地区"),由此也就有了"新马华语"或"马新华语"之名。此外,也有人着眼于整个地区,把东南亚华语称为"南洋华语"(邹嘉彦、游汝杰,2001)。该地区华语的形成及发展变化应该是华语史以及全球华语史研究的起始内容,所以我们的讨论也就由此开始。

关于新马华语的历史,当地的学者已经做过一些工作,李宇明(2017)在评介马来西亚学者邱克威的华语研究时指出:"克威先生强调华语研究的历史观。在调查语言现象时,他自觉考察其历史源流,进行历时与共时两个视角的分析。他注意结合华人移民史和华人的社会特征来看待问题,使研究具有人类学的视野。""更为可贵的是,克威先生还从宏观上论述了马来西亚华语形成的历史,指出其所受到的共同语的三波重要影响:一是民国初年的'国语运动'的影响,二是1970年以来台湾'国语'的影响,三是进入21世纪以来大陆普通话的影响。他的这一观察十分重要,具有较大的普适性,马来西亚华语所受到的共同语的这三波影响,也适用于东南亚其他华语。"[1]

我们所见,在这方面用力最多,并且正式提出"华语史"概念且真正进行比较系统的"史"的考察、梳理和叙述的是徐威雄。徐文指出,华族共同语的演变经历了三个阶段:第一是从清末"官话"到民初"国语",可以1919年为限;第二是国语教育的普及阶段,一直到"二战"前后;第三则是战后至独立时期的"华语"转变与发展。这三个阶段,基本是沿着官话→国语→华语的历程,深烙在近代历史的脉络里。

以下,我们就大致循着这一线索[2],结合上述邱克威所说的三波影响展开讨论。

---

[1] 李宇明(2017)系邱克威论文集《马来西亚华语研究论集》序言作者,该书2018年由马来西亚华社研究中心出版。

[2] 徐文的研究相当全面深入,加之国内不易看到,所以我们适当多引用一些。

1. 早期华语的形成：由中国大陆到南洋

东南亚自古以来就是中国东南沿海地区向外移民的主要聚集区，华人华侨数量巨大，他们虽身处异国他乡，但仍心系祖国。汪鲸、戴洁茹（2015）以新加坡为例对此进行了说明："迟至19世纪末期，新加坡华人仍然视清政府为政治和文化效忠对象，是具有正统地位的'国朝'，并习惯于站在中国的立场上进行思考，期望作为'臣民'为'朝廷'贡献心力。"正因为如此，所以，"就当日华社而言，无论其精神面貌、实质内涵还是社会架构，完全是中国在海外的一个'移植社会'。"（郑良树，2007）

关于早期华人华侨的语言状况，论及的人很多，意见也非常一致，如康海玲（2012）所说："早期华人的语言以方言为特征，这是环境使然，特别是国家独立前，很多华人由于没受教育，有的甚至目不识丁，只能用家乡方言进行交流。事实上，二战前的华人私塾也都以方言来教学。华人移民由于生活的迫切需要，他们只能而且尽力地为自身的母语——华语方言开辟了一个崭新的域外生存空间。"南洋的情况，则如徐威雄（2012）所说："南洋各省籍的华人在跨出中国境外以后，面对着繁杂的种族以及日久的相处下，很自然地援用传统习惯上的'华语'与'华人'的统称，来划分本族与他者的身份。这个'华人'是统合不同籍贯的族群概念，而'华语'则包括各类方言的合称。"

关于海外华人语言何时发生由方言到通语的转变，人们也多有论及，如李如龙（2013）指出："海外华人在外定居，远的已有数百年历史，近的也已逾百年。他们带走的母语是中国东南部的汉语方言，主要是从泉州、漳州带去的闽南方言和从广州带去的粤方言。海外形成华人的通语——华语，是后来的事。大体和20世纪的新文化运动和民国以来国语运动的开展是同步的。"邱克威（2014）则把目光聚集在南洋地区，指出19世纪末大量文献都证实当时新马华人社群通行的主要是闽粤方言，官话并不通行，进入20世纪之后华语（指华人共同语）才渐成通用语。徐威雄（2012）也引用黎锦熙的话指出，"民国八九年间，推行国语之风，远播海外。今日（指20世纪40年代）南洋侨胞国语之普及，实由于此。"

至于为什么会发生由方言到通语的转变，就语言自身的原因来说主要是因为方言在越来越多的现代社会交际交往中所造成的不便甚至障碍。比如，徐威雄（2012）曾引用马来西亚华人黄乃裳所著《绂丞七十自叙》中的一段记载：1906年7月，黄乃裳为宣传革命，邀请张维在新加坡某大礼堂演说《政治种族皆宜革命》，对象为各阶层华侨，一天讲两次。张维是河北人，面对南洋华人听众，每当演讲时，"张操国语，余（黄乃裳）与丘（菽园）为译漳泉话，俾闽粤侨皆得领解"。徐文的结论是"非闽粤籍者来到南洋时的语言阻障，势必由人代译为漳泉话（即闽南语），才能与南洋各界沟通"。周聿峨（1995）也记载了大致相同的情形:"中国官员到新加坡劝学,用普通话演讲,大会需要安排两个翻译,一个人译为粤语,一个人译为闽语。"

在这种情况下,打破既有的语言藩篱就成为一件十分迫切的事情。至于为什么用通用语而不是用某一方言来打破,田惠刚(1994)做过以下的解释:"海外华人的先辈多半是从两广和福建移居海外的,因此,散居世界的华族或华裔多半能操一种或一种以上的闽粤方言,但是由于这些方言之间的差异实在太大,所以移居海外的华侨在交际时必须借助于一种共通的语言媒介——国语。"南洋地区通行的汉语方言并非一种,如上引邱克威(2014)所说,新马华人社群通行的主要是闽粤方言,而讲不同方言的人也有明显的帮群之分,因此根本没有办法用某一种方言来实行统一,所以只好选择能够在更大范围内被广泛接受的一种"中立"语言,而这种语言当然只能是在祖籍国已经形成且广泛使用的国语了。

关于新马华语产生的背景,徐威雄(2012)归纳为以下四点:各籍方言的混同、族群整合的趋势、语文演变的形势、文化失根的焦虑。其实,在上述背景之后,还有更大的背景,这就是主要来自祖籍国即中国大陆"近代时局的影响"。徐文也总结为四点:一是维新思潮与官话的推行,二是奏定章程与新式学校的开办,三是语言整合与身份认同(主要表现为"国语"观念的形成和被广泛接受),四是国语运动与白话的普及。

至于新马华族具体何时开始推行华语,徐威雄(2012)总结已有观点,指出以下三点:一是1917—1920年受到中国国语运动的影响,二是受到维新派与革命派冲击与推广,三则是以1899年林文庆推广华语(主张以"官音"统一教学,并自办华语班进行华语教学)作为起点。徐文从比较宏观的角度给出自己的观点:"中国以国语整合国家语言,迅速影响到南洋侨民社会,加速了族语的共识与塑造";"进入民国时代,因为新风气新观念的影响,学习国语成了国民必备的涵养,从而进到华人的日常生活中了。当时各类书报,莫不随时提倡,或是为文宣说";"这股从1917年到1919年的国语运动,藉着五四运动的震撼而远传南洋,适时地推高南洋各地的国语普及";"进入20世纪,满清帝国走到最后的十一年,南洋侨民与中国关系却日益密切。此时期中国政局的任何重大变化,无不冲击到马新来。官话或国语加速融入华社的语言生态里,就在这奠定下来"。以上所述各点,基本就构成了华语产生的历史背景,用徐文的表述就是:华洋直面对质的冲击、方言帮群的统合、语言生态的磨合、文言合一的趋势、学校改革的呼吁、内外时局环境的牵引。

至于中国大陆地区的共同语如何从本地大部分人都不谙的官话演变成各籍所共通的族语,徐文的基本结论是:"'华语'作为华人的族群母语是非常复杂的历史过程,既有南洋侨民社会结构与语言生态因素,也有来自中国时局与语言文化革命的影响;它的出现自有文化精英的提倡与努力,也有中西历史演变的趋势化意。"

南洋华语的形成过程,我们将在下一小节"全球华语的主要载体及实践领域"中分别进行讨论,以下仅举一个新加坡的相关事例。陈松岑、徐大明、谭慧敏(2000)指出,"从历史上看,早在1913年'注音字母'在中国颁布施行,1919年出版《国语字典》后,新加坡的华语就开始以当时的'国语'(现代汉语普通话的前身)为标准。新加坡独立建国后,在推行简化汉字和用汉语拼音拼写中国人名、地名时,基本上都采用了与中国大陆一致的做法。"

华人华侨心系祖国,在语言文字的应用方面也基本与祖国和家乡保持一致,在五四运动之前主要使用方言,此后则随着中国大陆开始了由方言向共同交际语的转换,至于其所使用的语言和接受的标准,就是来自中国大陆的国语,即我们上一节所讨论的传统国语。所以,我们大致可以说,东南亚的早期华语,是中国大陆国语的整体"移植",而这一阶段(19世纪末至1919年止)也构成了徐威雄(2012)所说的华语奠定期,同时是新马华语史的第一阶段。至于为什么以1919年为界,徐文指出主要有以下两个理由:第一,1919年以后,深受五四运动的冲击与影响,华语进入全面普及阶段,各校的转型也多在20世纪30年代完成,族语的地位真正确定下来;第二个更重要的理由,是白话国语的普及打破了省籍藩篱的最后一道防线,进一步融合族群与深化民族的整体概念。

2. 全球华语的初步形成:由港台到全球

1949年以后,中国大陆对海外华语区的影响持续降低,甚至在一定程度上中断,而在语言上的对外输出和影响同样也是如此,并由此拉开了双方的距离。如周清海(2016)所说:"中国改革开放之前,很少和海外华语区交流。在经过了无数次政治运动之后,现代汉语出现了自己显著的特点。……中国现代汉语和各地的'华语''华文'差距相当明显,尤其是词汇方面,这是汉语的分裂时期。"这个分裂时期,就是一个普通话圈与国/华语圈交流与融合的空白期,而填补这一空白的,主要是中国香港和台湾地区,即此期主要由国语圈继承前一阶段,继续对华语圈输出和施加影响。

就全球华语的发展变迁而言,国语圈一方面上承民国时期的传统国语,对东南亚华语区不断输出,造成持续影响;另一方面,也通过新移民以及与外界广泛的联系,把这种输出和影响扩大到世界各地。以上两个方面对全球华语的形成和发展无疑都是至关重要的,而这也就是上引李宇明(2017)提到邱克威所说三波重要影响的第二波。

周清海(2016)在较大的背景下,做过一个简单的梳理:

1949年之前,中国有很多知识分子通过中印半岛往南迁移,他们之中不少到了东南亚——特别是新马,就留了下来。也有不少知识分子由广州到香港、澳门,之后就留在香港、澳门,或者通过香港到了其他地方去。更有一大批知识分子从上海、南京、福建等地移去台湾。华人大迁移所带去的"国语"和"国文",在所居地发展形成了当地华人的"华语""华文"。

以上说的是第一波影响的情况。至于 1949 年以后,按周文的观点,大致可以分为两个阶段,即先是香港的影响,后是台湾的影响。以下我们就以此为线索,进行简单的叙述。

先看香港的情况。

关于香港"五四"后至 20 世纪 60 年代的语言状况,上一小节的引文中已有简单介绍,而 20 世纪 60 年代以后的情况则是(石定栩、王灿龙、朱志瑜,2002):

香港书面汉语与现代标准汉语在 60 年代中叶之后失去了联系,各自发展。从 50 年代的汉字改革和语文规范化运动开始,现代标准汉语一直在急速发展变化,不断地由新的词汇和表达方式顶替旧有形式。而香港书面汉语的发展则较为平缓,虽然引进了不少新的词汇和表达形式,但原有的东西基本上保留了下来。时至今日,半文半白的书面语仍然还有不小的市场,而一般的书面语中保留相当数量的文言成分,也就顺理成章了。

周清海(2016)指出,在殖民统治时期,港澳的语文生活也跟随着内地的国语运动、白话文运动前行,没有掉队,而留在香港的学者、作家、记者和编辑在香港出版了许多读物,向东南亚以及世界各地倾销。香港的儿童读物、杂志和书报,伴随着那一代东南亚和世界华人孩童成长。这不只造就了香港的出版业,也影响了东南亚的华语书面语。……香港出版物所用的语言,就是 1949 年以前中国所用的"国语""国文"。

关于这方面的情况,我们以教材为例进行说明。香港或与之有关的华文教科书对其他国家和地区的影响,主要就是延续民国时期的传统,持续地、不间断地输出传统的语言文化。比如,在华文课文的选取上,其最突出的表现就是立足于并停留在民国及以前阶段。

洪宗礼、柳士镇、倪文锦(2007)谈及香港编写的教材在选材方面的取向:"中华人民共和国成立以前的香港中文教材,与内地的颇为相近,是以传统的'四书五经'和有关的文言文为主的。50 年代以后的中文科教材是在港英政府刻意经营下的产品。为了保持政治中立,一直不选用来自内地和台湾的当代文章,这样间接地令 50 年代至 80 年代的白话范文都是二三十年代的作品,剥夺了学生学习当代语文的机会。"

该书第三册第 354—356 页列出了香港战后初中教材《中华文选》第二册的

选文目录，可资佐证（括号内为作者）：

《我的新生活观》（蔡元培）、《从今天起》（甘绩瑞）、《蚕儿和蚂蚁》（叶绍钧）、《新诗两首》（沈尹默、冰心）、《春的林野》（许地山）、《大家都放起风筝来啊》（孙福熙）、《风筝》（鲁迅）、《勤学》（说苑）、《与子书》（左宗棠）、《没字的书》（章锡琛）、《学问与游历》（佚名）、《愚公移山》（列子）、《差不多先生传》（胡适）、《一个自己做成的人物》（落霞）、《巴律西》（梁启超）、《植物园》（巴金）、《新加坡洪家花园记》（郭嵩焘）、《金乳生草花》（张岱）、《艺花日记》（焦循）、《少年鼓手》（夏丏尊译）、《塞木披黎之战》（佚名）、《从军》（李健吾）、《七言绝句四首》（陆游、王维、岑参、王昌龄）、《核舟记》（魏学洢）、《核工记》（宋起凤）、《记大同武州石窟寺》（陈垣）、《雕刻》（蔡元培）、《山阴道上》（徐蔚南）、《三峡游记》（高一涵）、《返钏记》（徐自华）、《沈云英》（白之蓉）、《费宫人传》（陆次云）、《记冯婉贞事》（佚名）、《一个农夫》（徐霞村译）、《诗二首》（陈文述、张网孙）、《粲米》（叶圣陶）、《范县署中寄弟墨书》（郑燮）、《晨》（叶绍钧）、《夏天的生活》（孙福熙）、《爱莲说》（周敦颐）、《芙蕖》（李渔）。

我们在第一章第二节中，引用田小琳（1997）讨论香港中学语文课本时所举第三册（中二上学期用）的例子，也证明了这一点，其中令人印象深刻的话是："文言文和二三十年代名家名作占住大量的席位不肯退休。就说朱自清先生的《春》吧，自1937年选入教材，至今长达60年之久。"

有人统计后发现，香港教材从中一至中五所选的语体文，不仅多出自"五四"前后名家之手，而且若干作家的作品竟被选用多篇（如老舍4篇、茅盾4篇、郑振铎4篇、巴金5篇、徐志摩5篇、叶绍钧6篇、胡适6篇、梁启超6篇、冰心7篇、鲁迅9篇、朱自清12篇）。所以，香港战后三十年来中学中文科范文所传递的是"昔日中国形象"。[①]

这样的取向，毫无疑问对华语圈的华语教学及华语自身的发展产生了很大的影响。例如，据叶伟征（2005）记载，"二战"结束后，新加坡的上海书局于1948年决定组织"现代教科书编委会"，出版现代中小学教科书。时在新加坡的夏衍到香港组织一批在当地避难的文人担任编撰工作，从1949年底陆续出版，直到1958年才出齐，包括从幼儿园、小学到中学各科共200余册。这套《现代教科书》出版后，上海书局凭借其广大的销售网，成功将其销往新加坡、马来西亚、印度尼西亚、泰国、菲律宾、缅甸、越南、柬埔寨及北美洲、非洲等地，可见其影响范围之广了。

[①] 见洪宗礼、柳士镇、倪文锦主编《母语教材研究》第三册407—408页，江苏教育出版社2007年出版。

此期华文教材的选文标准和取向与香港的上述情况完全一致，比如杨培联（2005）列出了 20 世纪 70 年代新加坡各华校使用的中学华文教材所有课文的篇目，其中中华版第一册的目录和作者分别如下：

《繁星》（巴金）、《秋夜》（鲁迅）、《海上的日出》（巴金）、《太阳的话》（艾青）、《火烧云》（萧红）、《开都河上的黄昏》（碧野）、《养蚕》（丰子恺）、《寄小读者通讯十》（冰心）、《儿时记趣》（沈复）、《孙中山先生的幼年时代》（因公）、《岳飞之少年时代》（未署作者）、《王冕的少年时代》（吴敬梓）、《佛兰克林做徒弟的时候不除庭草》（斋夫）、《好的故事》（鲁迅）、《一个小农家的暮》（刘复）、《石壕吏》（杜甫）、《少年爱国者》（夏丏尊译）、《最后一课》（胡适译）、《种子的力》（沈端先）、《大明湖》（刘鹗）、《趵突泉的欣赏》（老舍）、《麻雀》（石民、清野译）、《猫捕雀》（薛福成）、《咏鸟诗二首》（白居易）、《思母》（文叔改译）、《落花生》（许地山）、《燐火》（如一改译）、《荒芜了的花园》（郑振铎）、《水的希望》（吕梦周）、《李龙眠画蜀汉记》（黄淳耀）、《一张小小的横幅》（朱自清）、《雪》（王鲁珍）、《五绝三首》（柳宗元等）。

杨文就此进行了总结："四种版本都以中国历代作家作品为主"，至于作者，则"上自周朝下至民国，历代皆有"。在列出的所有作者中，仅民国时期的就有梁启超、蔡元培、沈尹默、鲁迅、郁达夫、冰心、老舍、巴金、朱自清、闻一多、徐志摩、茅盾、郑振铎、丰子恺、许地山、叶绍钧、周作人、谢冰莹、罗家伦、陈衡哲、夏丏尊、梁实秋、苏雪林、胡适、朱光潜、臧克家、易君左、刘大白、丁西林、余上沅、陈兼善、顾颉刚等。

除了教材外，上引周清海（2016）还提到香港的儿童读物、杂志和书报，还有电影等。20 世纪 50 年代曾经是香港电影的黄金期，在东南亚乃至整个华人世界都有很大的影响，而这些无疑都会在华/国语圈的语言及其使用中留下痕迹。比如，汤志祥（2005）通过考察，证明在海峡两岸暨香港、澳门的"区域特有词语"中，香港词被各地吸收的数量最多，由此得出的结论是"香港词在整个华语区相对比较活跃，辐射能力也较为强劲"。

周清海（2016）还举了具体的例子：在香港报纸上独用的"称"（述说）、"逾"（超过）、"遂"（就，於是）、"故"（因此），甚至"人妖""吊诡"等词，都见于 1936 年出版的《国语辞典》，这些词在新加坡和其他华语区也使用，都是"国语"现象的存留。

以下再看台湾的情况。

如果说香港对华语区的影响主要是出于商业目的和动机的话，那么台湾则更多地出于其"正统"心态以及对中华语言文化的传扬目的，但就具体的取向以及结果来看，二者却殊途同归。

周清海（2016）指出，中国改革开放之前，所有的华人社区（包括欧美、东南亚、港澳等地），都和台湾有密切的关系。台湾"国语"保留了许多"五四"前后期的特点。华语区的知识分子大部分都曾经在台湾受过大专教育，台湾不少学者也到华语区从事教育工作。香港和新加坡，因为待遇比较优厚，就成为台湾学者集中的地区，因此台湾"国语"对全球华语的影响是很大的。李行健、仇志群（2014）立足于新中国成立以来的时间段，也指出了这一点："境外区域变体，主要受大陆普通话和台湾'国语'共同影响，前期台湾'国语'影响较大。"

朱寿清（2013）就新加坡20世纪前半叶的华语文教学情况指出："多数民众只把新加坡当作暂时的侨居之地，未把当地作为效忠对象。各源流学校的教材几乎都是来自新加坡之外。华校引用中国教材，教师很多也来自中国，教育效忠的是大陆和台湾。"这里台湾与大陆前后相接，反映的正是第一与第二阶段的实际。

周聿峨（1995）介绍了台湾自20世纪50年代以来在海外华文教育方面所做的工作：一是"政策"层面，如把海外华校纳入台湾的教育体系，颁布《侨民中小学规程》等文件，规定海外侨校的设立要向台湾当局立案，参照台湾现行学制和课程标准，一律以"国语"作为教学媒介等；二是具体工作层面，如培训华校师资，编印、赠送各类教科书和读物，拨专款补助华校建设，推广海外华文函授、广播教育等。

就"崇古"而言，台湾比香港更是有过之而无不及。洪宗礼、柳士镇、倪文锦（2007）指出，"从总体而言，台湾地区初中'国文'课本中文言文约占45%；而高中文言文的比例高达70%以上。如果再往深处看'国文'教材中言文的分布情况，初中六个学期，文言文与现代文的比例分别为2∶8，3∶7，4∶6，4∶6，5∶5，6∶4，反映出现代文逐渐减少，文言文不断加强的态势。而高中阶段文言文所占的比例则更高，三学年分别为60%、70%、80%左右（弹性在5%上下）。"

例如，以下是1979的国民中学"《国文》"教科书第6册的篇目及作者（或出处）：

《弘扬孔孟学说与复兴中华文化》（蒋中正）、《论廉耻》（论语）、《制定建国大纲宣言》（孙文）、《国文是伟大的工程师》（王洸）、《守望社题辞》（陈宏绪）、《太原五百完人成仁纪念碑》（阎锡山）、《中华民族的克难精神》（钱穆）、《新疆歌》（罗家伦）、《五岳祠盟记》（岳飞）、《田单复国》（司马迁）、《中兴鼓吹》（于右任）、《学问与游历》（佚名）、《西安导言》（蓝孟博）、《失根的兰花》（陈之藩）、《科学的起源》（王星拱）、《告诸将士屯田书》（郑成功）、《郭橐驼传》（柳宗元）、《丘逢甲传》（连横）、《享福与吃苦》（何仲英）、《敬业与乐业》（梁启超）。

当然，台湾教材也会选择一些现代文的课文，大致有两部分：一部分仍然是民国时期作家的作品，如以上目录中的《中华民族的克难精神》《敬业与乐业》；另一部分则是时人作品，如《失根的兰花》《享福与吃苦》。就后者而言，因为台湾"国语"书面语与传统国语具有相当高的一致性，所以二者实际上的差异并不是特别大。比如陈之藩《失根的兰花》中的一段文字：

宋末画家郑思肖画兰，连根带叶均飘于空中，人问其故，他说："国土沦亡，根着何处？"国，就是根，没有国的人，是没有根的草，不待风雨折磨，即行枯萎了。

再如收于1979的国民中学"《国文》"教科书第6册中台湾作家殷颖《一朵小花》的开头一段：

月来天寒兼阴雨，庭前新绽的淡黄色玫瑰，不胜雨滴的负荷，慵懒无力地垂下头来，在丝丝的冷雨中显得楚楚可怜。我端详了一阵之后，决定采下来，置诸案头。

总之，台湾在教材篇目的取舍与安排上与上述香港地区的做法和特点是相当一致的，所以两地在不同的时间内向华语区传递的语言信息和施加的语言影响，也具有很强的一致性和一惯性。

另外，港澳地区回归祖国之前，在国语圈内部，台湾的影响也是很大的。程祥徽（2005）指出，"港澳本身由于前港英当局与澳葡当局实行疏离中国大陆的殖民政策，在汉字形体乃至文字的运用和行文的风格上都是向台湾方面倾斜的。"正因为如此，所以我们今天还能看到，三地之间在语言文字的使用以至于表达风格和取向上，仍然具有相当高的一致性。至于对普通话圈的影响，市川勘、小松岚（2012）也明确指出，"其实台湾'国语'对中国大陆普通话的影响比香港话严重多了"，这一表述无疑也是符合实际的，但这已经是中国大陆改革开放以后的事情了。

对于20世纪80年代的台湾文化在更大范围、更多方面的影响，市川勘、小松岚（2008）做过以下的说明与描述："台湾文化在80年代的中华文化中起着牵引的作用，这是值得注意的事实。邓丽君、蔡琴、李敖、白先勇、李安，校园歌曲……曾经风靡了中国80年代以后的一整代人。作为这种文化载体的台湾'国语'给人一种什么感觉呢？在音色方面，可能是柔软、优雅，象征着富裕、贵气和雍荣；在词汇方面，大致是生活化、现代化，有着都市化和开放性社会的风格。"比照今天的全球华语，上述影响的范围当然并不只限于中国大陆，比如尚国文、赵守辉（2013）就谈到新加坡的情况："新加坡的华文报章和电视，特别是娱乐节目等深受台湾'国语'的影响，在语音和词汇方面的影响不可低估。"就语音方面，尚国文、周清海（2016）还进一步指出："由于政治和历史原因，新加坡在推广华语之初及后来相当长的一段时期，台湾'国语'的读音成为华语的隐性标准，如华文教材的编写者或顾问不少来自台湾，而台湾制作的电视剧、娱乐节目在新加坡甚为流行，这些都影响了当地的华语环境，使得华语中不少字音追随台湾'国语'的读音。"

至于上文对"音色"和"词汇"的描述，很大程度上已经成为整个国/华语圈的共同特点，而这也正是上述"影响很大"的最好注脚。

3. 全球华语的发展：普通话圈的输入与输出

汤志祥（2009）指出，"我们迎来了一个可以称之为全球华语大发展、大融合、大变化的时代。"这里的"大发展、大融合、大变化"是对全球华语实时发展状况较为全面和准确的概括，而这样的发展从中国大陆实行改革开放政策直到现在，呈现出比较明显的阶段性。具体而言，大致以世纪之交为界，可以划分为两个阶段：前一阶段以普通话圈对国/华语圈的单向引进为主，而后一阶段以普通话圈向国/华语圈的输出为主。以下我们分别进行讨论。

先看前一阶段。

这一阶段基本起始于海峡两岸打破坚冰开始交往之初，其后逐渐加速。李行健、仇志群（2012）对此做过以下叙述："1987年，台湾当局做出决定，开放台湾同胞赴大陆探亲。2008年11月两岸签订'三通'协议，两岸关系的发展逐步迈进快车道。两岸交流有了历史性突破，随之而来的是语言的流动、浸润、积极性的'融合'。"

胡士云（1989）较早提到大陆与港台词语的趋同问题，而此时的趋同主要是由普通话圈对国/华语圈的单向引进而实现的。汪惠迪（2009）就此指出："自从两岸关系解冻以来，大陆人民感受十分强烈的是台湾通用语大量进入大陆，对大陆的普通话词汇冲击很大。"关于这方面的研究，成果已经非常丰富了，我们就分别在不同的时期比较集中地讨论过海峡两岸乃至于海峡两岸暨香港、澳门民族共同语的差异与融合问题。[①] 其他的研究再如，李振杰（1990）指出，比较一下就可以看出台湾使用最多的词缀是"性"，而大陆使用最多的是"化"。最近几年，大陆对"性"的使用愈来愈多。再像"愿景"一词是台湾"国语"中的常用词，它最初出现在大陆普通话是在2005年4月29日时任国家主席胡锦涛与国民党原主席连战的会谈公报中，后来在《现代汉语词典》第5版付印之前，赶乘"末班车"被收入其中，由此而一跃成为普通话的规范词。

---

① 本人先后共出版过三部专著，分别是2000年由江西教育出版社出版的《差异与融合——海峡两岸语言应用对比》，2015年由商务印书馆出版的《海峡两岸及港澳地区现代汉语差异与融合研究》，以及2017年由中国社会科学出版社出版的《海峡两岸民族共同语对比研究》。

当然，大陆引进和吸收的并非只有词汇形式，语法以及其他方面也有较为明显的表现，这些方面均有较多的研究成果，此不赘述。以下再举一个语音方面的例子。市川勘、小松岚（2009）这样描述"台湾'国语'腔在大陆的泛滥"：

涉及的岂止是影视界，大陆80后到90后的整整两代年轻人几乎都深受其影响。曾几何时，满嘴跑舌头的卷舌音、儿化音不再是身份和教养的标志，中央台播音员那石破天惊、响遏行云、舍我其谁、力拔山兮气盖世的嘹亮语音……时下时髦的发音是不卷大舌头（舌上音足矣），但须嘟嘟嘴作甜糯状，舔着小舌头细着小嗓子出幽幽声、靡靡声、柔曼声……轻声、儿化一概不要，细辨四声也属多余。

这样的"文学笔法"虽说不一定严谨，但所说的事实毕竟在某种程度上也是一种客观存在。

此期普通话的引进对象并非只是台湾，也包括港澳地区（其中主要是香港）。实际上，普通话引进的很多语言形式已经很难明确指出其到底是来自台湾还是港澳地区，也正是因为如此，所以很多研究都只能笼统地标明"港台"，如《略论大陆与港台的词语差异》《港台词语在大陆的使用情况》《港台与大陆书面语语法差异》《大陆、港台应用文的文体差异及融合策略》等。其实，这一事实很大程度上也说明了台湾与港澳地区作为当今全球华语一个共同的语用圈即国语圈的理由和依据：它们具有更高、更多的一致性。比如，上引市川勘、小松岚（2009）所说的"台湾'国语'腔"，也有的研究者称之为"港台腔"，相关的论文如《普通语言学视角下的"港台腔"与"方言热"——试论推动语言发展的三种力量》《关于对普通话语境下"港台腔"的理性思考》等。

当然，也有不少专门以香港与内地语言为比较对象的研究成果，如《内地与香港的语言变异和发展》《中国大陆、台湾、香港、新加坡汉语词汇方面若干差异举例》《香港社区词与普通话词的对比研究》《努力求大同 允许存小异——对香港与内地译名差异现象的浅析及其解决办法初探》等。

周清海（2008）指出："在华语走向全球的时期，也正是普通话和各地华语相互融合的时期。普通话和各地华语相互融合，使普通话出现较大的变化。这些变化给语言研究和教学带来新的挑战。"很显然，这里只谈普通话的变化，无疑是立足于前一阶段而得出的结论。我们曾对现代汉语第四阶段即改革开放以来的发展变化取向进行过总结，概括为"复旧"与"趋新"。而在这两个取向背后，都有共同的动因和目标，这就是"模仿"，当然主要就是对国语圈诸多词汇、语法现象等的引进和吸收，由此而造成一些传统国语中业已存在而在后来的普通话中渐趋退隐的形式复显，以及一些素来所无形式的出现，并最终由上述两个方面而与国/华语圈在不少方面渐趋一致。

再看后一阶段。

20世纪末特别是本世纪初以来，随着改革开放成效的不断突显，中国国力不断增强，国际地位持续提高，在华人世界以至全球范围影响力也在不断加强。在这一背景下，普通话不仅迈出了"走出去"的步伐，而且速度还在不断加快，从而扭转了改革开放初期以输入为主的局面，开启了"既输入更输出"的新阶段，由此达到了普通话圈与国/华语圈真正意义上的双向互动。

李宇明（2017）认为，"改革开放以后，普通话对世界影响逐渐增加，这种影响可以从语言、汉字、拼音三个方面进行观察。到了新世纪，普通话对全球的影响急遽增强。"李行健、仇志群（2014）指出："20世纪80年代以后的30多年里，不论是语言本体还是汉字，境外华语愈来愈多吹进大陆风。"周清海（2008）也对这种"大陆风"进行了举例说明：随着中国影响的扩大，华语也有向普通话靠拢的趋势。新马以前说"特别好、特别快、特别想、特别喜欢"，现在逐渐让位给"特"，说成"特好、特想"。新马华语的量词"粒"（一粒球、一粒苹果），逐渐让位给"个"，"一拨人"和"一批人"也有互相消长的现象。华语里用"手机"替代了"大哥大"；"切入""误区""对口""单位""（各位）领导"等词语出现在华语里；"马到成功"与"马到功成"华语区并用，我常听中国朋友说"议一议"，自己也不自觉挂在口上。这些都是现代汉语对华语的输出。

总体而言，普通话的输出及其结果不外有三种表现：其一是填补原有的空缺，其二是挤占原有形式的部分空间，其三则是在与来自其他地区形式的竞争中胜出。

第一种情况的例子，如"紧张"一词有一个"紧缺、供应不足"的义项，此义很长时间内在台湾以及其他一些华语地区并不使用，所以《两岸常用词典》（李行健主编，高等教育出版社2012年版）中标注为大陆特有义项，而现在此义的用例在台湾已经时能见到。例如：

保德信中国中小基金经理人张径宾指出，分季度来看，第2季和第4季在资金面方面较为紧张，第3季资金面较为宽裕。（《自立晚报》）

上句中的"紧张"与下句中的"宽裕"相对，意思是非常明显的。

在其他华语区也能见到类似用例，如下：

成本上升、税费负担较重、企业利润率低、资金紧张、外部环境堪忧等是当前企业发展面临的五大"难关"。（《联合早报》）

纽约市学校建设管理局谈资金分配 公校资源紧张成关注焦点（美国中文网）

第二种情况的例子，如石定栩、邵敬敏、朱志瑜（2006）讨论了香港与内地对人名的不同翻译策略：殖民地时期的香港政府为了政治上的需要，想方设法地替英国政要找一个像中国人的名字；而内地尽量防止外国人的译名看上去像中国人的名字，包括不用中国人常用的姓氏做译名的第一个音节，以免造成误会。不过，香港回归祖国之后，由于大量采用新华社的稿件，所以在国际新闻报道时有时就会两种译名并存，并且这种情况比较常见。再如，不少两岸对比的工具书都把台湾的"飞弹、钓鱼台、幼稚园"与大陆的"导弹、钓鱼岛、幼儿园"列为彼有此无的对应词，而在一个时期以来的台湾媒体中上述两种形式都在使用，并且来自大陆的形式比例还在不断上升。

第三种情况的例子，如游汝杰（2017）谈到对30个外来词在海内外华人社区使用情况的调查结果：在美国华人社会，大陆的外来词形式与港台来源的外来词形式相比较，具有强势地位。也就是说，当代美国华人社会更多采用中国大陆的外来词形式，比如"迪斯科、摩托车、奔驰、博客、高尔夫"等。此外，再如邵敬敏、刘杰（2008）比较详细地统计说明了"手机"和"互联网"在华人社区由异到同的全过程（即最后统一于来自中国大陆的"手机"和"互联网"）。另外，文中还对二者在竞争中的取胜因素进行了分析，认为新词语乃至新格式可接受度的提高，主要取决于它的高频使用。所以，华语的新词往往还是大陆的说法占据优势地位，具有强大的辐射作用，这是不言而喻的。

现在，以上三种情况都早已不是个别现象，并且随着华人世界联系的日益密切以及网络沟通与交际越来越快捷方便，以及范围日益扩大，以上三种情况不仅发生得越来越多，而且周期也在不断缩短，速度与节奏也在不断加快。比如，本书第五章将要讨论的"洪荒之力"与"蓝瘦香菇"就是最好的例子：短短几天就传遍全球，成为整个华人世界共同使用的流行语。

以上我们对全球华语形成及发展过程的叙述，似乎还可以得到来自其他方面的佐证。台湾林泉忠博士2017年5月19日在北大演讲《华语流行音乐的流变与两岸三地的社会变迁》，其主要观点是中国流行音乐起源于20世纪20年代末的上海，在近百年的时间内，它的中心由于社会变迁经历了"三迁"：20世纪40年代末由上海迁到香港，又于20世纪60年代末转到台湾，进入20世纪90年代以后又迎来了流行音乐走向整合与百花齐放的年代。仅由以上简单的叙述就可以看到，流行音乐的上述变迁与三地语言甚至整个全球华语三圈的关系及其变迁高度一致。常识告诉我们，语言既是文化的载体，同时也是一种文化现象。就后者而言，它与流行音乐等的流播变迁具有很高的相似性与一致性，也就绝非不可思议的事情了。

着眼于全球华语的整个发展过程，这已经是中国大陆第二波次的语言输出了，第一波次的输出奠定了全球华语的基础、精神和走向。此后，普通话的快速发展不断拉大了与整个国/华语圈的距离，最终形成整体差异明显的全球华语两大板块。而在新的形势下，二者终于由分趋合，开始了化异为同的新进程，同时开启了全球华语自身发展的新阶段。

二、全球华语的主要载体及实践领域

全球华语的形成与发展主要借由三个途径，后者同时是前者的载体、媒介以及最重要的实践领域，而前者是后者合力形成的结果。本小节中我们就对此进行讨论，因为整个华语圈始于东南亚，所以我们仍主要以新马地区为考察对象，侧重讨论早期华语的形成过程。

1. 华文媒体

华文媒体在全球华语的形成和发展过程中起着至关重要的作用，早期主要是报纸，后来又有广播、电视以及网络新媒体等。

周聿峨、陈雷（2004）对东南亚华文报纸的情况做了简要叙述："东南亚是海外华文传媒的发源地，也是最重要的海外华文传媒中心。薛有礼于1881年12月10日在新加坡创办了《叻报》。《叻报》是东南亚地区第一份华文日报，也是当时发行时间最长的华文日报（一直出版到1932年，时间长达51年），号称'南洋第一报'。"该地区报业的集中发展和兴盛始于20世纪初，此时孙中山先生领导的革命运动不断高涨，反清起义此起彼伏。孙中山和众多革命志士先后奔赴南洋，宣传革命，组织革命团体，筹募革命款项。在革命春雨的滋润下，东南亚华文革命报刊如春笋纷纷破土而出。从1904年到1911年的七年之间，各地爱国华侨创办的革命报刊达20多种（周中坚，2004）。

当时报章的主要内容，周中坚（2004）以《叻报》为例进行了说明：刊载清朝谕旨和公文奏折；除当地新闻外，多转载上海香港电讯；既反映国内情况，也反映当地华侨生活。综观出现于19世纪末期的东南亚早期华文报刊，它们一开始就同祖国的命运和华侨的利益紧紧相连，反映了当时的国内形势和华侨心声。同国内一样，维新改良思想占上风；戊戌变法失败后，保皇和君主立宪思想仍为当时舆论的主流。

由此可见，东南亚媒体与当时中国国内保持极高的一致性，甚至基本是同步的，因此在内容方面与国内的一些地方报纸并无明显差异。除了报纸的内容外，没有明显差异的还有其所采用的语言形式。周清海（2016）指出，从中国大陆到东南亚定居的知识分子，都是用国语和国文办教育、写作和办报的。

这里的国语与国文，也与中国内地一样，经历了由文言到白话的转变，而这一进程基本也是与中国内地同步的。比如，以下是《叻报》1892年3月19日刊载的一段文字：

叻地以华人为多，然则本以华文为要，虽近日通商贸易，恒视西文为重，而转觉华文为轻，不知身属华人，则华文系其根砥工夫，然则又何可不留意及之。

独是叻地设立义塾一端，又有甚难之处。盖叻地五方杂处，就华人而论，虽谓可以闽粤两省概之，然既闽粤两省，而其所操土音亦有各不相通，若设义塾，势有难堪。盖若延闽师，则不能教粤童；若延粤师，亦不能教潮童也。是以义学一事，终难有成者，胥由于此。

这当然是文言一系的文字，而到了该报 1920 年 7 月 17 日的一段文字，就完全不同了：

这回教育条例提出，大家都惊骇的了不得，但不是惊骇可以了的事，必寻出一条正大光明的路径去走，方可以达到我们的目的。正大光明的路径是什么呢？是把学校注册不便的理由书写出来，去恳求当局许我们华侨学校不要注册。这就叫作请愿，这就叫作正大光明的路径。但这个路径不是一人可以走得，必定要合工、商、学各界，并且要合三州府的侨胞通通来走这条路径，好使政府知道是我们侨众的公意，自然就会体贴舆情，采纳民意，我们的目的自然是可以达到。

文体的转换也带来了当地语言面貌一定程度的改观，从而达到或保持了本地华语与祖语国语言的一致性。邱克威（2014）在考察了《叻报》的一些词语使用情况后指出："很显然，五四新文化运动的冲击对新马华人词汇由方言到华语的转换影响是很关键的。这一冲击波经过发酵渐渐在 20 世纪 20 年代的《叻报》词语显现出来。"文章指出，通过对《叻报》词语的考察，方言词汇与官话/国语词汇的交替主要出现在 20 世纪 20 年代，比如"警察、肥皂、钻石"以及"点钟"与"时"的替代使用等都发生于此期。例如，计时词语中的"时"与"点钟"，《叻报》在 20 世纪 20 年代以前的"本地新闻"中一律以"点钟/点"计时，然而同时段转载中国新闻用"时"。一直到 20 世纪 20 年代以后，"本地新闻"才开始也用"时"。

结合上面对第一阶段的叙述我们可以看出，一方面，中国大陆媒体所使用的传统国语，对东南亚华语的形成起过非常重要的作用；另一方面，也在相当程度上影响甚至决定了当地华文的总体面貌和精神，其中最重要的一个表现就是具有浓厚的"古风雅韵"。前面我们举的主要是新马的例子，以下换个地方，看一下泰国华语的情况。施春宏（2015）考察了泰国几家主要的华文报纸后指出，相对于普通话，泰式华文词语的"历史"色彩较浓。这首先表现在其字义或词义显得比普通话要"古旧"一些，即文言色彩明显。泰式华文词语"历史"色彩较浓更为显著的标志是，一些在普通话词汇系统中被看作历史词或准历史词（即在特定表达中偶有使用）的词语，在泰式华文中的使用仍比较普遍。从普通话的视角来看，泰式华文的"文白夹杂"现象比较显著。为了证明这一点，文中举了不少例子，如下：

研考会表示,将再结合其他管道所搜集到的民怨,提出完整的报告,作为"改善庶民生活行动方案"的参考依据,纳为未来各机关考评的指标。(《世界日报》)

当晚宴会各界名流济济,包括第一夫人蜜雪儿,众议长佩洛西,以及印度商业巨子、好莱坞明星和印裔州长金达尔等,可谓冠盖云集,给足了辛哈面子。(同上)

宏(洪)都拉斯保守派总统候选人罗柏在6月28日政变后首度举行宏(洪)国总统大选大幅领先获胜。他矢言筹组全国团结政府。(同上)

2. 华语文教育

与媒体和文学作品只以华文为媒介、传播的也主要是华文不同,华语文教学既传播华文(书面语),同时传播华语(口语),因此在全球华语的传播与发展中起到更加重要的作用。

虽然"文"与"语"有时难以分开,但一般情况下基本的区别还是较为明显的,所以我们以下分开来讨论。

先看华文教学的情况,这方面主要表现在教材上。

中华民族一向有尊师重教的传统,移民所到之处总会有学校出现。就东南亚而言,早期的学校主要是富裕华人为其子弟开设的教馆和个别教师在家里开设的私塾。这些教馆和私塾都是方言教育,老师根据自己的方言教导子弟,因此大量的粤语私塾、客家语私塾、闽南语私塾等出现在各个方言群聚居的地方(潘碧丝,2012)。以上说的是马来西亚的情况,而在新加坡也是如此,如王兵(2016)所说:"在此之前(指1919年之前)新加坡的华文教育基本沿袭了中国传统的私塾模式,且只有部分财力殷实的家庭才有钱延聘私塾先生。但所用教材与晚清中国并无二致,学习目的仍是参加科举考试,待各类科试时间一到便返乡应考。"

当时的私塾,"念的书多是三字经、百家姓、千字文或四书五经之类"(刘崇汉,1993),而使用的教学语言自然也是各地方言,比如"新加坡自1819年莱佛士登陆以来,随着福建、广东和广西等南方省份人口的逐年移居新加坡,南方方言一直是华人社会的通用语言,直到1920年以前,新加坡的华文学校都是以方言作为教学媒介语的。"

进入20世纪以后,华人自己创办的华校开始逐渐取代早期的私塾,其主要原因是受中国大陆的影响和拉动。潘碧丝(2012)指出:"20世纪初,中国的教育进行大改革,各种新式的学校随之设立。这些改革措施也推广到了马来亚(马来西亚)。马来西亚的移民在这种潮流的影响下也展开兴学运动,创办新式的学校。"这一情况也在其他国家发生:"东盟十国的华校或华文教育机构多数成立于20世纪初"(沈玲、姚文放,2016)。在新加坡,1905年创办的养正学堂(后改名为崇正学校）是当地最早的新式小学，1919年创办的南洋华侨中学（后改名为华侨中学）则是最早的华文中学（王兵，2016）。

华校使用的教科书基本都来自中国大陆。关于新加坡的情况，王兵（2016）指出，20世纪初期新加坡的教科书，一般遵循清学部的规定，如1904年由张百熙等重新拟订的一系列各级学堂章程，即《奏定学堂章程》，1912年后则改用民国政府审批的教科书。这一时期中学华文教科书的选用，除了20世纪30年代后期出现零星的本地编印出版之外，绝大多数都是从中国进口的，其中以商务印书馆和中华书局印行的教科书受到最多学校采用。目前可见的商务印书馆教科书有庄俞、沈颐合编《国民学校用共和国教科书·新国文》（1911年出版）、秦同培所编《国民学校用共和国教科书·新国文教授法》（1911年出版）、傅东华编《初级中学用复兴教科书·国文》（1933年出版）、钱基博选注《中学适用模范文选》（1935年出版）等；中华书局教科书则有陆费逵、沈颐、戴克敦合编《新制中华民国学校国文教科书》（1913年出版）、胡云翼编《初中国文分类选读·故事诗选》（1937年出版）、宋文瀚、张文治合编《新编高中国文》（1939年出版）等。关于马来西亚的情况，刘崇汉（1993）指出，1920年以后，华校仍采用中国学制，即小学六年、初中三年及高中三年，课本的内容仍然以中国为中心，课本多由上海两家出版社供应，即商务印书馆和中华书局。

于锦恩、蒋媛、鹿牧（2011）指出，"民国时期的华文教育构成了中国教育的一环，其行政、学制与课程，都是以中国为典范。至于教科书，除了20世纪30年代开始有本地编印出版的少量教科书外，其他都是从中国进口的。而从中国进口的这些教科书绝大多数都是使用的中国大陆学校使用的教材，个别专门为南洋编写的教科书也没有体现出明显的南洋特色。"据叶钟铃（2005）记载，1951年，万卫廉、吴德耀二位博士应邀率团到马来亚调查华校情况，后写成《华校与马来亚华文教育调查团报告书》，其中涉及教科书的部分指出："自创始以来，华校即依赖由中国输入的课本。这些课本自然是中国学校所应用的。自初小一年级至高中三年级，马来亚与新加坡的华校男女学生一直读着与广州和南京的男女学生所读的同样的课本。"郑良树（1998）对此的描述和解释是："本区华教作为中国海外教育机构的一部分，其课程及授时皆唯中国马首是瞻。""华文教育既被视为中国教育的一个重要环节，那么，华文教育在许多方面就必须跟随中国教育的路子、方向前进，成为中国教育在海外的身影。这种发展可以说是必然的，也不必讳言的。"

颜长城（1996）则描述了菲律宾的情况："菲律宾的华文教育从第一所华侨学校于1899年创办至今已有97年的历史，在这97年中，菲律宾华文教育的发展演变可以1973年侨校菲化作为分水岭，分为菲化前的华侨教育时期及菲化后的华人教育时期。华侨教育时期，侨校的学生都是华籍，侨校实际上就是中国教育的延伸，因为侨校的课程、教材完全遵照中国的体制。当时学生的中文程度，并不逊于中国学生，侨生回国升学衔接不成问题，华文教育鼎盛一时，程度远远超过世界其他各地区的水平。"

刘文辉、宗世海（2006）描述了印度尼西亚华语的词汇状况及造成原因，指出多使用文言词语，表现出典雅性和滞后性，这是印尼华语区域词语最显著的特点，具体表现为继续使用文言词语和一些相对较旧的字或词语。这一方面使其词汇具有典雅的特色，富含韵味，另一方面也使其词汇相对于普通话而言呈现出一种滞后的特点。这种状况的形成，源于印尼华语曾经三十多年的中断，印尼华人所学、所能用的多是1966年以前的华语词语，而且当年教他们华语的老师的国学功底往往非常扎实，这样就使他们的华语词语深受古代汉语影响，而不能跟上不断发展变化的普通话词语的步伐。

由此造成的结果，如周清海（2016）所说："华人的书面语教育高度一致，应用的语体文也比较统一。港澳、台湾、新马的书面语教育几乎完全一样，差距很小。新加坡的语文教学在建国以前就注重标准书面语，所用的语文教材和中国大陆1949年以前的完全相同。"

再看华语教学的情况。

我们今天看全球华语的国语圈与华语圈，无论书面语还是口语，都有相当高的一致性，而造成这种一致性的最重要原因就是华语文教育。在这方面，书面语主要借助于各级各类学校的华文教材而传播与固化；至于口语，则主要来自两个方面：一是教学内容，二是教学媒介语言。教学内容已如前所述，即紧跟中国大陆，由文言文转换为白话语体文，以下讨论教学媒介语言问题。

据徐威雄（2012）记载，1902年新加坡各界精英议定创设孔庙，所附学堂名为"中西学堂"，其章程中明确规定要聘请兼通英语和官话音的教师，本学堂的华文课专教官话音。虽然学堂没能办起来，但是这一主张的提出有很大的意义。1903年，京师大学堂总教习吴汝纶赴日本考察后，提出以北京音为标准音以统一国语的主张。在吴氏的影响下，张百熙等人上奏《奏定学堂章程》，首次将官话明文列入师范及高等小学课程，从而将官话纳入教学体系。这不但影响了中国的新式教育，同时影响到马新。1904年，考察南洋商务大臣兼管学大臣张士弼奉清廷之命，于槟榔屿创办中华学校，其创设办法、组织规章及课程设计等，莫不本于奏定章程，课程中包括"国文"一科，以作文和读文为主，另有"国语"两个小时。此后，各地的新式学校如雨后春笋拔地而起，进一步推高华语共同语的地位。

从"专教官话音"到开设与"国文"相对应的"国语"课，正是教学内容与媒介语言由方言转向白话的先声和前奏。当然,这一转变的最终实现离不开各方的努力与推动。例如,1916 年,曾任中华民国联合会会长和孙中山大总统顾问的章太炎到新加坡和马来西亚,大声疾呼要打破方言群的隔阂,以国语(汉语普通话)为华校教学用语(黄明,2007),在当时影响很大。当然,教学媒介语的转换还要有师资的储备和支持,这在当时也基本具备。比如,1921 年间华书局创办"国语专修学校",商务印书馆创办"国语讲习所",在三四年中为南方各省及南洋各地培训了二三千名"国语"教员(倪海曙,1980)。

华校教学媒介语言的转变是新式学校建立后带来的直接结果。耿红卫(2007)指出:"从 1904 年到 1918 年,新、马的华校已经达到 300 多所。这一时期,华侨华人受五四运动的影响,与中国的关系进一步密切,华文教育也逐步由文言文向白话文转化,教学媒介语也由中国国语代替了本地方言。"潘碧丝(2012)对这一过程也有叙述:"新式学校的建立也标志着教学媒介语的转变,因为方言不再是主要教学媒介语。比如 1918 年 1 月 19 日的《叻报》有一篇这样的报道:'吉隆坡半山巴辟智学校……学生多为客籍,而校长训词及毕业生答词,皆操普通语,绝不用方言,亦一特色也。'……这种现象尤其是 1919 年'五四运动'后更是明显。大部分的华文学校把媒介语完全改为华语,华文课本里的文言文也改为了白话文。自此以后,方言在学校的教学中不再有重要作用,而只成为个别方言群的母语和方言群之间的沟通语。"

对于这一转换背后的深层次原因及其结果,于锦恩、刘英丽(2011)总结为:"民国时期华侨的汉语教育以'三民主义'为指针,要求教师具有一定的国语水平,并且用国语作为教学语言,促进了国语在华人社会的统一,加强了华人的民族团结。"李嵬(2017)则指出,"从民国后期以来,海外华人也逐渐对共有民族统一用语有所意识,通过华文学校推广国语和普通话。"

教学媒介语言由方言转换为通用语,一方面使华人后代学会了华语,另一方面也影响并铸就了华语口语总体上所具有的两大特点:书面语口语化与"南味"标准语。以下我们就围绕这两个特点展开初步的讨论。

书面语口语化,是说有大量的书面汉语形式进入口语,由此造成后者"文"的色彩比较浓厚这一突出特点。

周清海(2008)部分地解释了这一情况的形成原因:"华语区,大部分是以南方方言为母语的区域。南方方言里保留了许多古汉语的成分,这些成分比现代汉语标准语所保留的还多。南方方言对华语的影响,是巨大的。中国改革开放之前,华语区的华语,基本上是一种没有口语基础的语言。因此,华语口语里保留了许多书面语的词汇,而华语区的人,也分辨不了口语和书面语的差别。"因为分不清口语词与书面语词的区别,所以二者的混用自然就是难以避免的了。徐杰、王惠（2004）对此说得更清楚一些："新加坡是在没有普通话口语基础，没有普通话直接影响的情况下推广华语的，其长期用作学校教材的书面语也是五四时期的书面语。"因为是在没有口语基础的情况下学习口语，所以自然就分不清哪些是口语形式，哪些是书面语形式，因此才会造成较多"五四"时期的书面语形式进入口语。周清海（2002）也就新加坡的情况指明了这一点："新加坡华语的口语体和书面语体没有太大的分别。"

这一现象在整个华/国语圈都普遍存在，并最终成为它们非常重要的一个共同特点。李志江（2008）说明了台湾在这方面的情况和表现："台湾的'国语'更为强调传承，许多书面语词在台湾一直使用，甚至在口语中也十分活跃。"

下面再说"南味"标准语。

这里的"南味"是借用邢福义（1995）的说法。邢文把"好精灵、好能干、好认真"等称作南味说法，还说南方人，包括广东、海南、香港、台湾等地的人，都很爱用这样的形式。此外，文中还提出"南片话语"概念。

上文提到，"五四"以后，东南亚华语区华校的教学媒介语由方言转换为"普通语"或"华语"，而这样的"普通语"或"华语"与当时以北京音为标准的"国音"是有一定距离的，其实就是一种带有浓厚南味的"官话音"，它在东南亚的形成和传承，大致与以下因素密切相关。

据现在的研究，近代的共同语即官话，是以南京音为标准音，清代中期以后才改为北京音（张卫东，1998），然而民间流通的主要是"蓝青官话"，也就是今天所说的"地方普通话"，即方言与标准语之间的过渡语，而其中对华语形成和发展影响最大、与之关联最密切的就是"南味官话"。如前所述，自民国以后直至中国大陆改革开放之前，持续对东南亚以及世界各地华语输出语言形式和产生影响的，是传统国语以及港台国语，而它们在口语方面无疑具有相当大的一致性。

於贤德、顾向欣（2000）指出："国民党政权的统治中心一直在中国的南方，从广州、武汉、南京到台北，虽然政权的性质发生着质的变化，从中央政府变成台湾地方政权，但它的统治中心却从未跨过长江。新中国成立之前，南京政府的社会基础是江浙财团，政府里面有大量的人员都是南方人，在语言的使用上更多地倾向南方也就很自然的了。"郑良伟（1990）在谈到"国府"语文政策的特点时指出，在口语方面是"用40年前的北京话作名义上的标准国语，实际上却是上海人、浙江人的北京语做典范，及现在的北京话脱节。"另外，郑书还对台湾口语情况进行了讨论，认为"这种'国语'（特别是江浙人的国语）因为在人数上、政治上、社会上超过了北京人的国语，因此，便成为新生代国语实际上的典范。这样，北京音虽被指定为标准音，也没有影响大局。"邵朝阳（2008）对此做过更为直接的说明："在台湾，台湾'国语'受闽南方言的影响，其语音、语法与大陆闽南地区人说的普通话类似。"这大致概括了方言区的人说标准语的一般状况。而在整个东南亚地区，影响最大、通行最广的方言是闽方言与粤方言，所以此地的人说标准语应该也与中国大陆闽语区与粤语区人的"地方普通话"相似。

田惠刚（1994）指出，在研究华语的时候，有一个现象很值得注意：在现代汉语里保留着若干组同义词和同义词词组，华语总是选择中国南方方言群习惯使用的一种，例如现代汉语有"这里、这儿"，华语只用"这里"；现代汉语有"喉咙、嗓子"，华语只用"喉咙"。文章的结论是，这个现象不仅充分表明华语的使用者绝大部分都是中国南方人或南方人的后裔，而且有力地证明了华语与中国南方方言群有着直接的渊源关系。

就最初的情况来看，在东南亚从事华语教学的师资，一部分是由中国东南沿海去的，一部分是由港台地区去的，他们所说的标准语自然都会带有明显的南味。此外，应该还有一部分当地会说华语的人，不过可以想见，他们的华语自然也难以摆脱自身方言的影响。至于华语学习者，因为生长于南方方言（主要是闽语与粤语）区，所以口语方面完全没有或者很少外来语言（普通话）的直接影响（周清海，2005），加之受南味官话者的教育，所以肯定也难以学成典范、标准的"正音"。

在整个东南亚华语区，情况基本都是如此，所以周清海（2016）指出，"口语方面，所有华语区正式的标准口语，也基本一致。"其与标准音最大的不同，大致就是上引市川勘、小松岚（2009）所说的"轻声、儿化一概不要，细辨四声也属多余"，而这就是南味标准语的共同特点。

我去柬埔寨游吴哥窟时，导游是一位当地的华裔青年，说一口比较纯正的"华人腔"——与全球各地国/华语圈大同小异的华语，我问他是在哪里学的华语，回答说是在当地华校跟老师学的。在本人就职的现代汉语研究所就读的一位越南留学生山心同学给我讲过她学习汉语的情况及感受。她在越南国内跟一位从未来过中国的华裔越南人学习汉语，当时以为学的是很正宗的汉语，来到中国后才知道完全不是那么回事。据山心同学回忆，她当时学的就像现在听到的广东人说的普通话，也和台湾地区综艺节目中参与者所说的"国语"比较接近。另外，她学的以及听老师说的，还有很多现在中国大陆人都不说的"古老的词语"。

我的一位马来西亚华裔学生谢镕汝同学，介绍了她学华语的经历以及语音特点和成因：我是从幼儿园开始学习华语的，小学和中学都是在以华语为教学媒介语的学校完成。我们的华语口音很接近南方口音，因为受到这些方言的影响。还记得刚到北京的时候，很多人以为我来自广州，因为我在马来西亚常说广东话，我的口音和一些字词的发音都受到了广东话的影响。比如说我不能分清楚平舌卷舌音，还有前后鼻音不分。除此之外，在马来西亚也必须要学习英语和马来语，受到这些语言的影响，渐渐产生出一些新的华语词汇。

生长在新加坡的博士生黄昀龙同学说的是比较纯正的"新加坡华语"，他学华语的经历与上述几位同学大同小异：从小一直说闽南语，入小学后开始学说华语。另外，他还特别提到，刚开始使用的教材都是繁体字的，大致到中学就改用简体字的教材了。

记得几年前，我在接受《中国文化报》记者采访时，记者首先谈及她以及不少海外华人朋友的一个共同困惑：为什么中国大陆以外的世界各地华人，说话的腔调和用词都非常相似，并且那些来自中国大陆的新移民很快也会被同化？现在我们能给出的关于前一个问题的答案是：一则因为各地华语有共同的来源，即都来自祖语国的"南味官话"；二是语言环境相当一致，即都处在异国他乡各种异族语言的包围中，与华人共同语的基础方言完全隔离；三是华语习得与传承方式基本相同，即接受"南味官话"者的教育，以及受母方言（主要是南方各方言）的影响和干扰。至于后一个问题，则主要是入乡随俗式的模仿与改变，当然其背后也有语言认同、身份识别以及"面子"等多方面的原因，这些都可以在社会语言学的理论和研究成果中找到合理而又恰当的解释。

3. 华文文学

在文学界，马华文学研究是一个很有内涵的专题，无论是国内还是国外，都有不少成果，由此就使得我们可以比较清楚地了解和认识其最初的情况。其中与我们论题关系最为密切的，大致有以下几点：

第一，马华文学是中国文学的复制与延伸。肖怿（2014）指出，"新马华文文学的发生和早期发展，不仅建立在中国文化的背景上，更与中国现代文学有着极为密切的关系。新马华文文学的启悟、激发和推动，甚至许多新马华文文学的早期拓荒者，都是在各种背景下因各种原因南下的中国现代作家，将在国内接受的新文学影响，直接带到南洋而出现的。"

第二，马华文学的拓荒者来自中国。上引肖文已经提到这一点，蒋冬英、阙本旭（2016）也就此写道："在20世纪20年代与30年代之间，一批批中国知识分子，或受到政治迫害，或因战乱频繁，南去避难或谋生。他们大多跻身文化教育界，或投身报界。他们当中有的具有良好的学历，有的具有从事新闻业的丰富经验，他们写得一手好文章，并勤于笔耕，作品经常刊诸报端或杂志上，拥有广大的读者。"南来作家中的一位重量级人物就是郁达夫。彭伟步（2012）记录了郁氏南来后所从事的工作："早在上世纪30年代，郁达夫就在《星洲日报》主编过4种副刊，《早报》的《晨星》，《晚报》的《繁星》，《文艺》和《教育》，此外还兼编过《半月刊》的《星洲专栏》版。这些副刊开辟了大量生动活泼、趣味性强、内容丰富的栏目,积极地传播了中华文化,如中医、中药、健康、保健、饮食等。不仅如此,他还开辟了文艺性很强的副刊,传播诗歌、散文、小说等文学作品,提高了读者的文学鉴赏能力。"

第三,题材、内容与中国高度一致。其实,有了以上两点,这一点自然就是顺理成章的了。李志(2003)的文章中有以下一段记载:

1919年10月1日,新加坡《新国民日报》及其副刊《新国民杂志》同时创刊,是南洋华文新文学诞生的标志。……南洋华文新文学诞生之初所模仿学习的主要对象,是中国五四新文学。在其最初发表的许多白话小说中,有些是中国五四新文学作家专门为南洋地区华文报刊创作的,有些是他们在内地发表后又被南洋地区华文报刊再次转载发表的(当时称之为"剪稿"),还有一些则是南洋地区华文文学的作者们模仿学习内地作家而创作的。

朱文斌(2014)以诗歌为例,用"同质性"对此进行表述:"早期东南亚华文诗歌绝大部分都是一些'身居南洋、心系中国'的南来诗人所作,要么抒发流落异乡的乡情愁思,要么书写记忆中的中国城乡生活,更多的则是呼应'五四'新诗的反封反帝主题,如具有强烈的社会忧患意识、歌颂劳工神圣、追求恋爱自由和婚姻自主以及张扬个性等。因而,从诗作本身来看,无论是表现内容,还是表达形式,都与'五四'白话新诗保持着高度的同质性。"

第四,所用语言与中国高度一致。其实有了以上三点,这一点自然也是应有之义。我们看以下一个例子:

失却同情心的他们,乘胜追击但他却不能追了。在他的腿上已有两个小孔,汹涌般的热血,从孔中流出。无力和痛苦紧紧系起了,使他不得不停留住。忽然从血肉模糊被害的敌人里面,他们被害的同类里面,他好象看见一个人,一个敌人,霍的立了起来,长吼一声,猛虎般的扑了过来。他吓呆了,他的神经乱了。他就知道有一把雪亮的刀,在他脸上擦了两下,最后他什么也不见了。(眠云道人《梦里的杀声》)

由此可知,当时南洋小说所用语言与中国内地几无二致。

根据以上四点,我们可以得出以下结论:东南亚华文文学与华语一样,随着大批南下的中国人在东南亚落地生根,它在语言方面的作用和贡献是,一方面带去了中国大陆的通用语言,另一方面也在当地华语的形成过程中起到至关重要的作用,同时还随着文学的本土化进程,在此后当地华语的发展中扮演过重要的角色。[①]

[①] 这是一个很有意思也很有挑战性的课题,应该进行专门的研究。

以上三个方面，即华文媒体、华语文教育和华文文学在华语形成与发展过程中所起的作用，具有非常丰富的内涵，值得进行全面、深入的研究。2022年，本人指导的三位博士研究生撰写的毕业论文，即孙福婷的《20世纪初域外国语教育与东南亚华语的形成研究》、朱英姿的《中国文学的域外传播与东南亚华语的形成及发展研究（1919—1941）》，以及李权的《早期国语的域外传播与东南亚华语的形成发展研究——以华文报刊为中心》，顺利通过论文外审及最终答辩，大致可以看作本研究团队在上述三个方面的最新贡献。

三、全球华语的现状及发展趋势

1. 全球华语的"三态"

不少论著谈及全球华语的分区问题，如周清海（2016）认为华语变体主要有大陆的普通话，台湾的"国语"，香港、澳门的华语和新加坡、马来西亚、印度尼西亚、文莱的华语，此外还列出一个"其他"，举的是北美的例子。李宇明（2017）也说："大华语拥有多个华语变体，最重要的是大陆的普通话、台湾的'国语'、港澳华语和新马印尼文莱华语等。"此外，李文还提到了北美华语和欧洲华语。邵敬敏、刘宗保（2011）的划分与上述观点有所不同，主要是分出了不同的层级，以及列举了新的区域："华语社区主要包括五个部分：中国大陆、香港特区、澳门特区、台湾地区以及海外华语社区。当然，海外华语社区还可以细分为日本华语区、韩国华语区、东南亚华语区、美国华语区、欧洲华语区等。"

李宇明（2017）在列出了最重要的四大华语区以后，继续说："北美华语正在形成，欧洲华语略有雏形。"这是我们所见不多的对华语区形成过程和阶段所作的动态表述。现有能够充分证明这一观点的材料非常有限，不过根据事物发展的一般规律以及对全球华语总体现状的认识，我们基本认同和接受这一观点，并据此划分了全球华语不同子社区的不同现时状态，即已经形成、正在形成和开始产生，而这也就是本小节标题中所说的"三态"。以下就此进行说明。

以上经常讲述的普通话/国/华语圈中，普通话圈和国语圈因为历史较长，其由合到分的过程以及此后发展变化的研究最多，它们作为业已形成的全球华语的典型区域，应该是事实最为清楚的；华语圈的典型区域无疑是东南亚，它们有共同的形成历史，也经历了大致相同的发展历程，不仅是"华语"名称产生的地区，更是华语圈发展的起始点。以上区域的华语无疑都属于已经形成的区域华语。

关于正在形成的北美华语区，周清海（2016）作过简短的说明：就最近的研究来看，北美华文报纸的语言，或各自倾向于中国、中国台湾、中国香港的语言风格，或是兼容中国、中国台湾、中国香港的语言特点，同时广泛受到英语影响，逐渐形成有特色的华语变体。陶红印对美国唐人街的调查发现："跟港台、东南亚地区的华语相比，北美汉语更像是一个汉语变体的大融合，因为北美汉语使用者正是来自这些不同地区但同属中华文化圈的移民。"汪国胜（2017）基于邢福义团队全球华语语法调查的结果，对各区作过简单的比较："在不同的华语区，语法的差异程度很大。就已调查的 6 个点来说，香港华语的差异最大，形成了别具一格的'港式中文'。美国华语的差异最小。"在我们看来，这正反映了香港国语与美国华语有不同的历史，同时处于不同的发展阶段：后者历史短，没有更多的传承，同时没有香港那样单一的方言背景，另外后者更多地受到中国的影响。

至于刚开始产生的欧洲华语区，李宇明（2017）引用孙德平（2015）的观点指出，"欧洲的华文报纸正在发展中，兼收老国语圈和普通话圈的特点，并受到欧洲几种大语言的影响，作为华文变体刚具雏形。"

对于后两者，以上极为简短的叙述还不能够提供其作为全球华语两种存在样态的充足理由，所以我们在这方面还有更多的工作要做。另外，除了作为举例的北美华语区和欧洲华语区外，同样处于这两个阶段和样态的还有哪些地方的华语，这也是需要进一步弄清的。

另外，除上述"三态"外，还有一些模糊不清的地带。李宇明（2017）指出："菲律宾、泰国、柬埔寨、越南、老挝、缅甸、日本、韩国、俄罗斯等，都有很多新老华人，这些地方的华语有何特点，是否形成了华文变体？世界其他地方的华人华语的情况如何？这些都需要进行考察。"的确，无论着眼于共时还是历时，这些问题都有非常大的研究空间。

我们提出华语的"三态"，除了试图根据已有研究对主要华语区域及华语变体的实时状况进行一个动态的划分与表述外，其背后还有一个更大的问题在吸引我们，这就是全球华语的层次问题。这个问题前边已经涉及了，也进行了一些具体的讨论，但是这里还想再梳理并强调一下。

所谓"层次问题"，至少应该包括其划分的依据、结果，以及这一划分对全球华语学及全球华语史研究的意义和价值等。

以上我们涉及的层次已经有三个了，第一个是按相对静态的标准，对全球华语进行的分区。上引周清海（2016）和李宇明（2017）都是把多个华语社区列为同一个层次，即认为它们是并列关系；而邵敬敏、刘宗保（2011）则分出了两个层次，即在"海外华语社区"下又作了进一步的划分。但是，其中的"东南亚华语区"似乎还可以再往下分（比如很多研究是单以"新加坡华语"立题的，而单研究马来西亚华语的论著也不在少数），这样就有可能不是两个层次，而是三个层次了。但是，划分出三个层次是不是就到头了？如果从深入研究某一变体的角度说，可能还不是。我们在上一章第一节"作为语言变体的全球华语"部分，就指出其具有多层次的内涵，讨论了"变体的变体"问题，并引吴英成（2010）的观点把新加坡华语分成四种变体为证。与此相关的层次划分就是普通话圈、国语圈与华语圈这三圈，三圈之中，普通话圈下边包含多种地方普通话，而后两者之中也都有下位划分，这一点我们已经在第一章第一节中列出了一个三层次或四层次的概念和指称系统图。

第二个层次划分便是前边所引吴英成（2003）所划分的华语三圈，以及徐杰、王惠（2004）用"连环套"形式所作的更为细致的六环划分，这是着眼于华语传统与扩散及使用等的划分，自然与第一种以及下边的第三种层次有所不同。但有一点是相同的，这就是也有很大的讨论空间，可以而且应该作进一步的深入研究。

第三个层次划分当然就是这里所说的"三态"，它们自然也构成了由低到高三个层次。这三个层次是不是就是终极划分？很可能与上述两种划分一样，也不是最终结果，而主要理由和原因就是前边讲过的还有一些模糊不清地带，它们是可以归入"三态"中的某一种状态，还是跟其他几种有较为明显区别的另外一种状态，还是处于"三态"中某两态之间的中间地带？总之，在这方面也留给我们足够多的想象空间以及足够大的开拓空间，由此自然也带来了新的研究领域和内容。

2. 由以分为主到趋向于合

纵观全球华语的历史，可以看到非常明显的阶段性特点，由此可以对其一分为二，具体可以表述为以分为主和趋向于合这样两个阶段。

关于前一阶段，已有较多的讨论，前边的部分章节也涉及一些与此相关的内容。这一阶段基本始于20世纪40年代末，直到20世纪70年代末中国大陆实行改革开放政策时止。在国语圈内部，前边引文中已经提到，港英和澳葡当局采取向台湾倾斜的语文政策，自然与内地拉开了距离；至于台湾，"由于执政当局的政策和引导，一直在试图跟大陆保持距离，包括遣词用语方面"（邵敬敏、刘杰，2008），所以中国大陆与台港澳地区的民族共同语各方面的差异都是比较明显的，而这些差异到20世纪70年代末达到了最大化。至于全球范围内的其他地区，由于此时中国大陆地区较大规模的移民潮尚未开始出现，所以自然也没有能够把普通话带往世界各地，而与世界各地其他渠道的联系与交往也并不通畅，因此自然也就没能对华语产生新的影响。汪惠迪（2004）以词汇为例指出："改革开放前，中国大陆几乎处于闭关锁国状态，因此，境外和海外的地区词基本上无法扣门入关，只能在大陆以外的华人社区之间交流，于是出现了双区、三区和多区共用词语。"

在此前以及当下的全球华语对比研究中,最为多见的内容就是以普通话圈为一方,以国/华语圈或其中的某一具体变体为另一方来进行二者之间各方面差异的对比,其实都是立足于本阶段形成的语言事实,而由此也可以反证在全球华语的发展进程中确实存在这样一个以分为主的阶段。

关于后一阶段,近年来也逐渐引起人们的关注,我们在上文也已讨论过,以下再作进一步的说明。

李宇明(2017)指出:"伴随着中国的改革开放,大批中国留学生到西方发达国家求学,一批批中国商人走遍五大洲,大陆的新移民去到世界各地,把普通话带到了全世界。唐人街上逐渐由方言改用普通话,北美、欧洲也出现了越来越多的普通话、简化字的传媒。特别是1997年7月1日中华人民共和国对香港行使主权,普通话对'老国语圈'也在发生越来越大的影响。在世界上逐渐形成了以内地为中心、波及唐人街和'老国语圈'、影响到国际社会的'普通话圈'。"由此,李文认为,"从20世纪末到现在,现代汉民族共同语发展到第三个时期,即华语社区相互影响的时期。"

周清海(2016)也从两个方面谈及本阶段产生的原因及其所带来的变化:"高度统一的书面语和正式的标准口语,以及采用汉字记录语言的传统,是汉语融合的坚实基础。再加上中国门户开放,国力不断发展,增加了华语区之间交流的机会。在这样的局面下,华语的逐渐融合是不可避免的","1990年新中建交后,新一批中国移民涌入新加坡,语文老师里也有不少新移民,因此新加坡华语也明显地逐渐'向普通话靠拢',进一步削弱了方言和英语对新加坡华语口语的影响"。

在本书第五章,我们将以"洪荒之力"与"蓝瘦香菇"这两个2016年流行语由中国大陆流播全球各地为例,说明在当今的信息时代,凭借网络媒体,全球华语的即时互通不仅"扩容"而且"提速",而这正是本阶段得以成立及其最新发展的一个很好例证。以下,我们先以"洪荒之力"为例来简单说明这一变化。

"洪荒之力"广为人知,始于2016年8月8日里约奥运会上中国泳将傅园慧接受采访时伴以丰富搞笑表情所说的"我已经用了洪荒之力",一夜之间,它就"不翼而飞",此后很快就出现在世界各地的华文媒体上。比如,在新加坡《联合早报》中,既有本土作者的用例,也有域外作者的用例,后者如:

面对近日香港楼市有活跃迹象,梁振英12日在社交媒体上强调,会用"洪荒之力"……梁振英认为,有地就有楼,但建屋用地来之不易,过去4年,发展局用了"洪荒之力",增加土地的供应量,而有关工作亦见初步成效,但仍需继续努力,同时还更需要市民大众的支持。(《联合早报》,2016-9-13)

台湾民进党立委林俊宪前晚在面簿上贴文,指国民党主席洪秀柱针对国民党党产问题所做发言惊人,并将大陆女泳将傅园慧那句"洪荒之力"改为"洪慌之力",酸说洪秀柱已发慌。(同上,2016-8-23)

由内容看,以上二例一个来自香港,一个来自台湾,后一例时间早于前一例,但是已经衍生出新的形式即"洪慌之力",这一情形通常是在某一形式有了一定的理解度和通行度的情况下才会发生。我们想通过以上二例表达的意思是,在当今的社会,世界范围内的全球华语互联互通不仅已经成为常态,而且还异常方便快捷。在这样的背景下,全球华语的融合自然也会如上所说,不断地扩容与提速。

在海峡两岸语言对比研究中,有人经常会提到两岸之间"化异为同";而就以上所讨论的"融合"来说,似乎其最终结果也应该是趋向于"同"。然而,这可能并不会成为事实,我们认为,融合的结果是在很多方面消除差异,从而达到较大甚至很大程度上的一致性,但永远不会也不可能完全重合。郭熙、崔乐(2011)已经指出了这一点:"总的趋势是趋同。各地华语的差异会越来越小,我认为这是各地华语的一种'互动',互动的结果就是全部向普通话靠拢。当然,各地华语中具有地方特色的词汇还是会有所保留,一方面是趋同,另一方面是在变异地维持。"

能够支持这一观点的,至少有以下两点理由:

其一,基于对语言事实的认识。

首先,是基于普遍的事实。比如在中国大陆,从早期的蓝青官话到目前普遍存在的地方普通话,由于各依托于不同的方言区,是不同的方言与普通话之间的过渡语,因此在一个相当长的时间内,很难看到最终完全统一的可能性。如果把这一情况放大,应该同样适用于不同华语区的不同华语变体,并且各华语子社区因为处于不同的国家与地区、不同的社会形态中,所以更难具有完全统一的基础和条件。

其次,语言并非纯一整齐的事物,因此很难在整体、含混的意义上来谈同一。比如口语和书面语,后者由于使用共同的汉字系统,既受它的约束,同时享受它所带来的时空便利性,趋同的程度可能会更高一些,速度也可能会更快一些;至于口语,则会更多地保留并持续受到所在地方言以及其他语言的影响。周清海(2016)指出:"华语区的日常口语,差距就比较大。以新加坡为例,早期新加坡社会的主要语言是各种汉语南方方言,因此方言对新加坡华语口语的影响非常大,许多典型的新加坡华语口语语法现象都有方言语法的痕迹。"尚国文、赵守辉(2013)也谈了新加坡的情况:"实际上,将新加坡华语内部分为'规范华语'和'大众华语'两种变体应该更符合实际情况。规范华语与普通话高度一致,常以书面语的形式出现于报章、教材、文学作品之中,而其口语形式则一般限于大众传媒（如电台和电视台的新闻播报）和正式场合（如演讲等），非正式场合广泛使用的口头交际形式，其核心词汇与规范华语相同，但语音语调及语法相对于规范华语都有所偏离，体现出较鲜明的本土特色。"

最后，语言的使用还存在不同的语域，由此也难以达到整齐划一。比如在科技领域，趋同的要求比较迫切，工作也做得比较多，所以相互靠拢与融合的速度自然会更快一些，程度也会更高一些；而在一般生活领域，则更强调多样性（如语码混用）。此外，还有适应不同交际场合、不同身份认同需要的各种变体形式的存在。周明朗（2017）就此指出："以普通话为标准的全球华语还不能充分满足人们的语言生活需要，不足以表达人们的各种身份认同，所以需要诸如大都会华语、闽南腔华语、矫枉过正腔华语等标准华语的变体来满足华语世界的语言生活。"周文还对"大都会华语"作了解释："在外企工作的白领说'大都会'华语（Cosmopolitan Mandarin）。这种华语弱化了北京腔，增加了境外华语的语音、词汇、语法等特征，甚至混码用外语词汇。外企白领认为'大都会'华语这种语码更有助于他们跟世界各地的顾客交流。"

其二，基于语言研究者的观念和意识。

其实，语言研究者的观念和意识也是基于对语言事实的认识以及在此基础上的思考，只是不同国家、地区的学者立场可能有所不同。中国大陆学者在谈到全球华语或大华语的标准时，经常会用到"宽容"或"宽容度"，甚至于"容忍"。比如，陆俭明（2005）就把大华语定义为："以普通话为基础，而在语音、词汇、语法上可以有一定的弹性、有一定的宽容度的汉民族共同语。"相比之下，有些境外学者的角度和"尺度"就有所不同了。比如，徐杰（2007）说："既要维持大同，也要尊重小异，我们应该给予华语大家庭的各地特色以充分的地位和尊严，要彻底摆脱'中心'和'同一'等过时观念的束缚。在不影响华语相互理解度这个大前提下，我们主张华语标准的区域化和多极化，不支持在华语标准的规范问题上过去独尊一种的传统做法。"周清海（2007）也说："所有的汉语共同语区域变体一起组成一个没有家长的语言大家庭：北京汉语、广州汉语、上海汉语、新加坡华语、台湾华语、纽约唐人街华语。既要维持大同，又要尊重小异，应该给予汉语共同语的各地特色以充分的地位和完整的尊严。"

但是，无论立场、观点如何，有一点是共同的，这就是承认、理解和包容差异，而这无疑也给全球华语保持大同、维护小异创造了一定的理论基础和思想依据。

3. 从"大华语"到"世界华语"

如前所述，周明朗（2017）给出了全球华语的广狭二义："狭义的全球华语就是大华语，而广义的全球华语应该是世界各国所有说汉语群体的通用语。"这里所说的"大华语",应该是基于上引陆俭明(2005)的定义,陆氏定义的中心语是"全球华人共同语";而周文所说的"广义全球华语",则是在使用者中加上了非华人,因为使用主体来源扩大,所以也把陆氏定义的"共同语"改为"通用语"。关于这一点,周文下边又进一步写道:"全球华语是以汉语为第一语言的群体的共同语,也是以汉语为第二语言的群体的语际通用语,不然就只是华语,而不是全球华语。"我们非常认同周文的这一观点,认为这一方面代表了全球华语的两个不同阶段,另一方面也认为全球华语目前正处于由前者到后者的发展过程中。

在谈到这个问题的时候,人们一般都会拿英语来进行对比。英语从最初的英国"国王/女王英语",到今天的世界/国际/全球英语,经过了一个漫长的国际化历程,所以全球华语要真正成为"世界各国所有说汉语群体的通用语",同样有很长的国际化之路要走。

汉语/华语的国际化是当下人们经常提及的一个问题。李泉、张海涛(2014)认为,现阶段的汉语国际化就是汉语教学、汉语学习和汉语应用走向世界的进程及程度。文中用"六化"来概括国际化的内涵:学汉语的国别广泛化、学汉语的人数居高化、汉语教学体系完善化、汉语教学全面本土化、汉语应用场合多样化、汉语在国际间媒介化。

按以上六条标准来衡量,现在汉语/华语的国际化程度明显不高,张艳华(2003)就此指出,"我们也不得不承认,至少到目前为止,汉语还不是一种强势语言。这是因为:第一,尽管使用汉语的人口占绝对多数,但除去13亿中国人之外,外国(除新加坡、马来西亚)使用汉语的人口数量却很少。第二,非汉语国家的人们学习和掌握这门语言的人口数量也很少。第三,使用汉语进行网络交流的人则更少。这三项大大限制了用汉语进行国际交流的广度和深度。"也正因为如此,徐杰(2007)指出,"华语的国际化远远未达到英语的历史阶段。"

陆俭明(2013)指出,一种语言要成为各国首选外语,要成为世界强势语言,取决于多方面的因素,而其中最重要的有两个:一是国家强盛,特别是在经济、政治和综合国力上能居世界前列,这是最根本的因素;二是国家科技、教育事业高度发展,这是在具备前一个因素条件下的关键性因素。就现在的情况看,以上两个条件我们已经初步具备,并且还在不断发展和加强。正因为如此,人们对汉语/华语国际化的发展普遍持比较乐观的态度。吴英成(2010)指出,虽然把汉语作为母语的人口众多,汉语到目前为止还不是国际性语言,还认为汉语作为全球语言仍处在起步阶段。不过,吴文也充满信心地指出:"中国经济在为全球经济增长或复苏提供动力的同时,也为汉语、汉文化的传播奠定坚实的基础。汉语冲破地理屏障,对世界语言板块分布产生重大影响;它逐渐由国家、区域语言成长为国际语言,即将壮大成为继英语之后又一个全球语言。"郭熙(2007)也认为,"随着中国综合国力不断增强,国际形象和国际地位不断提升,汉语可能成为仅次于英语的强势语言,并在未来的国际生活中占有一个重要的位置。"高永安(2016)对此也表示乐观,并给出了四个方面的理由:"就汉语目前的共生关系看,汉语的前景是乐观的。其一,汉语所依赖的中国经济还在飞速发展,这是经济因素;其二,在可预计的未来,中国在世界上的国际地位还会稳步提高,这是政治因素;其三,中国古老深厚的文化正在日益为世人所认识并日渐展示出它的独特魅力,这是文化因素;其四,地球村拉近了中国和世界各国的距离,为各国人民学习汉语提供了必要的空间,这是社会因素。"

结合全球华语国际化的实践及已经取得的成就,我们有理由相信,随着其国际化程度的不断提高,她最终完全有条件与世界英语比肩而立,成为一个新的、真正意义上的国际语言,到那个时候,我们就可以自豪地说,全球华语终于完成了由大华语到世界华语的华丽转身。

第三节 国语圈与华语圈的共性考察

上一节中,我们对全球华语的形成过程作了简单梳理,由此基本可以明确一点:全球华语有一个共同的基础,这就是先从中国大陆传播到台港澳以及东南亚,再由上述地区传播到更广泛区域的传统国语。正因为国语圈与华语圈有一个共同的基础,即传统国语,所以它们一方面与之保持了很高的一致性,另一方面两圈之间也有相当的共性。本节中,我们由一个具体的语言现象入手,即通过餐食类名词在不同华语区的使用情况,对此作初步的证明。

一、餐食类名词的动词用法

李斐(2012)指出,在港式中文中,不少名词可以活用为动词,文中举了一组餐食类名词的用例,如下:

若每月外出用膳的次数不变,会选择吃午膳,减少外出晚膳,因为同样的食物,午餐的价钱较晚餐便宜。(《明报》,2008-11-9)

跳车受伤的44岁姓张男子患精神病,徐表示张某在大埔林村一间复康中心居住,5年前受其家人所托"义载"他出入,闲时载他外出早餐或复诊等。(同上,2010-6-4)

萧母忆述,三口子昨日在家中午膳,当时儿子并无异样。(《东方日报》,2011-9-8)

类似的用例在香港的报刊及作品中的确比较常见，特别是包含"早膳、午膳"和"晚膳"的"膳"类词。以下再据香港《文汇报》补几个李文没有举到的近期其他同类词的用例：

随即回酒店早膳及休息的安历卡更吸引大批媒体及球迷在酒店门外守候。(2016-2-16)

戴维斯与露宿者午餐（2016-2-21）

楼下的土豪大叔给他的老母亲过生日，邀请我到他家晚餐。(2015-12-31)

这天，他相约旧同事午饭。(2015-8-28)

Susan表示，罗宾同时在与抑郁症抟斗，而当时的他已开始有严重的焦虑，她忆述有次他们一起外出晚饭。(2015-11-5)

李文没有指出这一用法的来源，其实这是保留传统国语的用法，换言之，这正是港式中文系以传统国语为基础的一个证据。本人讨论了名词用为动词后直接做谓语，曾以"晚餐"为例，指出此期餐食类名词经常用为动词，所举的例子是：

前两天的夜里——病院中没有日月，我也想不起来——S女士请我去晚餐。（《冰心文集》第一卷）

伯和备了酒菜，请他和何丽娜晚餐。（《啼笑因缘》续集）

近日我们翻检1904—1948年的《东方杂志》，也看到了很多类似的各种用例。以下一例中"餐"类词以两种形式使用，最能说明问题：

他们于早晨七时起身，八时早餐，以后即至工场去工作，学做细木工人，锁匠，一直到下午一时为止，一至二时进午餐，休息；二时至四时上课，五时进点心，七时晚饭，五时后一直至十时都是他们娱乐的时间。(1931年第21期)

此例中比照"七时起身"的"起身"，则"八时早餐"的"早餐"也应为动词用法，同样下句的"七时晚饭"中的"晚饭"也应相同；而句中的"一至二时进午餐"，同样可以比照前句改为"一至二时午餐"，就如同前句也可以改为"八时进早餐"一样。

以下再举几个《东方杂志》中的用例：

十四日区长张惠亭邀早饭，意甚殷，可感。(1946年第13期)

以七时八时发自伦敦。在隧道列车中早餐。至巴黎午餐。午后在巴黎治事毕。五六时仍归伦敦。在列车中晚餐。夜半十二时可抵伦敦就寝。(1918年第7期)

雷倍耳，见那卖糖人正在晚膳。薛特谦端过一把椅子请他坐。(1920年第20期)

根据以上材料，我们大致可以得出一个初步结论：今天的香港书面语言中餐食类名词的动词用法保留了传统国语的习惯,二者之间有高度的一致性。不仅如此,在我们的印象中,世界各地的华语基本也保留了同样的用法。以下拟就此作进一步的考察和验证,如果事实支持我们的上述结论,则一可以说明各地华语具有一致性,二可以证明这种一致性来自"共源",即均由传统国语继承发展而来,因而具有共同基础。

为此,我们选择三组分别以"饭""餐"和"膳"煞尾,在全球华语中广泛使用的餐食类同义名词,在比较广的范围内进行使用情况的调查,这三组词是:

早饭、午饭、晚饭

早餐、午餐、晚餐

早膳、午膳、晚膳

我们之所以选择以上三组词,大致基于以下考虑:第一,同一意思可以由三组同义词来表达,这种情况并不多见,应当充分利用;第二,三组词有比较稳定的使用频率,并且基本不受时间因素的影响;第三,三组词在语体色彩上有明显而整齐的从口语色彩到书面语色彩的级差,即口语("饭"类)—中性("餐"类)—书面语("膳"类),其发展变化也在普通话与国/华语中具有不同的表现。

二、传统国语及此前的使用情况

本部分中,我们先以《汉语大词典》(以下简称《汉大》)的收词、释义和书证为依据,简单梳理一下餐食类词在汉语史上的使用情况。

"饭"类词《汉大》收了"晚饭"和"午饭","晚饭"的释义是"晚上吃饭"(举杜甫诗例"翻疑柂楼底,晚饭越中行")和"晚上吃的饭";"午饭"的释义是"中午的饭食,亦指吃午饭",后一义所举书证较多,从白居易的诗一直到冰心的作品。

"餐"类词《汉大》收了"晚餐"和"午餐",释义分别为"晚饭"和"午饭",均未列动词义。

"膳"类词《汉大》只收"早膳",释义为"吃早饭"和"指早饭",前者例引宋代刘斧《青琐高议后集·范敏》之"子暂休止馆宇,早膳却去",则表明此词至少在宋代就有了动词用法。而就义项的排列顺序看,《汉大》的编者认为此词先有动词义,后有名词义。

总体而言,《汉大》餐食类词收词、释义均不够全面,以下仅根据北大CCL古代汉语语料库作些补充。

《汉大》"饭"类词未收"早饭",此词近代汉语中常见(CCL中一共有679条检索结果),也有一些动词用法的例子,如下:

杨修言:"昨日早饭罢,见丞相叹鸡肋,言食之无味,弃之可惜,此乃丞相

班军。"(《三国志平话》)

却说钟明、钟亮在衙中早饭过了,袖了几锭银子,再到戚汉老家来。(《喻世明言》)

《汉大》"餐"类词未收"早餐",此词近代汉语中也有一些用例(CCL中有60条检索结果),其中包括动词用法,如下:

是日,公子君臣,尚未早餐,忍饥而行。(《东周列国志》)

彼有戎衣一袭,存西华门外某饭馆中,出禁中并不归家,即往饭馆早餐。(《悔逸斋笔乘》)

另外,《汉大》"午餐"和"晚餐"也未列动词义,其实这样的用法也是有的,如下:

三人午餐毕,上车前进。(《海国春秋》)

相传少村没后,其幕友绍兴俞君方家居,正欲午餐,忽舍箸起立,若为接物者。(《庸闲斋笔记》)

正要晚餐,忽听营外兵丁喧传,远远尘头大起,有一支军马到来。(《侠女奇缘》)

敲开一家之门,见一老人,方在晚餐。(《汉代宫廷艳史》)

"膳"类词《汉大》未收"午膳"和"晚膳",二词在CCL中分别有69个和190个检索结果,主要见于明清之际,其中也不乏用为动词的,如下:

再说吴王夫差,择日于西门出军,过姑苏台午膳,膳毕,忽然睡去,得其异梦。(《东周列国志》)

适值张良入谒,见汉王方在午膳。(《秦汉演义》)

关公因于路辛苦,请二嫂晚膳毕,就正房歇定。(《三国演义》)

当夜修甫请他在一品香晚膳,又请了小屏、春树作陪。(《九尾龟》)

结合《汉大》收词释义,以及我们在CCL古代汉语语料库的检索结果,可以简单总结如下:我们考察的三类共九个餐食类词在清代及以前均有动词性用法,而上引《东方杂志》等的国语中用例,正是这一用法的延续。

传统国语的前发展阶段情况基本清楚了,接下来我们再看传统国语中的情况。通过前边的说明及举例,我们已经大致知道餐食类词在此期保留了以前的动词用法,但是具体情况如何,则有必要作进一步的调查。以下,我们就以《东方杂志》(1904—1948)为语料,"餐"与"饭"类词选择从前往后的100个用例,"膳"类词取所有用例(均不足100例),统计它们动词用法与非动词用法的比例,所得结果如下:

早饭(116):96:4;早餐(162):85:15;早膳(25):25:10(71:29)
午饭(172):98:2;午餐(180):76:24;午膳(48):35:25(58:42)

晚饭（261）：99：1；晚餐（238）：75：25；晚膳（41）：31：18（63：37）

三组词中各词后边括号中的数字是检索所得该词的文本数，由此大致可以对它们在该杂志中的总用量有一个大致的了解，但是因为一个文本（即一篇文章）中有时不止一个用例，所以它并不能反映该词的准确使用数量。"膳"类词比例后边括号中的数字是前边用例数换算成以一百为基数的二者比例，这样方便与前几组词的使用情况进行对比。

以下我们对三类词的使用情况分别进行说明。

根据以上数据，我们大致可以进行两种排序。

第一种是使用量的排序。按由高到低的顺序为"餐"类词＞"饭"类词＞"膳"类词。

三组词中，按上述其在语体色彩上的级差，"饭"类词的口语性最强，白话色彩最浓。在本阶段的使用中，总文本数（116＋172＋261）为549个，略少于"餐"类词（162＋180＋238）的580个，这是可以解释的：在这个时期，语言风格总体而言更具"文"的色彩，而这一色彩与以上两类词的匹配度来说，显然"餐"类词要高于"饭"类词。至于"膳"类词（25＋48＋41＝114个）的使用度最低，这同样是可以解释的：其一，"膳"的书面语色彩及文言色彩比"餐"高出不止一个量级，它在古代汉语中似乎更为常用。比如我们在北京大学CCL语料库的古代汉语分库中进行检索，其与"餐"的使用数量之比为4562：3613。其二，传统国语与文言相比还是有较大区别的，它是"白话"而不是"文言"，所以"膳"的使用量大幅降低是非常好理解的。其三，"膳"在一般的工具书中虽然释义为"饭食"，但就其在古代的使用情况来看，常用于君主及宫廷，如"膳夫"是掌宫廷饮食的官名（类似的官名还有"膳宰"），"膳府"是宫廷中贮藏食物的府库，清代有"御膳房"（简称"膳房"），等等。这一点对它的使用范围有很大的影响，即不大及于寻常百姓。近代以来，这一情况虽有一定程度的改变，但其使用频率还是比其他两类词低很多。

第二种是用为动词数量的排序。按由高到低的顺序为"膳"类词＞"餐"类词＞"饭"类词，而这与三类词由文到白所处的位置具有高度的对应性。"膳"类词的文言色彩最浓，所以动用的例子最多，其总使用率是36%，而"餐"类词是21.3%，"饭"类词则仅为2.3%。

三类词的语体色彩差异也可以从名用时与之共现的支配动词来显示与感知："午饭"多与"吃"搭配，而"午餐"与"用"搭配的情况比较多，比如有几例"共进午餐"，但是没有"共进午饭"的用例。"膳"类词的支配动词多为"进"和"用"，极少用"吃"。

另一方面，三类词在"本用"（即用为名词）与动用时，往往处于不同的语境，即整个句子往往都有文白之别，比如以下三个"本用"的例子：

现在已经过了十二点钟了，我们先去吃早饭，因为恐怕菜要朽坏，吃完早饭我们再签字罢。(1923年第2期)

申先生进去吃早餐了。C摸出表来一看，见已过了办公的时刻，也匆匆的想走。(1923年第23期)

他们两口子赌气时，常在用早膳的当儿，为了甚么很微细的事，如此就整日的反脸，直到第二天。(1921年第3期)

这三个例子时间比较靠前，但是口语性与通俗化程度相当高，其作为三类词"本用"的"背景色"，二者有相当高的一致性。

相反，如果是动用，即使是口语色彩最浓的"饭"类词，基本也都用于书面甚至文言色彩浓厚的句子中，除前举的"邀早饭"外，再如：

在乘云兄处午饭，大啖猪肉，而壁间悬累累者，尽是此物，云是邻家所送。(1945年第2期)

至于另外两类词，在动用时往往这样的色彩就更加浓厚了。例如：

是日上午，与法总统朴印开雷同至恩华利德之广场阅兵。旋赴伊里雪宫答访法总统。晤谈移时。与法总统共午餐。(1913年第3期)

七时返栈。知院幕金君荫涂来晤。并致中丞意。邀往晚膳。栈主为辞之。(1910年第7期)

此外，就对《东方杂志》的考察而言，我们还看到两个比较明显的倾向性，基本与以上所述各点有相当的一致性：其一，动用例子多见于游记、日记以及规章制度等，而文学作品（主要是小说与剧本）中相对少一些，这是因为前者"文"的程度往往更高一些；其二，动用例子时间越早越多，而随着时间的推移则呈递减趋势，这也能在一定程度上反映出传统国语从最初到后来"文"的色彩一定程度上的弱化趋势。

三、普通话的使用情况

我们按照上边的调查项目，考察北京大学CCL语料库的"当代汉语"子库（所收文档均为1949年以后者）中各词的使用情况，所得数据如下：

早饭：100∶0； 早餐：100∶0； 早膳：10∶0（100∶0）
午饭：100∶0； 午餐：99∶1； 午膳：26∶3（90∶10）
晚饭：98∶2； 晚餐：99∶1； 晚膳：14∶1（93∶7）

以下对相关情况进行说明。

在300个"饭"类词中，只有"晚饭"有2例动用，均出自《MBA宝典》，即：

6：00 晚饭，看新闻，准备明天案例。

8：45 回家，晚饭，读《华尔街日报》。

这种自成一句的独立使用，在早期的一些规章制度类文本中较为常见，虽然可以视之为动词，但是其动词性显然已经不强，更像是一个介于动词与名词之间的"名动词"。

在 300 个"餐"类词中，"午餐"和"晚餐"各有一例动用，即：

为了欢送女儿，老板让全体人员和她一起外出午餐，由公司付费。（《从普通女孩到银行家》）

章亚若在赣州市内租有一个独门独户的小屋，经国曾偕秘书漆高儒有一次往北小屋晚餐。（《晚年蒋经国》）

以上二例中，前例作者现居住在加拿大多伦多，书中对其女儿在加拿大读小学、中学、大学和进入北美金融界的整个成长过程做了详细记录。由以上信息可以初步判定，此例反映的并非普通话的实际应用情况，而是华语圈的实际。后一例的作者是李松林，据公开资料显示，他没有海外背景，但是本书内容涉及传统国语及台湾"国语"，一般而言，写这样的史传文学一定会参考大量的历史文献，所以此例不应确定为当代大陆普通话的现实用例。

"膳"类词的情况略为复杂，在总共 98 个用例中，有相当一部分出自港台作家的作品，如香港的梁凤仪、亦舒、金庸以及台湾的古龙等，我们把这些总共 44 例剔除，剩下的用例主要见于三种场合：一是涉古的作品，如姚雪垠的《李自成》中就有六七例；二是翻译作品，比如《源氏物语》中仅"早膳"就有 4 例；三是关于港台的新闻报道。

在剩下的 54 个"膳"类词用例中，动用的只有以下三句四例：

为了鼓励学生勤洗手，香港的小学都加装了洗手盆，并把课间时间延长 5 分钟。校方还特别就上课时间表做出调整，将学术科目编排在上午授课，下午则进行多元智能及学科辅导活动，让家长和学生可弹性选择是否自备饭盒留校午膳及参加下午的活动。（新华社，2003 年 5 月）

英国报纸有一段记载，大意是，国王曾在"修道院"午膳。十天以后，国王陛下收到新教联合会通过的一份决议，对于国王不但认为有必要视察一处罗马天主教的机构，而且甚至在那里午膳，表示遗憾。（《第二次世界大战回忆录》）

司机邱某将驾驶的一辆载有 200 箱手机的密斗货车，停泊在荃湾柴湾角街边，与另外两名跟车工人在附近一家熟食中心晚膳。（新华社，2003 年 5 月）

以上两例新华社的报道均是关于香港的新闻，所以有明显的香港背景；至于《第二次世界大战回忆录》中的举例，情况不是特别清楚。CCL 语料库的文本目录中，没有关于丘吉尔此书的译者及版本信息。此书有大陆与台湾两个版本，据说台湾译本较好，一段文字集中出现了两个"午膳"动用的例子，倒是与台湾"国语"的情况较为一致，而与大陆普通话中连名用的"膳"类词都极少的实际相差较大。

通过以上的数据及分析，我们大致可以得出如下结论：

第一，"膳"类词基本已经退出当下的"现实"使用，反映出这类原本用得就不太多的词进一步趋于萎缩。《现汉》第 6 版全面弃收"早膳、午膳、晚膳"，基本是略显"超前"地表明，早期现代汉语中的"口语－中性－书面语"三套餐食类词仅剩下两套。

第二，动词用法全面退隐。剩下的两套餐食类词，《现汉》六个均收，均采用以通俗化程度更高的"饭"类词释中性色彩的"餐"类词的方法，如"晚餐"释义为"晚饭"（"晚饭"释义为"晚上吃的饭"），但六词均未列动词用法。

以上两点，不但与上述传统国语的用法，同时与国/华语中餐食类词的使用情况形成了鲜明对比。

四、国/华语的使用情况

我们仍然按照上边的调查项目，调查了香港、新加坡和印度尼西亚三家媒体近期的使用情况[1]，选择的依据大致是网上检索的方便程度，其中"膳"类词如果同期用例较少的话，仍然换算成以一百为基数的二者比例，在括号后注明。

香港《文汇报》：
早饭：100∶0；早餐：99∶1；早膳：10∶1（91∶9）
午饭：93∶7；午餐：96∶4；午膳：63∶37
晚饭：95∶5；晚餐：98∶2；晚膳：58∶42

新加坡《联合早报》：
早饭：98∶2；早餐：100∶0；早膳：1∶0（100∶0）
午饭：98∶2；午餐：100∶0；午膳：21∶29（42∶58）
晚饭：99∶1；晚餐：99∶1；晚膳：12∶9（57∶43）

印度尼西亚《国际日报》：
早饭：100∶0；早餐：97∶3；早膳：6∶0（100∶0）
午饭：99∶1；午餐：100∶0；午膳：9∶1（90∶10）
晚饭：100∶0；晚餐：98∶2；晚膳：6∶3（67∶33）

以上三组数据，清楚地说明了以下两点：

第一，总体而言，三地基本保留了餐食类词的动词用法；

---

[1] 部分语料的搜集工作是由硕士生侯润婕同学完成的。

第二,"膳"类词仍在普遍使用,并且总体上的动用比例不低于甚至高于传统国语。

以上两点均与普通话形成鲜明对比。

以下酌举几个上述三家媒体的用例:

翌日晨到餐厅早餐,船上三餐均为自助,中西兼备、佳肴繁多,自然少不了重庆口味,挺好。(《文汇报》,2016-3-8)

上次我在美国与当地朋友午膳,她说她若觉得侍应招呼周到的话,是会给百分之二十的小费的。(同上,2016-1-12)

早上到港,迫不及待洗澡,带小孩上学,然后陪家人早饭。(《联合早报》,2016-3-31)

前天跟一位新移民朋友晚饭。(同上,2015-4-4)

11月3号,我们搭巴士到Ambar Kacawang饭店洗漱一下并早餐。(《国际日报》,2016-3-3)

第二天,司机送我们到"田鸭餐厅"午膳。(同上,2012-5-24)

除以上三家媒体外,类似用法在其他国/华语社区的媒体中也时能见到,以下再举几个"餐"类词的用例:

张志军又会与新北市长朱立伦一同参观护老中心及与长者午餐,之后与朱立伦会面,下午参观一间饼家。(澳门广播电视网,2014-6-26)

与巴菲特午餐 大陆私募基金得标(泰国《世界日报》,2008-6-29)

八旬老翁身体硬朗,今早如常骑摩哆外出买菜和早餐,返家途中却与另一辆摩哆迎面相撞,酿2死惨剧。(马来西亚《中国报》,2014-11-13)

医院里的作息时间定得很死:8点起床、洗漱;9点,去食堂早餐。(法国《欧洲时报》,2005-11-10)

奥朗德和特里埃尔维勒上周四曾一起午餐,主要讨论和准备两人正式分手和分手后的事务。(同上,2014-1-27)

法国官方为努力避免奥巴马和普京相见的尴尬,安排奥朗德总统5日晚分别与奥普晚餐。(同上,2014-6-7)

李克强与哈萨克斯坦总理早餐 敲定180亿美元大单(澳大利亚《澳华时报》,2014-12-16)

天神娱乐董事长与巴菲特午餐 4月套现8700万(加拿大《华侨时报》,2015-6-8)

习近平邀非洲国领导人早餐 话中非复兴(美国中文网,2013-3-28)

有时,以"餐"类词为中心语的偏正结构也有同样的用法。例如:

接下来几天将有"私人节目"和一些商人和大马侨民非正式晚餐,最后一天,慕尤丁还有高尔夫球之约。(马来西亚《中国报》,2014-4-9)

杨紫晒晚餐照 被疑与男友<u>烛光晚餐</u>（美国中文网，2015-1-4）

五旬麦当娜携22岁男友<u>浪漫晚餐</u> 羞涩如初恋少女（同上，2009-3-3）

"饭"类词的此类用法相对较少，但也能见到一些。例如：

她突然出现，要求我请她晚饭，来庆祝她的生日。（马来西亚《中国报》，2015-11-20）

近日与 Alicia 行得越来越密的克里斯廷，于刚过去的周日便与 Alicia 在洛杉矶外出午饭，更帮女助手拿灰色上衣。（同上，2014-10-16）

日前安仔带着女友与家人一同晚饭，安仔接载女友与早已到场的家人会合，众人在席上言谈甚欢。（新加坡《联合早报》，2009-3-20）

奥巴马昨日抵达东京后，与安倍去到银座一间高级寿司店晚饭。（同上，2014-4-24）

他又到1个哨站观察室，说自己同士兵一同执勤站岗。之后到食堂同官兵一同午饭。（澳门广播电视网，2014-1-27）

与最后一例形成对比的是，新华社当日在报道同一新闻时所配发的习近平与边防战士共进午餐的照片下用的说明文字是"习近平与边防连官兵一起吃午饭"。

上一节我们已经指出，国/华语更多地继承和保留了传统国语的习惯、特点与精神，所以更具"文"的色彩，且各地之间有很大的一致性；而普通话经历了更加曲折的发展之路，总体上具有明显的通俗化、口语化特点，并由此而与传统国语以及后来的各地国/华语拉开了一定的距离。

对这一局面的形成原因，周清海（2008）曾作过以下的解释："1949年之后，各地华语与现代汉语标准语分别发展。各华语区保留了'国语'的许多特点，受'国语'的影响是巨大的。各地的华语也没有经历过类似近期中国社会的激烈变革与变化，受现代汉语标准语的影响也很少。"以上对普通话与华语餐食类词的调查结果，可以为这一表述提供一个语言事实的支持。

为了把上述事实看得更清楚一些，我们把调查所得的五组数据列入下面的表格之中。

时空＼词	"饭"类			"餐"类			"膳"类		
	早饭	午饭	晚饭	早餐	午餐	晚餐	早膳	午膳	晚膳
传统国语	96∶4	71∶29	99∶1	85∶15	76∶24	75∶25	71∶29	58∶42	63∶37
中国大陆	100∶0	100∶0	98∶2	100∶0	99∶1	99∶1	100∶0	90∶10	93∶7
香　　港	100∶0	93∶7	95∶5	99∶1	96∶4	98∶2	91∶9	63∶37	58∶42
新加坡	98∶2	98∶2	99∶1	100∶0	100∶0	99∶1	100∶0	42∶58	57∶43
印度尼西亚	100∶0	99∶1	100∶0	97∶3	100∶0	98∶2	100∶0	90∶10	67∶33

由表中数据及其对比,我们可以明确以下几点:

第一,普通话与国/华语有比较明显的语体色彩差异,这一点主要由最具书面语色彩的"膳"类词的使用情况反映出来,此外也由另两类词动用形式的多少反映出来。

第二,由此反映出来的普通话和国/华语与传统国语的关系是,前者与传统国语的距离大而后者小。换言之,普通话相对而言发展得更快,所以与传统国语的关系疏远一些;而国/华语的发展相对较慢,所以与它的关系更为密切一些。

第三,香港、新加坡与印度尼西亚三地之间同中有异,相异之处一是表现在"膳"类词的总用量以及动用数量的差异,这两组数字按香港、新加坡、印度尼西亚的顺序分别为 210、72、25,80、38、4;差异之二是其他两类词的动用数量也以香港为最高,三者分别是 19、6、6。由此可见,香港书面汉语与传统国语的一致性更高,总体而言"文"的色彩也高于其他两地。

上一节讨论全球华语的现状及发展趋势时,指出当下已经进入由以分为主到趋向于合的阶段,这一点在餐食类名词动用方面也有一定的表现。比如,我们在"百度新闻"中进行检索,就看到一些中国大陆近年来的用例,如下:

一日和友人去晚饭时与大堂里管事的一位台湾叔伯闲聊,居然发现他是彭于晏的叔叔。(新浪网,2014-8-19)

有平面媒体报道称,潘世伟下了班和女秘书一同晚餐。(中国新闻网,2014-7-23)

除了这样的可能有"港台背景"的用例外,偶尔也能看到以下这样"自主使用"的例子:

11月30日中午,刘红约好友张静一起外出逛街。下午5点左右,两人回到了刘红租住在王庄村的房子里,聊了一会儿刘红便到厨房去晚饭,剩下张静一个人在客厅。(《齐鲁晚报》,2008-12-24)

有人做过调查,在一线城市,75%的人傍晚6点至8点吃晚饭;而在二三线城市,70%的人下午5点至7点去晚餐。(长城网,2014-2-14)

由华东政法大学团委日前组织的"与校长一起午餐"的活动上,14名毕业生与校长何勤华、党委副书记应培礼面对面共进午餐。(《新民晚报》,2015-6-23)

最后,我们对本节内容及其意义进行总结:

第一,普通话与国/华语均是由传统国语分化发展而来的,扣到本节主题上,即后者是前者的共同基础,这一共同基础的分化和进一步的演变发展,最终形成了全球华语史上普通话圈与国/华语圈这样两条不同的发展线索。

第二，普通话与国/华语在较长时间内的相互隔离状态下在不同的言语社区各自独立发展，由于社会政治、经济环境及语言生态环境等的不同而形成了一些较为明显的区别与差异。

第三，相较于普通话，国语与华语两圈之间具有更大的一致性，但是也有一定的差异，虽然这种差异小于它们与普通话的差异，但也是一种客观存在。

第四，普通话与国/华语之间不仅有差异，也有因为趋同而形成的一定程度上的融合。

第四节　全球华语史及其研究

徐威雄（2012）提出了"华语史"的概念，在此之前，我们虽然没有看到这样明确的提法，但是已经有人提及应当进行这方面的研究。我们在本书第二章中曾经引用姚德怀（2007）的观点，研究各华语地区语言现象的异同，"归根结底便是内地、台湾、香港以及各华语地区的汉语/华语近百年来的演变过程是怎样的，最终又怎样达到各地区当代华语的现况。"很显然，这里所说的内地、台湾、香港以及各华语地区近百年的演变过程，无疑就是一部全球华语史。

关于全球华语史方面的研究，我们在本书第二章第三节"理清脉络：进行历时平面研究"小标题下，进行过一定程度的讨论。本节中，我们对作为一个学术概念的全球华语史的内涵及研究内容、研究方法等作进一步的阐述。

一、全球华语史的内涵

郭熙（2006）指出："显然，华语的研究，尤其是着眼于空间纬度推移上的华语研究，将是我们观察汉语标准语的一个重要窗口，也是我们对标准规范化过程的一种检验的机会。"那么，着眼于时间维度推移的历时研究，又会给标准语的研究带来什么？其实，我们不太认同仅把华语及其研究作为一个"窗口"，所以，我们更想知道的是，这样的视角和内容选择会给全球华语的研究带来什么。

上文提到华语史的概念，我们认为，全球华语史是华语史的"扩展版"和"升级版"，而支持其成立的一个最基本的事实依据是，全球华语的形成及发展演变过程形成一个完整的链条，每一个环节都有充分的事实依据，而其背后有很强的规律性和丰富的理论内涵。一言以蔽之，全球华语有史，全球华语应该建史。

我给自己研究方向的定位是"现代汉语共时状况及历时发展演变研究"，近二十多年来主要致力于研究"现代汉语史"，初期内容主要集中在现代汉语普通话，后来逐渐扩展到海峡两岸，海峡两岸暨香港、澳门以及全球华语，而所有的相关研究都是在现代汉语史的框架下进行的。这样，由最初只针对中国大陆范围内从传统国语到当今普通话的现代汉语史，到以整个全球华语历时发展演变为研究对象的全球华语史，应该是一种合理的迁移，同时是一种顺势而为的扩展。

谈到全球华语史的内涵，在现有的认识下，我们认为它至少包含以下几个要点：

第一，全球华语史是汉语的国际传播史。仅由本章前两节的叙述，这一点就已经是比较清楚的了。认识到这一点，对全球华语的研究而言当然是有意义和价值的。约略言之，大致有以下几点：一是更充分地认识其与祖语及祖语国之间的关系；二是更好地了解和掌握其来龙去脉，特别是起始点的情况以及后来在不同国家、不同地区的发展变化情况；三是更好地把握其发展变迁过程中的主要节点及其重要的推动或制约因素；四是更全面地考察与分析全球各地华语的生存现状及发展趋势。当下，汉语国际传播史已经成为我国对外汉语教学研究界日渐受到重视的一个重要课题，而在我们看来，汉语国际传播史在很大程度上同时也是全球华语史。所以，从研究的角度说，二者可以互相关照、互相借鉴，并用对方的研究成果来补充与丰富自己。

第二，全球华语史是现代汉语史的上位概念。按我们自己给出的全球华语定义，它是以传统国语为基础、以普通话为核心的华人共同语（见前）；而按现在学者们的一般认识，现代汉语普通话包括在全球华语之中，如前引周清海（2016），李宇明（2017）以及邵敬敏、刘宗保（2011），都把普通话纳入全球华语或大华语的范围，作为其最重要的变体之一。所以，专以普通话为考察与研究对象的现代汉语史只能是全球华语及全球华语史的下位概念。不过，这样一来，我们还缺一个下位概念。在我们完整的现代汉语史建构中，一共有两条线索：一条是从早期的传统国语到当下普通话的完整线索，另一条就是第一阶段从传统国语到台港澳、东南亚再到全球以及第二阶段从普通话到全球各地的全过程，二者合在一起，才构成一部完整的共同语百年发展史，而这也就是完整的全球华语史。那么，与现代汉语史线索并列的线索该怎样指称？我们趋向于使用"国/华语史"。为了与之相对应，我们可以把现代汉语史改称为"普通话史"，这样就形成以下的公式：

$$普通话史＋国/华语史＝全球华语史$$

从研究的角度来看，普通话史与国/华语史这两条线索既合又分，既各自独立又相互勾连，形成了错综复杂的关系，由此也在很大程度上影响了各自的发展历程。所以，对一条线索的研究离不开与另一条线索的观照与对比，否则真的就是"一个巴掌拍不响"了。

第三，全球华语史是汉语史的一个组成部分。按汉语史学界的一般做法，研究的下限通常止于清一代,中华民国及以后基本不在考察范围。正是基于这一认识,我们才提出现代汉语史及其研究,一个重要的初衷就是补上传统汉语史研究所缺的这一段,使之成为完整的历史。即按我们当时的认识:

传统汉语史＋现代汉语史＝真正的汉语通史

按我们现在的认识及以上的表述,全球华语史包含现代汉语史,是它的上位概念,所以真正与汉语史相接续的应该是全球华语史而不是现代汉语史。明确了这一点,我们就应该自觉地把全球华语史的研究纳入汉语史研究的框架下,用史的眼光去观察诸多语言现象,并用史的方法去分析和研究它们,最终按照史的范式形成完整的表述。

第四,全球华语史是汉语史的拓展与延伸。我们提出复线多头的"新汉语史"概念,它由文言史与白话史这两条主线,以及语音史、方言史、通语史以及口语史多史合一共同组成。全球华语史虽然与以上各史不属同一平面,但它的加入,显然使新汉语史得到了进一步的拓展与延伸,而由此也促使我们进行新的思考,并有可能最终进一步丰富与完善我们的新汉语史建构。传统的汉语史研究,视野只在一国之内,全球华语史的加入则使这一研究扩展到"境外"与"国外",由此也必然会带来某些改变,而这也就成了上述"拓展与延伸"的另一个方面。此外,如前所述,由于全球华语史的加入,如果我们再用"现代汉语史"来指称完整汉语史的末端,显然就与已有的概念系统及概念之间关系的系统相抵触,所以我们主张用"全球华语史"来取代"现代汉语史",而把后者改称为"普通话史",这样才能更好地彰显"民族共同语百年发展史"的内涵。那么,如果再往上推,我们是否能把这个"民族共同语百年发展史"很自然、很合理地纳入整个汉语史或新汉语史之中?我们现在的初步想法是,作为全球华语史起点的早期国语是上述文言史、白话史以及通语史与口语史等多史汇聚之处,同时体现了它们的相互交融。这样仅从内涵上看,全球华语史无疑更加丰富、多元,由此自然也使汉语史的内涵得到进一步的拓展与延伸。[①]

二、全球华语史的研究内容

总体而言,作为史的研究,无非两个大的方面:一是形成,二是发展。

所谓"形成",大致包括两个方面:一是着眼于整体来看全球华语的形成,二是着眼于局部来看某一变体的形成。同样,"发展"也是如此——既有某一变体的具体发展,也包括整个全球华语整体性的发展。

[①] 这里涉及一个非常重大的问题,即整个汉语史观以及汉语史研究的顶层设计与具体布局,而这已经超出了本书的讨论范围,所以我们只是略为提及,希望能够引起更多人的关注并参与讨论。

以上部分我们着眼于整体讨论了全球华语的形成过程，以下则着眼于局部，再就其他相关问题进行讨论。因为目前有很多方面的研究基本还属于空白，而我们掌握的资料也非常有限，所以只能举例性地谈一个大概。

从东南亚的早期华语到今天的全球华语，很明显有一个发展过程，而在这一过程中，又有新的华语变体产生及发展。总体而言，在这个过程中起重要甚至决定作用的主要有以下几个方面的因素，而围绕这些方面，对其与各地华语发展变化之间的关系以及华语发展变化的事实进行考察与分析，自然就构成了全球华语史研究的重要内容。

1. 持续不断的移民输出

"二战"以后，越来越多的华人移民美国等发达国家，其中先是以港台民众为主，中国大陆改革开放后则渐成华人移民的主体。随着这股持续不断的移民潮，华语被带到世界各个角落，形成了超越以往的更大覆盖面。另一方面，由于移民来自不同地区，语言背景也不完全相同，所以由此也带来了华语内部不同变体之间的碰撞、竞争与交融，并且由此而形成了不同地区华语变体的某些特点。以下我们以美国为例来进行说明。

肖顺良（2015）指出，20世纪美国有两次较大的华人移民潮。1965年美国移民法放宽，香港和台湾地区的大量华人流入美国，他们大都受过良好教育，为了教育下一代，他们自发建立以家庭为主的中文学校，教授粤语和繁体字；20世纪80年代改革开放后，大量华人从中国大陆移居美国，为满足新移民的汉语学习要求，由大陆人开办的中文学校迅速增加，这些学校教授普通话和简体字。由于港台地区移民"占先"，所以在一段时间内，"虽然粤语仍然是唐人街的流行方言，不过，国语也已经成为唐人街尤其是新华人聚居区的普遍用语。"（周敏、蔡国萱，2002）

以下再看中文报纸的情况。目前最有影响、发行量最大的报纸有三份：一是属于台湾联合报业集团的《世界日报》，二是属于香港星岛新闻报业集团的《星岛日报（美洲版）》，三是由中国大陆投资创办的《侨报》。周敏、蔡国萱（2002）简单介绍了华语电视的情况。美国的几大华语电视台，亚美电视播放的节目主要来自中国大陆，中华电视和北美卫视均有港台背景，主要播放香港制作的粤语剧目和台湾制作的"国语"剧目。不仅如此，就是一家媒体也可能不会"定于一尊"。比如，美国旧金山地区以服务亚裔为主的多语电视台KTSF在其周一到周五的黄金时段，先是一个小时的粤语新闻，然后是两个小时的华语连续剧，再然后是一个小时的普通话现场新闻（王婷，2009）。再举一个报纸的例子。《中国日报》2017年5月18日第2版刊登新闻《中国连续稳定试开采可燃冰》，标题用的是繁体字，正文用的却是简体字，而同一版的其他新闻无论标题还是正文用的也都是简体字。

正是由于这种交汇与交融,最终形成了本章第二节"华语三态"中周清海(2016)引用陶红印的话所指出的:跟港台、东南亚地区的华语相比,北美汉语更像是一个汉语变体的大融合。不过,着眼于历时,这样的大融合显然有一个过程,而这与华人移民的来源地及先后顺序,以及影响力的大小及其消长变化等均有直接关联。陈京生(2009)对此有一个简单的概括:在20世纪60年代之前,海外华人的移民活动主要来自东南亚的华侨以及港澳地区的居民。中国大陆和台湾地区还处于较为严格的移民管制下,向海外的移民数量不多。海外的华语媒体在语言上还没有向大陆普通话和台湾"国语"转移。到了20世纪70年代和80年代,随着中国台湾政治气氛逐步宽松和中国大陆的改革开放,台湾和大陆移民数量开始增加。同时,也使海外媒体主流语言开始由闽粤方言向大陆普通话和台湾"国语"转移。经过二十年的增长,海外华人中来自大陆的移民数量已经占据主流,媒体语言向普通话转移的趋向也越来越明显。

2. 本地社会生活及语言文化等的影响

李如龙(2013)指出,"定居在海外的华人(包括港澳台的同胞和东南亚及世界各地的华人华裔)应在6000万以上,这也是一个相当庞大的群体,由于各地方言背景的不同以及所在地的历史、文化背景和自然地理环境的不同,各地华语词汇上的差异也是相当可观的","海外华语就有一个共同的特点,方言词进入通语词较多"。

在长期的发展中,各地华语都立足并服务于不同的言语社区,另外受各地方言的影响,也在一定程度上接受本国其他民族语言的影响,因而其最初状态都会发生一定程度的改变,并由此与祖语在一定程度上拉开了距离。

汪惠迪(2004)指出:"华语是全世界华人的共同语。华语的基本词汇,尤其是核心词汇,无论两岸三地、新马、澳新、美加或欧洲等华人社区,都基本上相同。但是,就非基本词汇而言,由于各地都存在着一定数量的地区词,即本土词语,差异就凸显出来了。"这里所说的地区词或本土词语,大致就是田小琳于1993年提出的社区词。社区词是"社会区域词"的简缩(詹伯慧,2005),它的内涵是指由于社会背景不同,社会制度、政治、经济、文化的背景不同,以及由于背景不同带来的人们心理因素差异,而产生的适应本社会区域的词语。社区词语的外延主要指香港地区、澳门地区、台湾地区以及海外华人社区所流行的词语。海外华人社区范围很广,比如东南亚华人社区、美国华人社区、欧洲华人社区等(田小琳,1997)。田小琳编写过一本《香港社区词词典》[①],收录产生并流

---

① 商务印书馆2009年版。

通于香港社会的词语约 2000 条。此外，由李宇明主编、商务印书馆分别于 2010 年和 2016 年出版的《全球华语词典》和《全球华语大词典》中也收录了不少各华语社区的社区词，如香港的"皇家工"、台湾的"黄昏市场"、泰国的"基罗"、新加坡的"汇智课程"、港澳地区的"通天巴士"等。

社区词之外，各地华语中最大的"异质"成分来自方言。邱克威（2012）指出，马来西亚华语研究对于补充论述现代汉语形成、现代汉语变异等方面深具意义，因为它脱离现代汉语发展已有上百年历史，同时又处于闽、粤、客等南方方言的包围之中。正是这种"方言的包围"，使各地华语具有并在一定程度上彰显了本地化的色彩。对此，已有的相关研究或宏观或微观地多有提及。吴英成（1988）指出，新加坡汉语方言混杂，主要的方言有闽南话，此外还有潮汕话和海南话、粤语、客家话等。汉语方言之间语音差异最大，词汇次之，语法最小。以方言为母语的学生在学习华语时，不免会把二者相混，形成富有浓厚本地色彩的语言特征，它与标准华语在语音、词汇、语法上都有差异。就整个港台以及东南亚地区而言，"进入港澳通语的是粤方言词，进入台湾通语的是闽方言词，进入新马通语的闽语词多、粤语词少，进入泰国华语的主要是闽语潮州方言词"（李如龙，2013）。

各地华语受方言影响的具体例子也有很多。李如龙（2000）提到，南洋的华语中总把"一百五"说成"百五"，"一万二"说成"万二"，这是受闽粤方言影响的结果。李斐（2012）则谈到，在粤方言中，"斋"字可以用来直接修饰名词，做定语，表示"不加任何料的、纯粹的"，如"斋粥"（不加任何配料的白粥）、"斋啡"（不加奶不加糖的黑咖啡）。受这种用法的影响，"斋"在港式中文里出现了活用为副词的现象，在动词前充当状语。

徐大明、王晓梅（2009）从"本地化""大众化"的角度对此进行了总结："华语在本地化、大众化的过程中不可避免地形成了具有地方特色的'新加坡华语'，但是该变体基本上保持了汉语的标准变体的语音和语法结构系统，差异的程度与中国大陆的许多'地方普通话'和'标准普通话'之间的距离相差无几。"我们非常认同这种观点，并且实际上已经在本书第二章第一节中对全球华语的过渡语性质进行过讨论。

3. 外语的冲击与影响

各地华语普遍受到外语的冲击和影响，既包括"外来"的语言，也包括本土其他民族语言的影响。

在语言研究中，人们经常提到"语码混用"，有时也称之为"语言马赛克现象"，都是指主体语言的词汇或词组夹杂着少许客体语言的词汇或词组。各地华语受到的最大的冲击和影响来自英语，这一点特别是在前英国殖民地的国/华语中表现突出。邵敬敏、石定栩（2006）讨论了港式中文的英文词语夹用现象，指出最常见的是数量占绝对优势的三大类实词，即名词、动词和形容词。这些英文词语一旦进入汉语的句子框架，就自动放弃原有的语法属性，特别是原有的变格变位的形态变化规则，而受到汉语语法组合造句规则的约束。比较极端的例子是汉语的反复疑问句式常常会出现"开心不开心——开不开心"这样的省略格式。如果夹用英文，会出现同样的省略格式："hap 唔 happy 呀？"（开不开心呀？）或者"pro 唔 professional？"（专不专业？）

至于香港人混用语码的原因，孔玫（1991）总结为以下三点：①很多人因为是英校毕业，不知如何以中文表达一些字眼，只好以英语替代；②传媒的影响，特别是电视节目中经常出现一些英语字眼，直接影响了整个社会的语言；③少数人认为，懂英语才有派头，所以特意夹杂英语字眼。田小琳编著《香港社区词典》A 字母下的 24 个词语中，共有"AA 制、AO、AV、AV 界、AV 男优、AV 女优、阿 sir、安士"等外来词语，都是来自英语的字母词语或音译词。

华英混杂现象在新加坡华语中也非常普遍。吴英成（2002）指出，新加坡学生常在华语句式中掺杂新加坡社会通用的英语词汇，并称之为"杂烩式华语"，认为这已经成为新加坡社会不同于其他使用华语地区独特的语言现象。杂烩式华语在语法上也有表现。比如，新加坡政府于 1979 年发起了声势浩大的"推广华语运动"，当时的政府总理李光耀先生亲自为这一运动作了题为"华语或方言？"的开幕演讲（甘于恩，2000）。按汉语语法规范，选择疑问句中的连词应该用"还是"，这里显然是受英语 or 的影响，这才用了与之相对应的"或"。

此外，新加坡曾经长期隶属于马来西亚，马来语至今仍然是其官方语言之一，所以受马来语的影响也比较大。例如，汪惠迪编著的《时代新加坡特有词语词典》①，其 A 字母下所收的 24 个词语中就有以下几个外来词语：阿嘎阿嘎（大概、适可而止，马来语音译）、阿渣（一种腌制的开胃小菜，马来语音译）、爱它死（一种迷幻药，英语音译）、爱之病（获得性免疫缺陷综合征，英语音译）、按通（专供缴付罚款的电子终端机，英语音译）。

台湾"国语"的情况则有所不同：日本曾经对台湾实行长达五十年的殖民统治，在台湾强制推行日语，对此后的台湾"国语"产生很大影响。李苗（2011）谈到，光复后有不少日语词残留下来，并逐渐渗入台湾"国语"，如"中古（旧的）、一级棒（最好的）、通学生（走读生）、夜勤（夜班）、义肢（假肢）、便当（盒饭）"等。此外，像"营业中""维修中"这样的日语表达方式也存留了下来，并且进一步扩散到其他区域。

---

① 新加坡联邦出版社 1999 年版。

4. 各地华语的互动关系及其变化

提到华语，很多学者都谈到它具有认同功能，而认同的社会属性是构成言语社区互动的前提，没有认同，就无法在一个言语社区内形成语言互动和语言接触（周永军，2015）。全球华人对自己的祖语有强烈的认同，由此使得各地国/华语也具有强烈的向心力，其具体表现就是互动不断，相互吸收、补充，从而维持其"大同"。

全球华语产生、形成于其祖语在不同国家和地区的互动，同时在这种互动中发展变化，由此也形成了一个完整的历时"数据链"，所以自然可以成为全球华语史考察与研究的一个重要角度和内容方面。在前边我们多次用到的华语三圈中，国/华语圈之间互动频繁且没有中断，由此就使得它们保持较高程度的一致性，其中的部分原因，就如汪惠迪（2008）所说：台湾、香港、澳门以及新加坡和马来西亚在地域上接近，都实行资本主义制度，价值取向相同，再加之科技发达，信息传递便捷，民间交往频繁，因此语言长期处于活跃的互动、互补状态，五区之中任何一区所产生的新词新语，立刻通过媒体或影视作品等传播到其余四个地区，并为当地语言用户所接受，从而成为五区共用的词语。中国大陆实行改革开放政策后，普通话圈也加入其中，从而形成三圈互动，由此而使各地华语不断趋同，从而开启了一个新的发展阶段。在这个阶段，"我们看到的事实是，各地的华语变体已经或正在通过各种渠道丰富或影响汉语"（郭熙，2006），因此也可以说，"全世界的华人都在为汉语的发展做出贡献"（郭熙，2004）。

邵敬敏、刘宗保（2011）立足于词汇的互动，归纳总结了一条历时的发展线索：从典型社区词，到准社区词，到跨社区词，再到泛社区词，最后就演化为一般词语，形成一个渐变的连续过程。汪惠迪（2004）则提供了一个绝好的例子："蜂窝式无线移动电话"（cellular phone）。在中国大陆、香港、澳门、台湾和新加坡、马来西亚等地曾有"手机""大哥大""手提电话""行动电话""流动电话""随身电话"等名称，"大哥大"从港台流传到大陆后，一度锋头甚劲，可是，今天"手机"已经独领风骚，其规范地位已经确立。

这样的由多区互动而引发的变化从未中断，并且日益增多。比如陈重瑜（1985）提及，台北近两年来，饭店里常用来自（香港）粤语的"埋单"，而现在，"埋单"一词早已成为全球华语通用语，并且还"因音改字"，衍生出"买单"这一新词形（《全球华语大词典》标明用于陆马台地区）。一个更近的例子是"hold 住"，它于 2011 年 8 月 9 日首度出现在台湾一档热播的综艺节目《大学生了没》中，然后一夜走红，成为华人世界流行语，在中国大陆还被《咬文嚼字》期刊评选为当年的十大流行语之一。

以上四个方面，合而构成全球华语发展变化的主要原因和事实，它们均非一蹴而就，而是各自都包含一个日积月累的动态发展过程，受制于多种因素，本身也体现出很强的阶段性和规律性。换言之，无论总体而言还是个别而论，它们都包含丰富的历时信息。所以，我们认为，全球华语史的研究，首先应该紧紧抓住这些方面，逐一进行细致观察、认真研究，尽可能还原它们各自的发展过程，最终形成完整的认识和表述。

三、全球华语史的研究方法

本人比较细致地讨论了现代汉语史的研究方法，大致分为三个方面：其一是传统方法，主要采用向熹《简明汉语史》中提到的七种方法，即归纳、比较、统计、实证、探源、转换和推演；其二是现代方法，举例性地提到社会语言学的方法、功能语言学的方法以及其他的理论和方法；其三是具有现代汉语史特色的研究方法，具体包括定点调查法、网络调查法、文献查考法、工具书查考法和亲历自省法。以上基本都属于微观层次的方法，本小节中，在这些方法的基础上，我们主要从相对宏观的角度来谈全球华语史的研究方法。具体而言，主要有以下几个要点：

1. 明确两个立足点

我们在进行全球华语共时平面及历时平面的研究时，首先应当确立两个立足点，如果没有这样的立足点，研究将根本无法进行；而如果立足点不明确，有时研究的思路及取向等就会模糊不清，甚至可能出现某些偏差。具体而言，一是立足于"分"，研究全球华语各变体是怎样形成的，其形成过程、具体语情及不同阶段的发展变化表现等；二是立足于"合"，即在全球华语的整体观下，观察与分析各华语子社区变体局部性的或整体性的融合趋向及其具体表现，特别是在当今互联网、自媒体时代的最新变化，即全球华语整体性的趋同表现。在这里，我们想明确这样一个事实以及对它的认识：全球华语并非在某一个时间点上整体形成，然后整体发展变化。就产生过程而言，华语产生于某一局部地区（东南亚地区），并且这只是它的起步阶段；此后，在不同时期、不同阶段，都有不同的新变体产生和加入，甚至还没有完全加入（前边讨论的"三态"就说明了这一点）；就发展变化而言，各个具体的变体自然也不是完全同步的，甚至还有比较大的参互。以上几个方面，就构成了全球华语史的复杂性与多样性，同时使得这方面的研究具有无比丰富的内涵。

2. 确立两翼分布模式

我们针对海峡两岸暨香港、澳门民族共同语的对比研究，提出要"建立两翼分布的格局"，即不仅要研究差异，还要研究融合。就现阶段的情况来看，前者已经做得不少，而后者远远不够，所以应该大力加强。具体而言，后者大致应该包括以下几项内容：一是融合的具体事项，二是融合的方式、过程及其发展变化，三是融合中的不平衡表现，四是关于未发生融合以及不融合的现象。我们认为，这样的两个取向也完全切合全球华语研究的实际及其发展的需要，特别是对全球华语史的研究而言，只有二者合一，才能构成完整的全球华语历时发展变化线索。

3. 建立两个参照点

科学研究离不开比较，对全球华语及其研究（无论是共时还是历时）来说尤其如此，而建立两个参照点，正是为了更好、更集中地进行全面的历时比较研究。具体而言，一是以传统国语为参照，由此可以进一步明确全球华语的基础与内涵，了解其产生与形成过程，掌握其"起始"阶段的基本样貌、此后的发展演变及具体表现。想要做这样的研究，首先就要求我们对传统国语具有深入、全面的了解和认识。二是以普通话为参照。相对于前者而言，这一参照更加重要：一方面，普通话本身就是全球华语的一部分，所以它的形成与发展变化过程本身自然也是全球华语史的一方面内容；另一方面，全球华语史的普通话发展线索可以为我们对国/华语发展线索及其脉络的观察、归纳与总结提供一个全方位的参照，而如果离开这一参照，有些工作很难甚至根本就无法进行。①

4. 划分两个层次

两个层次大致是我们给全球华语历时研究所进行的定位划分，而这在一定程度上也可以理解为从低到高的两个具体目标。一是拾遗补缺。就总体而言，全球华语的历时发展变化研究尚未展开，因此基本属于遗缺，所以需要弥补；就具体方面而言，现有的研究已经涉及各华语变体的许多方面，但是往往缺乏历时角度的发掘、考察，以及跟其他方面的相互观照，而这无疑也是需要补上的。在这方面，基本有向上（由例到类）与向下（由浅入深）两种取向。二是发凡起例，建立全球华语及全球华语学下的一个新的分支学科"全球华语史"。关于后者，大致需要两个方面的支持：一是理论的准备，如理论依据、可能性及必要性，结构框架、研究内容、预期达到的目标及主要研究方法等的思考与阐述；二是相对宏观及中观层面的事实支撑，如总的产生与发展过程、主要的节点与事实、阶段性的特点等，这些都需要登高望远，先从大处着眼。以上两个层次的工作应该紧密结合，拾遗补缺应成为建立全球华语史总体目标下的自觉行为，而其研究成果也会不断地为全球华语史的理论与事实建构添砖加瓦，从而使之日渐丰满。

---

① 比如，就已有的研究来看，无论是讨论某一变体的特点，还是讨论各变体之间的融合趋向，基本都是立足于普通话，着眼于其与前者的异同。

第四章　全球华语各变体之间的差异

在全球华语及相关的研究中,"华语变体"是一个高频词语,它指的是在不同华语社区使用的各有变异的普通话/国语/华语。华语变体之所以产生并存在,就因为全球华语在不同地区的使用中因变异而产生了或多或少、或大或小的差异。通过对不同华语变体之间差异的探寻、归纳与总结,一方面可以了解各变体的具体面貌及相互区别的特点,另一方面也是了解和认识全球华语总体面貌的必由之路,即李宇明(2017)所说的,研究各华语变体的状况是全面认识大华语的基础。

本章中,我们就立足于全球华语各变体的差异,一方面从相对比较宏观的角度探讨各变体之间差异的具体类型、主要表现以及三圈之间及其内部的差异情况;另一方面则从词汇和语法两个方面对一些具体的差异进行考察、描写与分析,作为本书"实证研究"的一个重要部分。

第一节　各变体之间的差异及其表现

本节中,我们从相对宏观的角度,对各变体的差异类型、具体表现及普通话圈、国语圈与华语圈三圈之间及其内部的差异情况等进行分析与说明。

一、差异及其类型

以下,我们从不同的角度区分出五对十种不同的差异类型,逐一进行分析与说明。

1. 有无之别与多少之别

这主要是就表现形式而言,这是全球华语各变体之间差异的两种主要对应性表现。

"有无之别"指的是某一形式或用法在某一个或几个变体中存在,而在另一个或几个变体中并不存在,由此而形成明显的有与无的对比。这方面的差异较为集中地存在于词汇之中,既包括词形的有无,也包括词义中义项的有无,两种情况都很常见，以下仅就后者举例说明。

周清海（2007）指出，新加坡人的口语中，用得最多的否定式是含"不懂"的句子，它包含了"不知道—不清楚—不明白"和"不理解"等意思，而其中的"不知道—不清楚—不明白"义在普通话以及港台国语中并不存在（汪惠迪，2004）。

马毛朋（2012）指出，港式中文里，"兼"具有连词的功能，可联结谓词性成分，表示递进。文中举的例子如：

此外按一按掣，人体模型内的心、肝、脾、肺、肾便会相继弹出，并伴有功能介绍，可谓清楚易明兼极具动感。

日产刚刚在港推出二〇一二年新版 Elgrand，首次配上 360 度环回泊车"天眼"系统，即使全车拉上窗帘兼不望后镜，一样可以轻松安全倒车泊位。

至少在普通话中，"兼"没有这样的意义和用法，因此就与港式中文在这一点上形成了有无之别。

不过，在语言研究中，向来有"说有易、说无难"的信条，所以我们最好把这样的有无之别限定在一定范围内，而不可以绝对化；应该立足于倾向性的考察与分析，而不是斤斤计较于个别用例的有无。

"多少之别"既包括某一形式数量的多少，也包括其使用频率的高低（即总体使用量的多少），反映为语言形式选择及使用的倾向性。相对于"有无之别"，"多少之别"不仅数量更多，表现更为明显，而且也比较容易把握，特别是在当今语料库语言学昌明、语言统计对比研究成为常态的时代，所以相关的研究也相当多。例如，李计伟（2015）调查了形容词"熟络"在现代汉语普通话和马来西亚华语中的使用情况，指出后者的使用频率远高于前者：在马来西亚约 1 亿字次的语料中，有 84 条用例，而在约 3 亿字次的北京大学 CCL 语料库中，却只有 21 条用例，即现代汉语以三倍于马来西亚华语的语料规模，使用量却仅为马来西亚华语的四分之一。姚双云、雷曦、朱芸、高娟（2015）指出，澳门中文里助词"的"缺省频见于多种类型的句法环境，"的"在语法上的变异是造成其使用数量远低于通用中文的根本因素。这里用"远低于"来表述其与"通用中文"（即普通话）的区别，显然也是一种较高程度的多少之别。

2. 同形异义与异形同义

这是着眼于形义关系所作的划分。形义关系的参差是各华语变体之间差异的重要表现之一，具有相当的普遍性，因此一直是相关对比研究重点关注的内容。同形异义的例子，如汪惠迪（1999）指出，新加坡的"市长"一词在形式上跟中国大陆和台湾相同，实际含义却不一样，它是英语 Mayor 的对译，其所管辖的只是一个社区，而不是整个城市。值得注意的是，宏茂桥—静山、新加坡中区和东北区三个社理会的行政首长却叫"主席",是英语 Chairman 的对译。另外,汪惠迪(2004)还谈道,"大衣"在大陆、台湾和香港义指较长的西式外衣,而在新加坡和马来西亚指西装。

异形同义现象与同形异义现象关系密切,甚至有一部分就是由后者派生而来的:假如某词形在不同变体中分别用为 A 义或 B 义,那么 A 义或 B 义就有可能与同一或不同变体中的另一个词形构成同义关系,由此又构成了二者之间的异形同义关系。例如,邢福义(2005)谈到,在审读新加坡教育部中小学华文教材时,发现不少很有启示性的、也许应该从"源方言"角度来解释的语言现象,比如在普通话里,表示未来的重复只用"再",一般不会出现以"才"充"再"的现象,而新加坡华语趋向于用"才"。如下:

现在不要说,等他吃饱了才说。

教师可以让学生和旁边的同学先练习,(然后)才在全班面前说出这一段话语。

这样,普通话的"再"与新加坡华语中的"才"自然就形成了异形同义关系。不过,这样的关系只是就某一义项来说的,二者之间往往不存在整体的对应关系。

当然,并非所有的异形同义差异都是由同形异义派生来的,也有很多"原发"性的不同变体之间的对应形式。比如,在外来词语中这种情况就相当集中而普遍。例如 CEO,中国大陆译为"首席执行官",中国香港地区译为"行政总裁",中国台湾地区译为"执行长";而美国《华尔街日报》中文网络版译为"首席执行长",新加坡私人机构译为"首席执行员"(汪惠迪,2004)。

3. 同中之异与异中之同

作为全球华人共同语的全球华语,具有共同的来源,而各变体的发展变化以及由此而产生的很多差异也具有共同的基础,所以就各变体的具体变异现象之间的关系而言,往往不会是"一刀两断",而是彼此勾连,你中有我,我中有你,而这里所说的"同中之异"与"异中之同",正是其具体表现。

本人对海峡两岸词汇同中有异现象进行了较为全面的梳理,从词语内涵微异、语义轻重不同、使用范围不同、使用频率不同、感情色彩不同、搭配关系不同等六个方面,分析了两岸词语在概念义相同或基本相同的基础上具体使用中所表现出的诸多不同。至于异中之同,比如海峡两岸的很多异形同义词,虽然词形不同,但采取的是同样的构词方式,语素用字的选择也是有同有异:就"同"的一方面说,是拥有共同的表示基本义的语素;就"异"的一方面说,则是选取并列关系同义词中与大陆不同的另一个语素。比如,大陆用"震中",台湾则用"震央",即大陆取"中央"的前一个语素,而台湾取其后一个语素。类似的再如：泥土：泥石流—土石流；舰艇：潜艇—潜舰；声音：超声波—超音波；制作：木制家具—木作家具；恐惧：恐高症—惧高症；疯狂、病症：疯牛病—狂牛症；考试：监考人员—监试人员；影像（象）：幻影式战机—幻象式战机；场地：现场—现地；团体：集体结婚—集团结婚。

其实，同中之异与异中之同有时只是观察问题角度与立场的不同：立足于同，则是同中之异；立足于异，则是异中之同。

4. 显性差异与隐性差异

这一差异类型主要是就存现方式而言的。李行健（2013）立足于词汇对比，把海峡两岸有差异的词语分为"显性差异词"和"隐性差异词"两类，前者包括同名异实词、异名同实词和一方特有词三小类；而后者包括义项差异词、色彩差异词、搭配差异词、应用频率差异词、方言差异词和异形差异词等共六小类。对上述几类显性差异词，人们比较容易感知，所以在很长时间内全球华语词汇差异对比研究主要在这一范围内展开，一般的工具书收词立条也基本都集中在这样的词语；而对于隐性差异词，则基本上既无明确的概念，更无系统的研究。针对这种情况，我们曾经提出一个"深度对比"的理念，并强调今后的词汇对比研究应该以各种隐性差异的发掘与探寻为重点。

本人对海峡两岸"考验"一词在表义及使用范围方面的隐性差异进行了考察，最终归纳总结出二者不同的语义特征对比系列：

大陆：［＋考查］［＋验证］［＋困难、激烈］［＋涉人］
台湾：［±考查］［±验证］［±困难、激烈］［±涉人］

应该说，在这样的研究中，把对词义的考察由义项深入语义特征的层面，在深化和细化方面是一个很大的进步。

显性差异与隐性差异虽然属于不同的类型，但是从另一个角度看，往往也是相对而言的：当某一具体的差异尚未被人们了解和认识时，它可能就是一种隐性差异；而一旦被人们了解和认识，自然也就成为一种显性的存在了。所以，我们的工作应当更专注于变隐性为显性，力争使更多的隐性现象显性化。

频率差异是隐性差异的一个重要方面，因为在一般的对比研究中，人们更容易关注有无之别，而对于那些较为普遍存在的形式和用法，往往就容易忽略其各方面可能存在的细微差别，其中就包括使用频率的差异。其实，各地华语变体在很多方面的表现并非有无之别，而是多少之别，即使用倾向性上的差异。所以，由此入手，可以从一个重要方面很好地揭示差异，进而分析原因，找出规律。

储泽祥（2011）提出了在多样性基础上进行倾向性考察的语法研究思路。储泽祥、张琪（2013）立足于两岸对比，对"透过"一词在两岸使用中的多样性和倾向性进行了全面细致的考察，文中指出："绝大多数的同形词，表面上看没有多大差异，但仔细观察它们的用法，会发现有的用法是两岸共有的，而有的用法则是一方独有的；同一个词在大陆常用某种用法，在台湾却常用另一种用法。""透过"的上述表现在全球华语各个变体中具有相当的普遍性，因此这种"在多样性基础上进行倾向性考察"的思路和做法应该也有普遍的适用性。

5. 个别差异与普遍差异

这主要是就覆盖范围而言的。前者指某一具体变体的独特之处，即只存在于某一具体变体中的差异现象，而后者指在更大范围内存在的差异现象，比如在国语圈或华语圈，甚至整个国/华语圈中普遍存在的与普通话圈的不同之处。这方面研究得还很不够，一是范围不广，比如只涉及少数几个变体；二是内容覆盖不广，主要涉及词汇，其他方面相对较少。

郭熙（2012）认为，"讲话"和"发言"在大陆区别明显，即一般人用"发言"，领导用"讲话"。本人曾就二词的差别向台湾一些朋友咨询，回答是界限不清；而在马来西亚、香港等地的调查也是这种反映。这表明，在这些地方表达面向公众言说类词语意义的"讲话"和"发言"的分野尚未真正形成。基于上述调查结果，我们可以得出一个初步的结论："讲话"与"发言"基本属于普通话圈的个别差异，而非各华语区的普遍差异。不过，"普遍"本身是一个非常模糊的概念，其所涵盖的范围有大有小，由此就使得普遍差异也具有了一定甚至很大程度上的相对性。例如，宋飞（2016）指出，"出街"一词在香港、澳门、新加坡、马来西亚、泰国是"外出、上街"的意思，在香港、澳门、泰国、印度尼西亚又指影片、电视节目等公开放映，在新加坡、马来西亚、泰国、印度尼西亚还可泛指"向社会公布"，在泰国、印度尼西亚还另有"外卖"的意思，等等。也就是说，"出街"一词不同的意义有不同的使用范围，虽然都不只在单一变体中使用，但是其范围有大有小，换言之，即不同意义的普遍性有所不同。

关于以上五组差异，我们还要强调以下几点：

第一，以上划分并非逻辑上的严格分类，是从不同角度、不同方面所作的归纳与说明，只是为了使读者对差异问题看得更全面、更细致一些，因此它们在内部并没有严格的同一性，相互之间也没有完全的排他性。总之，以上类别并非为了划分而划分，而是为了更好地从不同角度和方面来了解和认识全球华语不同变体之间以及总体上的差异，进而使相关研究更具针对性、有效性和理论性，同时力图在研究中体现和贯彻个体与整体相结合、特殊性与一般性相结合、共时与历时相结合的研究旨趣与原则。我们试图在全球华语学以及全球华语史的视野和框架下来研究所有的差异问题，并希望由此而能够站得更高一点、看得更远一点、做得更多一点。

第二，这也是为了研究方便及表述清楚而作的划分，没有绝对性，有时同一差异现象可能会兼属于上述几组。例如，尚国文、赵守辉（2013）注意到，在普通话中，"无时无刻"必须与"不"搭配使用，通过双重否定起到强调的作用，而在新加坡华语中它的单独使用非常普遍。在从 2009 年 1 月至 2011 年 11 月出版的《联合早报》《联合晚报》《新明日报》等华文报章中搜集到的 280 个用例中，未与否定式搭配的有 179 例，约占 64%；而与否定式搭配的有 101 例，约占 36%，前者与后者的比例大致是 1.8∶1。可见，在新加坡华语中，"无时无刻"与肯定式搭配在传媒中已成为占主导地位的用法。这样，就"无时无刻"是否与"不"共现而言，普通话与新加坡华语之间是有无之别；而就"无时无刻……不……"形式的使用来说，二者则是多少之别。另外，如果把频率差异归入隐性差异的话，那么后者至少在两地属隐性差异。

  第三，这是着眼于共时平面所作的划分。如果着眼于历时，有些划分具有不确定性，甚至可能还难以成立。比如，多少之别可以认为是处于有与无之间，有可能形成一个"有—多—少—无"的连续统。而在一定的历时空间中，某一具体的现象有可能会在不同的点之间游移。再如，上述的普遍差异，其范围大小应该也是由变化所致，比如上一章引陈重瑜（1985）说明，20 世纪 80 年代，台北饭店里开始常用来自香港粤语的"埋单"，这自然是此词扩大了使用范围；而时至今日，使用范围自然更大了。《全球华语大词典》在此词的使用范围项下注明"用于陆港澳新马等地"，这样，如果相对于《全球华语大词典》未列入使用范围的其他地区，这一差异的普遍性当然就更强了。总之，全球华语与所有的语言一样，都处于不断的发展变化之中，而所谓的"发展变化"，无非就是对现状的改变，由此自然会对具体的语言现象以及不同的现象之间的关系等造成直接的影响，并使之产生某种程度的改变。

二、差异的主要表现

  在上一小节分类的基础之上，本小节我们主要从传统的语言三要素以及语言表达方面来讨论全球华语及各变体之间差异的主要表现领域和方面。

  1. 语音差异

  在这方面，人们关注较多、经常谈及的主要是语音体系的差异，并且经常是结合着不同地区的比较以及华语的标准和规范进行的。

  陈重瑜（1985）指出，卷舌音在台湾"国语"里已经越来越少了，"该卷而不卷，时卷时不卷"是一般的现象；而在新加坡的华语里，更是少见。相信在中国大陆的闽、粤、吴、湘、赣、客等方言区内，一般人的普通话里，翘舌（塞）擦音也是不多见的。就是官话区里，差不多也有一半的方言没有这三个翘舌音。普通话越普及，没有翘舌音（或二者不分）的人口比例就越大。一个地方普通话越通行,说话的人就越有信心,"自主"的意识也就越强。"我们的普通话(或国语、华语)就是这样的。"将来十亿华人的共同语里,绝大多数是平舌翘舌不分,这一点是可以预见的。针对这一情况,陈文提出了以下的问题:"那么,应该让普通话与北京话有不同的标准,还是让绝大多数的华人都语音不正,读白字?"

以上只是就平翘舌音来说的。此外,李宇明(2009)还指出,就普通话教学来看,其语音系统比较适合基础方言地区,其他方言区和海外的学习者对于轻声、儿化、变调的掌握,常有困难。

针对陈文提出的问题,上文引用徐杰、董思聪(2013)给出的建议是,汉民族共同语的语音标准应微调为"以北京语音为基础音",文中指出:"对现有的普通话标准进行微调,尊重了客观存在的民族共同语区域变体,有助于强化普通话自身的凝聚力和亲和力,以及使用者对她的认同度和归属感,让不同地区和不同背景的汉语普通话使用者平等分享对我们民族共同语的所有权、监护权和解释权:普通话是你们的,也是我们的,归根结底是大家的。仅仅是一个观念的转变,四两千金,我亿万华夏儿女一夜之间将可以获得应有的语言尊严和语言平等权,从心理上彻底摆脱语言自卑和语言互卑这些亚健康的心理状态,每个人都自信而又自豪使用带有自己地方特色的'标准'普通话,欢欢乐乐走遍神州大地和五湖四海。"

以上涉及的平翘舌不分,以及轻声、儿化的普遍缺失,在国/华语圈中是具有普遍性的语音特征,也是构成上一章所说"华人腔"的最重要因素。此外,还有一些在某一个或几个变体中表现比较突出的局部性语音变异,例如尚国文、周清海(2016)在上述几个方面以外,还归纳了新加坡华语在声、韵、调方面的特征:常把后鼻音韵母 eng 和 ing 归入前鼻韵母 en 和 in,常把撮口音韵母 ü 归入齐齿音韵母 i;四声的调值较普通话要低一些:阴平 44,阳平 24,上声 211,去声 41 或 42;除了四个基本声调外,还存在着受汉语方言入声影响而形成的第五声。此外,在叠音词、连读变调等方面也表现出一些变异特征。

总体而言,各华语变体在语音方面的差异研究得还不够充分,就现有的成果来看,主要集中在新加坡和台湾,后者如李青梅(1992)、侯精一(2010)以及韩玉华(2011)等。

2. 词汇差异

这在以往的研究中是覆盖范围最广、成果最多的方面。

祝晓宏、周同燕(2017)对相关研究作过简单的综述,列出了一些较为重要的成果,基本反映了华语变体词汇差异的一般情况。就本人的印象而言,以往的相关研究多集中在各变体之间此有彼无或此无彼有,以及同形异义、同中有异等方面,而其他方面较少关注,因此成果虽多,但是还有很大的拓展和加深空间。

汪惠迪（2004）具体举了几个例子，很有启发意义：

"粮食"，大陆一般没有比喻用法，凡比喻义都用"食粮"（精神食粮）；新加坡和马来西亚比喻义常用"粮食"。"而已"，大陆、台湾和香港多用于书面语；新加坡和马来西亚多用于口语。"一小撮"在大陆是贬义词，在新加坡，好些人当中性词用。

以上三个例词涉及以前研究中极少涉及的三个方面：一是比喻义及其使用的异同，二是词语的语体色彩以及由此而产生的使用范围差异，三是词语色彩义的差异，而以上三个方面都有很大的研究空间。比如感情色彩，本人曾经讨论过现代汉语词汇感情色彩在 1949 年中华人民共和国成立后与 1978 年改革开放后的两次大规模变迁，而这样的变迁在国/华语圈并未发生，由此自然会造成二者或三者之间在这方面的较大差异。例如，周清海（2008）指出，"倾巢出动"和"一小撮"在新加坡华语中没有贬义；邹嘉彦（2017）基于大数据的统计指出，"今非昔比"在香港和台湾其贬远多于褒，在上海和北京则相反。

除了这种共时平面的差异外，如果着眼于历时，这方面的研究往往具有更多的内涵。比如虚义动词"搞"，很长时间内在台湾地区较少使用，且有明显的贬义色彩，正因为如此，台湾学者对大陆多用此词一直持负面评价，如亓婷婷（1989）所说："如'抓''搞'这两个语意粗鄙的动词，使用范围相当广泛，从抽象的权柄、劳动，到具体实物，都可一贯使用。如'抓生产''搞研究'，我们看到流行新词在破坏传统语言甚至社会结构。"然而，我们最近的考察显示，此词在台湾"国语"中已经成为常用词，仅在最近十年的"联合知识库"中，就有 5 万多个用例，其中有相当一部分感情色彩呈中性，即如以下一例：

在这个情况下，企业经营比较困难，且民众也都有感受，希望把台湾的经济搞起来。（《自立晚报》，2016 - 6 - 8）

所以，我们把"搞"在台湾使用情况的变化列入两岸语言融合现象之中，作为大陆对台湾辐射与影响的一个具体例证。另外，上引亓文一同批评的"抓"，在一定程度上也是如此。

3. 语法差异

在全球华语差异对比研究中，语法也是受关注程度比较高的一个方面，因此相关成果较为多见。总体而言，全球华语各变体在语法方面的差异形式为数不少，郭熙（2007）列出了海外华语与普通话语法方面的四点不同：一是状事居后，如"我走先"；二是"有＋VP"，如"你有吃吗"；三是"动宾＋一下"，如"关灯一下"；四是"不"的用法同于"没有"或"未"，如"泰国旅游机构还不发现旅游业受到任何冲击"。祝晓宏（2014）把"交流期"（即 1990 年至今）的海外华语语法研究归纳为以下四个方面：语法特点的描写、语法特点的探源、语法规范的争论、语法教学的研究。此外，祝文还指出，今后应当在以下三个方面更加注意：继续深挖海外华语语法特征，借鉴包括现代汉语语法研究在内的各种理论，亟待展开华语口语语法调查。就我们所见，相关的研究多集中在台湾"国语"、港式中文，以及新加坡与马来西亚的华语，其中对新加坡华语语法的研究比较系统、深入。

就一些主要或重要的语法现象而言，国/华语圈往往具有更高的一致性，并由此而在整体上与普通话圈形成较为明显的差异。但以往的研究多是就某一具体变体与普通话进行对比，虽然不乏卓见，但是终究范围有限，难以形成对全球华语语法及其特点等在较高层次上的把握和认知。

我们曾经讨论过大陆普通话与台湾"国语"在离合词及其使用方面的差异，二者最显著、最重要的区别是大陆离合词的数量及其使用频率远高于台湾，而台湾的这一情况在其他国/华语区也有相当的普遍性。陈重瑜（1986）谈到新加坡华语中"应分解之动宾复合词不予分解"现象，即为离合词合而不离的用法，所举用例如"你来帮忙我好吗""你上课完再去吧""我们一连考试了三天""我们开会了几次了""他游泳了半点钟了"等。李计伟（2014）也讨论了马来西亚华语中类似的用法，所举的例子如下：

她毅然决然地将自己的积蓄全部拿出来，<u>帮忙</u>阿本弄个小贩档口。

当特别行动组<u>进去</u>房间时，我就站在房门前。

至于为什么会在离合词及其使用上形成比较明显的对立性差异，则可以从不同变体的特点以及离合词本身特点两个方面寻求解释。我们在上一章从偏重于风格的角度讨论了传统国语的两大特点，第一点是"古雅色彩突出"，而在本书的其他很多地方，我们也多次强调普通话以外的国/华语在很大程度上继承与沿袭了这一特点，并由此在整体上与普通话的通俗化、口语化特点形成明显对比。离合词的离析使用形式具有明显的口语性，呈现通俗性的语体风格，因而与普通话有较高的契合度，所以在普通话中用得多、频率高，而在其他华语变体中，因为风格的匹配性较差，所以一方面用得较少，另一方面频率往往也不高。

我们列举以上的例子，意在说明，无论在个别语法点的观察与描写，还是相关事实的归纳与总结，以及具体造成原因的分析等方面，全球华语各变体语法差异的对比研究都还有大量工作要做。

4. 语言风格差异

以下，我们换一个角度，从较为宏观的"风格"层面讨论华语变体的差异问题。我们讨论了两岸语言风格的差异，主要从台湾的角度列出以下三点：一是生动风格色彩，二是庄雅风格色彩，三是简约风格色彩。其实，这三个方面在很大程度上也可以用之于普通话圈与国/华语圈的整体性对比。

以下两例或许能够反映上述三种风格色彩：

苏拉台风重创北台湾，首当其冲的苏花公路更是柔肠寸断，从苏澳到太鲁阁总长78公里的路段里，就有50公里路基流失或坍方。(《联合晚报》，2012-8-4)

海啸卷15公里　翁奇迹生还　数万人恐罹难　(《成报》，2011-3-14)

前例中的"柔肠寸断"，《中国成语大词典》(上海辞书出版社1987年版) 的释义是"软肠一寸一寸地断，形容极度伤心"。此例错位使用，仅取其"断"义，说的是多处公路被洪水冲断，不仅生动别致，同时借用原成语的"余荫"而含有悲伤、难过的意味，确实是非常好的创意之作。后例因为使用了古雅色彩浓重的单音节词"卷""翁"以及双音节的"罹难"等，使得这个标题既具庄雅色彩，又有简约风格，可谓一举两得。

关于庄雅色彩，马毛朋 (2012) 讨论了"若然"一词在香港与内地的使用情况。文中指出，《现汉》第6版未收此词 (笔者按，第7版也未收)，检索"慧科搜索"，香港地区共12407条用例，中国大陆只有394条。可见，它是港式中文的常用连词，通用中文则基本不用。文中举了以下的例子：

于除夕夜，想凸显你对约会的重视，建议取中庸的紫色，艳丽中带优雅，若然配合今季大热的Metalh质感，其亮丽闪亮的效果除了突出眼部轮廓，同时令眼妆更有层次感。

香港的书面语中，庄雅色彩表现相对明显，除"若然"外，以下一例中"欠奉"的使用同样也能体现这一点：

香港有没有长远科学发展规划？答案是至今基本上欠奉。(《成报》，2011-3-17)

其他华语区的语言变体中，这一风格的表现也非常明显。上一章中我们谈到，东南亚华语具有浓厚的"古风雅韵"，还引用施春宏 (2015) 所说，泰国华文词语的"历史"色彩较浓，其实都是这一风格特点的反映。刘文辉、宗世海 (2006) 讨论了印度尼西亚华语区域词语的几个特点，其中第一个就是多使用文言词语，表现出典雅性和滞后性。周清海 (2008) 指出，"很多年以前，我曾主持印度外交官语言考试，发现他们读得懂《人民日报》的评论文章，而对我们《联合早报》的社论，阅读的困难却比较大，就是因为《联合早报》保留了许多文言的现象。"很显然，这仍然是上述风格特点的表现。

王希杰 (2000) 列举了几段新加坡电台的天气预报内容，来说明另一种表达风格和特点：

小姐们，抓紧你的伞，按住你的裙，刮了几天的东北风今天预料会加强，不要让这季候风掀起你的裙角，使你尴尬难堪。(1998-12-30)

雨！雨！雨！看到马来半岛东北季风吹袭，处处汪洋一片，我们这里也无法幸免，雨会间间断断下到傍晚。今天最高温不超过摄氏28度，最好多加几件衣。小朋友们别赖床，赶紧理个发，整理好书包，准备明天上学罗！(1999-1-3)

今天上午是晴天，但东北风还是会唱歌，使得全岛各地在下午时分下雷阵雨。记得台湾歌手曾如此唱过："大雨就要开始不停地下，我的心，我的心已经完全地失去方向。"不想到时陷入这般困境，请记得带伞！(1999-1-13)

针对这样的天气预报，王文作出以下的评议：

真没有想到新加坡的天气预报也是如此的风趣和幽默，有人情味。这就是新加坡的风格：一切为了人，关心人，爱护人，事事时时处处都讲究文明。在这样天气预报的熏陶下，新加坡人当然就更加文明而有教养，对人都充满了爱心。

除了对人的关心外，更加引起我们注意的，正是其字里行间所透露和散发出的风趣与幽默，而这也就是我们所说的生动风格色彩。

语言风格差异一方面由各华语变体的各种具体差异表现出来，另一方面又能统驭很多具体差异，并使之得到合理的解释，因此在全球华语的差异对比研究中具有举足轻重的地位。然而，时至今日，这方面的研究基本还是空白，因此需要花大气力加紧进行。

三、三圈之间及其内部的差异

全球华语是由全球范围内所有的民族共同语变体组合而成的，反过来说，全球华语存在于各个变体之中，而每个变体之所以称其为变体，就因为它具有跟其他变体相区别的某些特点，这些特点的存在构成了不同变体之间的具体差异。有些差异在"圈"的范围内具有普遍性（其实也是"圈"得以成立的基础之一），因此可以由此入手进行不同"圈"之间的对比，从而得出一些更具宏观性和概括性的结论；有些差异则不具有这样的普遍性，只是作为一些具体的个性表现存在于具体的变体之中，因此只能进行某圈内部的对比，由此进一步了解和掌握某一变体的语情及特点。

以下就围绕这些方面进行举例说明。

1. 普通话圈与国/华语圈的差异

如前所述，到目前为止，差异对比研究做得最多的，就是立足于普通话来与属于国/华语的某一具体变体之间的比较，即都属于普通话圈与国/华语圈差异的比较研究。这方面做得相对较多的，是普通话与国语圈的台湾和香港之间的比较，以及普通话与华语圈的新加坡和马来西亚之间的比较，至于其他方面，能够看到的成果就不多了。以下主要立足于已有研究，结合某些差异产生的原因，对相关情况作一说明。

普通话与非普通话的差异，有不少是由于对传统形式的保留与否而形成的。

汪惠迪（2004）谈到，有些词中国已经作为旧词停止使用了，可是在境外和海外仍旧使用。例如"邮差"，中国大陆已经停用，取而代之的是"投递员/邮递员"，但是，香港和台湾地区，以及新加坡和马来西亚仍用，且不含贬义。田惠刚（1994）指出，带词尾的双音节词在现代汉语里很多，但在华语里已很少使用。例如，现代汉语里的"桌（椅、刀、盘、袋、笼、柜……）子"，在华语里分别只说"桌（椅、刀、盘、袋、笼、柜……）"。这里的"华语"是指"海外华语"，而不是某一具体的华语变体。

当然，也有很多差异并非由于历史的传承与否，而是由于不同的社会生活及语言环境与习惯等使然。汪惠迪（2004）指出，AIDS 的译名全世界不一致，印度尼西亚、泰国等东南亚国家或地区，澳大利亚和新西兰，美国和加拿大及欧盟等国华人社区，都写作"爱滋病"，新加坡写作"爱之病"，中国大陆地区以"艾滋病"为规范，同时注明台湾等地谑称"爱死病"。现在，环顾世界华人社区，是"艾滋病"和"爱滋病"二分天下，加上新加坡的"爱之病"，可算三足鼎立。

词汇之中，外来词的不同译法往往分歧多样，最能反映不同变体之间的差异，除上述 AIDS 的不同译名外，汪惠迪（2004）还列举了 Association of Southeast Asian Nations（ASEAN）的译名差异：中国大陆译作"东南亚国家联盟"，简称"东盟"；台湾译作"东南亚国家协会"，简称"东协"；马来西亚《星洲日报》译为"东南亚国家合作机构"，简称"东合"，《南洋商报》用"东协"，跟台湾的译名相同；新加坡译作"亚细安"；香港有的媒体采用大陆译名，有的采用台湾译名；澳门采用大陆译名。"东盟、东协、东合、亚细安"四者并存，连身为成员国的新加坡和马来西亚都不一致。更令人注目的是，马来西亚两家大媒体——《星洲日报》和《南洋商报》，也是各用各的。

以上是词汇，再看语法方面。黄立诗（2013）指出，马来西亚华语"回"做动态助词，可以表示动作行为的回复，如"我终于可以吃回肉啦"；也表示状态、情形的回复，如"她终于高兴回了"；另外还可以用于介词之后表示相同的意思，如"你朝回同一路走就会看见麦当劳"。黄文认为，华语的"回"出现动态助词的用法来看，显然和广东话的"返"、福建话的"转"，在很多马来西亚华人的思维里已经形成了固定的联想线路有关。再加上表示"回复"义的"返"和"转"分别在广东话和福建话里有很高的使用频率，逐渐地，华语的"回"也产生出类似的用法。这一现象应属于"接触引发的语法化"中的"复制性语法化"。反观普通话，因为不存在这样的接触条件，加之很长一段时间内与国/华语圈的疏离，所以基本上"回"就没有这样的用法，并且对此也较难引进和吸收。在其他华人社区中，由于广东话和福建话具有广泛的影响，以及相互交流与互动频繁，所以在一定程度上存在着相同的用法。比如，陆俭明（2001）讨论了新加坡华语中

"V回"的形式及表义问题，并且举了很多具体用例。我们则以"穿回"为例，考察其在各地华语中的使用情况，也发现了不少与普通话不同的用例，如下：

詹姆斯宣布新赛季将重新穿回23号球衣。（香港《大公报》）

对方看到他穿扣留犯的衣服，便立刻向警方投诉，之后他才被允许穿回自己的衣服，跟随警方到案发地点以及车上检查。（马来西亚《光华日报》）

她见势不妙，马上穿回衣服，出去求助于服务生。（泰国《世界日报》）

5月20日播出的MBC周一周二剧《九家之书》中，秀智将脱去男装武术服，重新穿回优雅韩服。（韩国《中央日报》）

"飞鱼"穿回旧鱼皮 寻找昔日雄风（美国中文网）

我们由此得出的认识是，一个具体的组合形式"穿回"在各地华语中使用的一致性，应该只是全球各地华语之间更多、更大一致性的一个小小缩影。而追寻这些更大、更多的一致性，从而形成对全球华语及其语法特点的总体认识，理应成为我们更远大的目标和追求。

要进行普通话圈与国/华语圈差异的对比研究，虽然经常是由具体的"例"入手，但是一定要有"类"的意识，即见微知著，区分是个别的差异还是具有一定甚至广泛普遍性的差异。如果是前者，则可以用之于基本的、基础性的比较研究，即相对比较单纯的具体变体之间点对点的对比；如果是后者，则要适时地进行多点之间的比较，从而由具体的差异扩展为具有一定普遍性的差异，进而上升为对全球华语某一方面总体特点的认识。

2. 国语圈与华语圈的差异

以上举例说明了普通话圈与非普通话圈（即国/华语圈）的差异，下面我们缩小范围，看国语圈与华语圈两圈之间的差异。

郭熙、李春风（2016）在讨论东南亚华人语言使用的特点及其成因时，谈到以下几点：学校教育占据华语习得主要地位，华语习得以儿童时期和青年时期为主，东南亚华人社区中方言的主导地位超过欧美等其他地区，东南亚华人对华语感情深厚，居住国通用语的地位与日俱增，华语使用语域有限等。以上各点，自然会使得东南亚华语产生一些属于自己的特点，并且由此而与国语圈形成差异。其实，这一点反过来看也是一样的：国语圈也有自己的独特社会生活以及语言传统与背景等，所以自然也会形成某些属于自己的特点，而这些都成为进行两圈之间全面对比研究的理论与现实基础。

已有的相关研究，多是港台或其中的一地与新加坡、马来西亚或其中一地之间的对比，例如李苗（2011）指出，与新加坡相较之下，台湾在构词使用上较多保存古老用词，其中常见"之、其、何、而、者"等较具古意的用词。新加坡则将英文的某些构词形态或是句法型构融入华语的构词当中，其语汇的不同最为明显。两地都受方言影响，台湾受闽南语影响较多，出现许多构词形式如"红枝枝""兴趣缺缺"等，而新加坡受马来语影响，译词较多，如"沙嗲"等。

相关的表述多把具体的差异归因于方言以及外语等的影响，如陈重瑜（1986）对所讨论的每一种现象均列出其与某方言的关联；又如江郁莹（2012）就"给"字句的差异指出，台湾的"给"掺杂了较多的闽南语成分，而新加坡的"给"较接近英文中"及"的概念。

香港的书面语自然较多地受到粤语影响，而由此就与未受或少受粤语影响的其他地区华语产生一定的区别，比如以下《成报》中的几个用例：

不过，在东京的外国公民想法却刚好相反，纷纷上路走难，离开这个暂时的家，中国人和韩国人是主要的逃难者。

香港粤语中，保留了很多古代的词语及其意义，此例中的"走"就是如此。"走"在古代就有"跑"与"逃"的意义，而此义在粤语中保留下来，所以这里的"走难"也就是"逃难"，此例句末的"逃难者"也可以为证。

他在洪水退却后返回地面时，这条渔村已面目全非，巴士被冲上屋顶，民房则变成废墟……只有短短半小时，整条村就被毁灭，只剩下无数残骸在漂浮。

村庄称"条"，这也是粤语的特色，由此就形成了富有当地特点的表达形式，并且与华语圈甚至同为国语圈的台湾形成差异。

发展商昨日推出53伙4房户，平均呎价6,997元，入场费由964.89万元起——据昨晚新地公布的价单，今次星堤推出的53个四房单位，位于项目第1、2、6、8座。

此例的量词"伙"也体现了香港粤语特色，据《中华大辞林》（福建人民出版社2012年版）"伙"字条的量词义下，标注为【港】（即香港特有）的义项有二：一是指楼宇的一个单位，如"一梯四伙""入伙"；二是表示住户，如"那层楼住6伙人"。此例下句用"53个四房单位"，正与前句的"53伙4房户"意思相同。

当然，也有与方言等因素无关的现象，比如某些词语的差异是由于不同地区政治立场不同，或者仅仅是命名方式等的不同。前者的例子如，香港把从大陆、澳门、台湾来的劳工叫作"外地劳工"，把从外国（比如泰国、马来西亚、菲律宾等国）来的劳工叫作"外籍劳工"，统称"外劳"；台湾也用"外劳"；新加坡则不分地域，仅根据英文原词guest worker意译为"客工"（汪惠迪，2004）。以上差异显示，香港立足于国家的区分，对来自大陆、澳门与台湾的人用"外地"，而来自外国的用"外籍"，显然是基于政治立场而作出的选择与有意区分，但是简缩为"外劳"之后，则抹杀了这一区别。

立足于华语圈，同样也能看到其与国语圈的诸多差异。例如，王晓梅

(2016)讨论了马来西亚华语口语中"做么"的用法和意义,并总结归纳为以下四点:一是用在连谓结构的前项询问原因,二是用在连谓结构后项询问目的或原因,三是可以单独使用询问原因或目的,四是可以用于主语之前询问原因。根据我们的了解,上述用法的"做么"在新加坡也一定程度上存在,但是在国语圈很少听到。

我们之所以提出并强调在普通话圈之外还要进行国语圈与华语圈之间的差异对比研究,大致是基于以下几点考虑:

第一,基于对目前一般研究状况的了解和认识。现在,我们看到的情况往往是,有些研究虽然限定在某一具体变体,但是所报道的现象却往往有更大的使用范围。例如,苏柳青、韦恋娟(2014)在讨论马来西亚华语变异的特点时,就词汇部分举了不少例子,其中包括以下的内容:

"巴刹"即菜场,"巴刹马兰"即夜间集市;"峇峇娘惹",即土生华人,60年代以前峇峇娘惹在马来西亚是土著身份。这些特殊的词,普通话里都没有,它们打上了浓厚的马来西亚风格,有很多是华语与马来语接触的结果。还有一些生活中常见的事物名称,如"德士"即普通话里的出租车,"红毛丹"是一种热带水果,"大衣"指西装,"快熟面"即方便面,"粿条"即河粉,这类词语也与普通话存在一些差异。

上述被作者归入马来西亚社区词的词语或其意义,其实也都存在于新加坡,并且有些很可能还有更大的使用范围,因此仅仅归属为马来西亚特有词语,显然不够客观准确。其实,这一现象的产生也是有其原因的:上文提及,相关的对比研究多是立足并着眼于普通话与非普通话的对比(上引苏、韦文两次提到"普通话里都没有""与普通话存在一定的差异"就是最好的证明),即只有点对点的具体对比,而没有在"圈"的范围内,特别是在非普通话的国语圈与华语圈之间以及它们各自的内部进行横向的对比考察。

第二,基于全球华语及全球华语学知识体系的建构。作为一门成熟的语言科学以及一个成熟的语言研究领域,事实的发掘以及在这一基础之上的知识体系建构,永远是一项重要研究内容。"华语三圈"是新提出的概念,其客观性、合理性以及存在的意义和价值等都有待进一步的验证,而上述对比所做的正是这样的"实证"工作,此其一也;一个学科或研究领域应以建立层级性的知识体系为重要诉求与目标,全球华语的语言知识体系如果不作更加细致的表述,起码也应包含三个层级:宏观层级的整个全球华语、中观层级的华语三圈以及微观层次的某一具体变体。而要建构这样一个知识体系,自然离不开两圈以及三圈之间的对比,此其二也;语言事实的发掘并非语言研究的终极目标,通过语言事实的发掘与研究,是为了找出原因、进行解释,并最终上升为更高层次的理论性的认识与表述（即理论体系的建构），而在这一过程中，华语各圈之间的对比研究是重要的一环，此其三也。

第三，相关研究具有一定程度的创新性，并有可能成为全球华语研究新的增长极。前边几次提到全球华语的层次划分问题，应该怎样划分层次，以及划分多少层次，归根结底取决于语言事实，主要就是各华语变体的变异程度及相互之间的异同程度。比如，宋飞（2016）根据各地华语使用词汇的相似度进行计算，最终把东南亚华语划分为"泰—新—马—印—文""柬—越—菲""缅""老"四个区域。这只是华语圈中一"片"的划分，但是其思路与方法应该可以推广到整个全球华语研究中。

3. 各圈内部的差异

由上述两圈之间的对比再进一步缩小，自然就是一圈内部不同变体之间的比较了。这方面也已经有了一些研究基础，不过基本也都如上所说，主要是基于与普通话的不同而作的归纳与表述，涉及的基本还是新加坡、马来西亚华语及港台"国语"。徐大明、王晓梅（2009）曾较为笼统地比较了新加坡、马来西亚华语之间的异同："马来西亚华语与新加坡华语的语音、词汇与语法系统相似，但又有差异。就词汇来说，马来西亚华语更多地受到马来语和汉语方言的影响，而新加坡华语则有较多的英语借词。"然而，像这样对圈内华语进行比较的讨论很少，比较多见的是基于单一变体的考察或者与普通话的对比。黄立诗（2013）指出，马来西亚高频使用的方言（福建话）里"了"（liao）具有普通话"了$_1$"和"了$_2$"的语法功能。因此，马来西亚华人习惯把"了$_1$"和"了$_2$"读作"liao"。李思嫚（2013）讨论了马来西亚华语借词"嘛嘛档"，指出它借自马来语"Gerai Mamak"。从构词上分析，"嘛嘛档"是半音译半意译的借词。"嘛嘛"是音译，取"Mamak"的音；"档"是意译，马来西亚华语因为受到粤语方言的影响，把摊位称为"档"或"档口"，在马来西亚有很多"大排档"，指的是一溜排开去的小食摊。"Gerai"的意思是"小摊位"，也是"档口"的意思，因此把"Gerai"意译为"档"。

周烈婷（1999）认为，在新加坡华语里，"幼"的语义范围有所扩大，除了有跟普通话一样的用法外，还有相当于普通话里"细"的一部分用法，如用在"幼面""幼盐""幼线""幼沙""幼纱""幼粮（区别于粗粮）"等表示线状或粒状物体的词里。新加坡华语的"幼"有相当于普通话里"细"的某些用法是受新加坡人常说的一些方言影响，客家话、广州话、厦门话、潮州话和福建话里的"幼"都有这种用法。

刘文辉、宗世海（2006）提出"狭义的印尼华语区域词语"概念，指那些在这个区域中专有或特有的词语，如"拉宛（Rawon，牛肉辣味杂烩饭）""米八索（Miebakso，牛肉丸面）""昂格隆（Angklung，流行于印尼爪哇、巴厘等岛的一种用竹筒制成的乐器）""主公（cukong，后台老板）""渣佬（calo，中介商）""新秩序时代（JamauordeBaru，指苏哈托统治的时代）"等。

《全球华语大词典》所收的一些词语在使用范围项下，只列出一个地方，大致也属于此类，例如"定金"条下注明在泰国也说"定头金""定头钱"；"东道国"条下注明在台湾也说"地主国"。不过，该词典似乎是为了慎重起见，所以对具体使用范围的说明往往要加上"等地"，比如上边提到的"定头金""定头钱""东道国"都分别立条，下边的说明分别是"用于泰国等地""用于台湾（地区）等地"。该词典中附带类似使用范围说明的例子再如：

冬卡盖：泰式菜肴，椰汁鸡汤。[泰语音译] 用于泰国等地。

感化官：感化主任。用于香港等地。

政府学校：公办学校。用于马来西亚等地。

楼梯马拉松赛：高楼马拉松赛。用于新加坡等地。

就我们所见，有不少讨论虽然也是立足于某一具体变体，但是所得结论往往不具有唯一性与排他性，因此可能更适合作为"片"的特点及表现。除前边涉及的这种例子外，再如黄华迎（2014）讨论了马来西亚华语特有词语，共列出与政治经济、法律警务有关的词语，与种族文化、教育体系有关的词语，与交通运输、房产建筑有关的词语，与行业职称、称谓语有关的词语，与食品有关的词语，与其他社会现象有关的词语等六类，各举了不少例子，比如第五类就举了"斋菜、咖啡乌、咖椰、峇拉煎、叻沙、喳喳、罗惹、捞鱼生、椰浆饭、九皇斋、肉骨茶"等。就本人的经验来看，这些词语在新加坡几乎都有使用，因此很难说是马来西亚特有的。

刘文辉、宗世海（2006）在其论文"摘要"中说："文章概括了印尼华语区域词语的几个特点：①多使用文言词语，表现出典雅性和滞后性。②选用闽、粤等方言词。③采用与普通话不同的造词策略：或选用与普通话不同的近义语素（如空调为'冷调'、菠萝为'黄梨'）；或采用与普通话不同的词序；或对已有词语做了与普通话不同的缩略或扩充；或采用了特殊的音译。"这大致反映的也是整个南洋华语词汇的特点，而并非仅属于印度尼西亚华语。

下边再简单看一下国语圈内的情形。

程祥徽（2008）指出："（台港澳）三地是各自独立的三个不同汉语社区，社会情势、语文政策及语言状况等都有很大的不同。"田小琳（2008）则就港台的情况说："有人常将港台词语连在一起说，以为港台词语可划为一类，其实二者的背景来源并不完全相同。"柴俊星（2002）比较了一些词语在海峡两岸暨香港、澳门的差异，认为大陆以外的其他三地中，港澳之间的关系（同一性）比它们与台湾之间要更高一些，其所列出的对应词如下（按大陆－台湾－香港－澳门的顺序）：

方便面－速食面－公仔面－公仔面，后代－传人－下一代－下一代，走红－当红－当红－当红，联欢会－同乐会－派对（party）－派对，反面－负面－负面－负面，中药－汉药－中药－中药，出租车－计程车－的士－的士，邮递员－邮差－邮差－邮差，服务员－侍应生－侍应/侍应生－侍应/侍应生，笑星－谐星－笑星－笑星，奋斗－打拼－拼搏－拼搏，洋烟－外烟－洋烟－洋烟

我们专门讨论了台港澳三地"国语"的共性与个性问题，就其个性而言，主要是受不同外语（台湾日语、香港英语、澳门葡语）和方言（台湾闽南话、港澳粤语），以及特殊的社会政治、经济、文化生活及语言习惯等的影响而形成的差异。如田小琳的《香港社区词典》所收的"港督、总督、立法局、行政局、布政司、财政司、律政司、民选议员"等，即为香港所独有；《全球华语大词典》所收的词语中使用项范围下也有一些仅标注为澳门，如"巴士专道、白鸽票、阿丢、阿囡薯、百家乐、碧架"等。至于台湾的独用词语，自然也为数不少，比如与选举有关的一些词语（像"冻蒜、站台、拜票"等）。另外，文章也举了语法方面的例子，大致也能说明三地与中国大陆在语言上的紧密程度序列是澳门、香港、台湾，由此也体现了港澳台三地之间的差异。

关于香港与澳门，长期以来的相关研究中几乎都是"港澳"并提，而这在充分说明二者一致性的同时，也在一定程度上抹杀了它们的某些区别。邹嘉彦、游汝杰（2007）通过两组调查数据显示，澳门在一些词语的使用上受大陆的影响更大，由此也与港台之间拉开了一定的距离。黄翊（2007）谈及澳门语言的某些特点，如有一些表示澳门生活的特有词语："牛"借指葡国人，因葡国盛行斗牛的缘故；"牛"的构词能力很强，如"牛叔（土生对葡国本土来的葡人的称呼）、牛婆、牛仔、牛妹"等。特有的街道通名如"前地""圆形地"，特有的建筑物概念如"综合体"等。就与香港的对比而言，在词汇上，香港主要是向英语和日语借词，澳门除了全盘把香港的借词再借过来之外，还有一批向葡语的借词或根据葡语构词特点构成的词，例如"科假（休假），思沙（物业转移税），行人情（休假期间），过班纸（成绩单），沙纸（证明文件、毕业文凭）"等。

某一圈内部的某一具体变体语言特点及其跟其他相邻变体之间差异的考察与对比分析，应该是全球华语最基础性的研究工作，目前总体而言还处于初级阶段，覆盖面等都比较有限，因此需要拓展与加深。

进行这方面的比较研究，需要在以下几个方面多加注意：

一是立足于独特性。在这方面的研究中，应当尽可能确定某一或某些变异形式是否真正属于某一变体的独特之处，不应把带有一定共性表现的现象归为某一

变体的个性特征。

二是以相邻变体为主要参照点。这里的"相邻"大致是一个地理概念，比如台港澳之间、东南亚各国之间，这样才有助于在共性表现中抓住更具个性特点的表现，即真正属于某一变体所特有的变异形式。

三是避免绝对化。实践证明，说某一语言现象在某一具体变体中绝对没有，往往容易偏于武断，并且很可能也与事实不符，因为语言现象及事实是无比丰富多样的，在语言研究中说有易、说无难。所谓"独特之处"，在很大程度上往往并非绝对的有无之别，而是常用与偶用之别，换言之，就是表现为一种倾向性。

四是注意对已有研究资源的二次开发与利用。上文多次提到，目前关于各华语变体的研究已有较大进展，虽然由于立足点与角度等的不同，得出的往往是一些不具有严格排他性的关于某一变体特点的认识，但是我们可以从这些研究成果入手，或者作为语情调查的线索，进一步考察与分析它们到底是一定范围内的共性表现，还是真正具有排他性的个性特征，从而使认识前进和提高一步，并且更加接近相关研究所要达到的目标。

另外需要指出的一点是，以上三个方面的差异其实只是作了一个非常简单、粗疏的划分，因为相关研究远未达到全面、细致、深入的程度，所以我们现在也没有办法做得更加全面、细致，而只是基于现有的研究和我们的了解，在一个较大的框架下作了一个较为简单的划分和举例性的说明。我们相信，随着研究范围的不断拓展与认识的不断加深，我们一定能够在全球华语的各圈之间及其各自内部，归纳总结出更多的细致差异，并形成相对全面、完整的认识。

第二节　词汇差异实证研究

词汇是语言中最为活跃、变异现象最为丰富的部分，就全球华语而言，自然也是如此，并且由于其流传与使用区域遍布世界各地，深受不同语言、文化及社会生活等的影响。所以总体而言，其变异以及差异程度，远比单一语言来得丰富多彩、复杂多样，有时也会给全球华人之间的交流与沟通造成一定的障碍。正因为如此，所以早在全球华语开始研究之初，各地华语之间词汇的异同就首先引起了人们的关注，并成为研究成果比较集中的领域。但是，即使如此，这方面的工作也还仅仅是开始，全球华语词汇差异对比研究任重而道远。

以下是见于柬埔寨《华商日报》2016年2月1日的一组用例，其中有些词语的使用就颇有"异域风情"：

马国明表示平时有与自己的姨甥仔玩耍经验，觉得男孩子比较难凑，反而女孩子较静和爱跟爸爸。马国明希望自己将来也可以生女，因为父亲都较爱锡女儿。

Mate有望在农历猴年春节登录柬埔寨市场。

谢拉达那勋爵说，洪森总理及夫人极为关照各级军人的生活以及交通运输方面需求。

两名偷窃摩托车的盗匪在逃跑途中被群众擒获，愤怒的群众将盗匪痛打一顿后，交给警方处置。

如果着眼于跟普通话的差异，以上几例中，有的是词形方面的差异（如"爱锡－爱惜""登录－登陆"），有的是方言词（如"姨甥仔"和"难凑"都是粤语词，分别是"外甥"和"难侍候"的意思），有的是用法与普通话有所不同（如用于谓词性成分之间的"和"与带了较为复杂宾语的"关照"），有的属于社区词（如"勋爵"），有的是词义不同（如"盗匪"大致义同于"盗/窃贼"）。

以上各词不仅与普通话差异明显，就是在普通话以外也有使用范围方面的较大限制，如我们在台湾的几家媒体中就未检索到"姨甥仔"和"难凑"。

以下再看香港《成报》2011年3月15日的几个用例：

有当地司机指这是由于很多人担心危险，宁待在家中。

表示，若然有受过基本急救训练的人，在谢廷骏受伤后为他按住颈部，减少失血，他更可支持数小时，而存活率亦会提高至九成。

附近则响起死神号角般的海啸警报，村民着记者马上和摄影师跟随他们走往高地避难。

这组用例中，每句都有文言词，体现了港式中文"古意盎然"的一面。第二个例子中甚至还有两个，其中的"若然"前边讨论过，与表示假设的"如果"意思相同。另外，第一、三两个例子中的单音节词"指"和"着"，前者大致义同"指出"，使用单音节形式也颇显古意；后者则为"教、让"之义，此义至少在元代就已经使用了。

以上两组用例中的不少词，大都并非仅在一地使用，因此也有一定的普遍性，并且在整体上与普通话形成了对比，因此可以看作普通话圈与国/华语圈词汇差异的表现。另外，在全球华语中，存在着大量的词义（概念义、色彩义、语法义等）大同小异的情况，并且其中有很多属于我们所说的"隐性差异"。本节中，我们就大致立足于这样的差异，进行一些具体的考察与分析。在考察项目的选择上，我们主要着眼于普通话，即以普通话为参照确定合适的词语，通过它们来观察和分析国/华语圈词汇的意义、使用情况及其特点。

一、基于已有研究的延伸对比

我们在"两岸词汇差异对比"一章,较为全面细致地对比考察了海峡两岸十几个词(主要是实词,包括名词、动词和形容词)的意义及使用情况等方面的差异。本小节中,我们就从中选择几个词,并以之为线索,扩大考察范围,以此来验证和说明全球华语不同变体(主要是普通话与非普通话)之间的变异及差异,这也属于我们在前边所说的已有研究成果的"二次开发与利用"。

1. 坚强

此词在具体的使用中,其概念义在两岸有较为明显的差异。《两岸常用词典》中列为两岸共有词,释义为"坚定刚强,不可动摇或不可摧毁(与'脆弱'相对)。[例]～面对｜～的战士｜我们的意志无比～。"

由上述释义,我们大致可以对"坚强"一词的语义特征进行如下的归纳:[＋述人][＋(坚＋强)]。[＋述人]是说,此词总是与人的表现相联系的,或者直接用于对人的描述(如"坚强的战士"),或者用于对人的某一品性、特质等的描述(如"我们的意志无比坚强");[＋(坚＋强)]是说此词的意义等于其两个构成语素的相加,即二者都有实义且均参与表义。台湾"国语"在上述两个语义特征上,都有与普通话很不相同的表现。

第一个不同之处是[±述人]。台湾"国语"中"坚强"既可以像大陆普通话一样用于述人,也可以用于述物,即描述人以外的其他客体或事物,并且还以后者为多,由此就表现出与大陆很不相同的第一个特点。例如:

双方互信坚强,互动友好密切,沟通管道畅通无阻。(《自立晚报》,2013 - 6 -6)

此例"坚强"的主语是"互信",因此是[－述人]的。

第二个不同之处是[＋(0＋强)],即台湾的"坚强"经常是半边表义,这多少有点类似一般"偏义复词"或"复词偏义"的概念:一个语素表义,而另一个语素意义脱落或基本脱落。"0＋强"自然就是只有"强"(强大、强劲)的表义,而"坚"的意思基本上隐而不显。比如以下一例:

这次初选吴琪铭在许多竞争者中可以过关,表示他在地基层实力真的很强,看到今天现场有这么多里长、里长夫人与会,就知道一定有很多人在背后给他支撑,他的团队是很坚强的。(同上,2015 - 6 - 20)

此例前边说"实力真的很强",与下边的"很坚强"正可以互相印证。

台湾"国语"中"坚强"不仅能够表示"0＋强"的意思,有时也能反过来表示"坚＋0"的意思(坚定、坚决、坚忍),由此就构成了与普通话的又一个明显区别。例如:

杨处长说，美国政府坚强支持高雄世运的举办，并将尽力协助2009世运会的进行。(同上，2008-10-6)

普通话中修饰"支持"的，通常是"坚决/坚定"，而台湾"国语"中这样的组合形式也不乏其例，但是在"支持""反对"等前边，也经常用"坚强"来修饰。

以上各点表现都并非台湾"国语"所独有，下面我们就按照这三点差异，分别考察全球华语其他主要变体中"坚强"一词的使用情况。

A. [－述人]

更甚是，日本央行愈宽松，日圆愈坚强。(《晴报》，2016-10-24)①

人人心目中有个契诃夫、托尔斯泰或李白、杜甫，个人的人生观、世界观、宇宙观等得以建立、完成，社会自然会更加厚实、坚强。(新加坡《联合早报》，2016-6-24)

而对于泰国企业，他非常希望企业能够在同行业中培养初创业者，这既能让企业获得更坚强的发展外，还能为国家经济发展做贡献。(泰国中华网，2017-7-4)

(伊利) 通过一系列国际化布局，为旗下金典、安慕希、金领冠、畅轻、每益添等明星产品提供了坚强有力的资源、创新和市场助力。(新西兰《先驱报》中文网，2017-3-6)

马克龙随后发表上任后的首次公开演讲。马克龙说，世界需要一个坚强的法国，法国人选择了"希望"。(澳大利亚希望之声澳洲生活台，2017-5-16)

纽约曼哈顿的房地产，多少年来一直持续不衰，被认为是一块房地产的坚强阵地。(美国中文网，2009-1-6)

在法国看来，防守才是最好的进攻。如果想要防范德国的进攻，就要在法德边界构筑一个坚强的防守工事。(英国FT中文网，2014-11-3)

一些迹象显示市场对法德同盟关系稳定坚强确实恢复了信任：欧元对美元升值，市场交易频繁，特别是浮动性非常弱的企业债券市场的交易旺盛。(法国《欧洲时报》，2017-5-17)

B. [＋(0＋强)]

每次和新加坡朋友谈到马来西亚华文教育，大家总有种隐隐的羡慕之情。这时候我就会感到相当彷徨，因为事实上，华文教育在马来西亚并不如大家所想象的那么顺利、坚强。(新加坡《联合早报》，2016-10-23)

20岁的她是团内年纪最小的成员，有着坚强的舞蹈实力。(新西兰《先驱

---

① 本节中部分用例系硕士生李聪同学帮助查找。

报》中文网，2017-5-3)

这次反对党遍地开花参选，今年更有国人为先党挑战建国总理李光耀的丹戎巴葛集选区，希望打破人民行动党24年以来每届大选都不战而胜的坚强堡垒。(泰国中华网，2015-9-11)

长岛商学院新增"国土安全与安全管理系"教授阵容坚强　学生受惠良多 (美国中文网，2010-4-26)

短期内可以尝试通过相关立法将党的纪律部门纳入到国家打击职务违法或犯罪体系中，使其反腐工作建立在坚强的法律基础之上。(英国FT中文网，2014-10-22)

导师、师兄弟们组成的坚强团队，可以霸住一个场子很长时间。(英国《英中时报》，2014-10-17)

法兰西马是法国的温血马，是欧洲各种竞赛马中最坚强和最多用途的一种。(法国《欧洲时报》，2015-8-19)

我们甚至还看到，此义的"坚强"有时还可以带宾语，由此构成了所谓的"使动用法"，大致义同"加强"，用例均出自一家媒体，不知是否属于当地"特色"：

将坚强全国2235座屠宰场审查和监管。同时帮助培训300名养殖业者以及500位疾病防疫人员。(泰国《中华日报》，2017-1-17)

泰国经济复苏的道路并非那么平坦，仍面临诸多的坎坷。因此建议投资者谨慎投资，坚强自我监管将风险控制在可控的范围。(同上，2017-2-10)

C. [＋(坚＋0)]

另外一半，有的不看好可以改朝换代，主要因素有两个。其一是当前选区划分对反对党不利，其二是反对党给不到全部人信心，缺乏坚强的合作基础。(马来西亚《光华日报》，2017-3-3)

中国油价超美　消费者却更坚强 (美国中文网，2012-3-29)

与美方事后有充分沟通，美强调关系没有改变，就证明双方互信坚强。(美国华人今日网，2015-1-6)

总之，普通话与非普通话的"坚强"在上述两个语义特征的三个方面，均表现出非常明显的整体性差异，由此也造成了此词使用范围上的广狭之别：国/华语圈大于普通话圈。

2. 事迹

"事迹"一词在两岸的具体使用中，在感情色彩上有一定差异。此词《现汉》的释义是"个人或集体过去做过的比较重要的事情"。我们通过对其在普通话中实际使用情况的调查，发现它大致有两点限制：一是不用于日常琐事，二是限于

"好事"而不是"坏事",因此其语义特征可以记为[－琐事][＋好事]。正因为具有上述语义特征,所以日常所见多是"英雄事迹、先进事迹、典型事迹、模范事迹、感人事迹"等。另外,即使不加"英雄"等修饰成分,"事迹"所指的正面意义也是非常明显的。以下是《人民日报》2017年5月27日的两个用例:

有序开展推荐、评选、表彰各环节工作,树立事迹突出、品德高尚、群众认同度高、示范引领作用强的全国道德模范。

空军航空大学把李浩事迹作为开展改革思想政治教育、培育"四有"新一代革命军人的生动教材,开展了"学习李浩先进事迹,争做党的合格飞行员"活动。

后一例中"李浩事迹"与"李浩先进事迹"并用,最能说明问题。

也就是说,"事迹"在普通话中是蕴含褒义的,而在台湾"国语"中,它的语义特征却是[±琐事][±好事],因此就感情色彩来说,它是中性的,所以才既可以用于"好事",也可以用于"坏事"。前者的用例比较常见,如下:

市长提及多位代表的事迹,都赞不绝口。(《自立晚报》,2016-12-5)

后者的用例也并不少见,如下:

陈嫌见事迹败露,快步夺门而出,骑上机车试图逃逸。(同上,2005-1-3)

蔡英文……违法乱纪事迹不胜枚举。如今再创"世界纪录",竟然在剩余三年任期却提出八年期的前瞻基础建设计划……更视三年后的新民意、新环境为无物,为蔡政府违法乱纪的恶迹再添一笔。(同上,2017-4-25)

后一例前用"事迹",后用"恶迹",二者所指相同。

其实,不仅在台湾,"事迹"在其他地区的使用情况大致也是如此。例如:

迄今台湾省地方当局的自说自话自言自语,也都是悖逆史实与法理,是完全一个"伪"字的"丰功伟业"事迹。(新加坡《联合早报》,2013-5-5)

凶悍犯案事迹屡搬上大银幕(马来西亚《光华日报》,2017-4-19)

对比父亲蒲湄蓬各种为泰国人津津乐道的爱民性格,王储事迹"狂妄粗鄙"。(马来西亚《中国报》,2016-10-14)

砍倒沉香树来不及运走 偷树贼事迹败露逃逸(马来西亚 e 南洋网,2013-12-28)

此次活动的发言人表示:"在报纸上、在电视里我们都能知晓很多女性被家暴被谋杀的事迹。我们此次活动的想法是让更多人明白,这些残暴的事情不是个别现象。"(新西兰《先驱报》中文网,2016-11-3)

议长"熊孩子"事迹曝光 因不满座位竟拖延航班(澳洲新闻网,2015-7-27)

扒一扒那些娱乐圈中不懂事明星的极品事迹看个乐吧!(美国中文网,2014-4-2)

此外，国际间对引渡罪犯的不同意见以及烦琐的法律程序，使得犯刑者得以在事迹败露之后仍然能够远走他国，逍遥法外。（英国 BBC 中文网，2010 - 9 - 6）

然而事迹败露，因为谋事者怕某些天主教议员也被杀死，因此写信给 Lord Monteagle 警告他，要他不要参加国会开幕式。（英国《英中时报》，2014 - 10 - 31）

反腐专家、中央党校教授林喆告诉中通社记者，这说明反腐力度在不断深入，导致官员退休前的腐败事迹暴露，中央意在警告腐败分子不要抱侥幸心理。（美国《侨报》，2014 - 7 - 2）

以上列举的都是"坏事"，至于不涉及好坏，但是基本属于"琐事"的用例也时能见到，如下：

现场有 20 名幼儿园学生义工打扮成渔民、警察及张保仔等不同造型，于沿途不同地点向参加者讲述赤柱的有趣事迹。（香港《晴报》，2017 - 4 - 27）

洛坤府童艾县他央区出现一头母狗喂小羊吸吮奶的感人事迹。（泰国《星暹日报》，2016 - 2 - 15）

日前美国一个奇男子狱中打牌赢 150 万的事迹火遍了网络。（英国《英中时报》，2016 - 2 - 13）

色彩义是词义的一个重要构成部分，而感情色彩义是色彩义中最普遍、最重要的一种。全球华语各变体这方面的差异非常丰富，但是以往关注不够，今后应该加强研究。

3. 紧张

《两岸常用词典》对此词的释义为：①精神高度兴奋不安。[例] 精神～｜～的心情｜过度～容易误事。② 紧迫或激烈。[例] 形势～｜战况～｜气氛～｜比赛进行得很～。③ 节奏快；不松懈。[例] ～地进行准备工作｜生活～｜一片～繁忙的景象。④紧缺；供应不足。[例] 人手～｜住房～｜粮食～｜电力～。其中第四个义项标为大陆特有。

我们通过考察发现，台湾"国语"中，前三个义项都很常用，第四个义项目前已经从无到有，虽然还不是特别常见，但是毕竟也体现了两岸之间融合的趋势。就差异方面来说，主要有以下两点：

一是台湾的指称用法较为普遍，这是两岸"紧张"一词在用法上的最主要差异。这样的用例如下：

"扁政府"开启两岸一连串的紧张，以至于落得今日全盘皆输。（《自立晚报》，2004 - 11 - 1）

二是台湾的"动词性"用法较为普遍，即在表示陈述时，表现更接近于一个动词，其形式标记一是带了宾语，二是接受一般只修饰动词性词语的成分修饰。

以下各举一例：

更不用通宵紧张美国在何时、何地对何人说出伤害台湾的话。(同上，2005-2-4)

现场一度紧张，有学生、群众鼓噪，还有人撒冥纸。(同上，2015-7-31)

除台湾之外，"紧张"一词在其他全球华语社区的使用情况也表现出与普通话的这两点差异。

(1) 指称性用法

美、日等七国集团峰会日前在意大利落幕，达成共识较少，并再次将涉东海、南海议题列入会议公报，指反对任何单一国家的举动造成区域紧张。(香港《晴报》，2017-5-29)

当你开始思考下一次应该买什么的时候，脑筋就已经被紧紧牵牢，每一根神经都在享受着那种不确定性的紧张。(澳门《澳门时报》，2014-9-11)

他还提出了更多未经证实的指控，表示狱警的经验不足以及犯人一些特定待遇的削减造成了狱警与囚犯之间的紧张。(新加坡《联合早报》，2016-12-23)

俄罗斯总统普京向到访的韩国总统文在寅特使宋永吉表示，他愿意派遣特使到平壤，协助化解朝鲜半岛紧张。(马来西亚《光华日报》，2017-5-25)

中美两国近日因为共同处理朝鲜核问题，关系有所拉近，惟日前因在南海的驱逐舰事件再出现紧张。(同上，2017-5-27)

民主斗士翁桑苏姬甫在6月正式上台执政，存在已久的缅甸宗教和族群紧张也跟着浮现。(马来西亚《中国报》，2016-7-4)

在这些照片中，人们可以看到，即使是一贯风度翩翩的小奥，在宣誓就职这个人生最重要舞台上，竟也有了紧张。(美国中文网，2009-1-7)

州长尼克松星期六已对弗格森宣布紧急状态并实施宵禁。但随着18岁黑人青年布朗的第二次验尸结果在星期天出台，紧张再度升级。(美国《侨报》，2014-8-18)

澳中高层安全对话召开　毕晓普欲缓和两国紧张（澳大利亚澳洲新闻网，2017-4-29)

反对党工党则通过在医疗、教育、养老等方面均做出"慷慨承诺"，甚至承诺一旦当选将铁路国营、大学免费，在民调上一口气追回十多个百分点，给原本毫无悬念的选举陡然增加了万分紧张。(英国BBC中文网，2017-6-5)

伊朗的革命卫队升级了该国与沙特阿拉伯之间的紧张，指责其地区对手参与了周三德黑兰遭遇的两起恐怖袭击。(英国FT中文网，2017-6-8)

(2) "动词性"用法

这样的用法在各地华语中相对少一些，但是并不罕见，"紧张"在带宾语时表示的都是"因宾语而紧张"的意思。例如：

帖文引来逾2.6万人次点击，不少网民赞事主处理得当，安慰她应体谅为人母者必定紧张儿子，或担心儿子已经病了。（香港《晴报》，2017-5-31）

若能早就培养好孩子自动自觉着紧自己的事当然最好不过，否则，在紧张孩子为何还不积极读书温习，希望催促他们要好好抓紧时间的，最好便是以刚柔并重的态度来提点孩子。（同上，2017-6-9）

她解释，降准给市场注入流动性，可能流入股市、债市、房市，而央行却无法控制这个流量，在政府紧张资产价格上涨、担心资产泡沫会被刺破时，央行会非常谨慎地使用。（新加坡《联合早报》，2016-6-30）

以上所讨论的三个词，在词义的范围内分别涉及概念义、色彩义和语法义，算是基本实现了对词义的全覆盖。我们意在通过这样的选择，说明全球华语各变体在词义及词的使用方面的差异是多侧面、全方位的，而这应该成为我们进行相关对比研究的一个基本认识。

二、古语词使用情况考察

我们在上一章第一节讨论了传统国语的特点，其中所列的第一点就是"古雅色彩突出"，而这一点，早已随着传统国语传播海外，成为全球华语的重要"基因"，也在很大程度上成为国/华语的共同表现，并由此与在通俗化与口语化方向迅猛发展的普通话形成较为鲜明的对比，同时造成了词汇方面与此相关的不少差异。

本小节中，我们以三个比较典型的文言词在普通话圈与国/华语圈的使用情况为对象进行考察，以验证全球华语内部各变体之间的上述差异。

1. 撙节

"撙节"一词产生较早，《礼记》中就有"君子恭敬撙节，退让以明礼。"《现汉》收此词，释义为"节约、节省"，举例为"～开支"。

为了解当今普通话中"撙节"一词的使用情况，我们首先检索了1949年至今的《人民日报》图文数据库，共得30条纪录；而根据《现汉》释义，与之同义的"节约"与"节省"则分别有50859条和25611条记录。在《人民日报》的30个用例中，有6例用于引用古文或记录旧时（中华人民共和国成立前）的人事，1例用于报道台湾新闻，其他23例现实中的"自然"使用例子均见于1959年以前，且以20世纪50年代初及以前为多，比如仅1946~1950年的就有13例。

以下是1958年2月18日第7版的一个用例：

必须时时刻刻记住"公家一文钱，百姓一身汗"的谚语，极力撙节开支，爱惜财力物力。

由《人民日报》的使用情况来看，大概从20世纪50年代末起，此词基本就退出了现实的自然使用。

为了在《人民日报》以外更大的范围了解此词的使用情况，我们查阅了知网中包含159家中央级报纸、459家地方报纸的中国重要报纸全文数据库，共检索到121条结果（"节约"和"节省"则分别有689534和287763条结果），主要情况与《人民日报》大致相同，即基本用于报道港台及国外新闻，以及"古旧"的事情，真正用于现实的使用只有极少用例，且主要见于南方的报纸。如以下一例：

那么广州又有什么办法来应对财政增支和减收的矛盾呢？我认为，首先是要撙节开支，尤其是不必要的"三公"支出要进一步降低。（《南方日报》，2015 - 7 -30）

除了平面媒体外，我们也考察了网络媒体的使用情况。2017年6月5日，我们在百度新闻进行检索，共得到含"撙节"的新闻981篇（"节约"有63900篇，"节省"有55300篇），其中有相当一部分是直接引自港台媒体（如香港凤凰新闻、台湾《中时电子报》）的报道，其他的也几乎都有外国背景，如"希腊财长承诺进行改革 但不能实施更多撙节举措""奥巴马：如果国会不取消撙节举措，美国经济可能放缓"等，完全没有上述背景的现实使用少之又少。

由此，我们大致可以得出一个基本结论：在当今的普通话中，"撙节"的使用频率极低，使用范围极其有限。

下面我们看台湾的使用情况。我们同样于2017年6月5日在台湾联合知识库进行检索，该知识库包含《联合报》《经济日报》《民生报》《联合晚报》《Upaper》《星报》《美洲世界日报》《欧洲日报》《新闻图库》《动脑杂志》《远见杂志》《商业周刊》和《国语日报》等报刊，总体规模不小，但是与上述大陆重要报纸全文数据库相比，体量还有相当的差距。由于非注册用户仅能检索到近十年的数据，所以我们的调查就限定在这一范围内。检索结果是含此词的资料共有4278笔，其数量相对于大陆重要报纸全文数据库的121条已经非常可观了，是后者的35倍多，表明此词在台湾保有较高的使用频率。"撙节"的使用频率较高，可能意味着与之同义的"节约"与"节省"用得会相对少一些（挤占了后者的一部分空间），而调查结果也证明了我们的这一判断：该数据库中含"节约"的资料有5686笔，含"节省"的27040笔。后两个数字也与《人民日报》及大陆重要报纸全文数据库及百度新闻中两词的使用量形成强烈对比。

为了使读者对以上数据及其对比有更直观的了解，我们列表如下：

媒　体	撙节	节　约	节　省	比　例
《人民日报》	30	50859	25611	1∶1695∶853
重要报纸数据库	121	689534	287763	1∶5698∶2378
百度新闻	981	63900	55300	1∶65∶56
联合知识库	4278	5686	27040	1∶1.3∶6.3

上表中前几项的绝对数字不具有多少可比性，但是最后一栏的各项比例数，能够比较直观地反映海峡两岸这一组同义词的消长变化。

以下列举台湾《自立晚报》中的实际用例：

随着4G用户增加，电信业务成长，加上营销相关支出的撙节，5月份合并EBITDA及营业净利分别较去年成长7％及10％。（2016-6-8）

除方便使用运动中心市民停车，可撙节运动中心在符合法定停车格外，另因应停车需求所需的高达6000万元以上兴建经费。（2017-5-5）

在较高频率的使用中，也有一些变体性的用例，如下：

"反撙节"势力兴起促使欧洲政局大变天！从荷兰内阁总辞、法国总统大选变天、希腊反对财政撙节的政党取得多数席位，欧债发展再添变量。（2012-5-14）

各改制直辖市政府在上开得增加2243人编制员额范围内，仅纳编933人，业予撙节运用。（2014-4-17）

前一例的两个"撙节"均用同指称形式；后一例中则修饰动词，用为状语。

台湾以外，在其他国/华语区，"撙节"一词也时能见到，且有一定的使用频率。例如：

犹记得在电视辩论时，林郑曾暗批前任"财爷"的"0—1—1"撙节政府部门开支的做法，打击了公务员士气。（香港《明报》，2017-6-6）

这些新殖民主义有不同面貌，好比企业、贷款机构、某些自由贸易条约，以及撙节措施的施行，不断勒紧劳工和穷人的裤带。（新加坡《联合早报》，2015-7-10）

每次见他，我难免自惭形秽，他年幼丧父，自己赚钱、积攒、撙节、投资，尽管看上去是个绣花枕头。（同上，2016-2-7）

在遵守撙节原则，首相纳吉在2015年出国时使用政府专机的费用，比2014年减少了100％。（马来西亚《中国报》，2016-10-31）

项目贡献　撙节奏效　帝亿第三季净利扬27％（马来西亚《星洲日报》，2017-5-26）

希腊船员工会16日起罢工2天，抗议政府为取得更多纾困款准备实施新一

轮撙节措施。(泰国《世界日报》，2017-5-17)

欧盟多国国债高筑，政府必须撙节开支。(英国FT中文网，2015-9-21)

佩克雷斯自夸说："在开支上，我们是全法国最节俭的大区，两年内将可节省2.53亿欧元"，亦即相当于她的"竞选承诺（预定撙节4亿欧元）的64%"。(同上，2017-1-11)

众议院中的共和党人已经明确表示，它们会通过临时性的法案来避免可能的政府关闭，并在同时力促对政府的预算采取撙节措施。(美国《侨报》，2014-8-23)

该标题下的正文有"为因应收视习惯的改变，所以必须节省成本"句，表明"撙节"与"节省"基本同义。

撙节三年计划（2015—2017）设定的目标是取消1.6万张床位。但卫生部指出，2012年以来开创了2450张医疗床位和2830张护理及补充康复床位，同时承认减少了外科床位。(法国《欧洲时报》，2017-1-12)

保守党在脱欧以及撙节等其他国内问题的立场，可能很难找到愿意与其联合执政的盟友，从而最有可能出现在一个悬浮议会下，由工党领导的政府。(同上，2017-6-1)

西班牙政府周五宣布的明年度预算草案也颇保守，仍偏向于撙节。政府即使面临2015年大选也未增加支出。养老金支出将增加最低限度的0.25%，但公务员员额实际上仍然是萎缩的。(西班牙《欧华报》2015-12-17)

有意思的是，2017年6月5日，我们在有台湾背景并使用繁体字的美国华人今日网进行新闻检索，共得到28个"撙节"的用例，而当日在有大陆背景且使用简体字的美国中文网上没有检索到相关用例，这或许可以从一个小小的侧面反映出当下美国不同的华文媒体各有所宗、"各是其是"，以及由此而形成的当地华语错综复杂的情况。

2. 不赀

《现汉》收此词，释义为"〈书〉动 无从计量，表示多或贵重（多用于财物）：价值～｜工程浩大，所费～。"按《现汉》体例，标〈书〉的表示书面上的文言词语，所以这是一个比较典型的古语词。

此词当下在普通话中仅偶尔使用。2017年6月6日，我们检索1949年至今的《人民日报》图文数据库，仅有13例，就其使用情况来看，一是用于"涉古"的人与事，二是用于"涉港台"的语境。以下各举一例：

萧浮泗从伪天王府取出金银不赀，即纵火烧屋以灭迹。——引自清代赵烈文的《能静居日记》(2015-7-20)

单身的王女士在台北有一份稳定的工作。十几年前，她就买了生病医疗的商业保险。去年，她又买了长期照顾险。每年要多缴7万多元的保费，连缴20年，

所费不赀,但她说,补上这个缺,她的保险就算完整了。(2016-3-31)

另有3例是1950年及以前的,真正属于当下的自然使用非常少,只有几例,且主要见于近两年。

我们同一时间在中国重要报纸全文数据库中检索到79条结果,使用情况大致与《人民日报》相同。如以下一例:

北宋时期年铸钱数额在一般年份都远远超过百万贯,"自渡江后,岁铸才八万缗"。渗漏不赀、销钱铸器自北宋初期就已存在,而且屡禁不止。(《北京日报》,2013-9-11)

我们在同一天的百度新闻中找到相关新闻约2000篇,其使用环境及条件基本仍是"涉古""涉外""涉港台"。

把以上情况简单归纳一下:"不赀"作为比较典型的文言词,在普通话中属于极不常用词,主要只在一些特定的场合使用,属于绝对的生僻词。近年来,情况虽有所改变,但幅度极小,几乎可以忽略不计。

在台湾联合知识库中,我们共搜寻到1317笔含"不赀"一词的资料,与上述《人民日报》和中国大陆重要报纸全文数据库相比,数量算是相当多了,表明此词在台湾即使不算一个常用词,至少也不是一个生僻词。以下是台湾《自立晚报》中的用例:

与其他工厂不同,一次停炉再开,损失不赀,是台塑企业重大的损失。(2011-8-5)

厂商在高雄市装置,市府花费不赀,难怪杨秋兴要质问:"这钱花得下去吗?"(2014-10-28)

不过,对大多数人来说,听场音乐会仍所费不赀,且难免舟车劳顿,但现在在华南银行的分行已可以享受到高水平的音乐飨宴。(2015-8-14)

每个陶杯施上所费不赀的金釉,在阳光洒落下,金光闪闪、贵气逼人。(2016-8-16)

台湾之外,其他各地的用例如下:

有渔农界人士强调,本地鸡农过去十多年为了提升生物保安设施所费不赀。(香港《明报》,2017-4-1)

公务员越来越多,政府架构越来越庞杂,所费公帑不赀。(澳门《澳门时报》,2012-10-25)

据悉,近年来美国动辄以咄咄逼人的姿态高调"反倾销",让包括中国在内的不少国家蒙受不赀之损。(同上,2016-10-24)

香港官员说,长期而言要提升运量的唯一方法是找到更多空间,但不管是扩建或在邻近的大屿山新建码头都所费不赀。(马来西亚《中国报》,2016-2-18)

所费不赀/千年黄桧棺木 估要价千万（美国华人今日网，2014-12-15）

战前5年，美国平均每年从伊拉克进口的原油约2.1亿桶，战后10年间，这一数字却下降到1.9亿。可见从掠取石油资源来看，所费不赀的伊战也是得不偿失。（美国《侨报》，2013-3-22）

2008年谁能入主白宫尚在未定之天，但已确定的是争取成为布什的继任者所费不赀，将会创下有史以来最昂贵纪录。（法国《欧洲时报》，2008-1-23）

尽管对于工薪阶层来说，早教所费不赀，一节45分钟课程平均下来超过200元，数倍于我们的时薪。（英国FT中文网，2013-2-15）

3. 该

《现汉》一共列出了四个"该"，其中第三个为指示代词，释义为"指上文说过的人或事物（多用于公文）"；《全球华语大词典》"该"条下的第五个义项为"代词。指代上面提到的人或事物（多用于公文函件）"。以上释义说明，指示代词"该"在普通话中属于一个比较典型的书面词。

"该"本是一个多义的文言词，常用义如"具备、充足、包括、广博"等。此词还可以用为近指代词，义同"此""这"，但时间似乎较晚，如"若该处城守严固，则腹里自然无虞"。另外，《汉语大词典》还把这一义项列为方言，所举的例子是清末吴语小说《海上花列传》中的"该副烟盘"。

此义的"该"在清末以及传统国语中都比较常用，以下各举一例：

立刻就将该项当面交割，省得另日叫人送来。（《九尾龟》）

历年借债，除外款不计外，如积欠中国银行，及交通银行款项，多至八千万圆以上，遂致该两银行转运不灵，钞价日跌，市面动摇。（《民国演义》）

"该"的这一意义和用法在国语圈得到完整保留。石定栩、邵敬敏、朱志瑜（2006）讨论了此词的使用情况，指出港式中文的书面语色彩比较强，很少使用口语化的"这"，如果所指示的名词是一般事物名词，通常用"该"。他们还指出，标准中文中，"该"后面一般只能直接跟单数名词，其与所修饰的名词之间一般不能插入其他的修饰语，而在港式中文里没有这样的限制，所以像"该列开往油麻地的列车""该间烧饼及豆浆连锁店""该四名女子"等就比较常见，而在标准语中只能用"这"。

以上是香港的情况，澳门也是如此。张卓夫（1997）就此写道："在传媒中，'该'字的使用率很高。其实这个一音多义的文言词，较多用于公文，用于新闻报道很容易引起语义的误解。曾经有一名报社记者在报道一宗灾难新闻时连续用了多个'该死者''该伤者'的词语，翌日报纸卖出去，惹了成群人来编辑部冲着编辑骂'你们才该死'，编辑无奈，写了一张字条，放在那记者的案头。那字条上写的是：'一段新闻九个该，一该该出是非来。以后该员该注意，不该该处莫该该。'"

以下再举几个港澳"国语"的用例：

她又指，该三个单位现正招标，原定6月10日截标，由于部分单位正考虑连装修出售，有机会延长招标期。（香港《明报》，2017-5-17）

该些具重要生态价值的土地，大多位于现时沙罗洞分区计划大纲核准图的"自然保育区""具特殊科学价值地点"和"绿化地带"之内（该沙罗洞地带）。（香港《文汇报》，2017-6-16）

怀疑有人走私军火，于是将该批物品扣留调查。（澳门广播电视股份有限公司网站，2016-11-24）

山顶医院代院长彭向强接受传媒采访时，就社交媒体上有一名女士发文怀疑山顶医院儿科急诊开出剂量过多的药物一事，再次向该受影响女士表示抱歉。（同上，2017-1-28）

在台湾"国语"中，上述用法的"该"同样也比较常见。以下是台湾《自立晚报》中的两个用例：

田沙希是该次团队唯一的女生，她具有星海导航知识。（2016-6-10）

衡山指挥所报废的该张书桌为40至50年代制作完成的桧木书桌。（2016-12-28）

台湾联合知识库近十年的资料中，含有"该"的文本共有471154个，而《人民日报》近十年包含此词的文章只有13531篇，大概只是前者的三十五分之一。

国语圈以外，此词也有不低的使用频率。例如：

贸消部执法组主任莫哈末罗斯兰指出，该3样食品包括守家6令吉50仙的炒快熟面、11令吉20仙的年肉炒棉，以及4令吉的玫瑰味牛奶。（马来西亚《中国报》，2016-2-13）

该位于关丹米昔拉路的华裔人家，是于昨日在住家举办结婚喜事。（同上，2017-6-11）

该两条捷运项目投资方式将采用PPP模式，政府方面负责土地征收工作，而企业则要承担工程项目投资、捷运系统安装以及后去运营和维护管理。（泰国《中华日报》，2016-10-17）

12时10分许，该辆92路公交车上的大火被全部扑灭。（新加坡《联合早报》，2015-3-14）

据悉，该两名恐袭嫌疑人9天内去了7个城市，意大利机场的数据显示，该嫌疑人Surgul Ahmadzai 2015年12月9日，从伦敦到巴里，在米兰转机。（法国《欧洲时报》，2016-5-11）

自从6年前开始编制该榜单以来，女性学员比例稳定增长，最新一届中占42%。（英国FT中文网，2017-6-19）

据悉，Granata在2012年11、12月囚禁了该两名女子，并犯下了罪行。（澳大利亚澳洲新闻网，2015-5-25）

该次航班于当日早上9:39出发。由于出现工程故障，飞机于上午11:20返航。（新西兰《先驱报》，2016-12-1）

三、一般词使用情况考察

这里的"一般"与上节的"古语词"相对，即后者以外的在当下的全球华语各变体中均有较高使用频率的那些词。本小节中，我们仍立足普通话与非普通话的差异，选择几个词进行考察。

1. 提拔

《现汉》释义为"挑选人员担任更高的职务：～干部。"由这一释义可以看出，"提拔"一词的使用范围非常明确，即只限于干部的选拔、任用和晋升。例如：

该团年轻飞行员焦丽津因表现优异，被破格提拔到副大队长的岗位。（《人民日报》，2017-5-10）

有的甚至利用对方即将提拔任用处于公示期的时机，不断向多个部门投递匿名举报材料，企图让对方受到纪律追究，扰乱正常的组织提拔程序。（同上，2017-5-26）

台湾"国语"中，此词的使用范围要大许多，具体而言，就是不限于"官场"，也可以用于其他场域。例如：

黄柏霖表示，过去，他曾经受过不少社会先进、长辈们的提拔与关照，如今他本着"受之点滴、报之涌泉"的心情，投入推动社会公益活动。（《自立晚报》，2015-12-21）

此例与官职等的晋升基本无关，如果还不够明显的话，那么再看以下一例：

薛校长也不忘对服务于上市柜企业的杰出校友温情喊话，"多多提拔学弟妹"，透过人脉资源协助产学业无缝接轨。（《自立晚报》，2014-3-12）

有时，"提拔"的对象甚至还不仅限于人，这样自然与普通话相差更大了。例如：

被处分人等乃于99年5月间3次密集聚会，会中并决议自99年6月份起调涨烟品出货价格，其中针对主力烟品七星系列品项之出货价格提高至每条680元，同时决议通过各经销商每次进货时，七星和峰系列之品项每条烟品提拔15元，其他系列之品项每条提拔10元。（《自立晚报》，2011-3-4）

很显然，此例中的"提拔"与文中的"调涨""提高"同义。

台湾以外，情况大致也是如此，由此就形成了此词在普通话圈与非普通话圈的整体性差异。以下是各地的具体用例：

得奖作品会放上翡翠台播，得奖者更有机会拍大电影，为电影圈提拔第二梯队。(香港《晴报》，2016-4-15)①

上季被普捷天奴提拔至主力的阿里一飞冲天，联赛出场33次攻入10球，并当选PFA年度最佳年轻球员，且入选最佳阵容。(澳门《澳门时报》，2016-9-19)

我们不能只是依靠这批老队员，需要为未来做好准备，尽快在这个新奥运周期把小队员提拔上来。(马来西亚《中国报》，2017-3-22)

黄镫辉吐司泡水果腹 靠佩甄、许效舜提拔(泰国《世界日报》，2016-11-6)

这行动是有感而发，人是需要别人提拔、给予机会的，过往也是人家给我机会的。(加拿大《星岛日报》，2016-3-25)

布斯克茨2008年被瓜迪奥拉提拔到一线队，此后成为中场绝对主力。(澳大利亚澳洲新闻网，2016-9-23)

与台湾"国语"一样，偶尔也会见到涉及非人对象的用例：

这十间候选店铺是经过市民大众提拔，在近五十间获提名店铺票数最多的十间。(澳门《现代澳门日报》，2016-9-8)

路透社最新报道指出，欧盟对苹果开出的巨额补税如确实能间接鼓励美国公司将更多获利汇回国内，那会起到提拔美元的效果。(法国《欧洲时报》，2016-9-19)

2. 人士

《现汉》释义为："有一定社会影响的人物：民主～｜各界～｜党外～｜爱国～。"由此大致可以归纳出此词的两个语义特征：[＋正面][＋有影响]。我们在百度新闻中检索到的用例中，前十个分别是"外籍人士、央企内部人士、多家机构及国资专家等人士、足坛人士、行业人士、商务人士、爱心人士、公募人士、公募基金人士、各方人士"，基本都符合上述语义特征。

在台湾"国语"中，情况有所不同，它在上述两个语义特征上的表现基本是[±正面][±有影响]。我们在《自立晚报》中检索到的用例中，前十个分别是"驾车人士、国际商务人士、匿名人士、地方人士(2例)、相关人士、有车人士、专业人士、党内人士、文化人士"，基本能够证明这一点。

如果再往下看，见于该报的组合形式又有"善心人士、登山赏鸟人士、有心人士、在场人士、身心障碍人士、身障人士、瘖哑人士、雅好集邮人士、时尚人

---

① 本节中的部分用例由硕士生高路同学协助查找。

士、公正人士、医卫人士、知情人士、爱车人士、坐轮椅人士、抗争人士、抗议人士、对象人士、运动人士、外国人士、某人士、退休人士、投资移民人士、敏感人士、部分人士、原住民人士、藏族人士、民间人士、知情人士、不明人士、转职人士、特定人士、爱笔人士、挺同人士、反同偏见人士、全盲人士"等，而最能反映其与普通话差异的是[－正面]的"不法人士、可疑人士、不肖人士、酒驾人士、黑帮人士"等。

正因为此词可以超出普通话的上述两点限制，所以它的使用频率就比较高。在近十年的联合知识库中，包含此词的资料共有 127288 笔，而近十年的《人民日报》中只有 22982 篇，还不到前者的一个零头。

由于普通话中"人士"所具有的两个语义特征，所以在具体的使用中，它总是"有标记"的，即与一个修饰限定成分组合成一个相对固定的指称形式，其中最为常见的是四字格。而台湾因为没有上述两个限制，所以此词的使用也比较自由，除了有大量的临时组合形式外，如上引的"雅好集邮人士""坐轮椅人士"等，也经常作为一个独立的词使用。例如：

大部分流行性感冒患者都能在 2 至 7 天自行痊愈，并从此产生抗体。但某类人士，如长者，儿童，或长期病患者，则有较大机会有并发症，如支气管炎、肺炎等。（《自立晚报》，2004-1-30）

郑文灿说他遭受到一名人士从侧边以跑步方式用手肘冲撞，当下就已不适。（同上，2017-4-25）

在其他国/华语区，"人士"的使用情况基本与台湾相同，而与普通话有较为明显的差异。先看[－正面]的用例：

警员接报到场，涉案人士全部逃去无踪，受伤男子则由救护车送院治理。（香港《明报》，2017-6-7）

警检讨延长拘留期 加快遣返偷渡人士（澳门《澳门现代日报》，2017-6-13）

澳洲西澳的道路安全委员会今年年初宣布，安装一种高科技的相机，以拍摄那些在驾车时使用手机的违规驾车人士。（马来西亚《中国报》，2017-3-6）

G 提案就是提高房屋投机人士盈利的门槛，以法律方式保障租客的居住权益。（美国《侨报》，2014-8-19）

目前，SPCA 仍然在寻找这名"虐猫人士"，相关人员将面临至少三到五年有期徒刑，最高可达 10 万纽币的罚款。（新西兰《先驱报》，2017-6-12）

特蕾莎·梅近日表示，如人权法有碍于对恐怖分子的处理，她会对此做出改变。她表示希望在限制危险人士的自由和遣送外国嫌疑犯的问题上做得更严厉。（英国《英中时报》，2017-6-9）

据 CP24 报道，警方高速追超速人士也许很快就成为历史。（加拿大《星岛

日报》，2017-5-19)

至于指称[-有影响]人物的用例，就更加常见了。例如：

清晨5时许，有行山人士发现一名男子于香港仔上水塘的一条扶手铁梯以绳索上吊，大惊报警。(香港《明报》，2017-6-6)

为庆祝母亲节来临，约六十名来自澳门弱智人士家长协进会的儿童及家长上周六下午在近四十名金沙中国关怀大使的带领下到访澳门威尼斯人，一同参观体验梦工场冰之历奇冰雕展览。(澳门《现代澳门日报》，2017-5-14)

基于是不幸人士，杨锦成于是代他们交涉。(马来西亚《中国报》，2017-5-13)

加州有近1500只死鸟、2000个蚊子样本和93名人士测试显示该病毒显阳性反应。(美国《侨报》，2014-8-21)

遇到这种情况，驾车人士还是必须手动打开车灯，确保在大雾天里的驾车安全。(新西兰《先驱报》，2017-6-9)

租房居住的家庭，包括50岁到64岁的单身汉或夫妻，以及年龄超过65岁的退休人士，他们倾向于在租房成本上花费收入的一半以上。(英国《英中时报》，2017-6-15)

3. 标榜

《现汉》此词的释义是："动①提出某种好听的名义，加以宣扬：～自由。②吹嘘；夸耀：自我～｜互相～。"由释义来看，此词总体的感情色彩是趋向于贬义的，而实际的使用情况也确实如此。比如我们考察《人民日报》，前十个用例均为贬义，以下是其中的前两个：

为了拉住顾客，很多茶叶店向顾客标榜只有自己卖的西湖龙井是正宗的，别家卖的是假"龙井"。店家的互相指责、拆台，更是让顾客真假难辨，不知该听谁的。(2017-4-9)

一个由移民建立的国度，一个标榜自由的国度，现在却要建起一道墙，将同样怀揣梦想、勤恳工作的其他移民拒之门外，拆散一个个家庭，纵使合理也有些违背人性。(2017-4-13)

有时，"标榜"的贬义不是由此词自身，而是由其所带的宾语，甚至是上下文显示的一种负面性的评价或倾向，以上两例大致都是如此。

台湾"国语"中，"标榜"是一个呈中性感情色彩的词，基本都不带负面色彩。例如：

竹峰茗茶及涩水皇茶则是标榜融合自然景观、生态环境与小区工艺等景观体验型茶庄；而祥语有机农场则强调有机友善环境与传统文化传承，肩负茶产业永续发展使命。(《自立晚报》，2016-12-16)

被封为史上最强的烤吐司神器 BALMUDA 蒸汽烤面包机，标榜可以烤出世界上最好吃的面包,是日本以简约设计感著称的 BALMUDA 公司神作,甫推出就造成轰动,拿下各类烤箱/烤吐司机比赛冠军。(同上,2017-6-1)

在其他国/华语区,情况大致同于台湾。例如:

特首梁振英标榜香港可在一带一路担任"超级联系人"角色,从中获取经济利益。若要为这计划物色"推手",拉奥拿大概是合适人选。(香港《晴报》,2017-5-18)

高质量的生活是每个人的追求,在饮食方面,单纯的吃饱、吃好已经不是唯一的标准,吃得健康、吃得营养变得越来越重要。所以,都市人所标榜的都是要"食得健康"。(澳门《现代澳门日报》,2016-5-21)

华为标榜相机的像素尺寸很大,主相机拥有 1.55 μm,前相机则达 1.4 μm。(马来西亚《中国报》,2015-12-13)

萨迪克·汗被很多媒体标榜为"励志偶像"。(泰国《中华日报》,2016-5-5)

美国饮料巨擘可口可乐公司进军乳品事业,旗下牛奶品牌 Fairlife 即将推出优质牛奶,标榜高蛋白质和低糖,看好消费者愿意支付双倍价钱购买。(加拿大《明报》加东网,2015-2-4)

黄墙的房子伸出招牌,标榜着卢森堡本地啤酒多么好喝。(英国《英中时报》,2015-11-2)

苏打绿将与德国交响乐团合作的 3 场演唱会拍成音乐电影,标榜纯音乐、无剧情的非典型音乐电影,花了近一年录制,以高影音规格重现去年在小巨蛋演出的效果。(澳大利亚澳洲新闻网,2016-12-11)

品牌认知度足以说明产品的高品质,理所当然成为时尚白领标榜自我、展示品质生活的首选。(美国《侨报》,2014-1-23)

4. 检讨

《两岸常用词典》此词的释义是:"1〈书〉进行事务或工作的一般性分析与探讨。[例]书面~|生活~|~作业。2★对自身的思想或工作进行审视、批评。[例]自我~|当众~|思想~。3★对自身的思想或工作进行审视、批评的书面资料。[例]写~。"

释义中加五角星,表示为中国大陆特有义项。不过,这里的两个中国大陆特有义项似乎说得不是特别清楚,而《现汉》与之相对应的释义是"找出缺点和错误,并做自我批评""指用口头或书面形式所做的自我批评"。另外,《两岸常用词典》的第一个义项在《现汉》列为第三,释义为"总结分析;研究"。

长期以来,普通话中用的主要是后两个义项,近年来第一个义项的使用也开始增多,我们取《人民日报》前 100 个用例中的部分内容进行分析,前一义项与后两义项的比例是 36∶64。以下是《人民日报》中的三个用例:

团长宋新超认为，贯彻习主席练兵备战的指示，真正让官兵从"演练场"走上"实战场"，就要不断实战演练并反思检讨。(2017-5-23)

视频播放完毕后，秦汉新城综合执法局等单位负责人上台认领问题，做出深刻检讨，保证立即整改，诚恳接受管委会问责。(2017-5-31)

这是一个有心的小姑娘，工友们上班，她在上班；工友们下班了、放假了，她还在加班，以至于要经常写检讨反思自己"不会休息就不会工作"。(2012-6-15)

国/华语中，"检讨"主要用第一个义项，极少用到后两个义项，比如我们查验台湾《自立晚报》前100个"检讨"用例，全部都是第一义的，而我们平时翻检其他国家或地区的报章作品等，也较少见到后两个义项的用例。

先看台湾《自立晚报》的用例：

他表示，前瞻基础建设是滚动式检讨，并非订定计划后完全不检讨。(2017-6-5)

面对剧烈气候变迁，治水计划应全盘检讨，重新提出具有前瞻性及愿景的规划。(2017-6-6)

再看其他各地的用例：

保安司司长办公室认为，因相关刑事侦查员此前的虐狗行为确已构成违法行为，警队及刑事侦查员本人都首先应在法律和道德层面上对自身的行为进行检讨，与其追究他人，更应检讨自己，这才是身为警队的管理者和执法者的应有之责。(澳门《澳门时报》，2017-4-11)

张学友每一场演出结束后，都会看带子检讨、改进，而且看的不只是自己的表现，还有灯光、舞蹈等各个细节。(新加坡《联合早报》，2017-2-22)

我们能不能像古人那样，每天都对自己进行严格的反省、检讨，对自己进行认真的审视，以君子的方式来要求自己？(新加坡《新明日报》，2016-11-26)

前能源部长建议，政府应尽快出台新刺激措施以稳定经济保持稳定，并对之前的经济措施展开深刻检讨。(泰国《中华日报》，2016-10-24)

厄廷格应该检讨一下自己的世界观，一位有这样思想的欧盟委员将给整个欧盟带来损害。(法国《欧洲时报》，2016-10-31)

与台湾"国语"的情况不太一样，其他各地华语中，"检讨"用后两义的例子近年不断增多，就像近年普通话中第一义的用例也在增加一样。这样的用例中，有一些属于明显的引用，但也有一些属于自用。[①] 以下各举一例：

省委书记尤权就省苏树林和副省长徐钢因腐败落马之事检讨说，书记管干部是第一位的任务，省长出事了，他觉得自己责任没有完全尽到。(新加坡《联

[①] 关于"引用"与"自用"的概念及内涵，我们将在下一章进行说明。

合早报》，2016-1-28)

后来在压力之下，时任美国总统的克林顿也在李肇星准备的吊唁簿上写了道歉的文字。这一幕被美国媒体这样形容：克林顿像个犯了错误的小学生在老师面前写检讨。(美国《侨报》，2013-12-26)

第三节 语法差异实证研究

上一节主要是立足于普通话来考察词语及其使用情况与国/华语的差异，以下则换一个视角，主要由国/华语着眼来观察其与普通话的某些差异，因为相对而言，后者比前者发展更快，因此很多传统国语的旧有形式和用法已经或一度趋于退隐，而它们在国/华语中往往存留，如果从普通话出发，有些现象就不易观察到了。

本节中，我们主要选择目前学界较少关注、而我们已经做过一些小范围对比研究（主要是海峡两岸之间）的项目，扩大考察范围，以此来举例说明全球华语在语法方面的差异。

一、词法方面的差异

全球华语各变体之间语法方面的差异以词法部分最为明显且种类较多，以下我们从不同的词类中选择三个词进行举例说明。

1. 趋向动词"到"

趋向动词是表示移动及移动方向的动词。邢福义（2000）把趋向动词区分为广义与狭义两种，前者包括单用与后附两种，而后者仅指后附充当补语的一类。就后附的趋向动词用法来看，普通话与国/华语有较为明显的差异，以下仅以"到"为例进行说明。

我们讨论了台湾"国语"中后附单音节趋向动词"到"与普通话的差异，主要可以归纳为以下几点：

第一，在表示"达于某一点、到达、达到"（见《现汉》，下同）义时，可以取"述＋宾_{对象}＋到＋宾_{处所}"形式。而同样的意思，普通话一般要把对象宾语移到别处，直接采用"述＋到＋宾"格式。例如：

利用空勤总队的直升机空投民生物资到乌来灾区。（台湾《自立晚报》，2015-8-11)

同样的意思，普通话一般要用"把民生物资空投到乌来灾区"。

第二，在做补语表示"动作有结果"义时，组合形式远比普通话丰富，即能够与更多的动词搭配使用。比如：

等到阮氏燕到家后，才发现到丈夫口吐白沫，事态严重，紧急送医。（同上，2015 - 6 - 18）

第三，表示比较虚化的"达于某一点、到达、达到"义，大致意为"达到（某种程度）"。例如：

原来在许玮宁甜美外貌下，隐藏着拼命三娘的冲劲，靠着满到爆炸的档期来磨炼自己。（台湾《中国时报》，2015 - 3 - 9）

另外，用法有较大差异的还有两个凝固形式，一个是"令到"，另一个是"帮到"。前者在港式中文里也经常出现。田小琳、马毛朋（2015）认为，这个"令到"可以看作动补结构，"到"强调了"令"所达到的结果，所举的例子如"米开朗杰利年轻时并不喜欢钢琴的音色，后来入了行，发誓要令到钢琴发出'糅合管风琴和小提琴'的声音"。

台湾"国语"中与此相似的用例如下：

因为如果你用的字太深或不常见，会令到别人不知怎样去称呼你，怕读错了你的名字而自讨没趣。（台湾《自立晚报》，2004 - 5 - 30）

同样的意思，普通话中一般用"使"或"让"来表示。例如：

讲礼貌会使别人对你刮目相看，讲礼貌会带给他人快乐，讲礼貌会使人感动不已。（《中国教育报》，2011 - 9 - 21）

"帮到"的"到"大致也是表示"动作有结果"义，经常听到港台人士说"希望能够帮到你"，而书面的用例如下：

当时心里很激动，没想到自己竟然能帮到一家人。（台湾《自立晚报》，2016 - 1 - 28）

普通话中一般情况下使用"帮助"。

以上几种现象，在各国/华语区都比较多见，而在普通话中不用或很少用到，由此就使得二者形成明显的差异。先看"述＋宾对象＋到＋宾处所"的用例：

特朗普将鼓励与会领袖进口美国企业的液化天然气，让这些公司能更容易地运送更多天然气到中东欧国家，减少后者对俄罗斯天然气的依赖。（香港《文汇报》，2017 - 7 - 6）

将在北马半岛兴建一条横跨马来西亚半岛西海岸至东海岸的输油管，以协助输送来自中东及非洲的石油到东亚国家。（马来西亚独立新闻在线）[1]

---

[1] 本节中有些用例取自暨南大学海外华语研究中心的东南亚华文媒体语料库，该语料库不能显示具体用例的时间信息，所以我们只能空缺。但该库的时间跨度为 2005 年—2008 年，因此以下凡未标时间的均为这一期间的用例。

唐家山堰塞湖险情扩大，水位距离堰顶最低处29米，中国当局在今日天气许可下，在早上派直升机空运重型设备到唐家山堰塞湖坝顶，执行疏道任务。（马来西亚《亚洲时报》）

可怜阿金的银行卡上的余额只剩下98.2港元，不过她非常合作，她叫阿吉先存1.8港元到她的账户上，这样就可以取得那100块钱了！（新加坡亚洲新闻网）

军方亦空投6吨粮食、药物和帐篷到灾区。（新加坡《联合早报》）

警方商业罪案调查科科技罪案组已将案件列作发布淫亵物品案处理，并要求国际刑警协助，追查上载裸照到海外服务器人士身份。（泰国《世界日报》）

在此同时，将开始运送救援物资到全国各地许多遭到包围或"难以抵达"的地区，政府军和叛军都将确保人道援助物资不受阻挠。（法国《欧洲时报》，2016-9-13）

再看表示"动作有结果"的用例：

美斯留守鲁营球场，对上赛季失落两大锦标及今夏经历换帅的巴塞来说，将可发挥到稳定军心的作用。（香港《文汇报》，2017-7-6）

但是，在发现到谈论亚洲未来的政经发展根本无法抽离中国时，大会俨然成了一个研究中国影响力的经济论坛。（马来西亚独立新闻在线）

日本向泰国赠送总价值约为4100万铢的洗肾机"人工肾"61台，以帮助国内的肾衰竭病人能接受到较便宜的治疗和减少等候的时间。（马来西亚《光华日报》）

作为危机贷款者或又以扮演全球金融体系救火队的角色自许的国际货币基金，竟然也面临到转型的问题。（新加坡《联合早报》）

既然贪污调查委员会已经掌握到此案的全部证据资料，还是应该交由贪污调查委员会负责提出起诉。（泰国《世界日报》）

而此刻，这位母亲不仅没有理解到孩子的心理，更以武力来压制孩子的淘气，实施家暴，悲剧就此发生。（法国《欧洲时报》，2016-3-18）

以下是"达到""令到"和"帮到"的用例：

昨日风势很大，一度把火吹得越猛，欣宜亦差点被吓倒，而李琳琳就对欣宜说：这代表你妈咪的钱用之不尽，满到泻。（新加坡新动网）

女歌手怀孕9月出车祸！遭违规客车撞到车头全凹（美国华人今日网，2017-3-14）

蔡女士表示，由于爆炸的手机下面刚好有件衣服，因此令到火势迅速蔓延。（马来西亚《光华日报》）

这时候做出提早移交统治权的承诺，可以令到伊拉克各方强豪得到一分安心

感受不再担心美军长期占领。(新加坡《联合早报》)

　　评论暗示,这些都是政府故意在下议院辩论反恐法前制造"恐怖气氛",以其令到草案获得通过。(法国《欧洲时报》,2005-3-3)

　　目前,州政府的招商策略是:只要你愿意到槟城,能帮到槟州经济和人民,我们都无任欢迎。(马来西亚《光华日报》)

　　英国教育部最近发布了一份青少年网络用语缩写指南,希望能帮到焦急迷茫的父母,更好地保护孩子在网络上的安全。(法国《欧洲时报》,2015-9-8)

　　想在美国做房东?互联网房产投资可以帮到你(美国中文网,2016-12-28)

　　我好惭愧这么多年在娱乐圈都帮不到你,你今日的成就都是靠你自己的奋斗。(同上,2017-5-29)

2. 程度副词"太"

我们曾经讨论过海峡两岸程度副词"太"的差异。"太"是一个非常有特点的程度副词,普通话中,它有明确的使用范围和条件,大致有以下几点:一是表示程度过头,多用于不如意的事情,句末常带"了",如"车开得太快了""你太相信他了"。二是表示程度高,如果是"太+形/动",则多用于赞叹,如"太好了";如果用于"太+不+形/动",则是加强否定的程度,如"太不虚心"。三是受"不"修饰,构成"不+太+形/动",减弱否定程度,含婉转语气,如"不太虚心"。

台湾"国语"中"太"的使用与以上三点的不同之处,主要在于表示程度高时,既非用于赞叹,也不表示程度过头,并且"太×"在煞尾时也经常不与句末语气词"了"配合使用。这样,在很多情况下,就大致与一般的表示高量的程度副词"很"没有明显区别了。在这一用法中,用得最多的是"太多"。例如:

　　他也感谢事件过程中,有太多无名英雄、社会大众,出钱、出力及发愿祈福。(台湾《自立晚报》,2016-9-26)

其中也包括"太多"的重叠形式:

　　酒,沉淀了世代相传的太多太多的阳刚气息。酒,浓缩了中国历史难以记载的无数英雄好汉的故事。(同上,2007-4-16)

3. 连词"若然"

在本章第一节中,我们引用马毛朋(2012)对港式中文"若然"一词的讨论,我们的基本观察结果是,此词是港式中文的常用连词,通用中文则基本不用。本着我们在上文中提到的"对已有研究资源的二次开发与利用"原则,以下就对此词进行延伸考察,再来看一下其在其他国/华语区的使用情况。

传统国语中,"若然"就有"如果"之义,《汉语大词典》收此义,所举书证为欧阳予倩《同住的三家人》中的"你们要是常常付清,若然一次不便的时候,付几成隔一两天再补清,也不是不能通融的"。

此期类似的用例再如:

街头预言家:他说:"富贵贫贱,命中注定,若然不信,喏,有书为证。"(《良友》,1941年第169期)

爱德回答道:"我知道的,惠尔,我知道的,但是,我若然再能救一个,多么好呢?"(《灵粮月刊》,1946年第5期)

台湾"国语"中,也有"若然"的用例,如下:

在职妇女既要埋首工作,又要照顾家人,承受着双重压力,若然需要养育小朋友,更是百上加斤。(台湾《自立晚报》,2004-6-17)

明朗再三质疑天气报告的可信程度。若然真的下雨,至多走快一两步或在屋檐下躲避,总比在晴空下带着雨伞明智。(同上,2005-1-5)

此外,我们在暨南大学东南亚华文媒体语料库中也检索到较多用例,以下酌举几个:

以色列外长沙洛姆说,若然是巴勒斯坦人的温和派上场,以色列愿意与他们重开和谈。(新加坡《联合早报》)

其实昨日也有打算表达道歉的讯息,但若然未能做到,对此深表歉意。(马来西亚《亚洲时报》)

第二日,该生父母怒气冲冲闯进校园,声称其儿子被老师鞭打了,若然老师不道歉,便告上教育局。(马来西亚《光华日报》)

唯一被忽略的是越南与印尼,前者沉睡初醒,后者倒下再起,若然开步,会更快速向前,投资的回报率,可能是新兴市场之冠。(泰国《世界日报》)

此外,我们在法国《欧洲时报》上也检索到一些用例,如下:

由于美国总统布什近期一再表示,希望中国让人民币升值,以缓和美国国内的政治压力,因此中国若然已准备好人民币改革,有分析指极可能会选择在中美两国领导人的峰会前后公布消息。(2005-5-4)

"若然(我的任命)得以确认,我将致力确保美国继续作为亚太地区的军事强国,以维系促进和平与繁荣的各种条件。"卡特说。(2015-2-6)

然而,我们在其他一些可提供检索服务的国外华文媒体(如美国中文网、美国华人今日网、加拿大《华侨时报》等)中却未检索到用例,表明这一港式中文相当常用的假设连词的辐射能力还不是特别强。换言之,"若然"一词在全球华语各变体之间的差异性,可能不如上文考察与讨论的"到"和"太"普遍,它们在覆盖面上是有差异的。①

马毛朋（2012）似乎忽略了"若然"还有另外一个意义，即《汉语大词典》列为第一个义项的"如果这样"（或许是因为此义不属于马文所讨论的连词，而被排除了）。港式中文里，这样的用例如下：

特朗普很难全部接收奥巴马"亚太再平衡"的政治遗产。若然，特朗普真的"收缩"，对中国的压力无疑会减轻，但是幻想美国从亚太撤军是不切实际。（香港《文汇报》，2016-11-15）

但是，据我们的初步考察，港式中文里这样的用例并不多，因为这里的"若然"还可以有其他的替代形式。例如：

对于特朗普当选，我最担心的是二战以来，汲取战争教训所建立、以美国为中心支撑的国际秩序基本国际规范，未来会否被美国所背弃。若然如此，世界将会日益对立，爆发战争的风险亦会增加。（香港《文汇报》，2016-11-29）

此例的"若然如此"表达的意思与上句的"若然"完全相同。

在台湾"国语"中，这一意义和用法的"若然"倒是略多一点。例如：

家中庭内不种桑树苦楝桃花。因谐音因字义因转喻。若然，种栾树会痉挛，种樟树会肮脏，种苹果会贫穷，种茉莉会没利，种榆树会愚笨，种仙人掌则难免挨仙人一巴掌。（台湾《自立晚报》，2011-12-12）

第二季汇率水平是否持续影响企业本业毛利率表现，若然，企业获利有下修风险。（同上，2017-4-27）

在东南亚华文媒体语料库中也检索到一些这样的用例，如下：

该党主席林瑞莲以年轻女性的新人姿态领军挑战外交部长杨荣文坐镇的阿裕尼集选区，高票落选，依法将可取下非选区议员席位，若然，则揭开了反对党女议员的新页。（新加坡《联合早报》）

在这过程中，我们不知道国阵下一步会否仿效"513"过后的拉拢反对党组成联合政府；若然则两线制就会被动摇。（马来西亚韩视新闻中心）

若然则最热衷于与大家一起的，将是丹斯里曾永森。（马来西亚《光华日报》）

但是，用"若然如此"的似乎略多一些。例如：

徐天胜是单独行事或受人指使，若然如此，谁指使他？（马来西亚独立新闻在线）

---

① 由此可以给我们一个启发：研究全球华语的差异，各种差异的覆盖面大小可能也是认识差异本身以及进行不同差异现象之间比较的一个方面，比如明确某一现象覆盖面的大小及造成原因，由此进行一些分类；而若干（当然是越多越好）覆盖面叠加到一起，就有可能构成一幅全球华语的"差异地图"，而这对于了解各个变体的具体语情等无疑有很大的意义和价值。

据国际购物中心协会称,11月及12月期间,开业至少一年的商店销情,有机会跌2%,超过原先估计的1%,若然如此,就是1969年来最大跌幅。(马来西亚《光华日报》)

二、句法方面的差异

全球华语三圈之间,特别是普通话圈与国/华语圈之间在句法方面的差异也有一些,以下列举几种进行说明。

1. 句末处所补语

本人讨论了传统国语中处所补语的位置问题,指出有相当数量的补语位于述宾结构之后,构成"动＋宾_{对象}＋介＋宾_{处所}"结构形式,如"妇人滴下泪水在小孩底发上"。这一形式整体保留在国语圈,我们也曾讨论过台港澳地区类似形式的使用情况,台湾的用例如"车辆定期保养可维持车辆燃油效率在应有的水平",香港的如"现时无计划迁移总部到香港",澳门的如"骗子汇二十万支票到机主账户"。在这一形式中,句末处所补语中所用的介词主要有"在""到",以及与"到"意思相同的文言介词"至"。用"到"的形式我们在上一小节中已经举例说明,以下主要讨论用"在"的形式。

先举两个台湾的用例:

民众花费金钱在休闲消费,却还得强迫性接受政府的置入性营销。(台湾《自立晚报》,2012-8-29)

石门区幅员广阔,公所人员上下班常需花很多时间在交通上。(同上,2016-12-29)

类似形式在普通话中极为少见,而除了国语圈外,整个华语圈中这一形式也时能见到。例如:

当务之急是解决严重的财政赤字,立即着手采取果断的开源节流措施,即加费、加税、减开支的紧缩方式,以尽快达至收支平衡,而不是花费时间精力在梁锦松买车事件上。(新加坡亚洲新闻网)

新加坡税务局的年度报告显示,每名新加坡人平均花费1500新元在各项赌博上,包括赛马、万字彩票等。(同上)

另外,于2002年至2008年期间,教育部一共花费49亿9000万令吉在推行英语教数理政策上,包括进行课外活动、准备课本、教师津贴、师资培训、教学的电脑和科技的器材与软体。(马来西亚《光华日报》)

一些部门在举办盛会时,为了让盛会更壮观而浪费许多金钱在食物与纪念品上。(马来西亚韩视新闻中心)

至于与官邸毗邻的首相私邸,政府则花了马币2千417万元在初期建筑工

作。(马来西亚独立新闻在线)

他对马方的指责和攻击一点也不感到意外,不过他抓稳大方向,认为新马两国更为切要的是应该集中精力在反恐和经济挑战上。(新加坡《联合早报》)

维里说:"这一趋势使服务商获得鼓舞,愿意投资资金在扩充提供宽频服务的基础建设上。"(新加坡亚洲新闻网)

除东南亚地区以外,其他华语区也有类似的用例,但是似乎要少一些。例如:

用牙贴同样可以让你皓齿动人,同时还免去了花上大把的时间和金钱在牙医那里,这可是 Kristin 推荐的方案。(法国《欧洲时报》,2008-2-13)

房租占美国人收入的 38% 你花多少钱在房租上?(美国中文网,2017-4-10)

2. 框式结构"(在)……(之)下"

邵敬敏(2008)讨论了港式中文"在……下"的泛用趋势,认为普通话中,这个结构只能嵌入体词性或指称性成分,如"在这种情况下""在大家的帮助下"等;而在港式中文里,却经常嵌入谓词性或陈述性成分,如主谓结构、述宾结构、述补结构等。邵文所举的例子如下:

最后,有一些叛乱分子在毫无防备下被行刺身亡。

人在情绪失控下什么事情都做得出来。

邵文认为,这是港式中文特有的现象。

港式中文里,这一形式的确比较常见。再如《成报》同一天的两个用例:

政府被批评以纾缓通胀为由,在坐拥丰厚盈余下拒绝退税"派钱"。(2011-3-15)

厚生劳动省昨日决定,允许有关方面在未根据《墓地埋葬法》获得许可证下,对遇难者的遗体进行埋葬。(同上)

此外,有少量用例取"……下"形式,可以看作"在"的省略:

他忆述,大地震当日正和妻子返家收拾细软,但海啸毫无先兆下突然涌至。(同上,2011-3-14)

然而,这一形式并非如邵文所说,仅为港式中文所特有,因为它在台湾"国语"中同样也比较常见。我们对此进行过讨论,也举了不少用例,而时至今日,这一形式依然常见。例如:

在积极与台湾城市交流下,2016 年桃园与香川缔结友好交流城市。(台湾《自立晚报》,2017-6-2)

输出入银行在配合经贸政策下,长期协助企业拓展外销市场与分担贸易风险。(同上,2017-6-6)

此外,也有一些省略"在"的用例,如下:

新北市公托排队100、200名以上，公托收费标准约新台币1万2000元，扣掉政府补助3000元，1个月约9000元，相较下，托婴中心收费约1万2000元，比私托便宜。（同上，2017-5-27）

金山甘薯刚种植一个多月，目前多在长藤蔓跟结小薯期，大水冲蚀下导致根部裸露，水退后建议农友复土减轻影响。（同上，2017-6-3）

另外，还有不少以"之下"取代"下"的用例，以下是香港《文汇报》的两个用例：

众口难调之下，如何要管理好小区的各个功能，细节就更不能小觑。（2017-7-8）

再者楼价看升之下，旧楼价格升幅未追得上，变相令过去高企的收购价回复合理水平，不少旧楼收购于是顺利促成，令近期收购进度有所加快。（2017-7-10）

再看台湾《自立晚报》的相同用例：

在经济成长前景看俏之下，全球新兴市场基金大获资金青睐。（2017-5-22）

桂盟公司受惠欧美自行车链条补修市场市占扩增、新年度运动休闲车款开始进入制造旺季、中国自行车制造随共享单车热潮而升温，加上机车零件部门业务增长之下，6月合并营收达4.3亿元，年增40%。（2017-7-10）

华语圈中，上述形式也比较常见。例如：

在国际施压下，以方一个多月后让阿拉法特恢复自由。（新加坡《联合早报》）

峇里岛遭恐怖攻击事件并未对美股造成太大冲击，周一呈现开低走高格局，在利空不跌下，连续3日上涨。（同上）

选举委员会披露，一小撮受委的助理登记官在没有获得许可下，滥用权力，私自搬移选民到其他选区。（马来西亚《光华日报》）

从1948年到1957年独立期间，有将近三万四千人在没有审讯下，被监禁在全国各地的集中营。（马来西亚独立新闻在线）

过去它们在毫无抵挡下可以尽情发挥，纵使别人不同意但也不敢反对；但到了现在，它们蓦然发现，一个比它们巨大的敌人已出现在它们面前。（马来西亚《亚洲时报》）

泰国国务院总理塔信秦那越在政务繁忙下特地拨出宝贵时间莅临光华堂向大家讲解"泰国目前经济动向"。（泰国《世界日报》）

"在"隐而不显的用例也并不罕见。例如：

布莱尔上述言论之所以嚣张，是因为他竟敢发出英国有权不经联合国授权下攻打伊拉克的言论。（新加坡《联合早报》）

台股15日也展现跌深反弹的强涨走势，早盘以高盘开出后，在8大类股齐

涨,尤其电子股涨势凌厉下盘中一片通红。(新加坡亚洲新闻网)

政府希望通过2006年青年组织及青年发展法案下,为那些不积极组织注入新的元素,让他们重新活跃起来。(马来西亚马新社中文网)

市政府同时委托副市长专门主持防汛防洪工作,相信各方共同努力下,能顺利抵抗此次洪汛。(泰国《世界日报》)

以下再看"之下"的用例:

在一时无暇分身专注处理之下,对于伊朗和朝鲜的核武问题,也只能做到口头上表态,无法剑及履及。(新加坡《联合早报》)

失望或者绝望之下,萨达姆只能重新强硬起来,准备迎接即将到来的战争。(同上)

无论是阿富汗、伊拉克,甚至科索沃,与一穷二白的朝鲜对比之下,都具有重大经济利益。(新加坡新动网)

在这种种条件缺席之下,党员如何做出一个理性的政治选择呢?(马来西亚独立新闻在线)

邓小姐、涂先生与梁先生在尝试联络黄小姐不果之下,于是今天他们来到马华公共服务及投诉部召开记者会,目的是为了避免再有人因此而受骗。(马来西亚马新社中文网)

在众党员当中,超过100名女性党员在不知情之下,于2001年"无故"成了该支会的党员。(马来西亚《光华日报》)

学中文在新加坡逐渐流行之下,新加坡南洋理工大学(南大)和新加坡国立大学(国大)2所官办大学的中文系变得非常吃香。(泰国《世界日报》)

东南亚之外,我们看一下欧洲和北美的情况。

在我们考察的法国《欧洲时报》中,类似的用例虽然不多,但是也偶能见到。例如:

当年卑诗省府不断施压下,联邦政府在1885到1923年间向华人征收"人头税"。(2014-5-13)

姜哲不可能在朝鲜政府不知情下发表这些谈话,驻外大使的言论乃代表其国家的立场。(2017-2-23)

多重背景因素叠加之下,中德此次对话具有特殊意义。(2017-6-14)

我们考察的两家美国媒体(即美国中文网和美国华人今日网),以及加拿大的《华侨日报》,均只能提供标题检索,而框式结构"(在)……(之)下"一般不用于标题之中,但即使如此,也能偶尔看到这样的用例,表明这一形式也有一定的使用率。

3."A+过"式差比句

"A+过"（如"今年好过去年"）是一些南方方言中比较常用的差比句形式。黄婷婷（2009）提到，丰顺客家方言的四种差比句中，有两种分别是"甲VP过乙"和"甲较VP过乙"；韦玉娟（2007）报道广西六甲客语中也有"A+形+过 B（+数量）"形式；李蓝（2003）也指出，"大致说来，闽、粤、客'A过式'的使用频率还比较高"；吴福祥（2010）认为，差比式"X+A+过+Y"是粤语区别于其他方言的一个显著特征，而少数闽、客、官话方言采用该式是粤语影响的产物。另外，东南亚语言在"过"型差比式上的共享特征源于粤语"X+A+过+Y"的区域扩散。

至于普通话，陈珺、周小兵（2005）列出的 20 种差比句中，把"A 形容词+过+B"列为最后一种，所举的例子是"他的汉语水平强过我"。文中认为，这一句式"是古汉语在现代汉语中的保留，使用频率非常低，且多为书面语"。就我们的语感和初步的调查来看，"A+过"式差比句在普通话中的确较少使用，由此就在一定程度上与国语和华语的使用情况形成对比，成为二者句法差异一个方面的表现。

我们先看国语圈的情况。

石定栩、邵敬敏、朱志瑜（2006）在讨论港式中文比较句时，提到"N_1 形容词+过 N_2"形式，所举的例子有"恐怖过《孽缘》，荒诞过王晶""环保柴油贵过日本"，并且指出这一句式比较常见。我们在谈到台湾"国语"中的"N_1 V 过 N_2"形式，所举的例子有"失业率高过主政者的支持率""民间部门的力量早已大过政府部门"等。刘吉力（2016）比较全面地调查比较了海峡两岸"甲+AP+过+乙"类差比句，结论是台湾可用作 AP 的单音节与双音节形容词均远多于大陆，而这也就是说此形式在台湾有更高的使用率。此外，据我们调查，这一形式在澳门也比较常见。

以下台港澳各举一例：

无法承受较高风险之投资人，不妨考虑透过定时定额的方式进行投资，虽然报酬率不见得高过单笔基金投资或是股票投资，但起码风险较小亦能享有股市上扬的利基。（台湾《自立晚报》，2004-3-16）

多名立法会议员齐声炮轰港府漠视基层市民死活，指现时"木板隔间房呎租贵过豪宅"。（香港《东方日报》，2011-3-10）

从来没有仆人大过主人，何况在法律面前是人人平等！（澳门《澳门观察报》，2010-8-1）

总之，在国语圈中，"A+过"式差比句都比较常用，由此就与较少使用这一形式的普通话形成较为明显的差异。吴福祥（2010）提到，在东南亚语言中这一形式也存在，也就是说，在华语圈，这也不是一种陌生的形式。以下再就这方面的情况进行考察。

各地华语中，这一形式也时能见到，以下我们就东南亚华文媒体语料库所收的媒体各举一例：

他的文章中提到，现在已经有巫统党员抱着这可能是最后一次收贿的心态，有得拿总好过没得拿，所以就连区区马币一百元，也照收不误。（马来西亚独立新闻在线）

对在意年龄的人来说，这件事的烦恼很可能多过升职加薪带来的喜悦。（马来西亚韩视新闻中心）

目前最符合经济效益的电车来自中国；电车的架设成本高过电车本身。（马来西亚《光华日报》）

有些人误会只有月入低过1500令吉的家庭才获得考虑，其实只要符合公共服务局所制定的评估标准就有机会获选。（马来西亚马新社中文网）

过终点了，有人饮得杯奶茶落，有人心情苦过斋啡，酸过无糖柠茶。（马来西亚《亚洲时报》）

一般专家认为，攻击者设法把炸弹偷运到船上或者安排枪手偷登船的可能性，大过从外面对船只进行攻击。（新加坡《联合早报》）

由于执政党的多数席位十分薄弱，施托伊贝尔预测，执政党的地位岌岌可危，寿命可能不会长过一年。（新加坡亚洲新闻网）

由于青奥会参赛运动员的年龄设在15岁或以下，而现在距离青奥会还有两年，因此有意征召年龄小过13岁的足球员。（新加坡新动网）

即将下台的现任总统古斯茂虽不寻求连任，但他将眼光放在紧接着于6月举行的国会大选，因为总理的政治影响力大过总统。（泰国《世界日报》）

欧洲的情况大致相同，例如仅在法国的《欧洲时报》上，以上组合形式多数都检索到用例，如下：

德国巴伐利亚州的71家银行近日考虑奉劝储户不要再来存钱，因为"现金放在自家的保险柜也好过被欧洲央行收0.3％的惩罚性利息"。（2016-3-7）

据法新社巴黎1月2日电，2016年法国销售的柴油车仍然多过汽油车。（2017-1-3）

今年又有约2000套拍卖房进入市场，它的价格显然是要低过市面价格，也会对市场带来冲击。（2014-4-2）

对某些人来说，看欧洲杯赛的诱惑大过复习功课，怎奈会考文凭是进入大学的敲门砖，不复习也不行。（2016-6-14）

如果要把人们喜爱的食物通通列出来，恐怕菜单要长过一整碗出自高手的拉面。（2015-2-18）

最后再看美洲的情况。在美国的两大中文网站上都检索到不少相同用例，以下仅以"多过"与"好过"为例：

留守儿童父亲：跟客户交流多过孩子 打电话就问吃了什么（美国中文网，2016 - 5 - 30）

主要演员徐枫回想当年18岁时，导演胡金铨要她演主角，徐枫说，"感觉是害怕多过开心。"（美国华人今日网，2015 - 7 - 6）

天主教教宗方济各表示，当一名无神论者，好过当一名过着虚伪双面人生活的教徒。（同上，2017 - 6 - 28）

第四节　小结及余论

汤志祥（2005）根据20世纪90年代末的研究成果进行统计表明，全球华语圈内的词语有百分之九十是相同的。目前，我们在这方面还缺少进一步更精细、更全面的统计。但是，即使以百分之十计，整个全球华语各变体之间词汇的差异也是相当可观的。另外，语法方面的差异应当如何统计，以哪些指标为依据，好像还没有进入学者们的研究视野。

本节中，我们主要立足于词汇，兼及语法，对上两节的内容进行小结，同时对相关研究提出我们的意见和看法。

一、差异的普遍性

全球华语各变体之间词汇的差异最具普遍性，涵盖的范围也是最广的。我们在现代汉语史的研究中，经常从词形、词义和词用三个方面来考察词汇的发展变化，现在看来，全球华语的词汇差异也包含这三个方面，或者说全球华语词汇差异也可以从这三个方面得到充分的反映。以下就此略加申说。

词形方面，主要是各地均有一些此有彼无的词语形式，它们基本都可以归入社区词的范围内，并且属于"社区特征词语"，有的反映本社区独特的事物及观念、制度等，有的则和其他社区形成异形同指关系。总之，这些是最具某一言语社区个性色彩的部分，反映了不同的华语社区独特的历史及社情民俗等。不过，这类词语的数量一般不太多，并且往往也比较醒目，较易引起人们的关注，属于整个词汇差异系统中比较显豁的部分。

词义方面，我们取一个比较大的范围，即包括概念/词典/理性义、色彩义和语法义，同时包括有人所说的"蕴含义"等，主要是想从更大的范围内对词义差异进行更多角度、更多方面的考察。对于词义差异的考察，主要是在"同形异义"的范围内进行的，并且面对的往往是大同小异的情况，其中有很多属于隐性差异，如果不在较大规模的语料库中进行多角度的细致观察，有时甚至难以发现，这方面的研究成果相对较少，应该是以后努力的一个重要方向。

词用方面，我们也取一个比较大的范围，如使用范围的大小、搭配对象的异同、语体与语境的差异，以及区别引用、自用与变用等，均在考察范围之内。这方面的内容很多也属于隐性差异，同样需要做更多细致的工作，也要借助大规模或较大规模的语料库。

就语法方面而言，差异同样具有相当的普遍性，具体表现在：一是差异普遍存在于各个变体之间，二是差异涵盖了语法本身的方方面面。就后一方面而言，上一节我们分别举了词法与句法方面的多个例子，意在说明无论是在词法中还是句法中，差异都存在于其下位分类，甚至下下位分类的各个方面。

二、差异的层次性

在本书前面的讨论中，我们多次提到全球华语的层次问题，而这一问题在词汇差异方面也有充分的体现。因此，我们在进行相关研究的时候应当关注这一问题。

一是差异本身的层次性。如果按照显著程度由高到低的排列，最为显著的当属词形的有无之别，即指不同言语社区之间此有彼无或此无彼有的词语形式，如前所述，这样的差异是最为显豁、最易引起人们关注的部分；其次是词义范围内的有无之别，以往相关研究中人们最为关注的形同实异以及同形异实等，主要即为此类，人们在进行相关的调查与分析时往往是以义项为着眼点和单位；最后则是义项内部的各种细微差异，以上多次提到的隐性差异有很多即为此类，而我们自己的相关研究也经常在语义特征的层面展开，即属于这一层次的考察。我们认为，这方面的工作还有待进一步推进。

二是差异范围的层次性。我们仍以前边经常用到的"圈"为依据进行说明。我们以上考察的很多现象是国/华语圈在整体上与普通话圈的差异，这样的差异显然应该属于最高层次的差异；前边我们也提到像国语圈与华语圈之间的差异，而这样的差异在层次上自然比前者略低一些；此外，如果有的特点为一圈之内相邻的几个社区所共有，这当然又低了一些；最后，如果有的特点属于某个言语社区所独有，这当然也构成了一个层次。上述层次实际上说的是具有某一特点的词汇差异的使用范围，而我们在具体的研究中，一方面应当有这样的范围意识，另一方面也应争取弄清具体差异现象的使用与存在范围。

三是差异现象使用的层次性。在这一方面，如果最粗疏地划分，则可以分为常用与非常用；稍微细致一点，则可以大致分为常用、次常用、不常用，由此就构成了差异现象使用的层次。所谓常用与否，当然是由使用频率或复现率承载的，具体则表现在两个方面：一是词语本身的常用与否，二是差异现象复现率的高低。就我们的考察和研究而言，基本是以常用词语中的高复现率差异现象为主要选择依据，而随着研究工作的拓展与深入，也应该适时地把视线下移，及于那些次常用甚至不常用的差异现象，因为常用与否及差异与否，总会有其造成原因，而其背后也总会有其规律的。

三、差异研究的注意事项

就全球华语各变体的词汇、语法等的差异研究而言，以下几个方面尤其需要引起注意与重视：

一是多层面的研究。以上提到的三个方面的层次性，代表了不同的研究层面，所以所谓"多层面的研究"，就应该包括上述的所有方面。当然，仅有上述方面也还不能说是完整的。比如，词汇中向来包括"词"与"语"，两方面都要关注，这也是多层面研究的应有之义。另外，对词而言，还包括它的构成成分（即语素），这也是两个不同的层面，都非常有差异的内涵和深入发掘的空间。比如简缩语素，像"银行"，普通话一般简缩为"行"来构成新词，如"中行""工行"；而港台地区则更愿意取其前一语素，简缩为"银"，来构成新词，如"中银""工银"。但是，"央行"在中国大陆经过"有—无—有"的曲折变化后，如今已经成为各地共有的了，而新生的"网银"等似乎一直就是各地共用的形式。也就是说，就"银行"及其简缩形式"银"与"行"之间，既有来源的不同，也有相互之间的消长变化，因此非常值得探寻与总结。

二是多角度的研究。以上所说词形、词义及词用，就是三个不同的角度，而在这三者之下，还可以作更细致的划分，由此自然就带给我们更多的研究角度。我们甚至可以在一定程度上说，我们找到的角度越多，相关研究就可能做得越细致、越深入。比如，在词形下面，着眼于此有彼无者，就其来源而言，可以分为自源与他源，前者是普通话/国语/华语自身发展的产物，而后者是来自异族语言或方言，至于是哪个民族的语言以及哪一种方言，则又是进一步的下位划分了。再比如，按我们此前对词义的表述，它至少包括理性义、色彩义和语法义，对三者的分别考察以及分而治之，也构成了三个不同的角度，并且三者都是非常重要的；而三者之下，有的还可以再划分为不同的角度或方面，比如色彩义，现有的极少研究和表述只针对感情色彩，至于其他的（如语体色彩、形象色彩、地方色彩等）则概付阙如，所以也留下了极大的开拓与发展空间。

三是成系统的研究。客观地说，以往的全球华语词汇差异研究一直显得比较杂乱，基本没有什么系统性，因此这是一个应当引起注意并着重加强的方面。词汇是一个系统，它由不同的类聚构成，而这些类聚往往也都包含着自己的下位类别。比如，一般的现代汉语教材谈到的词汇类聚，包括基本词汇与一般词汇、新造词与古语词、方言词与外来词，以及社会习惯语等。刘叔新（2002）在其文章中列出 11 类，即同义组、反义词、对比组、固定搭配组、特定搭配组、单身依赖组、互相依赖组、分割对象组、级次组、挨连组、同语素词语族。这些不同类聚大致都有全球华语差异内涵，因此都可以而且应当逐一进行研究。比如同义词场，像"提高、提升、提拔"这组同义词，根据上文对"提拔"一词在国/华语圈的具体使用中所表现的与普通话圈的差异，我们至少可以知道三者之间的相对关系以及分工情况（即具体差异）是有所不同的。此外，"提升"与"提高"的表义与使用范围在三圈之间也有差异，另外还有历时的发展变化。就普通话而言，由于受国/华语圈影响而最终"激活"传统国语中"提升"不限于职位与等级的用法，这样一方面造成此词在使用中与国/华语圈的趋同表现，另一方面也造成了当代普通话中此词与"提高"使用范围等方面的消长变化。

四是综合性的研究。本书讨论全球华语各变体之间的差异，词汇与语法是分开来谈的，而限于时间、精力以及研究的积累等因素，其他方面则基本没有涉及。当然，如果仅从"操作"的层面看，分而治之有其合理性，但是我们最终得出的结论和认识应当是贯通的，应具有更大的代表性、概括力和覆盖面。所以，我们不妨这样说：具体研究过程中的分而治之，是为了最终的统而观之。其实，即使在操作层面，也不能一味地只观一点，不及其余。比如，语言学界向来认为词汇既是词汇学的研究对象，同时又是语法学的研究对象，这一认识应该在全球华语差异研究中得到贯彻和体现。我们在词汇对比研究中强调词形、词义、词用三位一体，其实就体现了这一点：词形部分的语素也是一级语法单位，而词义中也包括语法义，至于词用则是强调在组合中观察词的功能与特点等，自然也与语法有着更为密切的关联。反观语法研究，大致也是一样的：所谓词法，主要面对的是词的语法分类以及各类词的不同语法表现，而从词类的划分到每一类中的每一个词的具体表现，都是以其基本意义为基础的；再看句法，很多句法现象的上位及下位划分，往往与某个关键词（可以称为标记词、标记成分）的使用有着极为密切的关系，所以句法问题在一定程度上也是词法问题，甚至可以说是词汇问题。

第五章 全球华语各变体之间的融合

我们在本书第三章第四节下的"全球华语史的研究方法"一小节中,谈到"确立两翼分布模式",指出不仅要研究差异,还要研究融合。而后者大致应该包括以下几项内容:一是融合的具体事项;二是融合的方式、过程及其发展变化;三是融合中的不平衡表现;四是关于未发生融合以及不融合的现象。

本章中,我们就以全球华语各变体之间的融合及其表现为对象,进行初步的讨论,其中既包括理论性的梳理与阐述,也包括对各种融合事实的实证性考察与描写。

第一节 全球华语的融合及其表现

一、关于融合以及融合度

1. 关于融合

我们较早地结合海峡两岸语言关系及其发展变化,提出了二者之间的融合问题,并对其内涵进行了阐述,指出它并非语言学意义上的"语言融合"。所谓"语言融合",指的是一种语言排挤和替代其他语言,从而成为不同民族的共同交际工具,它伴随着不同民族的融合而产生。我们所说的"融合",限于一般的词汇意义,即不同的事物合成一体,具体地说,就是指海峡两岸语言由不同到相似、相同的变化。另外,融合既可以是结果,也可以是一个过程,我们趋向于把海峡两岸语言的融合看作一个趋同的过程。

周耀文(1995)基于对曾经长期影响中国语言学界的斯大林的语言融合观的反思,对语言融合的含义进行了新的概括和表述:"不同语言(或方言)的转用、融合和不同语言的混合。"

时至今日,在全球华语及相关的研究中,"融合"已经成为一个常用词,比如戴昭铭、赵一凡(2009)指出,"(20世纪)50年代以后,出自港台本土的一些语言特点渗入'国语',逐渐融合成了既与传统'国语'有别,又与内地书面语有别的'港台式'国语。"汤志祥（2009）把当今称为"全球华语大发展、大融合、大变化的时代"；游汝杰（2012）提出"全球汉语融合"概念，指的是在不同地区使用的华语文相互间的趋同现象；周清海（2016）则呼吁"让华语在交流中融合"。

此外，不少学者还使用另外一个意思相近的词：趋同。比如，游汝杰（2012）就用"趋同现象"来解释"融合"，我们也是把海峡两岸语言的融合看作趋同的过程；而郭熙（2006）也强调"应该充分考虑到各地华语趋同与存异以及双向互动问题"。

基于以上表述以及学界的一般使用情况，我们对本章所讨论的"融合"作以下的界定：

第一，是共同语内部不同变体之间由异向同的变化，即差异部分减少、相同部分增加的趋同性发展。

第二，趋同现象并不会造成一种变体排挤并最终取代另一种或几种变体，或者最终完全"重合"的结果，而只会不断提高它们之间的"相似度"。

第三，融合既是趋同变化的结果，也是一个正在进行的过程。

2. 关于融合度

为了对融合现象进行更多的研究，人们提出了"融合度"的概念并进行了一些讨论。以下介绍以海峡两岸语言对比研究为立足点的两篇文章的主要观点。

一篇是仇志群（2013）的，他认为可以借融合度的概念"建构一个解释的理论框架"，探索从这一角度解释词语的渗入与被接纳的条件和可能性。文章用了很大篇幅讨论造成对立词语融合度强弱的原因，共谈及以下几点：一是语言文化环境特点决定融合的进度和隔离的宽严，二是社会制度因素决定融合色彩的深浅，三是词语单位和意义的选择有强势占位的现象，四是社会生活中突发事件或强势话语人物的影响可以提高融合强度并加速融合进度。另外，文中还认为融合度之说为观察处理两岸差异词提供了一个角度，其意义主要表现在：其一，词语融合度具有差异性，具体表现在融合进度上的不同；其二，如果能作梯度式描写，融合度应是一个动态指标；其三，融合度的强弱变化也有语言内部和外部原因交互影响的作用。

另一篇是邹贞在我的指导下完成的博士学位论文《海峡两岸词汇的差异与融合研究》（2015）。文中明确指出："海峡两岸词语的融合度反映的是两岸词语的融合程度，就具体词语而言，融合度存在高低强弱之别。有些词语变化明显，表现出很高的一致性，这样的状态可视为高融合度；有些词语有一定的趋同表现，但一致性不如前一类高，这种情况可看作中融合度；还有些词语趋同变化很小，两岸的一致性比较弱，这可以归为低融合度范畴。"至于为什么要建立融合度的概念，文中有以下的表述：

  研究词语融合，需要找到一个合适的、能够深入下去的角度，而融合度不失为一个好的选择。融合往往不是由 A 到 B 剧变式的飞跃，更多地表现为一个渐变的过程。就一个词而言，由最初的进入到最终成为对方词库中的一员，往往有一个渐进的过程，并且常常表现出一些阶段性特点。建立"度"的概念，无疑有助于把握和分析上述过程以及归纳在该过程不同阶段的不同表现和特点。从这一意义上来说，建立融合度视角能够有效地对融合现象进行比较全面的考察和深入的分析。因此，可以说明确使用融合度这一概念不仅是两岸词语融合研究的需要，更是两岸词语全面对比研究的需要。

  另外，文中还谈及建立融合度概念给相关研究带来的一些便利：一是区分和描述融合的不同层次，二是区分和描述融合的不同阶段，三是区分和描述融合的不同方式。同时，文中还以较大的篇幅讨论了融合度的判定标准、影响两岸词语融合度的主要原因等问题。

  邹文是在我的指导下完成的，因此也反映了我本人的基本观点和认识。这里，我们想对融合度的概念再明确以下几点：

  第一，融合度的概念是在海峡两岸民族共同语对比研究的过程中提出来的，主要基于对词汇现象的分析与概括。但是，我们认为，这一概念有广泛的适用性，完全可以用之于全球华语各变体之间相互融合现象的研究之中。另外，它的适用范围也不应仅限于词汇，而是可以用之于各个方面。

  第二，融合度可以是一个静态的概念。在静态下的使用，大致有两个观察角度：一是着眼于结果，即仇志群（2013）所说的"事后认定"：从大陆一方说，进入普通话的（又以"入典"即收入《现代汉语词典》为准）就是融合度强的单位，不能被接纳的就是融合度弱的单位；二是着眼于能否融合的原因，即词语本身具有融合度或可融合度的强弱之别。以上可以对词语融合度的高低等进行相当程度的解释，然而这其实只反映了该概念的一部分价值。

  第三，融合度更是一个动态的概念，可以用之于动态的观察和预测，而这是它的另外一部分，并且是更加重要的意义和价值。我们在上文中提到，融合可以是一个正在进行的过程，而要对这一过程进行相对精确的观察和描写，融合度是一个很有用的概念。比如，我们在下文将谈到，某一变体的某一个语言成分进入其他变体并完成最终的融合，一定要有一个从"进入"到"融入"的过程，就使用情况来说，则大致可以分解为"借用－自用－化用"这样三个不同阶段，而这也正是该形式融合度的不同层级。也就是说，我们可以借由融合度来判定语言项目融合的进程及其阶段性。另外，动态性还表现在对融合现象及其发展趋势的预测，如果我们能够比较准确地判定某一形式的融合度，那么我们就有可能比较正确地预测它的融合与否以及速度、方式等,而这无疑也是非常有理论内涵和价值的。

第四,"度"本身是一个量的概念,因此"融合度"概念的提出,其实也在一定程度上指出了新的研究方向以及研究领域,即对相关语言事实及其变化过程的定量分析。我们提出了两岸共同语"计算对比研究"的概念,虽然主要是立足于差异,但是同样可以移植到融合方面。实际上,我们所见已经出现了这样的研究。例如,我们在本书第三章第二节中提到谢永芳、张湘君曾指出,以华语社区"手机"一词的异称为例,引进社会科学"指标体系"研究模式,甄选三级共十项指标,采取客观、主观两种赋值计算法,比较测量这组异称词语的结构,用数据位次显示差异,并借助数据对词语结构在华语社区异称选择竞争中的制约作用进行解析。其实,在我们看来,十项指标最终得出的各个异称形式不同的数值,就可以表述为融合度的高低,并且可以用来解释某一形式进入更大的使用范围(即融入其他变体)的原因。

二、融合的条件及过程

邵敬敏、刘宗保(2011)指出,不同的华语社区词之间可能会有各种程度的渗透和互动,导致有些社区词慢慢就变成几个社区都使用的"跨社区词"了,但是我们对这种语言接触的途径和影响程度也还都缺乏了解。从典型社区词,到准社区词,到跨社区词,再到泛社区词,最后就演化为一般词语,形成一个渐变的连续统一。不同社区的高频接触,必然会导致语言的交融,从而导致社区词数量的减少以及典型性的减弱;反之,不同社区如果互不来往,必然会导致语言的分离,造成社区词数量的增加以及典型性的增强。可见,不同社区接触的频度、力度决定了社区词的质与量。语言的融合源于及缘于语言的接触与交流,而语言的接触与交流则源于或缘于社会的接触与交流,就全球华语而言,则是不同言语社区之间的接触与交流。

以上表述,一方面描绘了一条融合发展的线索,另一方面则比较宏观地揭示了融合现象产生的根本原因和条件,即不同言语社区之间的接触与交流。我们比较具体地考察分析了哪些大陆词语较易与不易为台湾吸收。前者主要有三类:一是反映引起高度关注事物的词语(如"一国两制");二是表现力较强且可弥补对方不足的词语(如"山寨""钉子户");三是常用的对应词语中明显占优的词语(如"导弹"相对于"飞弹")。后者大致限定在以下几种:一是台湾基本不用的某类词语(如汉语拼音字母词语);二是反映此有彼无的事物,或者与台湾已有事物"不兼容"的词语(如"房姐""围脖");三是风格色彩上过于俗白的词语(如"拼爹")。

如果从另外的角度来表述,所谓"融合"其实就是不同的华语变体之间"各取所需、补己不足"。比如,在语法方面,为了补普通话之不足,吸收了"有没有＋VP""有＋VP"句,从而形成一个完整的"有＋NP"和"有＋VP"对应序列,体现了语法严密化与精细化的发展。再比如,国/华语圈对堪称普通话"标志性"词的虚义动词"搞"用量增加很多(见上),也在一定程度上弥补了其"万能动词"数量及使用范围之不足。

以下再简单讨论融合的过程。

我们大致把这一过程划分为三个不同的阶段。李明(1992)较早地讨论了普通话引进港台词语的过程及其表现,文章指出,在大陆报刊上出现港台词语,有的是因为转载或摘录了港台报刊的文章或报道,如《新民晚报》周末就专门辟有一版转载或摘录港澳台消息。有的是个别作家在写作时故意模仿某个港台作家的笔法,在用语上当然也要受到影响。以上所说就是第一阶段,可以称之为"引用阶段",是一地词语进入另一地的起始阶段。李文接着又指出,好多港台词语或者由于表达上的需要,或者由于某种别的原因,已融入大陆用语中,不再属于引用的性质,其中最常见的是某些新事物、新概念在大陆原来没有相应的词语来表达,因此人们就直接采用了港台的说法;另一种情况是大陆原来有相应的词语,港台词语进入大陆后出现了两者并存的局面。以上所说大致就是第二阶段,我们称之为"自用阶段",即在非对方语境下的自主性使用。但是,在我们看来,这还不是真正的融入,即还没有达到第三阶段。第三阶段是"变用"(我们有时也称之为"化用"),即在第二阶段的基础上,如果着眼于词形,产生或衍生了新的变化形式,比如用于构成新词语,成为仿拟的对象而造出新的仿造词语;如果着眼于词义,义项的增加或者有所改变,这当然也是一个标志。另外,如果着眼于词用,有时也能找到相应的变用标志。

我们列举了港台词语对普通话的诸多影响,其中的第七项就是促生仿造词语。比如,传统国语中有"中央银行"一词,简称"央行",台湾"国语"保留这一词形;大陆没有中央银行,于是"好事者"就以"央行"指称具有中央银行功能的中国人民银行,从而使此词得以进入普通话且有较高的使用频率,即完成了由第一阶段的"引用"到第二阶段的"自用"过程;在接下来的进一步使用中,由"央行"又仿造了"央视(中央电视台)",再后来还有"央广(中央人民广播电台)""央企(中央企业)"等。"央视"等仿拟词的产生,正是上述"变用"的结果,同时是"央行"融入普通话的最高阶段(即第三阶段)的标志。

当然,第三阶段的化用并不仅限于"词"的范畴,比如我们曾经注意到以下的用例:

商家为了促销,往往也仅仅选上很少一些商品,打折打得让人"跌掉眼珠

子"以吸引顾客。(《大连日报》,1998-1-18)

对此,我们作了以下的分析与说明:

我们认为,这里的"跌掉眼珠子"是由港台的"跌眼镜"(喻指事情或其结果出人意外)而来的。这一"发明者"的思路可能是这样的:既然"跌眼镜"是出人意外,那么连眼珠子都跌掉了,岂不是更出人意外吗?

现在如果我们再讨论这个例子,或许还可以补充一点新的内容:

"跌眼镜"刚引进的时候,通常取四字格形式的"大跌眼镜",可能是引进之初,有人不甚了解其理据,所以误写作"跌眼睛",并且以讹传讹,从而使之也有了一定的使用频率,即如以下一例:

这不但令业内人士大跌眼睛,更令许多用户愤怒之极。(《经济参考报》,2003-5-22)

有了这个"大跌眼睛"作为中间环节,"跌掉眼珠子"说法的产生也就不会使人觉得不可思议了。

另外,时至今日,"跌眼镜"还在产生新形式。例如:

广东高校新媒体榜第二季,改朝换代跌碎一地眼镜!(《南方都市报》,2017-7-15)

我们有一个基本的认识:与"原形"相比变化的幅度越大,融合度就越高,所以"跌眼镜"是一个高融合度的形式。

对词而言,真正融入的另一个标志是"入典",即收入规范词典中。比如,来自台湾的"理念"一词已收入《现汉》2002 年增补版和 2005 年第 5 版,前边讨论的"央行"也已收入《现汉》第 5 版及以后各版。

以上对融合过程三个阶段的划分与说明,是以词汇融合为基础的,词汇以外其他方面的融合过程是与之完全相同还是另有参差,这将是我们下一步的研究课题。

三、全球华语史视角下的融合问题

在全球华语史的视角下观察和讨论各变体之间的融合问题,大致有相对宏观与相对微观两个层次,以下分别进行讨论与说明。

我们着眼于海峡两岸民族共同语的融合,进行了一些历时考察,而现在我们的认识是,相关的表述在一定程度上也可以用之于整个普通话圈与国/华语圈之间。以下对此进行简单的叙述。

相对宏观的层次指的是总的规律与线索。谈两岸语言的融合,应该分别考察大陆与台湾的情况。就大陆的情况来看,大致可以以 20 世纪末为界,分为前后两个阶段。前一阶段以单向输入为主,略有输出(时间越往后越明显);后一阶段基本是双向互动,输入逐渐减少,输出越来越多。台湾的情况差不多正好相反:在大致相同的时间内,先是以输出为主,然后进入双向互动阶段。不过,如果仅着眼于输入的话,台湾的情况还要复杂一些,大致又可以以20世纪80年代为界划分为"贬损性引进"与"中间性引进"两个阶段。前一阶段主要以"文革"词语为引进对象,如"阶级斗争,无限上纲,批判大会,批斗,斗垮、斗倒、斗臭,牛鬼蛇神,造反有理,大老粗",基本都是在贬义上使用,多数保留至今;后一阶段对大陆词语的引进和吸收"提速"与"扩容",引进的词语以及在使用中基本都呈中性色彩。后一阶段有人称之为"积极性融合"(李行健、仇志群,2012);那么,与之相对,前一阶段大致可以称之为"消极性融合"。

微观的层次则是着眼于某一具体语言形式的引进与吸收后的使用、发展与变化过程,这方面史的内涵也非常丰富。我们甚至在一定程度上可以这样说,每一个被引进吸收的语言形式都有自己的历史,而这样的历史合在一起就构成了相对完整的"全球华语融合史"。

上述微观层次的过程我们概括为"引用—自用—变用"三个阶段,前边已经讨论过,以下再作进一步的明确和解释。所谓"引用",就是直接搬用对方的语言形式,并且在对方的语境下使用,在意义、形式和用法方面均无变化,这是引进的初级阶段;所谓"自用",则是指在前一阶段的基础上,在脱离对方语境的情况下自主性地使用,但是在意义、形式和用法方面并未发生明显变化,这是一个有所发展但变化尚不明显的阶段,处于两端之间承前启后的中间状态;所谓"变用",其主要表现一是在前一阶段的基础上扩大了使用范围,二是在意义、形式和用法的某一方面甚至几个方面都发生了变化,这是引进的高级阶段,标志着该形式已经真正融入对方的语言系统。

以下我们以"裸退"一词在台湾的使用情况为例进行说明。

据中国新闻网2008年3月19日报道,中国国务院前副总理吴仪在2008年3月"两会"之后退休,此前她曾经在2007年12月24日的一次商务会议上这样说道:"我这个退休叫'裸退',无论是官方的、半官方的,还是群众性团体,都不再担任任何职务,希望你们完全把我忘记!"此后,"裸退"一词开始流行,并被收入《现汉》第7版,释义为"退休后不再担任任何职务"。

此词也开始流向港台及海外。《人民日报》2015年2月5日的台港澳侨版刊登一篇《说词解事》,所说的第二个词就是"裸退":

裸退是指干部退休后不再担任官方、半官方或群众组织中的任何职务。这原本是个大陆词汇,但近年来,台湾民众也常常使用,所以当朱立伦正式表示国民党荣誉正副主席走入历史的时候,台湾媒体的表述是:马英九党职裸退。

其实,早在"裸退"一词出现后的第二天,它就"登陆"台湾媒体,以下是台湾联合报业旗下的《Upaper》2007年12月25日的报道：

中共国务院副总理吴仪明年3月确定退休，昨天在北京的国际商会致词，她要大家把她完全忘记，"我会在明年两会后完全退休，我这个退休叫'裸退'……"

此例显系引用，而到2008年3月17日，《联合报》上就出现台湾自用的例子：

今天新一届国务院所有成员将定案，人大会议接近尾声。人事更迭是这次两会的主要议程，但大陆民众关心和讨论的焦点，不是哪一位新人要上台，而是宣布要"裸退"、希望外界"完全忘记她"的副总理吴仪。

这篇报道的标题为《铁娘子 不带走云彩 裸退吴仪 不让舆论左右》。

如果说此例还只是自用的开始（因为表述对象并未改变），那么，改变表述对象且自用程度有所加深的例子很快就出现了：2008年5月12日，台湾《经济日报》"话题"栏目刊登一篇文章，标题为《裸退精神》，文中有以下一段：

海基会董事长江丙坤近日因兼职问题，引发外界质疑日后可能面临利益冲突。所幸江丙坤有先见之明，在媒体披露前，就先卸下企业、社团等一干职务，保住清誉，也维护海基会作为当年政府、企业共同捐助的中正形象。

这里的"裸退"指的是江氏"卸下企业、社团等一干职务"，相较于吴仪原意，显然已经有所转移了。

以下一例中，"裸退"的用法也有变化，即带上了处所宾语，可以看作由"自用"到"变用"的转变：

他说，二代健保未能百分百达到原先改革理想，是他能力不够，他已递出辞呈，且将"裸退"政坛。（《自立晚报》，2011-1-4）

变用的例子再如：

新闻局一等秘书郭冠英虽然16日起退休，但退休金问题还没解决，只能"裸退"。（同上，2014-7-15）

这里的"裸退"指的是退休后没有退休金，相较其最初的含义，已经明显改变。

再进一步的发展，则产生新义：

……用尽手段逼他们"裸退"血本无归。（同上，2016-12-8）

该商场又开始计划招商，致使台商人心惶惶，深怕遭受被保利集团强制"裸退"的命运。（同上，2017-1-16）

以上两例报道的是同一新闻，前一例的"血本无归"已经大致把句中"裸退"的意思说得很清楚了，即"投资没有任何回报就退出经营"。

以上简单梳理了"裸退"一词从大陆到台湾，在台湾从"引用"到"自用"再到"变用"的整个过程，可以看作很多大陆词语进入台湾、两岸实现融合过程的一个缩影。

当然，这还不是"裸退"一词"全球华语史"的全部，它还循着另外的路径，传向其他华语社区。例如：

为了保持对俄罗斯权力核心的绝对控制，普京没有像叶利钦当年辞去总统职务那样"裸退"，而是"离任不离职"，建立了"梅普组合"权力构架。（香港《文汇快讯》，2011-10-1）

在官场营营役役，无非是为了追逐权力，官职既不保，虚有其名（且个人品格已受质疑）的党职已无可恋栈，不如"裸退"来得干净利落。（马来西亚独立新闻在线）

解铃还须系铃人。"裸退"，那才是真英明。"一山不容二虎"。追求永恒，那是一种愚蠢透顶的英明。所以，笔者建议普京，将计就计，"裸退"，还俄罗斯政坛以清明。（新加坡《联合早报》，2013-5-5）

总之，各变体之间的融合现象，既是全球华语及全球华语学研究的重要课题，也是全球华语史研究的重要课题。与上一章我们讨论的差异现象相比，各种差异更多地属于"过去时"，即主要是在我国改革开放之后形成的，并且随着融合程度的不断提高，它们实际上也在不断地缩小；融合现象则更多地表现为"现在时"，即是当下全球华语中最主要的发展变化。此外，它还是"将来时"，因为在未来的一段时间内，我们相信还会有更多的融合现象在更大的范围内产生与发展。所以，如果着眼于历时，各种融合现象一方面以共时的面貌呈现，另一方面又处在动态的发展过程中，它不仅从过去延伸到现在，更进一步从现在延伸到未来，因此不仅非常有史的内涵，而且是一项可持续性非常强的研究。

四、融合的主要表现

全球华语各变体之间的融合，在语言的各个要素以及语言使用的各个方面均有不同程度的表现，而就融合运动（即语言流动）的方向而言，则主要表现为普通话圈向国/华语圈靠拢、国/华语圈向普通话圈靠拢以及国语圈与华语圈及其内部相互靠拢这三个方面。前两个方面我们将在下边分节讨论，此处只就第三个方面进行举例说明。

关于国语圈与华语圈及其内部相互靠拢这方面的研究成果目前比较少见，通常只在一些相关论著中有零星或比较简单的举例说明。例如，陈重瑜（1985）指出，近两年来，台北的饭店里常用来自（香港）粤语的"埋单"。施春宏（2015）谈到，泰式华文中很多跟普通话形式相异的词，倒是跟台湾地区或香港地区形式相同，跟新加坡也比较接近。可见，泰式华文除了按自身规律发展外，受台湾、香港、新加坡等地华语/华文的影响以及它们之间相互的影响也比较大。周烈婷

(1999)指出,在新加坡华语里,"分别不同"中的"分别"除了有状语的用法以外,还可以用作宾语,如"这两种情况有什么分别""没有分别"。文章认为,这个用法可能是受台湾"国语"影响,因为在台湾"国语"里,"分别"这样用是很普遍的。

祝晓宏(2011)讨论了"插"类词的语义变异、变化及其传播,认为"狂插"是一个香港用语,"围插"相应地也应该是"港货",现在它们在台湾已有使用,在东南亚也比较流行。很显然,这是一个由国语圈内的香港到台湾,再到华语圈的东南亚的传播路径。当然,这还不是"插"类词外向传播史的全部,还有一个重要方面,就是此类词也传向内地,在普通话圈也有一定的使用频率。

在我们看来,这方面的研究大有可为,至少可以归纳为两个大的方面:一是发掘与梳理更多的语言事实,二是在此基础上进行规律性与理论性的探讨,而二者合一,自然是内涵巨大、空间巨大的。比如英语 show 一词,台湾(一说是新加坡)翻译为"秀",这成了华语世界的通行形式,而香港用"骚"来对译,虽然"记音"可能更准,但毕竟字形不"雅",所以一直没能在更大的范围内流通;相反,香港有时候也使用"秀",从而形成了二形并用的局面(但据我们统计,以"骚"为主)。受这个例子的启发,我们在相关研究中,至少应该提出并试图回答以下几个问题:

第一,某一形式或用法的确切来源,这是观察其流向的原点,也是其整个融合之旅的起点,其重要性毋庸置疑。

第二,哪些形式比较易于流向他处,哪些却相反,应该有很强的规律性和可解释性。上述"骚"一方面是限于字形原有的不雅含义,另一方面也不排除"秀"在其他地区占位在先的因素,而如果再结合更多的语言事实,情况一定更加复杂,因而更有研究空间。

第三,关于某一形式或用法从某一具体变体向其他变体流动的方向、过程以及内在的推动因素,在这方面不仅要考虑语言自身的因素,更要结合整个华人及华人社会的形成、发展与变迁,甚至当下的国际形势等更多、更复杂的因素。

第四,全球华语各变体之间的融合现象,有一些属于"已经完成的变化",而更多的是美国著名社会语言学家拉波夫所说的"正在进行的变化",另外肯定还有更多的融合现象属于"可能的发展变化"。对已经完成的变化,我们需要不断地探寻与发现,这是融合研究的基础工作;对正在进行的变化,则需要用动态的眼光进行多角度的探究;而可能的发展变化,则为业已提出但一直未能深入进行的"语言预测学"或"预测语言学"提供了更加广阔的天地。

作为中国大陆的学者,要研究这方面的现象(特别是"事实"部分),可能会受到语料以及语感等方面的限制,所以我们呼吁并期待能有更多的境外以及国外学者关注这方面的现象，因为它们也是全球华语融合过程及事实的一个重要方面，而缺了这一方面，整个研究显然就是不完整的。

第二节　普通话圈向国/华语圈靠拢

一、概说

全球华语的融合来自三圈之间的互动，我们在本书第三章第二节中指出，这一过程大致可以分为两个阶段，前一阶段主要是普通话圈向国/华语圈（主要是国语圈）靠拢，这一发展变化始于我国实行改革开放以后，在20世纪最后二十年一直有着非常明显的表现，时至今日也还在持续的过程中，所以这是全球华语融合的一个重要方面和重要表现。本节就立足于此进行举例说明，作为本书实证研究的一项重要内容。

普通话圈向国/华语圈靠拢，在各个方面均有着非常显著的表现。

比如在词汇方面，陈建民（1994）公布了1993年赴港调查统计的结果：进入普通话的"香港文化词"有约600条之多，内容涉及政法、经济、金融、商业、科技、教育、交通邮电、食品、用品、文化娱乐、婚恋、家庭、称呼、现代意识等各个领域。此外，杨必胜（1998）也对"港词北进"现象进行了讨论。不过，像这样专门以"港词"为对象的考察与表述并不太多，比较多见的是以港台合一、统而观之的研究。比如，李明（1992）指出，现在港台来源的词语已有相当数量经常出现在内地的报纸上，既有日常生活用语，也有书面用语，而且其中不少词语人们已经习以为常了。至于进入普通话的港台词语的具体数量，汤志祥（2000）根据对20世纪70年代末以来普通话吸收港台词语的分层次、分类别、分阶段的统计研究，指出内地社会书面语已经使用过或者使用着的港台词语已达687个；姚颖（2005）统计了《现汉》2002年增补本以附录形式增收的1200条新词新义，其中来自港台地区的词占四分之一以上。

与以往的研究有所不同，当今拜互联网日益普及所赐，人们已经可以轻松地还原一个词语或一种表达方式等从产生到发展再到向其他地区传播的完整过程，而这样的研究现在已经比较多见了。比如，郭文靖（2015）考察了"咖"类词在内地的传播：此类词源自台湾，内地网站上初见于2008年，此时用到"咖"类词语的新闻无一例外均与台湾的"政治界"、娱乐圈或体育界有关，其中绝大多数新闻直接来源于台湾新闻网站。2012 年 7 月 12 日，湖南卫视《百变大咖秀》节目横空出世，让"大咖"这个词走进了内地观众的视野。在复现率较高的情况下，"咖"的表义也发生明显变化，一是语义范围缩小，二是指称范围扩大。

在互联网时代，融合发展也已经提速，比如本书第三章第四节中举过的"hold 住"一例就比较典型。

周清海（2008）举了一个普通话向国/华语圈靠拢的例子：华语区的"理论"，当"讲理、争论"的意思，是个常用词，1983 年版的《现代汉语词典》在此义下注明"多见于早期白话"，可见不是现代汉语的常用词。2002 年版的《现代汉语词典》才将"多见于早期白话"删去。这是现代汉语标准语和华语区交流的结果。

港台及海外词语进入普通话后，有很多都经历了借用、自用、变用这样的过程，最终达到深度的融合。比如上边提到的"秀"，普通话引入以后，一直保有非常高的使用频率，至今已经"入典"，即收入《现汉》，而它的表义范围也在不断扩大。周有斌（2005）把"秀"扩展后的意义归纳为"宣传、展览、做做样子、假装、假的"等，虽然是否准确、全面等还可再议，但是这种扩展已经是不争的事实，并且有的就是在普通话范围内的使用中形成的。

二、词汇考察

改革开放以后，普通话圈从国/华语圈引进了大量新词语，于是在一个阶段内的当代汉语研究中，"港台新词语"成为一个高频关键词，而"粤语北上"也成为一时之间的重要语言景观和话题。以下，我们通过一组常用词在普通话中的引进和使用情况对此进行说明。因为语料的限制，我们主要以港台、特别是台湾"国语"为考察对象。

1. 愿景

据黄海军、徐津春（2006）介绍，在台湾、香港和新加坡等地，"愿景"一词广泛使用在一般的政治、文化语境中。这是一个源自英文 vision 的中文词，但它的含义已超出 vision，涵盖了 wish、aspiration 等词的意义。

在普通话圈从国语圈输入词语的过程中，"愿景"是相当独特的一个，它不仅来源确切、过程中的时间节点分明，并且背后还有社会政治生活的强大推力，因此非常值得总结。

楚山孤（2006）对此词在大陆从进入到"入典"及其原因作了以下的分析：

连战先生当时身为中国国民党主席,他在演讲中用到了"愿景"一词①;大陆媒体出于礼貌,也以"愿景"回应:海峡两岸唱响了一曲"愿景"之歌。语言,营造着政治的和谐;政治,推动着词语的流行。"愿景"迅速传遍大河上下,长城内外,成了一个"热词"。正是在这一背景下面,《现代汉语词典》将"愿景"收入新版之中。

关于此词奇特的"入典"过程,《人民日报》2005年7月26日第11版刊发署名为"本报记者唐宋"的《一本词典见证时代变迁》的文章,文中有以下一段介绍:

今年4月,中国国民党主席连战一行访问大陆,胡锦涛总书记与连战先生举行了历史性的会见,并发表了新闻公报。公报中有两个词旧版《现汉》没有收录,一个是"体认",一个是"愿景"。尽管此时距离第五版《现汉》开印只有两天时间,编者还是赶在开印前,把这两个"一夜走红"的词收进了词典。

另外,该文在谈到《现汉》(第5版)所收新词语的来源时还举例说:

一些港台地区特有的词语传入内地,成为流行词汇。比如,按揭、搞笑、面膜、穿帮、非礼、峰会、卖点、另类等词汇主要来源于香港;比拼、层面、互动、新锐、作秀、取向、认同、资深、愿景、体认等词汇主要来源于台湾。

上述《中国共产党总书记胡锦涛与中国国民党主席连战会谈新闻公报》所引进的国语圈词语还不止于此。彭德惠(2005)就此进行了统计和说明:在《新闻公报》短短的1280字中,数次使用了几个中国大陆现代汉语少用或不用甚至规范语系统中根本没有的词,下边列举的是"体认"(使用3次),"尽速"(使用2次),"愿景"(使用2次),此外还有"福祉""消弭"这样属于现代汉语中使用频率极低的历史词,以及"建构""架构"这样的工程设计行业词。

至于"愿景"一词"入典"后的使用情况,以下一个事实或许可以作为最好的说明。2006年天津地区高考作文题为:

《现代汉语词典(第五版)》收录一个新词——愿景,词义是:所向往的前景。请以"愿景"为题写一篇不少于800字的文章,文体不限。

能在高考作文题目中出现的词,显然已经不是"一般"的词了。

以下是北京语言大学BCC语料库历时检索所显示的此词在2015年以前《人民日报》中的使用情况。

---

① 这里指的是国民党主席连战参访大陆期间在北京大学发表的演讲。

检索式"愿景"的频率图

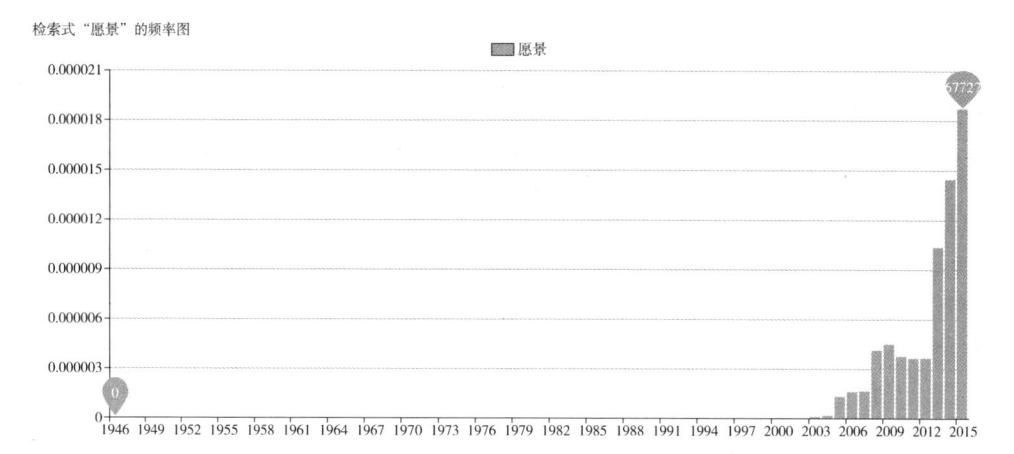

下面我们就循着这幅图,追寻此词在普通话中的运动轨迹。

该频率图清楚地显示,"愿景"一词在《人民日报》中第一次出现的时间是2003年。本年度共有三例,如下:

台湾当局处心积虑"拼政治",政策反复多变,让民众彷徨无依、缺乏信心……"老百姓已经听腻了口水,看透了口号,转而要求真正的执政成效、清廉操守及实现愿景的能力。画饼不能充饥,再用力的摇旗呐喊,再声嘶力竭的诅咒指控,都抵不上明天的一口饭和孩子将来更好的生活"。(《纷纷扰扰何时了?(台湾一月印象)》,2003-1-14)

羊年新春,台湾民众仍然怀抱希望,期盼当局拿出真正的执政成效和实现愿景的能力,期盼"在黑暗的隧道中,能早日见到远处的光明"。(《春天的期盼(台湾一月印象)》,2003-2-11)

以上二例都有十分明显的台湾背景,这就是此词在中国第一大报、一向以规范著称的《人民日报》中使用的起点,而在这种语境下的使用显属以上所说的"引用"。然而,"自用"的例子也在当年晚些时候就出现了:

市院党组发挥火车头的带动作用,制定了《大庆市人民检察院关于创建学习型领导班子和领导干部的决定》,明确提出各级领导干部在创建活动中要当好刻苦学习的带头人、创建发展的谋划人、共同愿景的奠基人三个角色。(2003-11-12)

2004年的使用量也是3例,第一例时间为2月11日,有台湾背景;第二例为5月12日,有台湾背景;第三例为10月31日,无台湾背景。2005年,"愿景"的使用呈现一个小高潮,其第一例的出现时间是3月8日,没有台湾背景:

代表、委员们从不同角度、不同侧面踊跃发言,或着眼生活说感受,或放眼长远谈愿景;或从理论上思考探索,或结合实际出谋划策。

到《人民日报》2005年4月30日发表上述《公报》前,此词还用到两次,均有台湾背景。此后的 5 月份,媒体持续报道《公报》发表后各界的反响,而在连战到访之后,台湾亲民党主席宋楚瑜也来访大陆,媒体也密集报道,报道中也时常用到此词,所以一下子出现了一个集中使用此词的小高潮。

以上是《人民日报》中的使用情况。为了进一步验证上述事实,2017 年 6 月 27 日,我们还在知网的中国重要报纸全文数据库中进行检索,结果显示各年度此词的使用数(括号内的数字)如下:

2000(17)、2001(41)、2002(130)、2003(356)、2004(697)、2005(1611)、2006(3275)、2007(3971)、2008(3968)、2009(4758)、2010(7057)、2011(8079)、2012(7258)、2013(8462)、2014(7905)、2015(10916)、2016(10278)、2017(5264)

以下举两个该数据库中最早的用例,它们均无台湾背景:

作为推进粮改的组织领导者特别是思想政治工作者,要不断地向全社会以至每个具体的人宣示粮改的共同愿景,以图借助一定的精神力量来战胜眼前的困难。(《中国商报》,2000-9-28)

以国际一流的综合金融服务集团为愿景,以"健康、团结、创新、卓越"为企业精神。(《黑龙江日报》,2000-11-18)

根据以上数据及用例,我们应该对上述《人民日报》中的使用情况作一定程度的调校,即此词的使用时间早于《人民日报》,而最初的使用背景也与之有所不同。然而,上述重要报纸数据库也有明显的局限:该数据库的"介绍"中明确指出,收录 2000 年以来中国国内重要报纸刊载的学术性、资料性文献,是连续动态更新的数据库;文献来源于国内公开发行的 622 种重要报纸,累积报纸全文文献 15243826 篇。由此可以看出,该数据库有两点局限:一是内容方面,不是报纸刊登的全部文章,只是其中的"学术性、资料性文献"部分;二是时间限制,即只有 2000 年以后的文献。

因此,我们对上述检索结果也"不可全信"。具体而言,一是统计数据肯定少于实际的使用量,二是对 2000 年以前的情况没有显示。

我们在北京语言大学 BCC 语料库的"多领域"子库,以及北大 CCL 语料库的当代汉语库中,均检索到更早的用例,都出自曾经一度广受关注和好评的《第五项修炼——学习型组织的艺术与实务》一书,该书由美国的彼得·圣吉所著,译者是郭进隆,审校者是杨硕英,由上海三联书店于 1998 年出版。楚山孤(2006)曾经提到,是该书的中译者把原文的"shared vision"译为"共同愿景"。至于译者为什么会以"愿景"来翻译,也是可以解释的:我们查到的资料显示,译者郭进隆系台湾政治大学政治研究所硕士,后任职于美国南卡罗莱纳州商业管理研究所;审校者杨硕英为台北中山大学企管系所副教授。由此可以初步肯定,这是一个"台湾译法"。

在译者对该书的介绍中，有以下一段话："除了整体运作这种最大的力量之外，圣吉书中介绍的另外一项极大的力量——一种为了实现心底深处真正愿望的巨大而持久的力量。书中具体描述了个人应如何产生这股力量的方法，以及组织应如何建立'共同愿景'的实际做法。"

该书中译本此词的用例如下：

在潜意识之中去发展高度"自我超越"的关键，是与发展个人"愿景"的修炼相联结。

到这里，我们可以把上述内容简单归纳总结一下。

"愿景"一词进入普通话的来源只有一个，即台湾"国语"，但是路径有两条：一条是该书中的翻译，由于该书一度热销，此词作为书中一个重要的概念甚至于关键词而广为人知，并在此基础上开始被人引用，甚至有了一定的复现率，上引例句中有两例为"共同愿景"，也可以在一定程度上证明这一点；另一条则是连战在北大的演讲以及次日的《公报》，这无疑是此词快速"入典"的最主要的推手。最终的结果是两条路径合一，使此词成为当代普通话的常用词，上述一连串的使用量统计充分证明了这一点。

2. 考量

与"愿景"在中国大陆从无到有的情况不同，以下将要考察的"考量"则经历了一个"有一无一有"的过程，因此属于另外一种类型。

《现汉》第1版未收此词，到1996年修订本收入，《现汉》第7版的释义是："动考虑；思量：这件事我已经～过了，就照你的意思办吧。"

传统国语中，此词比较常用。例如：

杂录：杂载：考量界内大队人等游行问题（《上海公共租界工部局公报》，1933年第48期）

社长格言：我们个人一定要时常考量自己是进步还是退步……（《励志》，1936年第26期）

台湾"国语"保留此词，用量不小，以下举几个《联合报》不同时期的用例：

选民们更难凭五百字的小品文，考量候选人的贤不肖，知所抉择，投下其神圣之一票。(1957-3-19)

亦愿见教育当局在育材构想中，能有更平衡更开阔的考量与设计。(1967-3-6)

启导公论的新闻界，应该冷静地考量基本的是非，而不是一时的便利。(1977-4-15)

既然如此，有无必要继续审查、限制其出国，值得有关单位做全盘的审慎考量。(1987-1-10)

早期的《人民日报》中也有使用，以下是我们所见的第一个用例：

凡各厂编写出的节目，须先送市总工会，校正事实，考量表扬批评的是否恰当和对群众的教育作用。(1949-1-28)

很显然，这属于对传统国语的沿用。此例之后，1951年、1956年、1962年还各有一例，然后就出现断档（所以《现汉》第1版未收此词），而该报中再一次出现此词，已经是1988年了。

此后，这样的用例虽然时能见到，但一直不是太多，直到进入21世纪以后，用量才开始明显增加。我们对中国重要报纸全文数据库中此词使用情况的考察大致与此吻合：2000年的总使用量是83次，2001年222次，2002年432次，2003年1007次，2004年1693次，2005年2731次。

简单总结一下"考量"一词在中国大陆的发展过程：在改革开放的大潮中，在港台词语"北上"的背景下，普通话中已经趋于退隐的"考量"一词终于被重新"激活"，焕发了新的生命，而由此达成了在此词使用中普通话与台湾"国语"的融合。

3. 提升

相对于前两个词的"从无到有"，"提升"与下边将要讨论的"品质"所表现的普通话圈向国/华语圈靠拢主要在词义方面，并且不是有无之别，而是词义的拓展及不同义项此消彼长的变化。

各版《现汉》均收"提升"一词，并且从第1版至第7版释义也基本没有变化（后几版只是增加词性标注及例证），都是列出两个义项。以下是第7版的释义：

动①提高（职位、等级等）：由副厂长～为厂长。②用卷扬机等向高处运送（矿物、材料等）：～设备。

与此词意义相关的是"提高"，《现汉》的释义是"使位置、程度、水平、数量、质量等方面比原来高：～水位｜～警惕｜～技术｜～工作效率"。二者的差别只在于使用范围的大小："提高"可以用于各方面的由低到高，而"提升"主要限于职位与等级。

传统国语中，"提升"属常用词，主要的意义是"提高"，但有大小两个范围：一是相当于上引《现汉》的义项一，即限定在职位、等级的范围内。例如：

稽核室办事员林伯煊提升为事务处庶务课副课长。(《甘行周讯》，1945年第

137 期)

二是超出义项一的范围,与"提高"同义,多用于跟金钱有关的方面。例如:

月初客帮现销略佳,价亦提升。(《钱业月报》,1936 年第 8 期)

银根微带紧俏,暗息提升二分,计为二角二分。(《征信所报》,1948 年第 577 期)

由此,"提升"就与"提高"产生了重叠,而这在当时并非个别现象,比如以下两例都是使用后者的,大致可以与以上两例形成对比:

在这些议案中和中国最有关系的,就是目前大家所注意的"提高银价"的问题。(《四方》,1934 年创刊号)

本市名茶楼,自将茶价提高后,茶客寥寥,生意大不如前。(《开平华侨月刊》,1948 年第 8 期)

台湾"国语"中,大致沿袭传统国语的上述用法,但是表义范围扩展得更大一些,主要用于比较抽象的方面。以下仍举几个《联合报》不同年份的用例:

这种旧日英国的光荣,使我的生存不胜振奋,并且似乎把我们的命运,提升到和尘世事实与肉体感觉迥不相同的另一境界之中。(1962-10-29)

一般的艺术科系里,学生们所学习到的只是"技术",在技术上,可能达到极高的水平,但却导致了一个问题:我们如何把技术和思想,提升在同一个水平上?(1972-6-21)

在其他地方,将配合民俗节庆,迎神赛会,规划充实其活动的内容,提升各类活动的精神层次。(1982-1-5)

在我们期待电视文化水平提升之际,不从结构面掌握电视企业的瓶颈,很难克尽其功。(1992-1-14)

目前政府刻不容缓的是营造文化产业的环境,让所有艺文团体的体质与经营能力均能提升。……同时也应协助艺文团体加强财务与管理,提升因应环境变迁的能力。(2002-1-1)

目前台湾社会能给大家稍感安慰的,是出生率略微提升。(2012-1-1)

普通话中,一直以第一义项为常用义,直到 20 世纪末,"提升"类似传统国语以及台湾"国语"中表示"提高"义的用例开始集中出现,由此就大大提高了此词的使用频率,这一点下图可以清楚地显示。

检索式"提升"的频次图

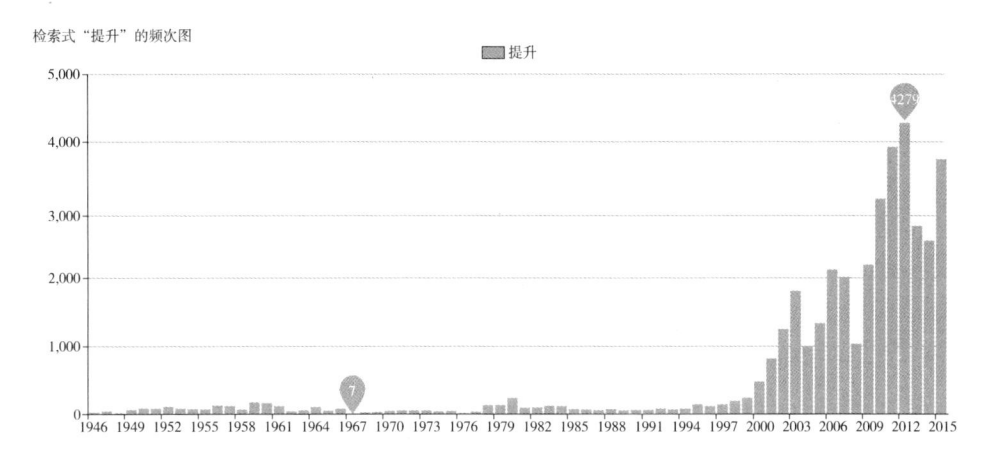

表示"提高"义的"提升"的大量使用,肯定会挤占前者的部分使用空间,造成其使用频率的下降,这一点通过下图也能比较清晰地反映出来。

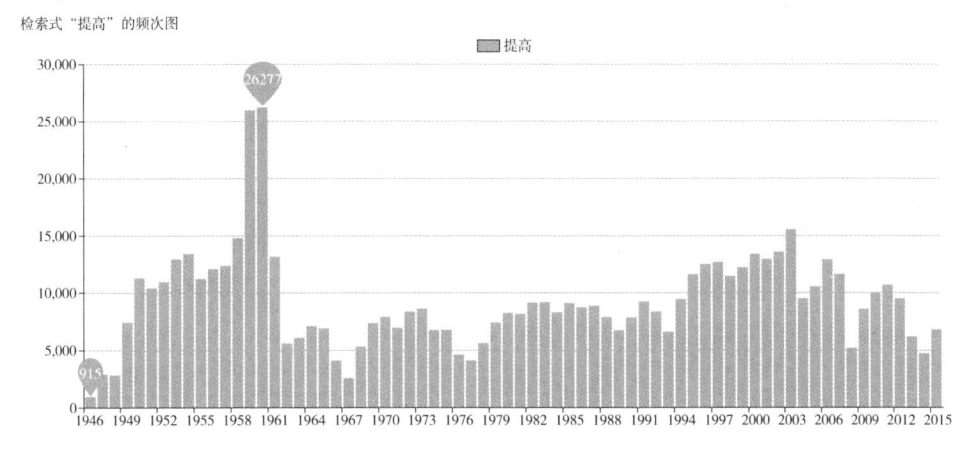

检索式"提高"的频次图

图中显示,2003 年以后,"提高"的使用数量总体呈明显下降趋势。

为了对"提升"意义及使用情况的变化有一个直观的认识,我们利用博士生郝锐同学自建的《光明日报》语料库进行检索,该语料库收有 1949、1954、1959、1969、1979、1989、1999 年每年 6 月份全月的文章,共计 700 万字。我们共检索到"提升"的用例 60 个,其中与《现汉》两个义项相吻合的有 34 例,表示"提高"义(即可以由"提高"自由替换)的有 26 例。后者就使用时间来看,除 1949 年 6 月 28 日的一例外,其他全部见于 1999 年。以下是 1949 年和 1999 年最早的用例:

到四月二十三日南京解放,天津与蒋管区电讯断绝,汇兑关系也就随之中断了。南京解放后汇兑牌价立即提升到一比二千。(1949 - 6 - 28)

如果说良好的家风与淳朴的民风形成小陈渝的自然品质和秉赋,那么良好的

学校教育则使小陈渝思想境界的提升成为一种必然。(1999-6-1)

以上二例与上述的时间点正好吻合：1949年的用例，可以看作传统国语意义和用法的延续，而1999年正好在"提升"开始部分取代"提高"，并因此而推高其使用频率的时间段。

为了进一步验证上述结论，我们还作了另外两项调查。

一项调查是2017年6月28日在知网的中国学术期刊网络出版总库"哲学与人文科学"门类下的"中国语言文字"中进行篇名检索，这些篇名中所用的"提升"基本都是"提高"之义（因为语言文字类学术论文标题中一般不太能用上《现汉》的两个义项），比如以下两个标题：

《提升汉语史研究理论水平的重要著作——读〈汉语语法化的历程——形态句法发展的动因和机制〉》，作者王葆华（《语言研究》，2002年第2期）

《语言研究中人的地位的提升》，作者李志岭（《山东外语教学》，2002年第4期）

本门类中的文章多出自语言研究者之手，因此比一般的文章更能反映语言变化的事实，因为这些作者会比一般人更注重语言规范以及词语的规范性使用。

以下就是该项检索所显示的各年份"提升"的使用量（中间空缺的年份未见使用）：

1993（1）、1996（1）、1998（1）、1999（1）、2000（2）、2002（5）、2003（2）、2004（7）、2005（8）、2006（11）、2007（13）、2008（11）、2009（25）、2010（23）、2011（31）、2012（54）、2013（55）、2014（85）、2015（77）、2016（78）、2017（17）

另一项调查是同日在北京师范大学图书馆的民国时期期刊全文数据库的现代期刊子库中进行检索，最早的用例见于1977年，表示"提职"，即"传统"用法；而表示"提高"的最早用例见于1998年，即：

提升双边经贸合作质量：中俄技术贸易现状与前瞻（《国际贸易》，1998年第9期）

此后，表示此义的"提升"越来越多见，如下：

香港发展科技提升国际竞争力（《广东财政》，1999年第4期）

总之，几项调查的结果均显示，经过长时间的"断档"以后，"提升"开始再次表示"提高"义的时间是在世纪之交，我们虽然还找不到充分的证据来证明这一定是受港台"国语"的影响（因为这种词义的增减变化远比词形的有无复杂且难以证明），但是考虑到当时大的新词新义"引进"背景，以及实际发生的许多个案，所以把这一变化归因于港台国语圈的影响，亦即普通话向其靠拢的结果，应该是可以接受的。

4. 品质

如果说，以上讨论的"提升"向国语圈的靠拢表现为表义范围扩大的话，那么，以下将要讨论的"品质"一词的表现则是义项之间此消彼长的变化。

此词《现汉》的释义从第 1 版开始几无变化，即：

名①行为、作风上所表现的思想、认识、品性等的本质：道德～。②物品的质量：江西瓷～优良。

传统国语中，"品质"用的主要是第二个义项。我们利用全国报刊索引的近代期刊进行检索，共得 972 个用例，在首页的 10 个用例中，有 9 个都是如此，如下：

灯光之寿命并非表示品质，然我人可言品质恶劣者，确难有长久之寿命。（《中和灯泡月刊》，1933 年第 11 期）

小麦品质鉴定，通常应考虑制粉及烤制两方面的性质。（《中华农学会报》，1936 年第 155 期）

只有一例用为第一义，即：

近几年来，吾人曾作各种努力来分析统帅之品质，并曾列举统帅所必需具备之特性。（《现代军事》，1945 年第 1 期）

此例"品质"与"特性"意思大致相同，且用于人，因此可以判定是第一义。

此期"品质"主要表示"物品的质量"义，那么，原本表示"产品或工作的优劣程度"（见《现汉》）的"质量"有可能用得就少了。我们在上述范围内的检索结果证明了这一点，"质量"的用例共 278 个，仅是"品质"972 个用例的不到三分之一。第一页的 10 个用例中，有 7 个作为物理学概念，而表示产品或工作优劣程度的仅 2 例，另有 1 例大致义同，但由物品或工作扩展到人，即"良医的质量"。

以下就是一个表示产品优劣程度的用例：

为了提高火柴质量，便于推销，并扶助小手工业者的目的，于二月十六日在工商管理局举行全市第一次火柴质量检查评定等级的会议。（《哈市经济》，1948 年第 7 期）

同样表示火柴的质量，我们也看到"火柴品质"这一形式，如下：

该公司对于火柴品质标准之改进，已积极进行。（《财政知识》，1942 年第 6 期）

在上述近代期刊子库中，"火柴质量"仅 1 例，而"火柴品质"有 3 例，并且在时间上均早于前者。

港台"国语"及海外华语基本都沿用了传统国语对"品质"的使用习惯，以下看台湾"国语"的情况。在1952年6月份的《联合报》中,"品质"的用例共有76个,其中有75个用例同"质量",只有1例是指人的本质的,还是引用大陆义本的"共产党员的品质"。

在1992年的191个用例中,全部用例同"质量",包括以下两例用于人的:

人的品质与生产力好坏,与教育有大关系。……要有高品质的人,只有"教育"办得到。(1992-1-25)

这里的两个"品质"显然并不是指人的行为、作风上所表现的思想、认识、品性等的本质,而是指类似于产品那样的"质量",可以看作一种延伸或隐喻的用法。

一个有意思的事实是,我们对检索到的含"品质"的台湾繁体字句子在word的"审阅"中进行简体字转换,变成简体字后,"品质"全都变成了"质量";我们还试着把简体的"产品质量"转成繁体,"质量"同样也变成了"品质"。这也从一个方面说明了二者之间的对应关系。

根据我们的观察和经验,改革开放以来,普通话中以"品质"替代"质量"、表示物品质量的情况十分普遍。为了证明这一点,我们取几个传统中最为常用的组合形式,即"生活质量、服务质量、高质量、产品质量"的对应形式"生活品质、服务品质、高品质、产品品质",考察其在《人民日报》中的首见时间以及使用情况,时间是2017年7月1日。

先看"生活品质"。《人民日报》共有656条记录,这虽然与"生活质量"的5107条相差不少,但考虑到它经过了从无到有的发展,因此数量也不算太少。

该报中第一次出现"生活品质"的时间是1984年,即以下一例:

现在,中共"所从事的各种改革,是对我们最大的挑战"。它的"计划经济和市场功能相结合的若干措施,在未来几年中,能使海峡两岸生活品质的差距日渐缩短"。(1984-7-2)

本文的标题为《〈大华晚报〉社论敦劝当局面向大陆才有出路》。《大华晚报》是台湾一家报纸的副刊,本文基本是对该篇社论的介绍,上例中几处加引号的文字,显系引用,而这也就是说,"生活品质"在《人民日报》中第一次使用,是对台湾"国语"的借用。

见于该报的前三例均为有台湾背景下的使用,以下的第四例才摆脱这一背景,而时间已经到了20世纪90年代初:

由北京市妇联、北京市卫生局、四川成都恩威世亨制药有限公司等合作主办的"学知识、查疾病、提高家庭生活品质"活动,内容涉及改革开放、道德风尚、婚姻家庭、诗书绘画、音乐书法、体育卫生、妇幼保健、生活常识等广泛的家庭文化知识。(1992-7-11)

再看"服务品质"。

与"生活品质"一样,"服务品质"在《人民日报》中的首见时间也是1984年,即以下一例:

本报讯　台湾《中国时报》前不久公布的一项调查统计指出,目前台湾公务员的平均年龄情况是:"……省级机关41岁,基层乡镇公所44岁。其中的高级主管人员(司处长以上主管)的平均年龄为58岁,较一般情况偏高;乡镇公所中平均年龄在40岁以下的占32%,41岁以上的占67.5%","显示基层人事管道不畅通,年龄结构趋于老化,将影响工作与服务品质"。(1984-2-20)

此例显然也是引用,直接引自《中国时报》原文。第二例见于《人民日报》1992年10月22日,系介绍瑞士国际管理发展学院与世界经济论坛共同出版的年度调查报告时所用。此外,到20世纪末之前还有几例,都用于"涉外"语境,比如话题为肯德基、VISA卡等。直到21世纪初,才出现真正"本土性"的用例,如下:

现今银行间的竞争不断升级,各银行纷纷推出新的金融品种,寻找快捷、高效、优质的服务方式以提高服务品质。(2001-11-12)

再看"高品质"。

该组合形式在《人民日报》中共检索到1773条用例("高质量"10866条),分别在两个时间段使用,前一段是1961年之前,共有14例;后一段始于1978年,首见的几例虽然看不出有"外来"背景,但"早期"的几个用例中,确实也有台湾背景,如下:

这辆外形美观的双层游览车,能方便穿梭于台湾现有公路。最高载重量是十六点八吨。乘坐时较一般游览车来得平稳,驾驶人操作也能如驾驶轿车般轻松,可带给乘客较佳的视野,以及较舒适的车内设置。在追求高品质旅游的需求下,双层巴士将大量兴起。(1985-5-20)

本篇报道的标题是《台湾出现第一辆双层游览车　可给乘客较佳视野》。《人民日报》中的使用情况显示,到20世纪90年代以后,"高品质"的用例才逐渐增多。

最后再看"产品品质"。

因为组合中出现了两个"品"字连用,因此不算是"好"形式,所以用例不多,只有388条,而相对应的"产品质量"有20345条之多。这一组合形式在《人民日报》中的使用情况与"高品质"高度一致,也是中间断档,时间是1963年—1981年。前一段用例主要集中在1952年以前,后一阶段基本也是时间越往后用例越多。

把以上情况简单总结一下:"生活品质"与"服务品质"在传统国语以及台

湾"国语"中均有使用，而其在《人民日报》中的发展线索是从无到有，大致反映了这两个组合形式在中华人民共和国成立后就退出使用的事实。它们出现的时间均在1987年台湾当局开放民众赴大陆探亲、两岸交往开始日益增多之后，并且首见的用例均系台湾形式的直接引用，因此二者之间的来源关系非常清楚。"高品质"与"产品品质"则属于另外一种情况，它们在《人民日报》中的使用经历了一个从有到无、再从无到有的过程，其早期的使用其实是对传统国语的沿用，而中间的断档反映了普通话"品质"与"质量"的明确分工，即前者用于表示"行为、作风上所表现的思想、认识、品性等的本质"义，后者则表示"物品的质量"义。在改革开放的大背景下，在大批港台用语"北上"的过程中，"高品质"与"产品品质"被重新"激活"，并且越用越多，最终跟其他组合形式一道，共同推高了表示物品质量义的"品质"的使用频率，也大大拓宽了其使用范围，从而达成了此词意义与用法在普通话圈与国语圈甚至华语圈的融合。

三、语法考察

1. "有没有/有＋VP"

"有没有/有＋VP"代表两种以"有"为标记的句子形式，即表示疑问的"有没有＋VP"与表示肯定的"有＋VP"，二者有着大致相同的"引进"历史，因此可以看作普通话圈向国/华语圈靠拢并进而实现双方融合的绝好例证，所以我们放在一起分别进行考察。

先看"有没有＋VP"。

陈重瑜（1986）谈及新加坡华语中"有没有 VP"句并举了例子，指出"此类句子最为普遍，亦颇通行于台湾之'国语'。或当纳入标准华语之句法"。邢福义（1990）对这一句式也进行了比较全面的讨论，文中首先指出，在香港片语言中常用"有没有 VP"疑问句式，而对于这种句式，该文作者也有一个由不接受到趋于接受的过程：1985年，作者在一篇文章中提到"你到底有没有这么想过"是方言口语的说法，普通话里应说成"你到底这么想过没有"；后来在另一篇文章中则说"你有没有想过这一点"的说法近来慢慢多了起来，会不会成为一种有特定作用的疑问句的习用格式，还难断定，只好"等着瞧"。邢文从几个方面证明"这一句式已有进入普通话的趋势"。证据之一是文学刊物，主要列举了《收获》和《当代》以及其他几本刊物中的用例；二是北京籍作家，举了著名作家刘白羽的长篇小说《第二个太阳》中使用的例子；三是北京籍语言学家，记录了马希文在一次学术会议上问李荣的"这个问题我不知道李先生有没有研究过"。此外，文中还提到，中央电视台的播音员有时使用"有没有＋VP"句式，中央电视台播放的电视剧（非香港或广东、福建一带的电视剧）中也常常出现这一句式。

石毓智（2000）考察了"有没有＋VP"结构在当代普通话中的发展，既调查了张恨水、鲁迅、曹禺、老舍、巴金等人的大量作品，又对当代有影响的作家的作品进行了广泛调查，结论是"有没有＋VP"作为一种"新兴问句"，20世纪初开始出现，但是在整个前半叶的文献中都极为罕见，到世纪末的近二十年里才多了起来，由南方作者或作家及于北方作者或作家，使用范围也迅速扩张。现在，普通话"有没有＋VP"基本得到认可，比如王森、王毅、姜丽（2006）认为，该句式"已经进入普通话"；范晓（1998）在讨论现代汉语的正反问句时，也列出了"有没有＋VP"句。

为了对以上叙述进行验证，我们于2017年7月4日在人民日报图文数据库上进行抽样调查，我们选择了印象中比较多见的"有没有想过/考虑/发现/去"为调查对象，结果如下：

"有没有想过"共有100例，其中90例见于1983年以后；

"有没有考虑"共有43例，其中41例见于1982年以后；

"有没有发现"共有17例，其中15例见于1994年以后；

"有没有去"共有27例，其中25例见于1980年以后。

此外，我们还调查了"有没有搞错"的使用情况。我们对这一组合形式的最初印象是来自20世纪八九十年代的香港影视剧，剧中人物不时会说出这句话来。《人民日报》共有13例，第一例见于1967年，有上海（吴语区）背景；第二例见于1994年，有珠三角（粤语区）背景；第三例见于1995年，有台湾背景。此后的10例均见于1998年及以后，基本都没有明显的地方或方言背景，可以看作普通话中的一般性使用。

总之，"有没有＋VP"作为南方方言（主要是闽语与粤语）的一种正反问句形式，不仅存在于相关的地方普通话中，也存在于深受上述方言影响的国/华语圈中。改革开放后，在"粤语北上"以及国/华语圈影响等的共同作用下，这一形式开始在普通话中较多使用，并最终成为人们所接受的"规范"形式，从而实现了华语各圈之间在这一形式上的融合。

接下来再看"有＋VP"句。

石定栩、邵敬敏、朱志瑜（2006）对港式中文"有＋VP"句式作过较为全面的讨论，认为这种用法的"有"是粤语特有的，表示动作已经完成或实现，换言之，相当于标准中文的"了"。不过，书中也指出，句中"有"的语法意义更复杂，所以分布就比"了"更广，由此导致标准中文不能用"了"的地方，在香港有些却可以用"有"。郑敏惠（2010）讨论了闽方言的"有（无）＋VP"形式，指出"动词进入该句式后没有丧失动词性，还能再带状语、宾语、补语或体标记";窦焕新(2006)认为,这一点基本也反映在台湾"国语"中:"几乎所有的动词结构都可以用在'有'后面。"所以,很多人都讨论过台湾"国语"中的"有+VP"形式,并把它当作一种标志性的语法现象。

我们在20世纪末曾经讨论过台湾与大陆之间语言的差异与融合问题,就涉及台湾的"有+VP"形式,但是当时似乎还没有观察到大陆的同一现象及其使用情况。在书面语中,这一现象应当是首见于南方作家的作品,苟曲波(2010)对华中师范大学现代汉语语料库中近二十位南方作家的作品进行考察,共找到163例,而在北方作家的作品中很少见到。

就我们的观察结果而言,"有+VP"句主要用于口语,使用者多为有南方方言背景的人以及北方方言区的年轻人。在普通话口语中,"有+VP"形式虽然已经比较多用了,但是一般还只限于上述两类人(我本人就从未用过这一形式),另外使用场合等可能也有一定限制,所以它还远未达到像港澳台那样的"普及"程度;就书面语来看,充其量只能算是刚刚"开始"。

我们在指出这一形式主要用于口语的同时,也考察了其在普通话书面语中的使用情况:在108万字的报纸语料中,检索到26个"有+VP"用例,平均每万字使用0.24次,是台湾的一半,香港的不到六分之一,澳门的不到四分之一。与一般研究者经常举的"我有来""他有去"之类"典型"用例相比,多有"非典型"特征,即主要是传统所用的"略有增加、已有改善、时有发生、有失偏颇、大有帮助、有悖于"等。时至今日,上述情况基本没有改变。王森、王毅、姜丽(2006)与我们的观察一致,文中指出:目前,主要在口语中,"有+VP"句"正在成为一种新生的表肯定的动词谓语句"。另外,文中还谈及这一形式的来源及产生原因,认为"与近代汉语北方话中同类格式的遗留以及目前闽粤方言句式的影响有关"。

其实,很多学者都论及这一形式的来源问题,我们曾经对此进行过总结与归纳,基本认同"多源说",即认为在普通话中一定范围内新出现的"有+VP"句是南方方言、东南方言和港澳台"国语"共同影响的产物。另外,在一定程度上也可以再加上古代形式的"复显"。不过,在以上诸来源中,应该有一个"主源";我们认为应当是国语圈。

2. "是时候+VP了"

时下,"是时候+VP了"形式比较常用。例如:

从"时间争夺战"到"母亲争夺战",或许是时候放下手机,听听孩子们的心声了。(《人民日报》,2017-5-31)

我们认为,普通话中的这一形式也是向国语圈靠拢的结果。传统所用的"是时候"通常表示时间(机)恰当,如"你来得真(不)是时候"。

为了理清这一形式的源流，我们对 1946 年至今的《人民日报》进行了全程考察，与上例同样的意思，大致有以下几种表达形式：

一是分成两句，中间用逗号隔开。早期的用例几乎无一例外都是出自国外的直接或间接引语，如下：

阿拉伯联合共和国教育部长卡迈勒丁·侯赛因 1 日晚上在为"帝国主义滚出非洲日"而发表的广播演讲中说，现在是时候了，应当铲除帝国主义，以便使人民能够获得自由和平等。(1958 - 12 - 4)

在《滚出中国!》一诗中，诗人对中国人民发出最热情的战斗的呼吁。他说：四万万人——不是一群牛马，中国人，大声喊吧："滚出中国!"是时候了，赶走这批混蛋，把他们摔下中国的城墙。(1963 - 7 - 28)

二是"VP+是时候了"。例如：

整顿财务纪律是时候了。河北省廊坊地区配件厂财务科宋育俊、宋国强来信说：青"老虎"的犯罪事实反映出财务管理工作中有很多漏洞，建议财务管理工作人员要健全制度，严格职守，不给坏人以可乘之机。(1981 - 5 - 27)

三是"是 VP+的时候了"。下例与上例在同一段落中出现，针对的是同一件事情，表达的也是完全相同的意思：

退休工程师、上海第二纺织机械厂顾问郭衍泠来信说，一个很普通的会计能贪污 25 万元巨款，说明我们有些单位财务管理工作混乱到何等地步，财经纪律松弛到何种程度，现在是认真整顿财务纪律的时候了。(1981 - 5 - 27)

《人民日报》中第一次出现"是时候+VP 了"的时间是 1981 年，应该属于"直译"：

巴基斯坦外交部长阿迦·夏希说："现在已是时候为执行联合国实现纳米比亚独立计划确定一个最后期限，并完成国际社会的神圣义务以引导纳米比亚人民获得完全的独立。如果南非继续坚持无法无天的行为，国际社会必须毫不犹豫地对它实行严厉的制裁。"(1981 - 9 - 7)

此后在长达二十多年的时间里，这一形式再未出现，因而上例只能看作在直译下偶一使用的孤例，远不能作为这一形式业已产生的证据。这一形式再次出现时已经是 21 世纪初了，最早的前后相接的两例分别如下：

香港长江实业集团主席李嘉诚表示，香港回归已经 5 年多，是时候就《基本法》第二十三条立法，立法不会损害香港的投资环境。(2002 - 12 - 22)

新世界集团主席郑裕彤说，香港回归才 7 年，实在不是时候谈普选，需要等待政治和经济方面气候成熟，才是谈论普选的时间。(2004 - 4 - 29)

这两例都出自香港人之口，而这或许正指示了这一表达形式的来源，即最先在香港使用，因为这一形式是对英语 "It is the time that……" 或 "It is time to……"句式的直译（杜道流，2014），而考虑到英语在香港的影响，这是极有可能的。

此外，我们也有一些间接的证据。比如，我们在厦门大学"至善"繁体字语料库6.5亿字的香港子库中检索到大量用例；而在18亿字的台湾语料中，数量却并不多。另外，我们还对台湾的《联合报》进行了简单的历时考察，该报第一次使用这一形式是在1997年，即以下一例：

记者问及为何无端端多谢妈咪同唐先生？张国荣就说："没有，我觉得是时候多谢妈咪就多谢啰。"(1997-1-6)

此例出自香港已故艺人张国荣之口，即台湾最初的情况与大陆类似，也是通过引用香港人的话而使得这一形式得以"登陆"。

就我们现在所见，这一形式的大规模使用始于香港，以下是《星岛日报》中的两个用例：

香港的独特地理位置，对本地工人，已不再是有利条件。失业保障，看来也是时候提上议事日程了。(1995-7-18)

笔者相信民主党是时候检讨一下自己的路向，免得投它一票的选民失望。(1995-12-9)[①]

《人民日报》中这一表达形式的"无背景"使用，是在2004年以后。例如：

奥运会尚未闭幕，金牌争夺战依然扣人心弦，加油助威之余，是时候好好思考一下这些问题了。(2004-8-28)

此后，它就用得越来越多了。

通过以上的简单梳理，我们更加坚定了一个信念：我们在本章第一节简单梳理了"裸退"一词的"全球华语史"，而这里讨论的"是时候+VP了"同样有这样的史的内涵，所以我们对这方面的研究既充满希望，又充满信心。

3. 被动句三分

石定栩、邵敬敏、朱志瑜（2006）谈及港式中文被动句与标准汉语的两点不同：首先，被动句的构成很少用"被"等功能词，而是沿用了古汉语的标记词；其次，这种被动句根据褒贬义再分两个下位类型，而且分别使用不同的标记词：表达贬义的一般只用"遭"，表达褒义（含中性义）的一般用"获"。

我们曾考察过海峡两岸暨香港、澳门被动表达形式的基本情况，初步的结论是：港式中文的上述情况普遍存在于台港澳三地的民族共同语中；而在大陆普通话中，则经历了一个发展变化过程，中华人民共和国成立后趋于萎缩，极少使用，到改革开放以后重新获得生机，但表现不够充分，使用量也远不如台港澳三

[①] 以上二例是由香港岭南大学马毛朋博士提供的，谨此致谢。

地那么多,大致处于一个初步发展的时期。

至于普通话中"遭/获"字句为什么会"重新启用",我们以"获"字句为例进行了考察与说明:《咬文嚼字》2000年第2期曾刊登《"获颁",是获是颁?》一文,就《羊城晚报》1998年4月29日头版刊登新华社消息的标题《联合国粮农组织表彰中国国家主席对农业发展的贡献——江泽民获颁农民奖章》提出质疑,认为其中的"获颁"是不清楚、不恰当的表述,说这个"不伦不类的'获颁'不仅读起来生硬、拗口,而且意义表达不清楚"。文章的结论是,这一生造的形式是难以流行的。台港澳地区相当常见的"获颁"在大陆之所以被认为"生造",当然是因为它很少使用,所谓"少见多怪",而这反映的应该是20世纪末的情形。我们在《人民日报》数据库中的检索情况证明了这一点,该数据库(含海外版、华东新闻、华南新闻)共有含"获颁"的新闻212条。第一条见于2000年11月14日,注明为"据新华社香港11月23日电",标题为《周光召成思危分获香港两大学荣誉博士学位》,文章的第一段是:"香港城市大学第15届学位颁授典礼今天举行,共有5700多名毕业生获颁学衔。中国科协主席、著名物理学家周光召获颁荣誉理学博士学位。"第二条的出现时间是2001年5月9日,出自"海外传真·亚大非版",同日另有一例也出自"海外传真"的欧洲版;第四条的出现时间是2001年5月16日,文章的第一句是"据《联合早报》报道"。报道国内新闻的最早用例见于2001年5月29日。

以上的简单叙述说明,"获颁"在普通话中的出现,很显然是经过了一个由"借用"到"自用"的过程,这一点同前边我们讨论过的很多现象具有高度的一致性。

几年以后,我们又一次考察了"遭/获"字句在普通话中的使用情况,得出的基本结论是这两种句子与几年前相比又有了较大的发展,使用量有了较大幅度的增长,而"被"字句的用量有一定程度的减少。随着"被"字句的"泛化",或者叫"中性化"(已有超过50%的句子用于中性义或积极义),以及专表消极义的"遭"字句的使用越来越多并且成为一种常用形式,再加上"获"字句的较多使用,当代普通话被动句已经出现了三极对立的新格局:

"被"字句:中性义+简单化/复杂化的表达形式+中性语体色彩

"获"字句:积极义+相对简单化的表达形式+书面语体色彩

"遭"字句:消极义+相对简单化的表达形式+书面语体色彩

这一方面体现了语言向精密化、严密化方向的发展,另一方面也是由于国/华语圈的直接影响,是普通话圈向国/华语圈靠拢的结果,也是全球华语三圈融合的具体表现。

四、小结

以下根据上述事实，对普通话圈向国/华语圈靠拢现象进行小结。总体而言，这方面的发展变化具有以下几个较为明显的特点：

1. 引进范围比较广

改革开放初期直到 20 世纪末，普通话圈几乎是向国/华语圈全面靠拢，对各种语言形式的引进范围相当广，就大的方面来说，是涵盖了传统的三大要素。本节中我们以词汇和语法现象为考察对象，至于语音方面，我们在第三章引用过市川勘、小松岚（2009）对"台湾'国语'腔在大陆的泛滥"的描述，可以算是这方面情况的介绍。除此之外，再如文字方面，改革开放之后一段时间内出现的"繁体字回潮"无疑有着很强的港澳台背景。在表达方式方面，我们对海峡两岸语言风格，从"生动""庄雅""简约"三个方面进行了对比考察分析，其中都涉及这样的语言风格对普通话的影响问题。比如"简约"方面，我们曾经归纳了当代普通话语法以下的发展变化：指称性词语的陈述化、陈述性词语的指称化、不及物性词语的及物化、动词性词语的性状化、有标记形式的无标记化，这些都是崇尚简约高效的表现，其背后几乎都有国语圈的影响。

就某一具体方面而言，引进的范围同样是比较广的。比如，在语法方面，国/华语圈向普通话圈靠拢主要表现在词法方面（详后），而普通话圈向国/华语圈靠拢既表现在词法方面，也表现在句法方面，由此就与前者形成了较大的差异。关于这一点，我们将在下一节的"小结"中进行进一步的讨论。

2. 存在两种引进模式

普通话圈向国/华语圈的靠拢具体表现为两种模式，以下逐一讨论与说明。

第一种是"复旧"模式，即恢复传统国语旧有的形式及用法等，因为普通话在传统国语的基础上发展比较快，因而与之距离较远，而国/华语圈与之较近。远与近的具体表现，就是大量词汇、语法等现象在两者之间的有无之别与多少之别，以及使用范围的差异等。改革开放以后，国/华语圈对普通话圈的影响，以及普通话圈向国/华语圈的靠拢，首先就表现在依然保留并活跃在国/华语圈的上述有差异形式在普通话中的"复显"（相关的研究中人们常用的表达形式是"复活"，如"旧词语复活"就一度成为研究的热点之一），并由此而实现了由分到合的发展。我们考察过很多词汇及语法项目等，在大陆共同语的语料中往往会呈现为"有（20 世纪 50 年代及以前，数量较少）→无（20 世纪 50 年代后到 80 年代前）→有（改革开放以后，数量较多）"的发展过程。上述从有到无的过程正反映了普通话与传统国语在一定程度上分道扬镳式的发展变化；而从无到有的变化，则体现了在国/华语圈的影响下向传统国语的回归，并由此而与国/华语圈缩小距离，形成一定程度上的融合。

第二种是"直引"模式，主要是指那些传统国语中并不存在，而是在其分化为不同地区的国/华语以后由于受当地方言、其他民族语言等的影响而产生的新形式、新用法等，它们在大陆共同语语料中的表现是 20 世纪 80 年代以后开始出现的，这样的形式与用法为数众多，其中有一些还获得了较高的使用频率，比如上文中讨论的"愿景""是时候＋VP 了"等大致就是如此。[①]

3. 使当代普通话面貌发生较大程度的改观

我们讨论过"港台来客"给普通话词汇带来了以下变化：增加新词语、增加义项、非常用义变为常用义、扩大使用范围、提高了使用频率、古旧词语复活、产生仿造词语、出现新的搭配形式。现在看来，如果把以上归纳总结用之于由于普通话圈向国/华语圈靠拢而产生的发展变化，基本也是符合实际的。

不过，这里边还有另外一个问题，这就是"新"与"旧"的问题。以上八个方面虽然涉及这一点，但是我们还有必要进一步明确，并通过大量的研究实践给出更加全面、准确的分析。总体而言，因融合而产生的新形式、新用法往往并不会完全取代普通话原有的形式与用法。除那些"填补真空"的以外（如"愿景"），其他的往往都是共存，但是往往会造成原有形式与用法的使用频率以及使用范围等的变化，比如"理念"就挤占了"观念"的很大一部分使用空间，而"幼儿园"也给"幼稚园"让出了一小部分空间。[②]

第三节　国/华语圈向普通话圈靠拢

一、引言

如上所述，普通话圈向国/华语圈靠拢是全球华语交流与融合过程的第一个阶段，而这里所说的"国/华语圈向普通话圈靠拢"则是第二阶段的主要表现，大致始于 20 世纪最后十年，而到 21 世纪初以后开始提速，同时范围也不断扩大。

周清海（2008）举了一个"领导"的例子：此词在新加坡、马来西亚过去只有动词的用法，现在受普通话的影响，出现了"他是我的领导"这样的表述，但

[①] 以往人们很少从这个角度来考察与分析当代普通话接受"外来"影响问题，其实这是观察当代普通话一个非常好的角度，由此一定会得出一些新的认识。

[②] 这种"新""旧"形式之间此消彼长的变化，以及其他类型的发展变化，也是一个非常值得深入研究的课题。

演讲词开端的"各位领导",新加坡、马来西亚仍然不用。

台湾的情况与新加坡、马来西亚类似,也出现了"领导"作为名词的用法,只是还不多见。例如:

是什么样的历史规则,是什么样的领导,使 21 世纪的台湾变成一个没有国际观,没有历史感,没有未来担当,没有理性思维,执政者荒诞、反对者低能的社会?(《自立晚报》,2004-1-19)

前边引用汪惠迪(2004)所举"蜂窝式无线移动电话"的例子,相关的一组不同指称形式最后基本统一于产生于大陆的"手机",其规范地位已经确立。汪文认为,这是一个让语言的自我调节机制进行"自调节"的例子。当然,这样的自调节是在一个大的时代背景之下进行和实现的,这就是普通话圈持续不断地外向扩展,对全球华语的影响越来越大。

本节中,我们以 2016 年中国大陆十大流行语榜单中的两个,即"洪荒之力"与"蓝瘦香菇"为例,进行考察与分析。我们主要着眼于台湾"国语"对这两个流行语的引进和使用,辅以世界其他各地的使用情况来看全球华语当下在词汇方面的融合情况。

近年来,我们比较关注海峡两岸民族共同语的融合问题,特别是台湾"国语"对大陆特有形式和用法的引进、吸收与进一步使用。在几年前发表的一篇论文中,我们基于对较多语言事实的考察,得出以下结论:"目前台湾'国语'对大陆词语的引进和吸收已经步入'快车道',不仅引进词语的范围拓展、数量增加、质量提高,而且引进后的融入过程也在加速,融入程度也在不断加深。上述事实清楚地说明,两岸民众共同语融合的天平,由最初大陆向台湾一方倾斜,到现在已经基本平衡,处于一种积极的双向互动之中,也可以说是两岸民族共同语化异为同的进程明显提速。"

以下我们试图利用最新语言事实,对上述结论作进一步的证明。2016 年 12 月 20 日,由国家语言资源监测与研究中心、商务印书馆、人民网联合主办的"汉语盘点 2016"活动结果揭晓,入选的十大网络流行语分别是"洪荒之力、友谊的小船、定个小目标、吃瓜群众、葛优躺、辣眼睛、全是套路、蓝瘦香菇、老司机、厉害了我的哥"。此外,另一份较有影响力的排行榜单,即《咬文嚼字》编辑部公布的 2016 年十大流行语,则是"洪荒之力、吃瓜群众、工匠精神、小目标、一言不合就××、友谊的小船说翻就翻、供给侧、葛优躺、套路、蓝瘦香菇"。

两份榜单中,"洪荒之力"都居于首位,而"蓝瘦香菇"也都位列其中。下面我们以这两个流行语为例,考察其在中国大陆、台湾地区以及世界其他国家和地区的使用情况。

我们之所以选择这两个流行语，大致出于以下几点考虑：

其一，二者均为新生形式，有非常清楚的历史边界，这样就不存在与某些已有词语在形式或意义上的历史纠葛，从而干扰或影响对其意义或用法的界定与厘清。

其二，二者都是地道的大陆原生新词语，这样就可以确定其在台湾"国语"等中是从无到有的；另外，其产生和流行的时间节点也非常清楚，由此也非常便于考察和分析其在台湾"国语"等中的引进以及发展变化过程。

其三，二者在构成机制、语义倾向和语体风格上基本形成对立（或者说处于互补分布）。这里指的是"洪荒之力"完全符合传统的词语构成方式，趋向于表达"正能量"，更适用于"正式"的语体及表达；而"蓝瘦香菇"是解构性的"将错就错"形式，表达的是负面情绪，风格上则是谐谑性的。二者合一，自然在使用范围上形成了更大的覆盖面。

汤志祥（2009）把普通话吸收海外华语词语分为三个层级：一是开始进入，二是已经进入，三是融入。我们在本章第一节中也把融合过程分为三个阶段，分别是引用、自用与变用，以下就结合我们的上述"三分"及表述来进行考察与分析。

二、"洪荒之力"与"蓝瘦香菇"在台湾

1. "洪荒之力"

据已有的梳理和表述，陌生化程度非常高的组合形式"洪荒之力"最早出现在 2008 年 12 月 31 日独家首发于晋江文学城的玄幻小说《花千骨》中，大致是指天地初开之时那种足以毁灭世界的力量。2015 年同名改编电视剧热播，这部作品以及"洪荒之力"才为更多的人所了解。不过，到此时，这一形式只限定在"小众"的范围内，在现实的语言交际和表达中鲜见使用。我们查阅了知网的中国重要报纸全文数据库，在 2016 年 8 月 11 日之前，没有发现这一组合形式的用例。

"洪荒之力"的井喷式增长和流行，始于 2016 年 8 月 8 日。里约奥运会女子 100 米仰泳半决赛后，中国选手傅园慧接受采访时的一句"我已经用了洪荒之力"，随着她接受采访时丰富的"表情包"一起不胫而走，一下子红遍网络世界，并且很快走进现实世界的语言运用中。

仅仅时隔 2 天，就出现了网络世界以外的现实用例，如下：

连续两年实现"双千亿" 四川旅投的"洪荒之力"（《中国旅游报》，2016-8-11）

2017 年 2 月 7 日，我们"百度一下"，一共得到相关网页约 3600000 个，新

闻约 337000 篇，足见其用量之大。也正因为如此，它才有资格在上述两个榜单中居于首位。

那么，"洪荒之力"在台湾的使用情况如何？

2017 年 2 月 5 日，我们对台湾包含八家报纸、三份期刊的"联合知识库"进行检索，共得到含"洪荒之力"的文本 88 个，其第一次使用"洪荒之力"是 2016 年 8 月 10 日，与 8 月 8 日只相隔 1 天，如下：

中国大陆游泳选手傅园慧在里约奥运仰泳项目创出 58 秒 95 的个人最佳纪录，进入决赛。赛后受访时她相当喜悦，对于自己的努力直呼："我已经、我已经用了洪荒之力了！"表情语气率性夸张，网友大赞"很可爱"，更形容是"会游泳的表情包"。(《Upaper》，2016 - 8 - 10)

次日，该报继续发文关注傅园慧及此语，其中有以下一段：

中国大陆游泳选手傅园慧在奥运赛后受访爆红，一句"用出洪荒之力"更受关注。景美女中"国文"教师陈嘉英表示，洪荒有很大的意思，也可说是最原始的状况，通常是形容宇宙世界，但没有听过"洪荒之力"这种用法。陈表示，虽然不是一般用法，但傅将这句话用得很有生命力。(同上，2016 - 8 - 11)

此例中引用"国文"老师的话说以前从未听过这种用法，说明了台湾的实际情况（其实对大陆的许多人，也包括我本人，何尝不是如此），在接下来的一段话中又指出它的来源是大陆电视剧《花千骨》。

上述用例均属引用，这是大陆词语进入台湾的第一步。第二步则是脱离上述引用背景的自主性使用，即我们所说的"自用"，此时往往是移用到其他方面或表示其他事物。这样的用例在同一天，该报系的另一家报纸《联合报》中就出现了，此后一直都比较常见。例如：

彭于晏……新片《危城》不仅弄得像荒野大镖客的胡须男，还在动作导演洪金宝要求下打到昏天黑地、打出动作新高峰，光踹人就踹了 53 回，还打到手指爆裂见骨，可谓使尽"洪荒之力"。(《联合报》，2016 - 8 - 11)

中国国民党主席洪秀柱 13 日晚间于花莲市展开辅选行程，表示国民党使出"洪荒之力"，竭尽所能全力辅选国民党花莲市长候选人魏嘉贤。(《自立晚报》，2016 - 8 - 13)

在运动品牌企业围绕奥运赛事"砸钞票"的品牌营销中，漫天烽火在所难免，就看谁能使出"洪荒之力"了。(《经济日报》，2016 - 8 - 14)

在引进以及自用之初，往往要加引号以示其特别，如果一旦去掉了引号，则往往表明具有了进一步的知晓度和认可度，而这样的例子也在几天之后就出现了，并且越来越多，以至于成为主要的使用形式。例如：

政府要员在一场与资方的密会中，竟能让资方负起"社会责任"，解决前朝

用了洪荒之力也解决不了的问题,岂不让人猜疑。(《经济日报》,2016-8-20)

为何美股能够再创新高?难道是叶伦使出了她的洪荒之力吗?(同上,2016-9-8)

至于何谓最适的平衡点,需要主政者向劳工和企业主剀切说明,这当然不是容易的事,主政自须极尽洪荒之力沟通。(《联合报》,2016-11-16)

他认为开放青农与社会对话,穷尽洪荒之力想尽办法后,若还无法解决缺工问题,未来引进外劳才有正当性。(《自立晚报》,2016-12-17)

短时间内的高频使用,使得词语发生变化的可能性大增,而进一步的发展就是"化用",即变化性地使用。比如以下一例:

《狼图腾》是由中法两国合拍,为了真实重现洪荒之力,剧组从哈尔滨引进上百匹野狼,从狼崽出生后12天,就开始进行繁殖、培养狼演员,在2009年起总共三年时间,养了三批狼,与演员配合演出。(《经济日报》,2016-8-14)

这里的"洪荒之力"显然与傅园慧所使用的意思有比较明显的差异:似乎更接近"洪荒"的原义,即强调一种原始、自然的力量。

以下一例大致也是在这一意义上的使用,这一点由句子中同时出现的"原始""原生"也可以得到佐证:

"情感营销"指的是启动非意识的"情感系统",也就是启动大脑的原始码,是人类的原生力量,也是促成购买动机的"洪荒之力"。(《经济日报》,2016-9-12)

以下用例则是专指人类自身以外的力量,也是"深度自用"后才可能有的变化:

美国企业获利超犀利,第2季财报超乎市场预期,刺激美股爆发洪荒之力,三大指数上周四罕见地同步改写历史新高,国际资金亦强力回流助阵,带动美股基金上周狂扫49.9亿美元,重新夺回全球股票基金吸金王宝座。(《联合晚报》,2016-8-15)

以下一例中,"洪荒之力"的"力道"似乎已经衰减:

国泰证券App选股 不费洪荒之力 (《自立电子报》,2016-9-26)

此例的"不费洪荒之力"虽然还不能说多么接近于传统所说的"不费吹灰之力",但是这种否定性使用所表示的程度起码与上述肯定性的使用相比有了较大的减弱。正文中有一段话也可以作为佐证:"国泰证券善用巧思,推出可跨'指标''题材'与'排行'三大面向选股的'股票快选App',至今已突破7万多人次下载,近期更新增'股市日历''每日晨讯''盘后分析'与'推播讯息'等服务,协助投资人轻松掌握市场最新动态。"提供了这么多服务和便利,使投资者"轻松",所以使用者自然就不必费多大的力气了。

除意思的变化外,也有用法的变化,比如以下的用例中"洪荒之力"就由宾语转为定语：

李炫谚在奥运场上关注每一位选手，他说，从菲尔普斯、洪荒之力傅园慧、日本选手金藤理绘，都给他思索未来方向和看待事情的角度。(《联合报》，2016-9-8)

"化用"的另一种表现，是以原形的全部或部分为构成要素，组合成新的语言单位，比如以下的标题：

大陆奥运金牌团将访港　港人想看洪荒妹 (《联合报》，2016-8-12)

但是，这里的"洪荒妹"应该另有来历。这篇报道是该报驻香港特派员所写，正文中还有"奥运获金牌运动员获邀访香港，港人要求'洪荒之力妹'傅园慧加入"的句子。以"××妹"称呼某些方面的年轻女性是粤语用法，所以这里的"洪荒之力妹"以及"洪荒妹"应当来自香港粤语。与此相同的还有下例的"洪荒姐"，应该也是由香港"泊来"的：

洪荒姐周六访港　门票炒到四千元 (《联合报》，2016-8-24)

通过以上的简单梳理，我们可以清楚地看到，在很短的时间内，大陆网络流行语"洪荒之力"在台湾"国语"中就完成了从引用到自用再到化用的全过程，因此这是一个两岸语言"即时性"交流与融合的绝好例证。

2. "蓝瘦香菇"

据网络问答平台"知乎"介绍，2016年10月5日，广西南宁电动车专卖店导购员韦勇在微博上发了一段视频，诉说自己的情感波折，其中多次说到自己"难受、想哭"，但其广西/壮语普通话说成了大致同于"蓝瘦、香菇"的音，颇有"笑果"。这段视频上传后，引起网友广泛关注并大量转发，各大论坛和微信平台也纷纷撰文加推和介绍，使得"蓝瘦香菇"一时成为热得烫手的网络热词，不仅在网络世界呈井喷式爆发，并且在极短时间内迅速辐射到现实世界的语言应用中。

据报载，不仅在网络上几乎即时出现了同名的网络歌曲和诛仙手游，而且在现实世界，10月13日就有深圳市蓝瘦香菇实业有限公司在深圳福田注册成立；十天之后，又有某大学食堂推出大受欢迎的"蓝瘦香菇盖浇饭"。

平面媒体中，当然也少不了对此语的使用。以下是中国重要报纸全文数据库所收报纸中的最早用例：

"蓝瘦 香菇"宋城演艺三季度迎基金公司扎堆"上门"汇添富民营活力减持38.7% (《证券日报》，2016-10-17)

此外，在高频使用中，它还迅速地产生了组合能力，构成了"蓝瘦香菇哥、蓝瘦香菇小哥、蓝瘦香菇称号、蓝瘦不香菇"等衍生新词语或表达方式。前述我们2017年2月7日"百度"的结果，"洪荒之力"的网页和新闻分别为3600000

个和337000篇,而"蓝瘦香菇"的这两个数字分别为4560000个和622000篇,均比前者高出不少,说明它在网络世界有着更高的流通度和使用频率。

以上大致就是"蓝瘦香菇"入选2016年两大流行语榜单的背景。那么,它在台湾的情况又是怎样的呢?

联合知识库中,截至2017年2月4日,含"蓝瘦香菇"的文本共22个。

抛开台湾首次使用及引用范畴来讲,联合知识库首个自用的例子见于10月30日,如下:

《狼王子》在近5个月的拍摄下,安心亚全力配合演出颇获同组工作人员的好评,现在戏杀青,安心亚与张轩睿都"蓝瘦、香菇!"(《联合报》,2016-10-30)

此后的用例,再如:

国民党议员昨炮轰县长林聪贤多项政见跳票,江碧华列出愧对宜兰市民十大罪状,吴秋龄批执政"蓝瘦香菇",县民难过想哭。(《联合报》,2016-11-23)

自蔡政府上台以来,诸多政策与作为,不但不符人民期待,却反其道的悖离人民福祉,于是民众走上街头抗争,竟然叫民众没事别上街头;虽然口口声声说要"谦卑再谦卑",却又让人感觉"蓝瘦香菇"呀!(同上,2016-11-29)

没抢到门票的大批歌迷在社群网站哀嚎留言跪求加场,大喊"一票难求,蓝瘦香菇";也有不少网友将矛头指向抢票黄牛,呼吁大家拒绝跟黄牛买票。(《Upaper》,2017-1-16)

与"洪荒之力"不同,"蓝瘦香菇"在使用中经常是"加注"的,即用括号注明"难受想哭",即如以下一例:

洪秀柱表示,党去年一年历经挫败,面对各种挑战与艰难困苦历程局面,真是"蓝瘦香菇(难受想哭)"。(《联合报》,2017-2-2)

至于为什么要采取这种舍简求繁的方式,我们将在下文的"认识"部分进行讨论。

与"洪荒之力"一样,"蓝瘦香菇"也在具体的使用中产生了某些变体,从而表现出"融入"的趋势。

以下一例采取了颠倒加注的形式:

一年一度的"海中黑金"鳗苗捕捞期已在本月1日开始,但到昨天为止,嘉义区渔会及县府渔业科统计的捕获数量依旧挂零,很多渔民自我解嘲说:"香菇(想哭)、蓝瘦(难受)!"(《联合报》,2016-11-23)

相比于此例的颠倒顺序,以下几例的变化更大:

这"香菇"真"蓝瘦"!天候转凉,民众喜欢吃火锅暖胃,医师最近接获2名进食后腹痛就医案例,在计算机断层上赫然见到整朵完整香菇卡在小肠,医师提醒民众务必细嚼慢咽,否则不只难受,还可能造成肠穿孔,甚至引发腹膜炎。

(《联合报》，2016-12-6)

"这'香菇'真'蓝瘦'"无疑是一种新的变体形式。此句说的是有人在吃火锅时，把香菇整个吞下，从而造成腹痛。这里的"香菇"显然由"虚"转"实"，而文章的标题为《火锅料用吞的 真的蓝瘦香菇了》，其中的"香菇"则又虚实兼备，形成双关。

洪秀柱说，过去一年，"蓝瘦香菇得很"，但还是挺过来，相信民众高兴看到国民党现团结和谐。(《联合影音》，2017-2-2)

上周私房新闻我写了篇《又被邦交国分手了，魔法部蓝瘦香菇》之后，被暱称"魔法部"的"外交部"持续深陷暴风中，显然失去魔法的"外交部"只有"更蓝瘦"、没有"最蓝瘦"。(《联合晚报》，2017-1-1)

以上两例中，前一例采用了述补结构，而后例的变体大致可以概括为截取、添加。

以下一例在功能上由原来的陈述变成了修饰和限定：

"蓝瘦香菇自强家庭故事！"嘉义家扶中心选拔10户自强家庭。(《联合晚报》，2016-11-24)

"蓝瘦香菇"的总体用量和使用频率虽然不如"洪荒之力"高，却在更短的时间内经历了上述"引用－自用－化用"的全过程。

3. 小结及余论

以下对上述两个流行语在台湾"国语"中的使用情况进行小结。

结合大陆的使用情况，我们可以大致把上述两个流行语在台湾的使用情况总结为以下两点：

其一，两个流行语已经深度介入台湾语言生活。这一点，由上边的讨论和所举用例（特别是那些在意义和形式上有所发展变化的例子），已经能够比较充分地说明了，但是证据和表现并不止这些。

2017年1月1日《联合晚报》A7版有一篇《字找乐子》的文章，是关于"2016夯词奖"的，其TOP 10中，第6和第7正好是本文讨论的两个流行语。原文采取填字组词的形式：

卯上全力：□□□力（提示：泳将脱口秀）
变调伤心：蓝□□□（提示：痴男说爱）

2017年1月9日《联合报》R20版的"好读周报"中有个"下课时间／填字图"栏目，其中第二个图就是"蓝瘦香菇"，对它的解释是"网络爆红词语，难受想哭"。

不仅见于面向一般民众的普及性语言游戏，"洪荒之力"甚至已经"入诗"。《联合报》2016年12月22日D3版"联合副刊"刊登了一首题为《无题九行》

的诗,其第一行就是"我把星星远古的洪荒之力,捏在手心里"。

这种与本地新生词语混杂在一起的语文游戏,甚至成为"诗的语言",反映了台湾民众对来自大陆的新词语的欢迎和接纳。

"洪荒之力"和"蓝瘦香菇"深度介入台湾语言生活,重要人物在正式场合的使用应该也是一个重要的指标和佐证。以上所引用例中,均有出自国民党前主席洪秀柱之口的。以下再举一个类似人物使用"蓝瘦香菇"的例子:

政府拍板劳保费率从明年起每年调升零点五个百分点,工总秘书长蔡练生昨天估算,雇主一年将增加负担五百八十一亿元,历经"一例一休"后,产业界怎还能承受这样的摧残,真是"蓝瘦香菇"(难受、想哭)。(《联合报》,2017-1-20)

其二,现实媒体中,台湾比大陆具有更高的使用频率。上文分别给出了两个流行语在大陆的中国重要报纸全文数据库和台湾的联合知识库中使用量的统计数字,这里就此作一比较。

"洪荒之力"在中国重要报纸全文数据库中一共检索到168条结果,虽然绝对数量比联合知识库的88条多了近一倍,但是如果以618家报纸与后者仅有8报3刊的规模相比,则使用频率无疑要比台湾"国语"低得多;至于"蓝瘦香菇"前者只有5条结果,比起联合报系旗下报刊的22条结果更是少了许多。

以上对比说明,"洪荒之力"和"蓝瘦香菇"在大陆和台湾的使用都是不平衡的,而这当然不会是没有原因的,以下就此简单讨论。

我们先说大陆的情况。

总体而言,大陆的平面媒体更加强调和尊崇语言规范,由此造成了对网络流行语反应相对迟缓,使用量偏低,这无疑是两语使用量均不高的重要原因。再就两语的比较而言,"洪荒之力"的168条结果与"蓝瘦香菇"的5条结果相比,高出了三十多倍,考虑到二者产生和流行有两个月的时间差,对比虽然没有那么强烈了,但是依然比较突出。这里的原因大致可以从本文开头提到的选词考虑的第三点,即二者在构成机制、语义倾向和语体风格上基本形成对立来加以解释。比如,就构成机制而言,二者有"规范"与"非规范"之别,而如前所述,大陆平面媒体更注重规范,所以对二者就不可能"一视同仁"。另外,"蓝瘦香菇"不够"正式"的谐谑性语体风格,也在一定程度上与大陆媒体整体、一贯的"正式"风格特点不太"兼容",而这可能也是其用量少的原因之一。

再说台湾的情况。

如果把"稳定规范"和"发展变化"作为两端的话,台湾媒体显然更加注重后者,其求新求异的取向更加明显,而这也成了其"爱用"网络流行语的重要原因之一。前边提到,台湾媒体对"蓝瘦香菇"的使用经常采用括号加注的"舍简求繁"形式,在一定程度上就可以看作这一取向的表现:为了使用这一新奇的形式，而又不致读者误解或不解，宁可牺牲文章和表达的简洁性。再就两者的比较来说，台湾"蓝瘦香菇"的使用频率比大陆媒体要高得多，一方面是因为台湾媒体整体上的规范标准不如大陆严格，另一方面也是其与"谐谑"风格的兼容性更高一些。关于后一点，汪惠迪（2012）指出，"台湾地区的媒体工作者思维常年处于活跃状态，点子又多又鬼，时有精彩的创意之作——一个词儿或一个短语一个绰号。"

此外，我们还可以从二者的语义倾向上进行一定程度的解释。如前所述，"洪荒之力"与"蓝瘦香菇"有正能量与负面情绪之别，就台湾社会而言，特别是民进党蔡英文上台以来，社会矛盾突显，社会的负面情绪及表达非常之多，可以作为这方面证据的一个事实。2016年台湾"年度代表字大选"活动中，当选汉字是"苦"，而本年度票选第一到第十名的代表字依序为"苦、变、闷、弯、狂、滞、劳、裂、革、转"，多为负面意思，与"难受想哭"的状态和心理极为吻合。自2008年这一年度代表汉字评选活动开始，评选出的代表字分别是"乱、盼、淡、赞、忧、假、黑、换、苦"，也是以负面情绪为主。

由两个流行语的使用情况看两岸语言关系，我们可以得出以下的认识：时至今日，两岸语言一体化程度越来越高，从表面看来，上述现象与两岸之间网络传播和交流的快捷便利有直接关系，但真正的深层次原因是两岸相互关注和认同程度的不断提高。

我们曾经从语言规划、工具书收词、科技术语选择和确定以及一般的日常语言运用等方面，调查了台湾"国语"词汇与大陆普通话的趋同现象，后来又就这一问题展开了规模更大且增加了历时视角的调查，最终结论即如本文开头所说，两岸民族共同语目前处于积极的双向互动之中。就台湾一方而言，首先就表现为实时关注大陆的语言生活，对产生、流行于大陆的很多新词语喜闻乐用。

大陆公布的流行词语评选结果，均于第二天就在台湾见报，以下是《联合报》关于两个榜单的介绍：

大陆语言文字规范类刊物《咬文嚼字》杂志社，昨公布"二〇一六年十大流行语"，洪荒之力、吃瓜群众、工匠精神、小目标、友谊的小船说翻就翻、葛优躺、一言不合就××等均入选。（《联合报》，2016-12-15）

以一字一词勾勒年度热点、描述大陆社会变迁的"汉语盘点二〇一六"昨在北京揭晓，蓝瘦香菇、洪荒之力、友谊的小船等入列年度十大网路用语；大陆首富王健林意外火红的"小目标"更当选年度词。（同上，2016-12-21）

至于具体的使用，当然还要早于此，通过以下的报道可见一斑：

广西南宁一个男子在失恋后上网吐露心情，表示心里"难受想哭"，因特殊口音听来像"蓝瘦香菇"，在网上疯传、一夕爆红，连台湾网友也爱用。（同上，

2016-12-21)

时下,在台湾媒体中,对很多大陆新词语的喜闻乐用早已不是个别现象,再如台湾《自立晚报》2016年11月10日的一段报道:

11月11日的"1111光棍节"虽是源自于大陆,但近来也受到台湾年轻人关注,让许多单身男女产生共鸣,有人继续独自"蓝瘦香菇"在家上网购物,也有人积极想摆脱形单影只的"1",变成"1+1"的甜蜜状态。不同于许多企业,反对办公室恋情,永庆房产集团就鼓励企业班对,至今已甜蜜促成超过230对企业班对。员工在永庆,不仅有一份稳定的工作,还能"脱光脱鲁(摆脱光棍、脱离鲁蛇)"。

除"蓝瘦香菇"外,句中的"光棍节""脱光"等,也都来自大陆,而文中提到的"关注"及"产生共鸣",正是两岸语言交流与交融的民意和心理基础。吴晓芳、林晓峰(2017)在谈到台湾当局虽然推行"乡土语言政策",试图打压"国语",但它仍呈稳定增长之势时指出:"民意如流水,不论哪个政党执政,两岸民众早已彼此渗透,他们总是要来往的,这才是最大的民意基础。"

我们有理由相信,在这样的民意基础上,两岸民族共同语还会不断地、进一步地化异为同,体现出更大的向心性,进而表现出更大、更多的一致性。

三、"洪荒之力"与"蓝瘦香菇"在其他华语区

我们就上述两个流行语的使用情况,还在北美和东南亚各两个国家进行了调查,以下对此进行简要介绍。

东南亚所选的两个国家分别是新加坡和马来西亚。

据我的学生、马来西亚籍华语教师谢镕汝介绍,"洪荒之力"是在2016年里约奥运期间开始流行的,在马来西亚华文报章上较为多见,同时面子书(脸书/脸谱)上也常见人们使用。"蓝瘦香菇"是人们在面子书上看到视频后开始流行起来的,华文报章上的使用次数不是很多,周边的朋友表示它在面子书上倒是很常见。

以下就是这两个流行语在马来西亚华文报章中的用例:

在8强签运不佳的大马男双与女双,必须使出"洪荒之力",才有望淘汰韩国与日本的世界第一组合。(《中国报》,2016-8-15)

然而,反贪的教育与执行必须同时进行,尤其是后者需以"洪荒之力"完成,大鱼小鱼都要捉,而且是时常捉,不能只选择在某一个时候,或是时局所需时才来"表演"一下。(同上,2016-8-18)

马华公会总会长兼交通部长拿督斯里廖中莱说,一旦下半年全球经济逐渐回暖,大马与中国商家继续用尽洪荒之力促进两国贸易,料双方定下于2017年,

双边贸易额达到1600亿美元的目标将不再遥不可及。(同上，2016 - 9 - 12)

匪徒突然闯入屋内干案，母亲和两姐妹为了保护彼此，发挥"洪荒之力"，三母女成功合力徒手制伏高大的匪徒！(同上，2017 - 1 - 13)

槟州首席部长林冠英表示，全民都知道拿督李宗伟已经尽力了，他已经用了洪荒之力去迎战，这才是最重要的。(《南洋商报》，2016 - 8 - 21)

根据交通部长廖中莱引述交通局的数据显示，从12月24日至26日，该局总共检查了1万1434辆巴士，发了90个警告；换算下来一天平均查了3812辆或每小时平均158辆。这是很密集的数据，证明官员们都使出了洪荒之力。(同上，2017 - 1 - 2)

反对党国会议员周五（21日）在国会集体离席抗议首相拿督斯里纳吉不回应"大马一号官"，让教育副部长拿督张盛闻也"蓝瘦、香菇"（难受、想哭）了！(《中国报》，2016 - 10 - 22)

笔者想跟纳吉政府说，人民知道管理国家财务不简单，但对于每一年的预算案，人民也蓝瘦、香菇！(同上，2016 - 10 - 26)

勿待所有的"问题"都被"合理化"促成罪案后，才来"蓝瘦""香菇"，也就太迟了。(同上，2016 - 10 - 28)

人要经过多少次的挫折失败，多少次的"蓝瘦、香菇"，才能从中领悟到所谓的"度"而明白"弹性"的重要性。(同上，2016 - 11 - 12)

记得中国有一位年轻人放了一段视频"蓝瘦、香菇"（难受、想哭），因特别的音调而火红，当艺术"蓝瘦香菇"时，唯一能做的是，继续坚持，创造因缘。但是如果你问灵慧，她会告诉你，艺术"不蓝瘦，不香菇"。(同上，2016 - 12 - 18)

因此，消费人最好自己选购食品，再另行包装，就不用担心食品快过期，送礼送得尴尬，收礼的人收到"蓝瘦香菇"。(同上，2016 - 12 - 19)

新加坡的使用情况主要是我们在《联合早报》上进行的调查。调查结果显示，该报也有不少用例，时间与台湾以及马来西亚同步。以下酌举数例：

自救会在声明中提出，劳工所有的权利都不是天上掉下来的，而是工人用尽"洪荒之力"抗争而来的。(2016 - 8 - 20)

如果仅从赛场表现看，我国泳将约瑟林（Joseph Schooling）似乎同样施展了"洪荒之力"，他们都是因为在平日坚持艰苦的训练，付出了比其他人更多的辛勤汗水，才获得了来之不易的成功。可以说，在成功的道路上，没有神迹般的"洪荒之力"相助，反而需要面对困难，坚持到底；追求目标，永不放弃。(2016 - 9 - 21)

"洪荒之力"即使真的存在，也只不过是一种外来的助缘。而外缘能否发生作用，则取决于内因。换言之，只有那些"自强不息"的辛勤奋斗者，才可能得

到"洪荒之力"的垂青。(2016-9-3)

恒生指数低开503点后狂跌,插逾600点后一度回光返照收窄至474点,但仍然难以抵抗沽货的"洪荒之力",最后以全日最低位收市。(2016-9-13)

面对中东"形势比人强"的复杂局面,特朗普似乎还没有扭转乾坤的"洪荒之力",或者是在左顾右盼中束之高阁,或者采取"模糊战略"搪塞支吾。(2017-2-22)

"不假外力,也不为外物所因,流浪就是纯粹的流浪,享受旅途中的孤寂与满足,不受旅伴、行李、吃饭、读书甚至睡觉种种之羁绊与干扰。"正是用尽"洪荒之力"去旅游。(2017-4-14)

细雨纷飞,学生们在路上时不时的拥抱虽然时不时打破了节奏,但是这一天的日常生活还是提醒着我们,即便"蓝瘦香菇",太阳照常升起,日子还是要过。(2016-11-16)

电视观众觉得露露好笑,笑她看不见自己有多俗气、过时、丑陋,真应该"蓝瘦香菇";正如网民虽觉得"蓝瘦香菇"哥真情得可爱,但还是忍不住要取笑他土气的乡音。可是,就在你吃吃笑的当儿,他们争取上进,跑在你的前头,最后应该"蓝瘦香菇"的是一直在原地踏步、被抛在后头的你们。(2016-12-7)

敢讲话的"大炮"一年比一年少,社交媒体上的讨论也很平淡。这样的局面让记者们有些"蓝瘦香菇"。(2017-3-10)

北美的情况主要调查了美国和加拿大的华语媒体,是由我在美国工作的学生洪琳进行的。

"洪荒之力"最早于2016年8月12日见于美国的世界新闻网中一则新闻标题《洪荒之力咋翻译,外媒被考跪在地》;"蓝瘦香菇"也首见于这家媒体,时间是2016年10月12日,系转载中国东方网的报道。2017年2月初,洪琳在美加华文媒体进行检索,结果显示,美国《世界日报》(World Journal)中一共有232例,加拿大《星岛日报》有60例;而"蓝瘦香菇"在这两家媒体上的用例分别为79例和18例。在其他各家中文媒体中,也有数量不等的用例,以下酌举若干:

人生很奇妙。中国奥运女泳将傅园慧"大颠大肺"的一句"洪荒之力",会在一夜间传遍神州大地,不仅她自己感到"措手不及",很多、很多的"措手不及"也在本届奥运中表现出来。(《加中时报》网络版,2016-8-15)

中国女排轻取波多黎各队,此役朱婷斩获全场最高的20分,她的疯狂重扣释放了"洪荒之力",对手主帅也被朱婷打服,表情难看对比赛很是绝望。(《星岛日报》,2016-8-11)

世界排名75位的壁球小花何子乐,昨在香港壁球公开赛女子组首圈面对世界排名15的英国名将邓嘉菲，落后两盘以洪荒之力爆冷反胜3：2，打出投身全职8个月以来首场代表作。（同上，2016-8-24）

新车轮盘设有驾驶模式旋钮，简单按下中间的Sport Response小掣，可实时提供二十秒"洪荒之力"，加速劲度拍得住大哥911，非常惊人。（同上，2017-1-20）

书法家陈汉忠特别书写各体书法，向读者贺即将到来的鸡年，祝贺大家在"天赐良鸡"的鸡年，展现灵活的头脑，快捷的思维，以洪荒之力，创造光明的前程。（同上，2017-1-13）

这一次周一班学员个个使出洪荒之力为观众们奉献上体能组合"Love Runs Out"。（《圣路易新闻》，2016-10-20）

加州制药公司使出洪荒之力，斥资1亿900万元，成功阻止旨在为处方药价格设限的61号公投提案获通过。（同上，2016-11-10）

黄子哲又在脸书贴文，讽刺顾立雄发挥极大的创意与幽默感，针对罗承宗过去有违法前科之事，倾洪荒之力无厘头的辩解，真是好棒棒。（《世界日报》，2016-8-26）

但在加州不是这样的，加州的共和党积极与一些民主党人合作，正如夏乐柏在教育法案上就是使出了"洪荒之力"。（同上，2016-11-28）

但挽回这种世纪金融灾难所需洪荒之力，毕竟也非一二人所能为之，例如联准会"宽松量化"之计，加上美国利伯维尔场经济体系自我疗伤能力才是真正让美国走出经济泥淖之力。（同上，2017-1-1）

他举例说近日看到一个非常"时髦"却乍看莫名其妙的说法，就算网友在批评这位女评审时也反复提到。就是"蓝瘦香菇"，意思是"难受想哭"。常先生表示，连加拿大的华人近日人人都在"蓝瘦香菇"，不久前与本地大陆朋友吃饭时他因不知道这一说法也被笑老土。（《星岛日报》，2016-10-30）

看了这样的新闻，谁都会有蓝瘦香菇的感受吧！（《世界日报》，2016-12-2）

例如1995年的玩具总动员（Toy Story），当巴斯光年发现自己是台湾制造时，脸上写满了"蓝瘦香菇"。（同上，2017-1-6）

在结束本部分内容之前，为了增加上述调查的覆盖面，我们又考察了法国《欧洲时报》对以上两个流行语的使用情况，其中"洪荒之力"的用例比较多，如下：

本来出门坐飞机是件再平常不过的事，可是西班牙有位具有"洪荒之力"的乘客上演了一幕让人哭笑不得的闹剧。（2016-8-11）

法国政府大选前求稳心切 以洪荒之力"保卫贝尔福"（2016-10-5）

法国商场拜倒在中国游客强大的购买力之下，但中国游客的购买与中企在欧

洲收购的洪荒之力对比下,便显得九牛一毛了。(2016 - 11 - 24)

为了脱欧,梅姨真是用尽"洪荒之力",甚至不惜提前大选。(2017 - 6 - 8)

"蓝瘦香菇"的用例倒是很少,仅见一例。由此显示,该报的语言风格及取向倒是与中国大陆比较接近,如下:

GUCCI、LV 等 8 个牌子最近都涨价,不是我说,再犹豫就只剩下蓝瘦香菇了!(2016 - 10 - 20)

这种不加突显标记(引号),完全用于自主语境下的例子,是比较典型的自用。

四、小结

由于语料获取等方面的诸多限制,我们暂时还没有办法对国/华语圈向普通话圈靠拢的现实进行更多方面的考察与举例说明。在本节中,我们只是以产生于普通话圈的两个年度流行语为例,考察其在国/华语圈从引用到自用再到变用的过程,借一斑而窥全豹。由此一"斑",再结合我们的其他相关研究,以及他人论著中的一些零星表述,我们大致可以对国/华语圈向普通话圈靠拢的一般情况及特点等进行初步的总结。

1. 时间方面

进入 21 世纪以来,国/华语圈开始比较集中地表现出向普通话圈靠拢的趋势,就对具体语言形式的引进和吸收而言,大致是时间越往后越多,速度也越快。现在,中国大陆处于快速发展时期,社会生活日新月异,新生事物不断涌现,而它们往往都能吸引华人世界甚至全球关注的目光,由此就使得相关的指称形式等快速输出,成为全球华语新词语的重要来源。

以下再举一个"光棍节"的例子。周晓彦(2015)谈到,近些年来,"光棍节"突然"走红",成为"新宠"。媒体热议、大众热捧,商家更是以此肆意炒作,获得丰厚利润。光棍节由原来带有些许自嘲、调侃、无奈、自我安慰的"节日",变成了一个狂欢节、恋爱节、购物节。此词的产生时间大概在 20 世纪 90 年代初,于全有、裴景瑞(2007)梳理了关于其来源的几种说法,其中以起于中国大陆的大学校园一说比较可靠。简而言之,"光棍"指未婚男性,而"光棍节"自然就是他们的节日。具体而言,又有小中大三个:每年的 1 月 1 日为小光棍节,1 月 11 日与 11 月 1 日为中光棍节,而 11 月 11 日为大光棍节,它们分别是由代表光棍的"1"数量的多少决定的。数量最多的是 2011 年 11 月 11 日,因为有 6 个"1"而被称为"神棍节"或"世纪光棍节""世纪大光棍节",也有称之为"六'1'节"的。

把光棍节与网络购物联系起来并最终使之成为购物狂欢的日子,则始于

2009年"淘宝"打出的"光棍节"促销活动,当时影响并不太大,但次年就大不相同了。以下是刊于《人民日报》的相关记载,而这也是该报此词的第一个用例:

2010年11月11日,淘宝网推出"光棍节"五折"秒杀"促销:总共吸引2100万买家,单日交易额达到9.36亿元。(2011-2-14)

此后,"光棍节"在《人民日报》中就经常出现,而在其他媒体以及人们的日常用语中也都比较常见。

随着"双11"购物活动由中国大陆推向港澳台地区以及海外,"光棍节"一词也"走出去",快速成为华人世界的共同语了。以下仅举几例:

由于明年是世界杯,其营业额的上升数字有机会如淘宝在光棍节般震撼。(厦门大学"至善"繁体字语料库香港子库,无具体出处及时间)

昨天是1111光棍节,金钟影后林依晨脸上堆满笑容出席活动。(新加坡《联合早报》,2012-11-12)

明天2011年11月11号,就是传说中的世纪大光棍节了,这个起源于中国高校中庆祝单身的节日一问世就得到了众多年轻人的追捧,现在已经传到了纽约。(美国中文网,2011-11-10)

2. 内容方面

上一节的"小结"中我们提到,普通话圈向国/华语圈靠拢既表现在词法方面,更表现在句法方面,而国/华语圈对普通话圈的引进和吸收以词汇为主,在语法方面也主要集中在一些语法词,在句法方面则少有表现。

在词法方面,我们讨论了一组虚义动词,即"搞、抓、干、弄、闹"在台湾"国语"中从少到多,以及有些意义和用法从无到有的动态发展过程及结果,而这一现象在整个国/华语圈也在一定程度上有所表现。以下再举几个不同国家和地区媒体中"搞"的用例:

推特治国进行到底?特朗普连发4文:搞核武!别惹以色列!(香港《凤凰资讯》,2016-12-23)

中国游客多 外国人也学会搞"红色旅游"了(加拿大《华侨时报》,2016-10-2)

美国搞的大新闻,可能打开了"潘多拉魔盒"(美国中文网,2017-5-31)

德国华人张传增教授:潜心搞研究 用心做"材料"(法国《欧洲时报》,2017-6-9)

在句法方面,普通话圈向外的"推送"很少表现,这也是有原因的。其一,普通话的发展主要是在做"减法",即在传统国语的基础上进行简化,很多旧有形式整体性衰减甚至于退隐,因此就在整体上与国/华语圈形成了复杂与简单的对比；其二，普通话以北方话为基础，并且一直与基础方言密切联系，而国/华语圈处于南方方言区，或者通行南方方言的国家与地区（如美国曾经在很长时间内一直是粤语独大），再加上所在国主流语言的影响，由此也多出了一些普通话所无的形式及用法等，进一步造成了语法项目多与少的对比。就语言融合的流向来说，当然是复杂的、多的流向简单的、少的，而不会是相反的。就互补性而言，普通话圈可以引进吸收的东西更多一些，而国/华语圈相对少一些，特别是在句法方面。①

当然，这只是就句法项目总体上的有无而言，如果着眼于某一具体现象，则其中也可能包含一定的被国/华语所吸收的因素。我们考察了港澳地区"把"字句在使用中受普通话影响的具体表现，一是有较多的"化"缀动词用为主要动词，二是"把＋宾$_1$＋形式动词＋宾$_2$"形式的增多。

3. 程度方面

这里主要是指国/华语圈向普通话圈靠拢的程度，具体包括从普通话圈吸收的形式与用法等的数量、使用情况以及对其自身语情的影响等，即上文所说的"融合度"。与普通话圈向国/华语圈的靠拢以及由此而造成的较高甚至很高的融合度相比，反向的运动到目前为止还不能完全与之相提并论，具体来说，就是在融合度方面还有一定的差距，总体上低于普通话圈的表现。总体而言，二者目前处于不同的阶段，前者基本属于"完成时"，经过了一个大规模的比较集中与充分的引进阶段，现在这一过程已经趋于结束，剩下的只有一些零星的吸收；后者则还属于"进行时"，尚处于进一步的发展过程中，均未达到上述的集中与充分，因此还有很大的上升空间。我们在考察海峡两岸"紧张"一词使用差异的同时，也谈及了它们的融合倾向，即台湾也出现"紧张"表示"紧缺、供应不足"义的用例（如"供水紧张"）。但总体而言，一是数量少，二是适用范围有限，三是基本都是自用，未见变用情况，所以大致处于融合度不高的阶段。而我们也就此情况考察了其他一些国/华语区的使用情况，结果基本也是如此。

---

① 这个问题很有语言事实与理论的内涵，很值得作进一步的考察与分析。

参 考 文 献

[1] 白兆麟. 建立"汉语通论"的新尝试 [J]. 中国社会科学, 1997 (04).

[2] 北京师范学院中文系汉语教研组. 五四以来汉语书面语言的变迁和发展 [M]. 北京: 商务印书馆, 1959.

[3] 才维维、马琳娇. 从语言的社会性角度对语言规划中"大汉语观"的思考 [J]. 青年文学家, 2013 (04).

[4] 蔡振翔. 从华文教育到华语教育 [J]. 华侨华人历史研究, 1996 (02).

[5] 曹德和. 如何界定普通话的内涵和外延——学习《国家通用语言文字法》的思考 [J]. 安徽大学学报, 2011 (01).

[6] 曹铭宗. 台湾国语 [M]. 台北: 联经出版事业公司, 1993.

[7] 柴俊星. 两岸四地公文语体、语汇的差异 [J]. 汉语学习, 2002 (02).

[8] 陈颖. 言语社区理论述评及研究框架构建展望 [J]. 绥化学院学报, 2014 (11).

[9] 陈羽. 言语社区理论观照下汉语指称标记的时代特征——对新中国成立后一段历史的解读 [J]. 学理论, 2015 (15).

[10] 陈原. 社会语言学的兴起、生长和发展前景 [J]. 中国语文, 1982 (05).

[11] 陈建民. 普通话对香港词语的取舍问题 [J]. 语文建设通讯, 1994 (43).

[12] 陈建民. 配偶义的"爱人"小考 [J]. 词库建设通讯, 1997 (13).

[13] 陈建民. 中国语言和中国社会 [M]. 广州: 广东教育出版社, 1999.

[14] 陈京生. 华语广播电视媒体语言的类型 [M] // 陈京生主编. 华语广播电视媒体语言研究. 北京: 中国传媒大学出版社, 2009.

[15] 陈珺, 周小兵. 比较句语法项目的选取和排序 [J]. 语言教学与研究, 2005 (02).

[16] 陈丽君. 语言资源观在对外汉语教学中的应用设想 [J]. 现代语文, 2006 (05).

[17] 陈松岑, 徐大明, 谭慧敏. 新加坡华人的语言态度和语言使用情况的

研究报告［M］∥李如龙主编.东南亚华人语言研究.北京：北京语言文化大学出版社，2000.

［18］陈章太.论语言资源［J］.语言文字应用，2008（01）.

［19］陈重瑜.华语（普通话、国语）与北京话［J］.语言教学与研究，1985（04）.

［20］陈重瑜.新加坡华语语法特征［J］.语言研究，1986（01）.

［21］程祥徽.蓝青官话与普通话［J］.（香港）明报月刊，1985（5月号）.

［22］程祥徽.方言的离合与汉语在澳门的走向［M］∥程祥徽主编.方言与共同语.香港：海峰出版社，1997.

［23］程祥徽.传意需要与港澳新词［M］∥程祥徽.中文变迁在澳门.香港：三联书店（香港）有限公司，2005.

［24］程祥徽.港澳用字［M］∥程祥徽.中文变迁在澳门.香港：三联书店（香港）有限公司，2005.

［25］程祥徽.言分普粤 字分繁简［M］∥周荐，董琨主编.海峡两岸语言与语言生活研究.香港：香港商务印书馆，2008.

［26］储泽祥，张琪.海峡两岸"透过"用法的多样性与倾向性考察［J］.语言文字应用，2013（04）.

［27］储泽祥.在多样性基础上进行倾向性考察的语法研究思路［J］.华中师范大学学报，2011（02）.

［28］楚山孤."愿景"，你是谁呀？［J］.咬文嚼字，2006（08）.

［29］崔乐.语言资源监测研究发展态势［J］.江汉大学学报，2011（03）.

［30］崔应贤.谈谈修辞学的学科定位问题［J］.平顶山师专学报，2003（03）.

［31］戴红亮.台湾语言文字政策［M］.北京：九州出版社，2012.

［32］戴昭铭，赵一凡."港台式"语法及其对内地汉语的影响［M］∥李雄溪，田小琳，许子滨主编.海峡两岸现代汉语研究.香港：文化教育出版社，2009.

［33］戴昭铭.全球汉语时代的文化问题和规范问题［J］.南开语言学刊，2007（01）.

［34］戴昭铭.汉语国际教育中的规范冲突问题［J］.求是学刊，2014（02）.

［35］邓刚."过渡语"三题［J］.现代外语，1993（02）.

［36］刁晏斌，邹贞.基于计算的海峡两岸女性译名性别义溢出情况对比研究［J］.云南师范大学学报，2014（02）.

［37］刁晏斌，侯润婕.从餐食类名词看全球华语的共同基础［J］.汉语学

报，2016（03）.

［38］刁晏斌. 关于现代汉语历史发展研究的构想［J］. 语文建设通讯，1992（36）.

［39］刁晏斌. 新时期大陆汉语与海外汉语的融合及其原因［J］. 辽宁师范大学学报，1997（04）.

［40］刁晏斌. 关于"动词＋中"用法的一点思考［J］. 语文建设通讯，1998（55）.

［41］刁晏斌. 初期现代汉语语法研究［M］. 台北：洪叶文化事业有限公司，1999.

［42］刁晏斌. 差异与融合——海峡两岸语言应用对比［M］. 南昌：江西教育出版社，2000.

［43］刁晏斌. 论现代汉语史［J］. 辽宁师范大学学报，2000（05）.

［44］刁晏斌. 流行在大陆词语中的"港台来客"［J］. 北方论丛，2001（02）.

［45］刁晏斌. 现代汉语史［M］. 福州：福建人民出版社，2006.

［46］刁晏斌. 现代汉语史概论［M］. 北京：北京大学出版社，2006.

［47］刁晏斌. 从历时角度看香港汉语书面语的特点［J］. 语文建设通讯，2007（87）.

［48］刁晏斌. 现代汉语词义感情色彩的两次大规模变迁［J］. 文化学刊，2007（06）.

［49］刁晏斌. 现代汉语外来形式研究刍议［J］. 云南师范大学学报（对外汉语教学与研究版），2009（06）.

［50］刁晏斌. 两岸四地语言对比研究现状及思考［J］. 汉语学习，2012（03）.

［51］刁晏斌. 试论海峡两岸语言的微观对比研究［J］. 北京师范大学学报，2012（04）.

［52］刁晏斌. 从"华人社区"到"全球华语社区"——两岸四地语言差异与融合研究观念的演进［J］. 云南师范大学学报（哲学社会科学版），2012（02）.

［53］刁晏斌. "港式中文"与早期现代汉语［J］. 山西大学学报，2012（01）.

［54］刁晏斌. 两岸四地的"遭"字句及其与"被"字句的差异［J］. 语言教学与研究，2012（05）.

［55］刁晏斌. 两岸四地"获"字句对比考察［J］. 华文教学与研究，2012（02）.

［56］刁晏斌. 从两个距离差异看两岸共同语的差异及其成因［J］. 杭州师范

大学学报，2013（03）．

[57] 刁晏斌. 港澳台地区标准书面汉语的共性与个性［J］. 语言教学与研究，2014（06）．

[58] 刁晏斌. 关于华语词典编纂问题的几点思考［J］. 辞书研究，2014（06）．

[59] 刁晏斌. 论全球华语的基础与内涵［J］."Global Chinese"（《全球华语》），2015（创刊号）．

[60] 刁晏斌. 海峡两岸及港澳地区现代汉语差异与融合研究［M］. 北京：商务印书馆，2015．

[61] 刁晏斌. 试论两岸语言"直接对比"研究［J］. 北华大学学报，2015（01）．

[62] 刁晏斌. 台湾"国语"词汇与大陆普通话趋同现象调查［J］. 中国语文，2015（03）．

[63] 刁晏斌. 再论两岸语言微观对比研究［J］. 文化学刊，2016（08）．

[64] 刁晏斌. 关于进一步深化两岸四地语言对比研究的思考［J］. 北京师范大学学报，2016（02）．

[65] 刁晏斌. 现代汉民族共同语的多元观［J］. 云南师范大学学报（哲学社会科学版），2016（05）．

[66] 刁晏斌. 关于海峡两岸词汇深度对比研究的思考［J］. 励耘语言学刊，2016（01）．

[67] 刁晏斌. 海峡两岸离合词使用情况对比考察［J］. 海外华文教学，2016（04）．

[68] 刁晏斌. 传统汉语史的反思及新汉语史的建构［J］. 吉林大学社会科学学报，2016（04）．

[69] 刁晏斌. 海峡两岸趋向动词的用法差异及相关问题［J］. 辽宁师范大学学报，2016（02）．

[70] 刁晏斌. 当代汉语语法研究［M］. 北京：中国社会科学出版社，2016．

[71] 刁晏斌. 海峡两岸民族共同语对比研究［M］. 北京：中国社会科学出版社，2017．

[72] 刁晏斌. 海峡两岸语言融合的历时考察［J］. 云南师范大学学报（哲学社会科学版），2017（01）．

[73] 刁晏斌. 论普通话研究的国语/华语视角［J］. 华文教学与研究，2019（02）．

[74] 丁安仪，郭英剑，赵云龙. 应该怎样称呼现代中国的官方语言？——

从英汉对比看"汉语"、"普通话"、"国语"与"华语"等概念的使用［J］.河南师范大学学报，2000（03）.

　　［75］董思聪，徐杰.普通话区域变体的特点与普通话差错的分际［J］.语言科学，2015（06）.

　　［76］董思聪，徐杰.词汇规范的标准问题与方言词汇进入共同语的条件［J］.汉语学报，2022（03）.

　　［77］窦焕新.台湾普通话中的"有＋动词"研究［J］.渤海大学学报，2006（03）.

　　［78］杜道流.是"是……时候（了）"，还是"是时候……（了）"？［J］.淮北师范大学学报，2014（02）.

　　［79］范晓.汉语的句子类型［M］.太原：书海出版社，1998.

　　［80］方清明.基于口语库统计的两岸华语语气标记比较研究［J］.华文教学与研究，2013（03）.

　　［81］冯友兰.冯友兰自述［M］.北京：中国人民大学出版社，2004.

　　［82］甘于恩.进一步提升中文水准，重新认识方言的价值——新加坡善于华语与方言关系的讨论［M］∥李如龙主编.东南亚华人语言研究.北京：北京语言文化大学出版社，2000.

　　［83］高超.世界英语理论与中国英语研究综述［J］.国外外语教学，2006（04）.

　　［84］高永安.谈汉语自信［J］.华南师范大学学报，2016（03）.

　　［85］耿红卫.马来西亚华文教育史简论［J］.船山学刊，2007（02）.

　　［86］苟曲波."有＋VP"的三个平面考察［J］.新余高专学报，2010（03）.

　　［87］关文新.还是称"华语教学"好［J］.汉语学习，1992（02）.

　　［88］郭熙.试论海峡两岸汉语差异的起源［J］.语言学通讯，1993（1—2）.

　　［89］郭熙.域内外汉语协调问题刍议［J］.语言文字应用，2002（03）.

　　［90］郭熙.论"华语"［J］.暨南大学华文学院学报，2004（02）.

　　［91］郭熙.海外华人社会中汉语（华语）教学的若干问题［J］.世界汉语教学，2004（03）.

　　［92］郭熙."对外汉语学"说略［J］.汉语学习，2004（03）.

　　［93］郭熙.中国社会语言学（增订本）［M］.杭州：浙江大学出版社，2004.

　　［94］郭熙.面向社会的社会语言学：理想与现实［J］.语言文字应用，2005（03）.

　　［95］郭熙.论华语研究［J］.语言文字应用，2006（05）.

[96] 郭熙. 汉语的国际地位与国际传播 [J]. 渤海大学学报, 2007 (01).

[97] 郭熙. 华文教学概论 [M]. 北京: 商务印书馆, 2007.

[98] 郭熙. 华语规划论略 [J]. 语言文字应用, 2009 (03).

[99] 郭熙. 华语视角下的"讲话"类词群考察 [J]. 语言文字应用, 2012 (04).

[100] 郭熙. 论汉语教学的三大分野 [J]. 中国语文, 2015 (05).

[101] 郭艳. 世界英语的同质性和中国英语的异质性 [J]. 赤峰学院学报, 2008 (03).

[102] 郭伏良. 新中国成立以来汉语词汇发展演变研究 [M]. 保定: 河北大学出版社, 2001.

[103] 郭文靖. "咖"类词登陆内地的发展轨迹及其特点 [J]. 汉字文化, 2015 (05).

[104] 郭熙, 崔乐. 对华语语言生活的观察与思考——暨南大学华文学院院长、海外华语研究中心主任郭熙教授访谈录 [J]. 华文教学与研究, 2011 (04).

[105] 郭熙, 李春风. 东南亚华人的语言使用特征及其发展趋势 [J]. 双语教育研究, 2016 (02).

[106] 郭熙, 祝晓宏. 海外华语传播与《中国语言生活状况报告》[J]. 语言文字应用, 2007 (01).

[107] 郭晓燕, 刘睿. 社会语言学: 从边缘走向中心 [J]. 东北师大学报(哲学社会科学版), 2011 (05).

[108] 韩玉华. 从节目主持人会话看海峡两岸语音差异 [J]. 沈阳师范大学学报, 2011 (05).

[109] 何丽. 精神言语社区: 语言身份的选择及构建研究 [J]. 湖北社会科学, 2014 (03).

[110] 何九盈. 汉语三论 [M]. 北京: 语文出版社, 2007.

[111] 洪历建. "国际汉语": 作为"国际性语言"的汉语如何发展 [J]. 华东师范大学学报, 2004 (06).

[112] 洪宗礼, 柳士镇, 倪文锦. 母语教材研究 [M]. 南京: 江苏教育出版社, 2007.

[113] 侯精一. 推行普通话(国语)的回顾与前瞻 [J]. 语言文字应用, 1994 (04).

[114] 侯精一. 北京话连词"和"读"汉"的微观分布——兼及台湾国语"和"读"汉"音溯源 [J]. 语文研究, 2010 (01).

[115] 胡明扬. 普通话和北京话(上)[J]. 语文建设, 1986 (03).

［116］胡明扬. 普通话和北京话（下）［J］. 语文建设，1987（04）.

［117］胡瑞昌. 新加坡共和国的语文政策与华语华文教育［J］. 河北师院学报，1994（01）.

［118］胡士云. 词汇规范三题［J］. 语文建设，1989（06）.

［119］黄明. 新加坡语言政策对英语和华语交流的影响［J］. 西南交通大学学报（社会科学版），2007（01）.

［120］黄翊. 澳门语言研究［M］. 北京：商务印书馆，2007.

［121］黄国营. 海外汉语与普通话［J］. 汉语学习，1984（04）.

［122］黄海军，徐津春. "愿景"一词探析［J］. 上海翻译，2006（02）.

［123］黄华迎. 马来西亚华语特有词语探析［J］. 现代语文，2014（03）.

［124］黄立诗. 从语法化视角看马来西亚华语"回"作动态助词的现象［J］. 现代语文，2013（08）.

［125］黄立诗. 马来西亚华语以"了"（liao）充"了"（le）现象研究［J］. 长江大学学报，2013（07）.

［126］黄婷婷. 广东丰顺客家方言的差比句［J］. 方言，2009（04）.

［127］江蓝生. 直面现实语言生活［J］. 语言战略研究，2016（03）.

［128］江郁莹. "给"字句式探索：以台湾华语与新加坡华语的口语语料为例［J］. 国际汉语学报，2012（第1辑）.

［129］蒋冬英，阙本旭. 南洋文学潮籍兄弟作家的拓荒主张及作品编目［J］. 兰台世界，2016（15）.

［130］金美. 论台湾新拟"国家语言"的语言身份和地位——从《国语推行办法》的废止和语言立法说起［J］. 厦门大学学报，2003（06）.

［131］康海玲. 语言的缺失与东南亚华语戏曲的没落——以马来西亚为例［J］. 集美大学学报，2012（01）.

［132］孔玫. 香港中文教学探讨［M］//第三届国际汉语教学讨论会论文选. 北京：北京语言学院出版社，1991.

［133］李斐. 港式中文词类活用现象调查报告［J］. 汉语学报，2012（04）.

［134］李蓝. 现代汉语方言差比句的语序类型［J］. 方言，2003（03）.

［135］李苗. 台湾国语词汇与新加坡华语词汇特色比较［J］. 武陵学刊，2011（01）.

［136］李明. 港台词语在大陆的使用情况［J］. 汉语学习，1992（03）.

［137］李泉. 国际汉语教学的语言文字标准问题［J］. 语言教学与研究，2015（05）.

［138］李涛. 世界英语变体理论及其对高校公共英语教学的启示［J］. 江西

师范大学学报，2006（06）.

［139］李嵬. 多语——海外华人语言生活的现实及挑战［J］. 语言战略研究，2017（01）.

［140］李贞. 共同语和标准语——对普通话定义的思考［J］. 浙江师范大学学报，2002（05）.

［141］李志. 早期南洋华文新文学借鉴西方文学特点小议［J］. 西南师范大学学报，2003（06）.

［142］李春红. 近代域外汉语教育文献的多维价值——以韩国日据时期"满洲语"教科书为例［J］. 理论月刊，2016（10）.

［143］李行健，仇志群. 汉语文词典编纂的新课题——两岸合编语文词典的一点感受［J］. 辞书研究，2012（06）.

［144］李行健，仇志群. 一语两话：现代汉语通用语的共时状态［J］. 云南师范大学学报（哲学社会科学版），2014（02）.

［145］李行健. 两岸合编《中华语文词典》的情况和意义［J］. 天津师范大学学报，2012（05）.

［146］李行健. 两岸差异词再认识［J］. 北华大学学报，2013（06）.

［147］李行健. 我的殷切希望［M］//我们一起走过的十年. 北京：商务印书馆国际有限公司，2015.

［148］李计伟. "两个三角"理论与海外华语语法特点的发掘［J］. 语文研究，2012（03）.

［149］李计伟. 基于对比与定量统计的马来西亚华语动词研究［J］. 汉语学报，2014（04）.

［150］李计伟. 基于对比与定量统计的马来西亚华语形容词研究［J］. 云南师范大学学报（哲学社会科学版），2015（01）.

［151］李连伟，邢欣. 西方英语文化对中国人言语行为的影响——以汉语跨文化语用变体为例兼谈汉语国际推广［J］. 社会科学家，2016（08）.

［152］李青梅. 海峡两岸字音比较［J］. 语言文字应用，1992（03）.

［153］李泉. 汉语教材的"国别化"问题探讨［J］. 世界汉语教学，2015（05）.

［154］李泉，张海涛. 汉语国际化的内涵、趋势与对策［J］. 语言文字应用，2014（02）.

［155］李如龙. 略论东南亚华人语言的研究［M］//李如龙主编. 东南亚华人语言研究. 北京：北京语言文化大学出版社，2000.

［156］李如龙. 海外汉语方言研究的新视野——读《全球华语词典》［J］. 辞

书研究，2013（01）．

［157］李如龙．华人地区的语言教学与教学语言［J］．华文教学与研究，2016（02）．

［158］李思嗳．以"嘛嘛档"一词探讨马来西亚华语的语言融合现象［J］．现代语文，2013（06）．

［159］李现乐．试论言语社区的层次性［J］．东北大学学报，2010（03）．

［160］李宇明．论母语［J］．世界汉语教学，2003（01）．

［161］李宇明．海外华语教学漫议［J］．暨南大学华文学院学报，2009（04）．

［162］李宇明．汉语的层级变化［J］．中国语文，2014（06）．

［163］李宇明．大华语：全球华人的共同语［J］．语言文字应用，2017（01）．

［164］李宇明．汉语是中国的，也是世界的［J］．辽宁师范大学学报，2017（03）．

［165］李宇明．世界汉语与汉语世界［J］．中山大学学报，2021（03）．

［166］李振杰．台湾新词语管窥［J］．语言教学与研究，1990（01）．

［167］李志江．略论《现代汉语词典》中收录的社区词［M］//周荐，董琨主编．海峡两岸语言与语言生活研究．香港：香港商务印书馆，2008．

［168］李志凌．泰北地区大华语语境下汉语教学发展业态与评估［J］．民族教育研究，2016（01）．

［169］梁冬青．试论华语词典编纂的几个问题［J］．辞书研究，2006（02）．

［170］梁丽芳．扩大视野：从海外华文文学到海外华人文学［J］．当代外国文学，2004（04）．

［171］林焘．从官话、国语到普通话［J］．语文建设，1998（10）．

［172］林华东．普通话与方言：现代汉语发展的前景［J］．集美大学学报，2007（02）．

［173］林建才，董艳，郭巧云．思维导图在新加坡小学华文教学中的实验研究［J］．中国电化教育，2007（10）．

［174］林清书．汉语次标准语的定位［J］．湘潭师范学院学报，2005（01）．

［175］林万菁．汉语研究与华文教学论集［M］//曾毅平．新加坡华语的变异与华文教学——《汉语研究与华文教学论集》评介［J］．广东教育学院学报，2008（01）．

［176］林有苗．新时期我国语言学者的语言资源观［J］．湖州师范学院学报，2009（04）．

［177］刘崇汉．马来西亚华文教育发展简史［J］．八桂侨史，1993（01）．

[178] 刘华，郭熙. 海外华语语言生活状况调查及华语多媒体语言资源库建设［J］. 语言文字应用，2012（04）.

[179] 刘吉力. 海峡两岸语法差异与融合研究［D］. 北京师范大学博士学位论文，2016.

[180] 刘俐李，王洪钟，柏莹. 现代汉语方言核心词·特征词集［M］. 南京：凤凰出版社，2007.

[181] 刘庆伟. 论"言语社区"的内涵及其合理性［J］. 天中学刊，2010（01）.

[182] 刘叔新. 现代汉语词汇规范的标准问题［J］. 语文建设，1995（11）.

[183] 刘叔新. 现代汉语理论教程［M］. 北京：高等教育出版社，2002.

[184] 刘文辉，宗世海. 印度尼西亚华语区域词语初探［J］. 暨南大学华文学院学报，2006（01）.

[185] 刘晓梅.《全球华语词典》处理区域异同的成功与不足［J］. 辞书研究，2013（01）.

[186] 刘晓梅. 丰富描写视角，强化引导功能——评《全球华语词典》的性质和功能［J］. 语言战略研究，2016（04）.

[187] 卢德平. 认同、区分、整合："华语"略论［J］. 语言战略研究，2017（01）.

[188] 卢绍昌. 华语论集［M］. 新加坡：金昌印务，1984.

[189] 陆俭明，沈阳. 关于建立"语言学"一级学科的建议［J］. 语言科学，2010（01）.

[190] 陆俭明. 新加坡华语句法特点及其规范问题（上）［J］. 海外华文教育，2001（04）.

[191] 陆俭明. 关于建立"大华语"概念的建议［M］//《汉语教学学刊》第一辑. 北京：北京大学出版社，2005.

[192] 陆俭明. 汉语作为第二语言教学的本体研究和汉语本体研究［J］. 世界汉语教学，2007（03）.

[193] 陆俭明. 汉语国际传播中的几个问题［J］. 华文教学与研究，2013（03）.

[194] 陆俭明. "大华语"概念适应汉语走向世界的需要［J］."Global Chinese"（《全球华语》），2015（创刊号）.

[195] 陆俭明. 对汉语教学要有这样的认识［J］. 语言战略研究，2016（02）.

[196] 陆俭明. "华语"的标准：弹性与宽容［J］. 语言战略研究，2017

(01).

[197] 吕俊. 对翻译学构建中几个问题的思考 [J]. 中国翻译, 2001 (04).

[198] 吕冀平. 汉语语法基础 [M]. 哈尔滨: 黑龙江人民出版社, 1983.

[199] 吕俊, 兰阳. 从学科学的角度谈翻译学的建立 [J]. 解放军外语学院学报, 1997 (01).

[200] 吕叔湘. 通过对比研究语法 [J]. 语言教学与研究, 1992 (02).

[201] 马毛朋. 港式中文连词调查报告 [J]. 汉语学报, 2012 (04).

[202] 倪海曙. 推广普通话的历史发展（下）[J]. 语文现代化, 1980 (02).

[203] 宁静, 罗永胜. 词汇语用学学科问题探究 [J]. 外国语言文学, 2015 (03).

[204] 潘碧丝. 多元方言下的渗透与包容——马来西亚华语中的方言词语 [J]. 云南师范大学学报（对外汉语教学与研究版）, 2012 (03).

[205] 彭德惠. 从胡、连《新闻公报》的新词运用看公文语言的发展 [J]. 攀枝花学院学报, 2005 (06).

[206] 彭伟步. 华文报纸在华文教育中的作用——以马来西亚华文报纸为例 [J]. 华文教学与研究, 2012 (04).

[207] 亓婷婷. 略论台湾地区流行新词与社会心理之关系 [J]. 华文世界, 1989 (总第 51—52 期).

[208] 钱伟. 西班牙语言规范管理对海内外华语协调的启示 [J]. 内蒙古师范大学学报, 2014 (06).

[209] 邱克威. 《叻报》的词语特点及其词汇学价值管窥 [J]. 语言研究, 2014 (04).

[210] 邱质朴. 试论语言资源的开发——兼论汉语面向世界问题 [J]. 语言教学与研究, 1981 (03).

[211] 仇志群, 范登堡. 台湾语言现状的初步研究 [J]. 中国语文, 1994 (04).

[212] 仇志群. 台湾五十年来语文规范化述略 [J]. 语文建设, 1996 (9).

[213] 仇志群. 两岸语言互动中词语的融合度 [M] // 刁晏斌主编. 两岸四地现代汉语对比研究新收获. 北京: 语文出版社, 2013.

[214] 全国科学技术名词审定委员会. 社会语言学名词 [J]. 中国科技术语, 2012 (03).

[215] 尚国文, 赵守辉. 华语规范化的标准与路向——以新加坡华语为例 [J]. 语言教学与研究, 2013 (03).

[216] 尚国文, 周清海. 新加坡华语的语音与流变 [J]. 国际汉语学报,

2016 (01).

[217] 邵朝阳. 试论现代汉语规范化与认同性 [M] // 周荐, 董琨主编. 海峡两岸语言与语言生活研究. 香港: 香港商务印书馆, 2008.

[218] 邵敬敏, 刘杰. 从"手机"看不同华语社区同义词群的竞争与选择 [J]. 语文研究, 2008 (04).

[219] 邵敬敏, 刘宗保. 华语社区词的典型性及其鉴定标准 [J]. 语文研究, 2011 (03).

[220] 邵敬敏, 石定栩. "港式中文"与语言变体 [J]. 华东师范大学学报, 2006 (02).

[221] 邵敬敏. 港式中文与语言接触理论 [J]. 佛山科学技术学院学报 (社会科学版), 2008 (06).

[222] 沈玲, 姚文放. 同根共荣: 东南亚华文教育与华文文学的历史回顾 [J]. 华侨大学学报, 2016 (04).

[223] 沈孟璎. 现代汉语理论与应用 [M]. 南京: 南京师范大学出版社, 1999.

[224] 施春宏. 从泰式华文的用词特征看华文社区词问题 [J]. 语文研究, 2015 (02).

[225] 施春宏. "大华语"和"全球华语" [J]. 语言战略研究, 2017 (04).

[226] 石定栩, 邵敬敏, 朱志瑜. 港式中文与标准中文的比较 [M]. 香港: 香港教育图书公司, 2006.

[227] 石定栩, 王灿龙, 朱志瑜. 香港书面汉语句法变异: 粤语的移用、文言的保留及其他 [J]. 语言文字应用, 2002 (03).

[228] 石定栩. 港式中文两面睇 [M]. 香港: 星岛出版有限公司, 2006.

[229] 石毓智. 语法的认知语义基础 [M]. 南昌: 江西教育出版社, 2000.

[230] 史有为. 呼唤柔性 走向柔性 [J]. 汉语学习, 1993 (01).

[231] 史有为. 动态视角: 词汇活跃度纵横谈 [J]. 江苏大学学报, 2008 (03).

[232] 史有为. "初始过渡语"异想 [J]. 语言教学与研究, 2012 (03).

[233] 市川勘, 小松岚. 百年华语 [M]. 上海: 上海教育出版社, 2008.

[234] 市川勘, 小松岚. 现代中国语史新编 [M]. 南京: 南京大学出版社, 2012.

[235] 宋飞. 东南亚特色华语词汇的区域和国别比较研究 [J]. 语言文字应用, 2016 (04).

[236] 苏金智, 肖航. 语料库与社会语言学研究方法 [J]. 浙江大学学报,

2012（04）.

［237］苏金智. 海峡两岸同形异义词研究［J］. 中国语文，1995（02）.

［238］苏金智. 新时期普通话的功能地位及其传播［J］. 云南师范大学学报（哲学社会科学版），2016（05）.

［239］苏柳青，韦恋娟. 马来西亚华语变异的特点［J］. 广西职业技术学院学报，2014（03）.

［240］苏培成. 当代中国的语文改革和语文规范［M］. 北京：商务印书馆，2010.

［241］孙德平. 柯因内化前期海外华语特点研究——以英国华人社区华语为例［J］. 语言研究，2020（01）.

［242］孙倩. 日本对台湾的语言同化及其影响［J］. 青年文学家，2009（23）.

［243］孙金华. 拉波夫的语言变化观［M］. 南京：南京大学出版社，2009.

［244］汤志祥. 论 20 世纪末粤语对汉语和汉文化的影响［J］. 深圳大学学报，2000（02）.

［245］汤志祥. 论华语区域特有词语［J］. 语言文字应用，2005（02）.

［246］汤志祥. 中国大陆主体华语吸收海外华语词语的层级、类别及其比例的考察［M］//李雄溪，田小琳，许子滨主编. 海峡两岸现代汉语研究. 香港：文化教育出版社，2009.

［247］唐燕儿，程辰. 华文教育与华文教学：差异与关系之辩［J］. 华南师范大学学报，2012（02）.

［248］田惠刚. 海外华语与现代汉语的异同［J］. 湖北大学学报，1994（04）.

［249］田莉，田贵森. 变异社会语言学的研究方法论［J］. 外语学刊，2017（01）.

［250］田小琳，马毛朋. 港式中文词类现象举隅［J］. 汉语学报，2015（02）.

［251］田小琳. 香港词汇面面观［J］. 语文研究，1990（02）.

［252］田小琳. 21 世纪香港中文教育展望［M］//田小琳. 香港中文教学和普通话教学论集. 北京：人民教育出版社，1997.

［253］田小琳. 现代汉语词汇的特点［M］//田小琳. 香港中文教学和普通话教学论集. 北京：人民教育出版社，1997.

［254］田小琳. 规范词语、社区词语、方言词语［M］//周荐，董琨主编. 海峡两岸语言与语言生活研究. 香港：香港商务印书馆，2008.

[255] 仝金钟. 现代汉语离合词的特殊性及其认知规律 [J]. 牡丹江大学学报，2012 (11).

[256] 汪国胜. "华语语法"专栏主持人语 [J]. 云南师范大学学报，2012 (06).

[257] 汪国胜. "华语语法问题研究"专栏主持人语 [J]. 云南师范大学学报，2015 (01).

[258] 汪国胜. 华语语法研究若干问题 [J]. 语言战略研究，2017 (01).

[259] 汪惠迪. 时代新加坡特有词语词典 [M]. 新加坡：联邦出版社，1999.

[260] 汪惠迪. 华语特有词语：新加坡社会写真 [J]. 扬州大学学报，1999 (04).

[261] 汪惠迪. 网络世纪需要一部全球华语通用词典 [J]. 语文建设，2001 (01).

[262] 汪惠迪. 新加坡华语特有词语探微 [M] // 周清海. 新加坡华语词汇与语法. 新加坡：玲子传媒，2002.

[263] 汪惠迪. 编纂《全球华语地区词词典》的构想 [C]. 国家疆界与文化图像国际学术会议论文，2004.

[264] 汪惠迪. 全球化视角下的华语词汇 [M] // 周荐，董琨主编. 海峡两岸语言与语言生活研究. 香港：香港商务印书馆，2008.

[265] 汪惠迪. 大陆改革开放、台湾解严开禁与两岸词语交融 [M] // 李雄溪，田小琳，许子滨主编. 海峡两岸现代汉语研究. 香港：文化教育出版社，2009.

[266] 汪惠迪. 语言的风采 [M]. 北京：商务印书馆，2012.

[267] 汪鲸，戴洁茹. 他者、中国与新加坡华人的身份认同——以《叻报》为中心的历史考察（1819—1912）[J]. 华侨华人历史研究，2015 (01).

[268] 王兵. 从国文、中文到华文：新加坡中学华文教科书的本土化建构 [J]. 文艺理论研究，2016 (06).

[269] 王凡. 香港语文生活杂感 [J]. 语文建设，1991 (08).

[270] 王飞. 翻译与现代白话文的形成 [J]. 安庆师范学院学报，2008 (01).

[271] 王力. 汉语语法史 [M]. 北京：商务印书馆，1989.

[272] 王玲. 言语社区内的语言认同与语言使用——以厦门、南京、阜阳三个"言语社区"为例 [J]. 南京社会科学，2009 (02).

[273] 王宁. 谈中国语言学研究的自主创新 [J]. 南开语言学刊，2006 (02).

[274] 王婷. 美国华语媒体节目特色 [M] //陈京生主编. 华语广播电视媒体语言研究. 北京：中国传媒大学出版社，2009.

[275] 王德春. 汉语共同语及其变体与对外汉语教学 [J]. 外语与外语教学，1994（01）.

[276] 王惠，余桂林. 汉语基础教材的字频统计与跨区域比较——兼论全球华语区划与汉字教育问题 [J]. 长江学术，2007（02）.

[277] 王理嘉. 从官话到国语和普通话——现代汉民族共同语的形成及发展 [J]. 语文建设，1999（06）.

[278] 王立，储泽祥. 海峡两岸汉语词义知晓现状之探析 [J]. 语言教学与研究，2015（06）.

[279] 王若江. 关于"大华语"的教学思考 [C] //第九届国际汉语教学研讨会论文选. 北京：高等教育出版社，2010.

[280] 王森，王毅，姜丽. "有没有/有/没有＋VP"句 [J]. 中国语文，2006（01）.

[281] 王世凯，方磊.《全球华语词典》中异名词语的调查分析 [J]. 语言文字应用，2012（04）.

[282] 王希杰. 什么是"现代汉语"？"现代汉语"是什么？[J]. 汉语学习，1988（02）.

[283] 王希杰.《汉语学习》和汉语学及汉语学学 [J]. 汉语学习，1990（05）.

[284] 王希杰. 修辞学通论 [M]. 南京：南京大学出版社，1996.

[285] 王希杰. 新加坡华语短话 [J]. 语文建设，2000（01）.

[286] 王晓梅. 马来西亚华语口语中的疑问成分"做么" [J]. 汉语学报，2016（02）.

[287] 王晓梅. 全球华语国外研究综述 [J]. 语言战略研究，2017（01）.

[288] 王远新. 社会语言学的语言观和方法论 [J]. 中央民族大学学报，2005（02）.

[289] 韦玉娟. 六甲话的句法特点 [J]. 广西民族大学学报，2007（06）.

[290] 吴亮. 国语分化研究（1919—1949）[D]. 北京师范大学博士学位论文，2014.

[291] 吴春相. "大华语"和"国际汉语"的理念与思考 [M] //洪历建主编. 全球语境下海外高校汉语教学. 上海：学林出版社，2012.

[292] 吴福祥. 粤语差比式"X＋A＋过＋Y"的类型学地位——比较方言学和区域类型学的视角 [J]. 中国语文，2010（03）.

[293] 吴礼权. 还原海峡两岸现代汉语词汇差异的真实面貌——略论海峡两岸词汇差异的对比研究问题 [J]. 楚雄师范学院学报，2011（01）.

[294] 吴伟平. 民族共同语在方言区的推广和使用 [J]. 暨南大学华文学院学报，2007（03）.

[295] 吴伟平. 华人语言生活的"保强扶弱"[J]. 语言战略研究，2017（01）.

[296] 吴晓芳，林晓峰. 台湾 70 年语言政策演变与语言使用现实及其政治影响 [J]. 云南师范大学学报（哲学社会科学版），2017（01）.

[297] 吴英成. 关于华语语法教学问题 [J]. 语言教学与研究，1988（03）.

[298] 吴英成. 华语词典应用与编纂的落差 [J]. 语言教学与研究，2002（03）.

[299] 吴英成. 全球华语的崛起与挑战 [J]. 语文建设通讯，2003（总第 73 期）.

[300] 吴英成. 汉语国际传播：新加坡视角 [M]. 北京：商务印书馆，2010.

[301] 夏历. "言语社区"理论的新思考——以在京农民工言语共同体为例 [J]. 语言教学与研究，2009（05）.

[302] 向熹. 简明汉语史 [M]. 北京：高等教育出版社，1993.

[303] 向音，李峰. 军事领域言语社区研究 [J]. 语言文字应用，2011（01）.

[304] 肖怿. 南下的中国革命作家与新马华文文学的影响研究——以洪灵菲、许杰、马宁为例 [J]. 南华大学学报，2014（05）.

[305] 肖顺良. 美国汉语传播研究 [D]. 中央民族大学博士学位论文，2015.

[306] 萧国政. 汉语语法研究论 [M]. 武汉：华中师范大学出版社，2001.

[307] 谢耀基. 汉语语法欧化综述 [J]. 语文研究，2001（01）.

[308] 谢永芳，张湘君. 华语社区同实异称的比较与测量 [J]. 云南师范大学学报（哲学社会科学版），2015（03）.

[309] 邢福义，汪国胜. 全球华语语法研究的基本构想 [J]. 云南师范大学学报（哲学社会科学版），2012（06）.

[310] 邢福义. "有没有 VP"疑问句式 [J]. 华中师范大学学报，1990（01）.

[311] 邢福义. 南味"好"字句 [J]. 华中师范大学学报，1995（01）.

[312] 邢福义. 汉语语法学 [M]. 长春：东北师范大学出版社，2000.

[313] 邢福义. 新加坡华语使用中源方言的潜性影响 [J]. 方言，2005

(02).

[314] 邢福义. 新词语的监测与搜获——一个汉语本体研究者的思考 [J]. 语文研究, 2007 (02).

[315] 邢公畹. 现代汉语教程 [M]. 天津: 南开大学出版社, 1994.

[316] 熊建辉, 魏日宁. 社会语言学研究要为国家和社会服务——访教育部语言文字应用研究所研究员苏金智 [J]. 世界教育信息, 2011 (08).

[317] 徐杰. 语言规划与语言教育 [M]. 上海: 学林出版社, 2007.

[318] 徐大明, 陶红印, 谢天蔚. 当代社会语言学 [M]. 北京: 中国社会科学出版社, 1997.

[319] 徐大明, 王晓梅. 全球华语社区说略 [J]. 吉林大学社会科学学报, 2009 (03).

[320] 徐大明. 言语社区理论 [J]. 中国社会语言学, 2004 (01).

[321] 徐大明. "华语"宣言书——评徐杰、王惠《现代华语概论》[J]. 语言科学, 2006 (06).

[322] 徐大明. 中国社会语言学的新发展 [J]. 南京社会科学, 2006 (02).

[323] 徐大明. 语言的变异性与言语社区的一致性 [J]. 语言教学与研究, 2008 (05).

[324] 徐复岭. 关于编纂"大华语词典"的设想与建议 [J]. 济宁学院学报, 2014 (05).

[325] 徐杰, 董思聪. 汉民族共同语的语音标准应微调为"以北京语音为基础音" [J]. 语言科学, 2013 (05).

[326] 徐杰, 王惠. 现代华语概论 [M]. 新加坡: 八方文化创作室, 2004.

[327] 徐杰. 国际宽式汉语共同语的性质、标准与意义 [C]. 首届新时期汉语语言学理论建设与应用研究国际学术研讨会暨浙江省语言学会第十三届年会论文, 2006. 转引自: 周清海. 论全球化环境下华语的规范问题 [J]. 语言教学与研究, 2007 (04).

[328] 徐威雄. 马新华语的历史考察: 从十九世纪末到1919年 [J]. 马来西亚华人研究学刊, 2012 (总第15期).

[329] 徐晓晴. 世界英语的发展与中国英语变体 [J]. 苏州大学学报, 2005 (01).

[330] 颜长城. 菲律宾华文教育的过去和现在 [J]. 华人华侨历史研究, 1996 (02).

[331] 扬·布鲁马特, 高一虹, 沙克·科霍恩. 探索全球化的社会语言学: 中国情境的"移动性" [J]. 语言教学与研究, 2011 (06).

[332] 杨必胜. 试论"港词北进"[J]. 语文建设, 1998 (04).

[333] 杨培联. 1970年代新加坡华文中学华文课本研究 [M] // 叶钟铃, 黄佟葆主编. 新马印华校教科书发展回顾. 新加坡: 华裔馆, 2005.

[334] 杨荣华. 英国华人言语社区的结构模式研究 [J]. 华文教学与研究, 2011 (03).

[335] 杨自俭. 对译学建设中几个问题的新认识 [J]. 中国翻译, 2000 (05).

[336] 杨自俭. 谈谈语言和语言学 [J]. 外国语, 2002 (01).

[337] 姚敏. 汉语国际传播研究现状及思考 [J]. 中国社会科学院研究生院学报, 2016 (04).

[338] 姚颖. 浅析港台用语对现代汉语词汇的渗透 [J]. 北京邮电大学学报 (社会科学版), 2005 (04).

[339] 姚德怀. 各华语地区语言现象的异同值得研究 [J]. 语文建设通讯, 2007 (总第87期).

[340] 姚德怀. 个人自由谈 [J]. 语文建设通讯, 2013 (总第102期).

[341] 姚德怀.《全球华语大词典》忽略了"一路"上的东干华语 [J]. 语文建设通讯, 2017 (总第113期).

[342] 姚双云, 雷曦, 朱芸, 高娟. 澳门中文与"的"相关的若干语法变异 [J]. 云南师范大学学报 (哲学社会科学版), 2015 (01).

[343] 叶伟征. 新加坡、马来西亚和印尼华校教科书出版概况 [M] // 叶钟铃, 黄佟葆主编. 新马印华校教科书发展回顾. 新加坡: 华裔馆, 2005.

[344] 叶钟铃. 新马政府重编华校教科书始末 (1951－1956) [M] // 叶钟铃, 黄佟葆主编. 新马印华校教科书发展回顾. 新加坡: 华裔馆, 2005.

[345] 尹小荣, 李学民, 靳焱. 言语社区理论下的语言资源价值评估 [J]. 江汉学术, 2013 (05).

[346] 游汝杰, 邹嘉彦. 社会语言学教程 (第三版) [M]. 上海: 复旦大学出版社, 2016.

[347] 游汝杰. 台湾与大陆华语文书面语的差异 [J]. 语文建设, 1992 (11).

[348] 游汝杰. 全球汉语融合趋势日渐明显 [N]. 社会科学报, 2012－4－5.

[349] 游汝杰. 谈谈海内外华人社会的外来词 [J]. 语言战略研究, 2017 (01).

[350] 游汝杰. 汉语研究的当代观和全球观 [J]. 语言战略研究, 2021 (03).

[351] 於贤德, 顾向欣. 海峡两岸词语差异的政治文化因素 [J]. 汕头大学学报, 2000 (04).

[352] 于根元, 王铁琨, 孙述学. 新词新语规范基本原则 [J]. 语言文字应用, 2003 (01).

[353] 于根元. 应用语言学理论纲要 [M]. 北京: 华语教学出版社, 1999.

[354] 于根元. 应用语言学的基本原理 [J]. 语言文字应用, 2002 (01).

[355] 于根元. 应用语言学前沿问题 [M]. 北京: 中国经济出版社, 2006.

[356] 于锦恩, 蒋媛, 鹿牧. 国语教材《新编南洋华侨高小国语读本》简析 [J]. 海外华文教育, 2011 (03).

[357] 于锦恩, 刘英丽. 民国时期华侨汉语教育政策简论——以东南亚华侨的汉语教学为例 [J]. 山西大同大学学报 (社会科学版), 2011 (06).

[358] 于锦恩. 民国时期华文教材语言资源的当地化 [J]. 渤海大学学报, 2011 (06).

[359] 于全有, 裴景瑞. "光棍"族新词与社会文化心理通观 [J]. 文化月刊, 2007 (02).

[360] 俞香顺. 传媒·语言·社会 [M]. 北京: 新华出版社, 2005.

[361] 俞咏梅. 汉语学现代转型的前提批判 [J]. 东北师大学报, 2006 (01).

[362] 俞允海. 论新词语研究 [J]. 湖州职业技术学院学报, 2003 (01).

[363] 曾晓舸. 论泰华语书面语的变异 [J]. 云南师范大学学报, 2004 (04).

[364] 曾毅平. 新加坡华语的变异与华文教学——林万菁《汉语研究与华文教学论集》评介 [J]. 广东教育学院学报, 2008 (01).

[365] 詹伯慧. 试论方言与共同语的关系 [J]. 语文建设, 1997 (04).

[366] 詹伯慧. 一部反映香港社区词的辞书 [J]. 学术研究, 2005 (01).

[367] 张丽. 语言变体的分类及社会意义 [J]. 牡丹江大学学报, 2010 (12).

[368] 张宁. 现代汉语·共同语·标准语 [J]. 学术交流, 1989 (04).

[369] 张普. 论国家语言资源 [C]. 中国中文信息学会民族语言信息专委会. 民族语言文字信息技术研究——第十一届全国民族语言文字信息学术研讨会论文集, 2007.

[370] 张文. 实现语言交际的功能是民族共同语发展的方向 [J]. 语言战略研究, 2016 (04).

[371] 张博宇. 台湾地区国语运动史料 [M]. 台北: 台湾商务印书

馆，1974.

[372] 张从兴. 华人、华语的定义问题 [J]. 语文建设通讯，2003（总第 74 期）.

[373] 张德鑫. 从"雅言"到"华语"——寻根探源话名号 [J]. 汉语学习，1992（05）.

[374] 张普，石定果. 论历时中包含有共时与共时中包含有历时 [J]. 语言教学与研究，2003（03）.

[375] 张胜林. 华文教学的学科性质、定位与学科特性初探 [J]. 华侨大学学报，2001（03）.

[376] 张廷国，郝树壮. 社会语言学研究方法的理论与实践 [M]. 北京：北京大学出版社，2008.

[377] 张卫东. 北京话何时成为汉语官话标准音 [J]. 深圳大学学报，1998（04）.

[378] 张卫中. 解放区小说的语言变革及意义 [J]. 文艺理论与批评，2006（05）.

[379] 张艳华. 汉语成为强势语言的可能性及其实施策略 [J]. 北京大学学报，2003（05）.

[380] 张卓夫. 方言和共同语在传媒中的使用 [M] // 程祥徽主编. 方言与共同语. 香港：海峰出版社，1997.

[381] 赵凌. 过渡语与过渡文化 [J]. 经济与社会发展，2007（10）.

[382] 赵金铭. 汉语的世界性与世界汉语教学 [M] // 赵金铭. 汉语与对外汉语研究文录. 北京：外语教学与研究出版社，2005.

[383] 赵强强. 在海外汉语教学中制定语音教学多元标准的必要性分析 [J]. 和田师范专科学校学报，2015（06）.

[384] 赵蓉晖. 社会语言学 [M]. 上海：上海外语教育出版社，2005.

[385] 赵世举. 国家软实力建设亟待研究和应对的重要语言问题 [J]. 文化软实力研究，2016（02）.

[386] 郑良树. 马来西亚华文教育发展史（第一分册）[M]. 吉隆坡：马来西亚华校教师会总会，1998.

[387] 郑良树. 马来西亚华文教育发展史（第二分册）[M]. 吉隆坡：马来西亚华校教师会总会，1999.

[388] 郑良树. 马来西亚华文教育发展简史 [M]. 北京：外语教学与研究出版社，2007.

[389] 郑良伟. 北京话和台湾话轻声出现的异同、历史由来和台湾新生代国

语的形成 [J]. 语言研究, 1987 (01).

[390] 郑良伟. 演变中的台湾社会语文 [M]. 台北: 自立晚报社出版部, 1990.

[391] 郑敏惠. 闽方言"有+VP"句式溯源 [J]. 赤峰学院学报, 2010 (10).

[392] 郑颐寿. 辞章学新学科建设刍议 [J]. 肇庆学院学报, 2011 (01).

[393] 周荐. 汉语词汇趣说 [M]. 广州: 暨南大学出版社, 2011.

[394] 周殿生. 谈两岸非通用词语 [J]. 新疆大学学报, 2006 (05).

[395] 周光庆. 汉语与中国早期现代化思潮 [M]. 哈尔滨: 黑龙江教育出版社, 2001.

[396] 周烈婷. 从几个例子看新加坡华语和普通话的词义差别 [J]. 语言文字应用, 1999 (01).

[397] 周敏, 蔡国萱. 美国华文媒体的发展及其对华人社区的影响 [J]. 社会学研究, 2002 (05).

[398] 周明朗. 全球华语大同? [J]. 语言战略研究, 2017 (01).

[399] 周清海, 萧国政. 新加坡华语词的词形、词义、词用选择 [J]. 中国语文, 1999 (04).

[400] 周清海. 新加坡华语变异概说 [J]. 中国语文, 2002 (06).

[401] 周清海. 汉语走向国际对语言教学者和语言研究者的挑战 [M] // 陆俭明, 苏培成主编. 语文现代化和汉语拼音方案. 北京: 语文出版社, 2004.

[402] 周清海. 多语环境里语言规划所思考的重点与面对的难题——兼论新港的双语优势 [Z]. 华语桥 (http://www1huayuqiao1cn), 2005.

[403] 周清海. 论全球化环境下华语的规范问题 [J]. 语言教学与研究, 2007 (04).

[404] 周清海. 华语研究与华语教学 [J]. 暨南大学华文学院学报, 2008 (03).

[405] 周清海. 新加坡华语和普通话的差异与处理差异的对策 [M] // 周荐, 董琨主编. 海峡两岸语言与语言生活研究. 香港: 香港商务印书馆, 2008.

[406] 周清海. "大华语"的研究和发展趋势 [J]. 汉语学报, 2016 (01).

[407] 周庆生. 中国社会语言学研究述略 [J]. 语言文字应用, 2010 (04).

[408] 周晓彦. 社会语言学视域下"光棍"词义的嬗变 [J]. 汉字文化, 2015 (03).

[409] 周耀文. 论语言融合——兼评斯大林的语言融合观 [J]. 民族研究, 1995 (06).

[410] 周永军. 试析言语社区的类型——基于言语社区理论"认同"要素再认识 [J]. 宁夏大学学报, 2015 (05).

[411] 周有斌. "秀"的组合及其语素化 [J]. 语言文字应用, 2005 (04).

[412] 周有光.《汉语拼音方案》和国际标准 [J]. 语文建设, 1988 (01).

[413] 周有光. 21 世纪的华语和华文 [J]. 群言, 2001 (10).

[414] 周有光. 漫谈台湾的语文改革 [J]. 群言, 2010 (02).

[415] 周聿峨, 陈雷. 东南亚华文传媒的历史与现状 [J]. 东南亚纵横, 2004 (06).

[416] 周聿峨. 东南亚华文教育 [M]. 广州：暨南大学出版社，1995.

[417] 周质平. 台湾语文发展的歧路——是"母语化"，还是"孤岛化"？[J]. 读书, 2004 (02).

[418] 周中坚. 东南亚华文报刊的世纪历程 [J]. 东南亚, 2004 (02).

[419] 朱婕. 传播国际汉语，繁荣中华文化 [J]. 国际学术动态, 2013 (05).

[420] 朱德熙. 现代汉语语法研究的对象是什么？[J]. 中国语文, 1987 (05).

[421] 朱广祁. 港台词语研究与大汉语词汇研究 [J]. 山东大学学报, 1992 (02).

[422] 朱玲, 李洛枫. 广义修辞学：研究的语言单位、方法和领域 [J]. 福建师范大学学报, 2013 (03).

[423] 朱寿清. 20 世纪 50～80 年代的新加坡语文教育政策研究 [J]. 学术探索, 2013 (02).

[424] 朱文斌. 论早期东南亚华文诗歌的本土化运动 [J]. 世界华文文学论坛, 2014 (02).

[425] 朱艳华. 论跨境语言资源保护 [J]. 贵州民族研究, 2016 (03).

[426] 祝畹瑾. 社会语言学概论 [M]. 长沙：湖南教育出版社，1992.

[427] 祝晓宏, 周同燕. 全球华语国内研究综述 [J]. 语言战略研究, 2017 (01).

[428] 祝晓宏. 华语视角下"插"类词的语义变异、变化及传播 [J]. 语言文字应用, 2011 (02).

[429] 祝晓宏. 海外华语语法研究：现状、问题及前瞻 [J]. 集美大学学报, 2014 (01).

[430] 祝晓宏. 近十年来华语研究的理论探索与应用进展 [J]. 语言学研究, 2016 (第 21 辑).

[431] 邹贞. 海峡两岸词语的差异与融合研究 [D]. 北京师范大学博士学位论文, 2016.

[432] 邹嘉彦, 游汝杰. 汉语与华人社会 [M]. 上海: 复旦大学出版社, 2001.

[433] 邹嘉彦, 游汝杰. 社会语言学教程 [M]. 台北: 五南图书出版公司, 2007.

[434] 邹嘉彦. 大数据时代的华人语言和生活 [J]. 语言战略研究, 2017 (01).

附 录

台湾"国语"词汇与大陆普通话趋同现象调查

提要：在海峡两岸语言差异与融合的对比研究中，人们主要谈论台湾"国语"对大陆普通话的影响，以及大陆用语习惯向台湾用语习惯靠拢；而对另一个方面，即大陆普通话对台湾的影响以及后者向前者靠拢的情况却语焉不详，甚至付之阙如，所以这方面有很大的研究空间。近年来，大陆普通话对台湾"国语"的影响持续加大，后者与前者趋同倾向明显，这在对岸的语言规划、工具书收词、科技术语选择和确定以及一般的日常语言运用中都有较多表现。对不同类型大陆词语在台湾使用情况的调查结果显示，海峡两岸民族共同语的融合已经由最初主要是大陆用语习惯向台湾靠拢，发展到目前基本均衡的双向互动交流，并且正在加速向真正意义、更高层次上的双向互动发展。

关键词：海峡两岸；普通话；"国语"词汇

引 言

海峡两岸语言不仅有差异，也有融合。在两岸开始交流、语言开始接触和碰撞之初，甚至在此后一段不短的时间里，所谓"融合"，主要表现为一种单向性的趋同，即大陆用语习惯向台湾用语习惯靠拢，具体表现就是从台湾引进了大量的新词、新语、新用法，以及一些表达方式等。随着中国大陆经济的持续强劲发展，国际地位的不断提高，两岸交流的持续升温，以及网络交际的快速与便捷，这一情况已经有所改变。

李昱、施春宏（2011）以两岸语言的互动为研究对象，有以下的表述："海峡两岸的语言交际正处于一种互动关系之中。随着两岸交往的进一步发展，这种互动关系的深度和广度都在进一步深入发展。"该文主要在于发凡起例，把两岸互动模式概括为替换式互动、单边增量式互动、双边增量式互动、返还式互动、他源式互动、新生式互动、激活式互动等类型。然而，在对各种模式的说明中，所举由大陆进入台湾的词语只有"面包车、电工、博士后、动漫、魔方、途径、门路、下岗"等，与所举台湾进入大陆的词语用例则不成比例。

时至今日，在海峡两岸语言对比研究中，我们不仅应该建立"差异—融合"这样的两翼模式，而且应该花大气力研究二者真正意义上的双向互动，即一方面是大陆与台湾的趋同（向台湾靠拢），另一方面是台湾与大陆的趋同（向大陆靠拢）。前一方面目前已经有了较多的研究，而后一方面几乎还是空白，所以当务之急就是补上这一缺环。

正是基于这一观点和认识，本文以台湾语言为视点，主要探讨其在词汇方面与大陆普通话的趋同现象，并对相关的问题进行考察与分析。

一、台湾"国语"与大陆普通话趋同的主要表现

时至今日，在我们所见的范围内，台湾"国语"与大陆普通话趋同的倾向和表现已经相当明显，并且在语言规范和标准的制定、工具书的编纂、科技术语的翻译，以及一般的语言使用中，都有一系列较为充分的表现。

1. 语言规划中的表现

这里主要指的是由政府或其职能部门制定并公布的标准、规范以及某些具体的规定等。戴红亮（2012）指出，大陆的语言政策对台湾产生一定的影响，两岸交流加强，趋同明显。相关的具体表现，如李行健、王铁琨（1996）所说："两岸频繁交流后，大陆词语流行于台湾的也同样越来越常见……据报载……'爱人、同志'等词语所表示的含义，过去台湾是不接受的，现在台湾有关当局也一改观念'予以核准'；过去台湾印刷的中国地图一直使用1949年前的地理名称，造成与报纸、电视依现实报道的情况脱节，在民众的强烈质疑下，台湾有关当局已决定'回归现实'，准许使用大陆现实采用的地理名称。"

2. 工具书中的表现

这方面既与前一方面有关，也有其特殊性，所以我们单列一类。据刘扬涛（2006）提供的材料整理，台湾地区最权威的通用语文辞典"《重编国语辞典》"（2005年网络第五版）新增了"海峡对岸词语"，共收765条，占词条总数的0.5%；台湾"国语会"下设的新词小组搜集编辑的《新词语料汇编1》，共收新词语5711条，其中大陆新词语41条，约占0.72%；《新词语料汇编2》的语料范围扩大到网络，共收新词语11463条，其中来自大陆的有227条，约占2%。除了新增大陆词条外，还有一些原本是两岸通用的词语，在大陆引申出了某些特殊的词义，也为"《重编国语辞典（修订本）》"所收录。

3. 科技术语中的表现

高素婷（2008）指出，1993年第一次"汪辜会谈"就将探讨两岸科技名词统一的问题列入共同协议之中。在海峡两岸生物学名词对照与统一工作中，有一

些台湾旧名改从大陆,如 cleavage center 一词,大陆称"卵裂中心",台湾称"分裂中心",经讨论统一为"卵裂中心";此外有一些名词列出推荐名,如 sacculus 一词,大陆称"抱器腹",台湾称"输卵囊",经讨论推荐名为"抱器腹"。生物名词之外,刘青、温昌斌(2008)还以化学元素的译名为例对两岸的趋同作了说明:1998 年之后,国际纯粹与应用化学联合会陆续确定了 101—111 号元素的英文名,两岸专家共同确定了这 11 个元素的中文名称,因而两岸使用的 101—111 号元素名称是完全一致的。

4. 一般使用中的表现

早在 20 世纪末,我们就看到台湾报纸上诸如"个体户、向钱看"以及用介词"通过"替代"透过"的例子,而前一段时间我们在调查台湾语言的过程中,仅在 2011 年 1 月份的几家报纸中,就看到了诸如"幼儿园、中文、导弹、软件、躲猫猫、山寨版"等不少大陆词语。

台湾师范大学的姚荣松教授曾送给我一本他的自选集《厉揭斋学思集》,姚先生是土生土长的台湾人,但是翻看他的大作,却时能见到未用台湾常用词语而用大陆词语的例子,如用了"通过"而未用"透过",用了"水平"而未用"水准"等。

此外,通过台湾人编写的一些工具书,我们也能获取一些相关的信息,比如由台湾学者杨渡主编的两岸生活小词典《台北道地 地道北京》(文化艺术出版社 2012 年版)在"义工"条下就有这样的说明:"义工是指自愿贡献个人的时间和精力,在不计报酬的情况下,为社会提供服务的人,也叫'志工''学雷锋'。"

与以上三个方面相比,最能反映台湾与大陆趋同现象的,就是这种在一般使用中的表现,即一般词语在台湾日常语言生活中的使用情况,所以在下一节中,我们主要围绕这一方面展开调查。

二、台湾"国语"词汇与大陆普通话趋同情况调查

本小节中,我们从不同角度或方面,选取不同类型的大陆词语,分别考察它们在台湾当下媒体中的使用情况。我们调查所使用的台湾媒体主要是《自立晚报》,该报是台湾第一份晚报,以政治、证券新闻见长,2001 年实体报停刊后改以电子报形式为阅读接口,可以在网上链接、阅读和检索(时间从 2003 年底至今),通过该报基本可以了解近十年来台湾一般的语言使用状况。

1. 大陆特有词语

这里指的是反映大陆特有事物或文化、制度等的词语,我们选取以下 10 个:"铁饭碗、春晚、春运、下岗、工信部、富二代、交强险、经济适用房、'扫黄打非'、一国两制",考察它们在台湾的使用情况。以上 10 个大陆词语在台湾全部

都有用例，但是数量多少有较大差异，大致可以分为两种情况，以下各举一例（以下除非特别说明，所有台湾用例均出自《自立晚报》，括号中是用例出现的时间）：

（1）"经济部"智慧财产局局长王美花指出，大陆目前正在"扫黄打非"，积极处理非法侵权或盗用的案件。（2010 - 8 - 11）

（2）对于同样都是大陆著作在台遭侵权，检方却出现"一国两制"的状况。（2013 - 3 - 3）

例（1）代表了第一种情况，即仅限于"引用"，它们一般用例极少，且只用于报道大陆方面，"工信部、下岗"等也是如此。我们认为，这是大陆词语进入台湾的第一步。以上的词语中，这样的词语有 7 个。

例（2）反映了第二种情况，即"引用"与"自用"（超出原本用法的灵活、自主运用）并存，这样的词语有 3 个。比如"一国两制"，其很受关注，使用频率也比较高，检索显示达 138 例。其中绝大多数是在原本意义上使用的，但是如例（2）那样的引申性使用（自用），也早已不是个别的了。

此外再如"春运"，本是大陆特有的概念，台湾也主要在此基础上使用（即"引用"），然而，以下一例却用于报道台湾新闻：

叶匡时说，"军方"承诺春运期间，只要旅客有需要，"军方"会随时待命支持载客返乡，上午已有 1 架军机起飞协助载运旅客。（2013 - 2 - 8）

由这类词语看，一是有许多词语在我们考察的范围内尚未见到（比如我们同时还检索了"倒爷、红歌、侃大山、青歌赛、官二代"等，均未发现用例）；二是绝大多数用例少且限于引用。以上两点大致表明，这类大陆特有词语引入台湾后还基本处于"初始"阶段。

2. 大陆与台湾相对应的词语

这一类我们共取 10 组意见最一致的对应词语，检索了它们在台湾报纸中的使用情况，以下按"先大陆后台湾"的顺序分别列出它们的使用数量（由于网络检索中总会有误收及重复收录等情况，所以有些大数实际上是约数）：

数码（1000）—数位（2500）、软件（50）—软体（1800）、录像（19）—录影（900）、信息（约 160）—资讯（10000）、知识产权（25）—智慧财产权（260）、幼儿园（170）—幼稚园（900）、熊猫（100）—猫熊（100）、激光（80）—雷射（340）、奥巴马（9）—欧巴马（380）。

以下举两个实际的用例：

国民党副主席马英九今天在中常会上表示，钓鱼岛一向是中国领土，是台湾属岛，在宜兰过去台湾与日方渔权谈判时，只谈渔权，不谈钓鱼岛主权，造成日方以与那国岛和钓鱼台群岛，作为划定海域的基点，才会陷台湾渔民目前的困

境。(2005 - 6 - 29)

美国肯定台湾在知识产权保护方面努力的成果。(2011 - 5 - 27)

总体而言，台湾对大陆对应词语的引进和使用比上一类（即大陆特有词语）显然进了一大步，这一点大致有以下两个主要表现：

第一，在与台湾原有词语的数量对比上，虽然多数不高，但是也有的已经相对接近不少（如"幼儿园"），个别大致持平甚至反超（"熊猫"和"钓鱼岛"）。有意思的是，有时会在一句话中，甚至在一个指称形式中，两个词语并用，真正做到了"两岸合璧"。如下：

而相较于 LASIK 与传统飞秒激光无刀雷射视力矫正术较高的花费，Z - LASIK 极致飞秒雷射不仅费用较便宜，且手术质量更佳，安全性也较佳，同时为民众省了荷包。(2009 - 11 - 12)

第二，这类词语引进的范围更广，除了上述 10 组外，我们另外还考察了其他一些对应词语中的大陆词语在台湾的使用情况，基本也都有用例，如"导弹（飞弹）、磁盘（磁碟）、网络（网路）、航天飞机（太空穿梭机）、空中客车（客中巴士）、中医（国医）、观念（理念）、出租车（计程车）、迪斯尼（迪士尼）、卡塔尔（卡达）"等（括号中为台湾用语，下同）。

如果说以上两类词语的考察"随机性"比较强，因而不能摆脱"选词"之嫌的话，那么，为了增加调查的客观性，以下将以某一范围内的所有大陆词语为线索，考察它们进入台湾的实际情况。

3.《大陆用语检索手册》中的大陆词语

该手册由"台湾陆委会"于 1997 年出版，收录日常生活、政治法律、文史艺术等十类词语，共 2000 多条，主要取材于此前大陆出版的各类工具书，特别是新词语工具书。我们从前往后依次选取 10 个给出台湾对应形式的大陆用语，但是剔除了个别指称现已退出使用事物的或者是非常冷僻的词，前者如"小型单放机"（随身听），后者如"冷害"（寒害）。这 10 个大陆词语分别是"文娱活动（康乐活动）、方便面（速食面）、打横炮（搅局）、生物食品（天然食品）、份儿饭（套餐）、全景电影（360 度电影）、肉鸡（饲料鸡）、走读生（通学生）、侃爷（盖仙）、易拉罐（易拉罐）"。在台湾有用例的共有 2 个，即"方便面"和"肉鸡"，比例为 20%。但是，这个比例恐怕并不准确，有几个情况需要说明一下：

第一，有两对词语（全景电影－360 度电影、侃爷—盖仙）均无用例，另有一词（通学生）在台湾使用频率也很低（仅有 2 例），像这样在"内需"不足的情况下，应该不会有意引进对方的词语。

第二，就收词来说，虽然我们排除了"冷害"，但是根据我们的语感和经验，"份儿饭"的使用似乎是很久以前的事了，另外像"打横炮、文娱活动"等，也都很不常用,像这样"推力"不足的大陆词语,进入台湾的可能性自然也不会太大。

4. 大陆网络流行词语

我们以 2012 年十大网络用语(即"中国好声音""元芳,你怎么看""高富帅,白富美""你幸福吗""江南 Style""躺着也中枪""逆袭""舌尖上的中国""最炫民族风""给跪了")为对象来进行考察和说明。

"十大"(其实是 10 组共 12 个)网络用语中,除"元芳,你怎么看""白富美""躺着也中枪""最炫民族风""给跪了"等,其他都检索到用例,正好占 50%。

上述调查结果有以下两个特点:一是用例数普遍较低,二是基本都是直接引用。根据已有研究和表述,似乎两岸网络流行语的交流更多、更频繁;而《自立晚报》以政治、证券新闻见长,语言风格总体上比较"正式",因此我们不能确定它对网络流行语的使用是否"充分"。为此,我们作了进一步的补充调查:在号称当今台湾第一大报的《苹果日报》上重新进行检索。调查结果显示,除上述词语外,还有"白富美""躺着也中枪"等用例,有的频率还不低,比如"躺着也中枪"就有 33 例。

把以上两项调查结果合在一起看,我们虽然不能说上述词语全部都是台湾从大陆引进的(起码"逆袭"可以肯定不是),但是至少可以说明一点,当今的大陆网络用语可以更直接、即时、大量地进入台湾。

在这方面,大概"给力"和"山寨"最有典型性,它们在台湾用得很多。

5.《全球华语词典》收录的大陆词语

以下我们严格按顺序无一遗漏地选择《全球华语词典》(商务印书馆 2010 年版)所收使用地区标注为"大陆"的 10 个词语,即"安保、安怀医院、安居工程、安全伞、安全线、案值、暗补(另收同义的'暗贴',我们合为一个)、暗访、奥赛、奥数"作为考察对象。这 10 个词语中,有 5 个检索到用例,也占 50%。如下:

检修项目包括场站索轮位置调整、安全线检查测试,以及各场站驱动轮、调时装置等机械与电气设施设备功能检查。(2012-10-21)

台中县铅球第一好手张铭煌、林家莹,及自由车选手冯俊凯即将出发,代表台湾参加北京奥赛。(2008-8-6)

这一调查结果显示:如果是"通名",则使用频率较高,范围较广;如果是"专名",则一般只限于"引用",用例数也相对较少。

三、对台湾"国语"词汇与大陆普通话趋同现象的初步认识

本节在上一节的基础上,再作一些补充调查,以及对调查结果进行初步的归结和总结。

1. 两岸互相引进词语数量的初步调查

我们利用《两岸常用词典》(高等教育出版社 2012 年版),从前往后依次选取加星号(表明为大陆特有)的 50 个词语,在上述《自立晚报》的时间范围内进行检索,它们是"阿尔茨海默症、阿飞、阿司匹林、阿嚏、艾滋病、艾滋病毒、安非他明、安拉、按揭、暗箱操作、霸道、掰腕子、白色污染、摆份儿、半角、包房、包间、胞浆水、保安员、保廉、保险杠、保修、保修期、保质期、报道、报告文学、报账、北京时间、被动吸烟、奔小康、蹦极、笔记本电脑、变色、标准间、标准像、冰激凌、博客、堡子、不粘锅、步行街、钚、彩电、彩信、菜谱、残次品、残疾、残疾人、残疾人奥运会、残品、蹭饭"。

检索结果是共有 18 个词语有台湾用例,占总数的 36%,它们是(括号后的数字是出现次数)"阿司匹林(3)、安非他明(1)、按揭(1)、包房(1)、保修(39)、报道(20)、报账(2)、北京时间(2)、蹦极(1)、笔记本电脑(44)、标准间(1)、冰激凌(1)、博客(4)、彩电(4)、彩信(1)、菜谱(4)、残疾(25)、残疾人(6)"。

那么,从台湾的角度看,进入大陆的特有词语有多少?虽然以两岸词语差异与融合为研究对象的论著不少,但是似乎还从来没有人给出一个稍微精确一点的量的描述。为了稍微弥补一下这一缺憾,也是为了这里对比的需要,我们依然选择《两岸常用词典》前 50 个加三角号(表明为台湾特有)的词语,于 2013 年 5 月 28 日在《文汇报》(2000 年 1 月 1 日—2013 年 5 月 28 日)期间中进行检索,这 50 个词语是:

阿达、阿拉、阿嬷、阿莎力、阿斯匹灵、爱现、安非他命、安公子、安可、安老院、安宁病房、安亲班、安太岁、安养院、按铃申告、八点档、八卦话题、八家将、霸凌、白目、摆道、败部、拜票、班导师、版模、半形、扮白脸、扮黑脸、扮家家酒、扮猪吃老虎、伴手礼、绑桩、包容力、包装水、保留地、保全员、保险杆、报备、报导文学、报帐、报值挂号、爆裂物、本劳、本土剧、泵浦、笔电、笔记型电脑、便当、冰淇淋、玻璃圈

检索结果是共有 17 个词语有用例,占总数的 34%:"阿嬷(1)、爱现(1)、安非他命(1)、安可(3)、安宁病房(1)、八点档(3)、败部(1)、班导师(3)、半形(1)、扮家家酒(1)、包容力(4)、包装水(2)、报备(18)、报帐

(1)、泵浦（1）、便当（8）、冰淇淋（39）"。①

以上调查结果显示，海峡两岸各自引进的对方词语数量大致相当，仅就这一点来说，目前两岸的词汇交流基本已经实现了双向对等，这既与一般的"理论"相吻合，也相当符合人们的预期，不过或许也会出乎不少人的意料之外（人们一般的印象是台湾进入大陆的词语多，而大陆进入台湾的词语少）。当然，以上仅仅只是一个小规模抽样调查所得的结果，与两岸语汇交流的实际到底有多大程度的出入，现在还不得而知。在后续研究中，我们将在更大的范围内进行近乎穷尽性的调查。另外，不能仅看数量，还要看使用的质量（如是否属于自用），从而进一步证明或校正上述调查结果，并得出更加准确、全面的结论。

2. 哪些大陆词语较易为台湾吸收

在台湾词汇与大陆趋同的过程中，哪些大陆词语比较容易被吸收，且引进后容易有较高的使用频率——对这个问题的全面回答，有赖于进一步的深入研究，这里我们仅就观察到的情况提出以下几点：

一是反映引起高度关注事物的词语。比如前述的"一国两制"就是如此，此语先是一般性地引用，在此基础上，又有了用于其他方面的"移用"，甚至还出现了以此为"模板"的仿拟（如"一国两区"）。

二是表现力较强且可弥补对方不足的词语。台湾"中国文化总会"秘书长杨渡先生在接受《中国艺术报》记者采访时说："这些大陆用语会流行，主要是具有鲜活的形象和简短有力的特质。例如，山寨、钉子户、小资、小三、铁杆、微博等，最近则是某某哥、某某姐等，其中尤以网络用语流行最快。"杨先生进一步就此举例说，"山寨"比台湾原来使用的"盗版"更形象鲜明，又有喜剧效果，就被民众采用而取代了原先的"盗版"。

三是一些常用的对应词语中明显占优的词语。比如大陆的"导弹"与台湾的"飞弹"，二者音节相同，结构相同，中心语素相同，所指也相同，即"依靠自身动力装置能高速飞行，并依靠控制系统制导的武器"。但是，它们的理据性有明显的优劣之分：前者保留并突显了"依靠控制系统制导"这一核心语素，而后者丢失这一意义。所以，我们的调查结果显示，"导弹"不仅进入台湾，而且大约有120个用例，虽然仍然明显少于"飞弹"的使用量（约500例），但显然已经挤占了后者很大的一部分空间。

3. 哪些大陆词语不易为台湾吸收

大陆词语能否引进台湾，至少要受制于以下几个因素：

一是词语的类型。比如数字略语，我们曾经比较细致地讨论过两岸数字略语

---

① 这一调查是由博士生邹贞所做，谨此致谢。

的差异,认为其最主要的表现就是数量悬殊,台湾同胞之所以难以理解,当然是他们在现实的言语交际中极少使用这一形式,另外也因为对这些数字略语所反映的实际内容高度陌生化。所以,除极少数(如"三通")外,一般不会主动、大量地引进这类词语。再比如,大陆的字母词语中有一类汉语拼音字母词语,因为台湾目前主要还是使用注音符号,所以一般也不会直接引进诸如"GG(哥哥)、MM(妹妹)"之类。

二是词语所反映的内容。反映此有彼无的事物,或者与台湾已有事物"不兼容"的词语就不易引进,或者即使引进,也不太容易流行。比如就当今的网络流行语来说,一些与焦点人物或事件联系密切,或者是由其衍生出的词语,指人的如"超女/男、房姐/叔/爷/祖宗、表叔",指事物的如"欺实码、最炫民族风、杯具、围脖",指动作行为的如"筑巢引凤、待岗、被××、蒜你狠"等,基本就是如此。上引对台湾杨渡的采访中,杨先生也提到,"大陆用语进入台湾,主要是看社会生活中有无此种现象"。

三是风格色彩上的取舍。台湾的亓婷婷(1989)曾就大陆广泛使用的两个动词作了以下一段表述:"如'抓''搞'这两个语意粗鄙的动词,使用范围相当广泛,从抽象的权柄、劳动,到具体实物,都可一贯使用。如'抓生产''搞研究',我们看到流行新词在破坏传统语言甚至社会结构。"在这种认知下,"搞"的用法在台湾虽有扩大,但终究非常有限;而"抓"始终只有"实义"(抓取、抓捕)的用法,基本没有"加强力量做(某事)、管(某方面)"这样的"虚义"用法,如"抓生产/经济"之类。

总体而言,台湾"国语""尚雅崇旧",因而有相当明显的"古旧色彩",那些太俗白、俚俗性比较强的词语,往往会受到较大的限制,如"拼爹、败、血拼、忽悠"等,大致即为此类。上节第三项调查中的"打横炮"没有用例,而与之对应的"搅局"却有60例,应该就有这方面的原因。另外"侃爷"与"盖仙"均无用例,一定程度上也是因为"盖仙"在台湾是一个不太能登大雅之堂的"俗词",所以它一般不会出现在正式的书面语中,而与之风格色彩相同的"侃爷"自然也是如此。

4. 着眼于历时的简单分析和表述

台湾对大陆词语的引进,从历时的角度考察,大致可以分为两个阶段和两个层次。

所谓"两个阶段",是以世纪之交为界,大致划分的两个时间段。前一阶段随着20世纪80年代后期台湾当局开放民众赴大陆探亲旅游,两地语言开始交流,一些大陆词语开始进入台湾,而汇集大陆词语的一些工具书和手册之类也开始出现,但总体而言这一阶段的词语引进数量不多、范围不广、使用频率不高、用法变化不大。进入 21 世纪以来，这种情况有了很大的改观，台湾对大陆词语的引进开始"提速"和"扩容"。就我们的调查结果而言，基本是时间越靠后数量越多，用例越多。《自立晚报》可检索的最早时间是 2003 年 12 月，而我们检索到的用例多为近五六年，特别是近几年的。这从一个方面说明，台湾地区真正较大规模地引进大陆词语时间并不长，甚至可以说很短。

所谓"两个层次"，实际上是说大陆词语进入台湾后的使用和发展情况，分别可以概括为引进和吸收（与前边所说的"引用"与"自用"大致相当）。

引进是大陆词语进入台湾的第一个层次，通常是指台湾媒体直接或间接引用大陆媒体用语，或者报道大陆相关事物时用到大陆词语，其结果自然都是使大陆词语出现在台湾媒体上，但是通常都是用例不多（甚至很少），用法也基本保持原貌。就我们所见，目前处于这一层次的大陆词语占很大的比例。

吸收是指大陆词语进入台湾后，一定程度或很大程度上站稳了脚跟，具体表现大致是：其一，有了一定（甚至较高）的复现率；其二，在原有基础上有所扩展或延伸（比如意义泛化、类推使用等）。到目前为止，已经真正被台湾"国语"词汇吸收，或者说真正融入其中的大陆词语还不多，这一点相对于台湾词语在大陆的融合程度来说，显然有些滞后。

时至今日，海峡两岸共同语融合已经由最初主要是大陆向台湾靠拢，发展到基本均衡的双向互动交流，这无疑是非常令人高兴的。然而，就总体情况而言，这一点主要是体现在"数量"而不是"质量"上。就后者来说，大陆词语进入台湾主要还处于第一层次（或者叫"初级阶段"）。但是，我们有理由相信，随着两岸语言持续的交流与互动，会有越来越多的大陆词语不断进入台湾，并且不断由第一层次过渡到第二层次。而站在今天的时间点上，我们可以说，两岸语言交流正在加速向真正意义上的、更高层次的双向互动发展。

参考文献

[1] 戴红亮. 台湾语言文字政策 [M]. 北京：九州出版社，2012.

[2] 刁晏斌. 台湾语言的特点及其与大陆的差异 [J]. 中国语文，1998 (05).

[3] 刁晏斌. 差异与融合——海峡两岸语言应用对比 [M]. 南昌：江西教育出版社，2000.

[4] 刁晏斌. 海峡两岸数字略语使用差异考察与分析 [M] // 第六届海峡两岸现代汉语问题学术研讨会论文. 澳门理工学院，2012.

[5] 高素婷. 海峡两岸生物学名词对照与统一工作 [J]. 中国科技术语，2008 (01).

［6］李行健，王铁琨. 两岸词汇比较研究管见［J］.（台湾）华文世界，1996（总第81期）.

［7］李昱，施春宏. 海峡两岸词语互动关系研究［J］. 当代修辞学，2011（03）.

［8］刘青，温昌斌. 海峡两岸科技名词差异问题分析与试解［J］. 中国科技术语，2008（03）.

［9］刘扬涛. 台湾"国语会"收录大陆地区词语研究［D］. 厦门大学硕士学位论文，2006.

［10］亓婷婷. 略论台湾地区流行新词与社会心理之关系［J］.（台湾）华文世界，1989（总第51—52期）.

［11］徐莉，论海峡两岸词汇差异及融合［J］. 黄山学院学报，2008（02）.

（原文刊于《中国语文》2015年第3期）

海峡两岸语言融合的历时考察

摘要：海峡两岸民族共同语既有差异，也有融合。就融合方面来说，着眼于大陆，大致经过了大量引进和趋于饱和这样两个阶段；着眼于台湾，则经过了贬损性引进和中立性引进两个阶段，并且有一个明显的从引进到吸收这样的发展过程。到目前，两岸民族共同语融合的天平，由最初大陆向台湾一方倾斜，到现在基本平衡，普通话与台湾"国语"处于一种积极的双向互动之中。

关键词：海峡两岸；共同语；普通话；台湾"国语"

海峡两岸的民族共同语有差异，也有融合。所谓"融合"，说到底一定是一个动态的过程，由历时的发展变化呈现出来。而两岸民族共同语之间，也确实经历了一个由相互封闭到局部性的有限开放，再到较大规模的互相开放和吸收这样一个过程。本文试图在一定程度上还原这一过程，从而使读者对此有一个相对清楚的了解和认识。

一、着眼于大陆的简单叙述

以 20 世纪末为界，大陆普通话对台湾"国语"的吸收，大致可以分为以下两个阶段。

1. 大量引进阶段

这一阶段始于改革开放后的 20 世纪 80 年代中期，止于 20 世纪末或 21 世纪初。此时两岸关系松动，台湾当局开放民众赴大陆探亲和旅游，加之港台大众文化产品大举涌入，使大陆民众一下子看到了一个不一样的外部世界，以及不太一样的语言表达系统。于是，大量的港台词语源源不断地涌入大陆，成为后者新时期新词语的一个重要来源；一些新的语法形式和表达方式也被引进普通话，甚至成为流行的新形式；一些趋于退隐的语法形式和表达方式等也由于引进港台同样的形式而被进一步"激活"，甚至重新焕发青春。仅从词汇的角度看，在这一阶段，在港台词语的影响和冲击下，大陆普通话词汇的变化主要有以下八个方面：增加新词语、增加新义项、非常用义变为常用义、提高了使用频率、古旧词语复活、产生仿造词语、出现新的搭配形式等，而这也就是大陆普通话大量引进后的表现，也是两岸趋同的重要表现。

关于这些方面，在很长时间的当代汉语以及两岸语言对比研究中，始终是一项很重要的内容，有大量的研究成果与此相关，所以我们此处不再赘述。

2. 趋于饱和阶段

进入 21 世纪以后，大陆普通话"引进"的步伐明显放慢，进入普通话的"外来"形式自然也明显减少，这一点，每一个从事相关研究的人都会有非常明显的感受。关于从上阶段到本阶段的这一变化，可以引用《战国策·齐策一》中邹忌劝说齐王纳谏，使之广开言路、改良政治的故事为喻："令初下，群臣进谏，门庭若市；数月之后，时时而间进；期年之后，虽欲言，无可进者。"现在虽然还不至于"无可进者"，但确实是过了"门庭若市"的阶段，而进入"时时而间进"时期了，即我们这里所说的趋于饱和阶段。

这当然不会是没有原因的，而具体的引发因素大致有以下几点：

其一，整个海峡两岸暨香港、澳门民族共同语甚至于全球华语，无疑都是大同小异，就词汇方面而言，有差异的词语只是很小的一部分（两岸之间大概在百分之三左右），其中还有很多由于各种原因而较难流动，所以能够输出和被他方引进的，都只是很小的一部分，总体而言数量有限。

其二，随着大陆政治和经济地位以及综合国力的不断提高，普通话也开始由弱走强，由此就在一定程度上改变了语言的流向，开始由单向的输入变为既输入又输出的双向流动，就输入来说数量在减少，而输出的数量持续增加。

其三，就大陆普通话而言，此时最初的"引进饥渴期"已过，大量引进后，实际上已经没有太多可以并且亟待引进的形式和用法了。

其四，随着网络的日益普及和自媒体的日趋繁荣，此期大陆民众的语言创造热情空前高涨，因而更趋向于自己创造反映时代和社会发展变化的新的表达方式，在总体上有一个由"拿来主义"到"自力更生"的转向。

在两岸的语言关系中，大陆普通话引进轨迹的发展变化及其原因是一个非常值得深入研究的课题。由于本文考察的侧重点在台湾而不在大陆，所以这个问题我们就此打住，而把更多的精力用于以下的篇幅。

二、着眼于台湾的重点考察

相较于大陆，台湾"国语"引进普通话词语的路径、趋向和选择性等又有很大的不同，但是根本的一点是相同的，这就是与其社会生活、社会意识以及一般民众对对方的看法和态度等的发展变化密切相关。

时下，如果我们随意浏览台湾媒体，会不时看到大陆首创的词语，并且有很多还有不低的使用频率。比如，2016 年 4 月 9 日，我们在台湾联合知识库中以下列大陆比较流行的词语为关键词进行检索，所得使用数量如下：

阿里13674，互联网＋3469，山寨2843，"一带一路"1732，全国人大1637，"一国两制"1266，亚投行969，"中国梦"524，"十三五"规划289，大众创业、万众创新146

这反映的就是台湾"当下"而不是"从前"对大陆词语的引进情况，而看了以下一个例子，我们或许对当下大陆语言形式在台湾的使用情况就有一个比较直观的印象了：

叶宇真表示，由中国经济转型带动的牛市同时具备了"天时、地利、人和"三大要件。"天时"为全球增长模式重构中，依赖<u>互联网</u>代表的技术推动，中国不仅具备天然互联网基因，"<u>一带一路</u>"、<u>亚投行</u>推进中国<u>走出去</u>正由大变强；"地利"是国家政策培育新兴行业、助力<u>制造业升级</u>，多层次资本市场促进融资优化，启动<u>大众创业、万众创新</u>；至于"人和"则为中国<u>工程师红利</u>助推产业结构调整，生活质量提升激发多样化需求，人力资本创新、创业机会无限。(《自立晚报》，2015-6-10)

如果说以上一例中的大陆词语还只是"引用"的话，以下则是"自用"，与前者相比，显然属于更高级阶段的使用：

追欠税只<u>拍拍苍蝇不打老虎</u>？"议员"指军公教欠税数万元的追缴达标率92.48%，但对欠税百万、上千、上亿元的欠税大户却束手无策，痛批税务局没执行力，增加人手、成本支出多了2000多万元，但成效不成比率。(《联合报》，2015-5-9)

他也呼吁……不要只<u>打苍蝇</u>、<u>打蚊子</u>，不敢<u>打老虎</u>，应该向社会大众公布事实真相。(《自立晚报》，2015-9-10)

这些大陆反腐流行语，不仅已经成为台湾媒体的常用话语形式，也成为一般民众所了解和接受的表达方式。

海峡两岸的交流势不可挡，两岸的民族共同语也在这一过程中见证、记录和反映了这个过程，并且在这一过程中不断地缩小差异、化异为同，而这也正是两岸社会及民众向心力的具体体现。

1. 两个阶段和两个层次

台湾对大陆语言形式的引进，从历时的角度考察，大致可以分为两个阶段和两个层次。

所谓"两个阶段"，就是以20世纪80年代末为界划分出的两个时间段。

前一阶段，两岸处于隔绝状态，虽然有一批大陆词语进入台湾，但是有一个非常明确的价值取向和选择范围，这就是那些能够对大陆形成负面评价和感观的词语，并且一直以来基本都是贬斥性使用，表达的自然也是贬义，而其中不少一直沿用到今天。台湾社会此时对大陆词语的引进和使用，有非常明确的政治倾向性，这样的引进可以称之为"贬损性引进"，而这个时期自然就应该称之为"贬损性引进阶段"。

后一阶段，随着 20 世纪 80 年代后期台湾当局开放民众赴大陆探亲旅游，两地语言逐渐开始真正交流和互动，一些反映大陆当下社会生活和观念意识等的词语开始进入台湾，内容范围相对较广，并且也不限于"负面词语"。如果再分得细一些，这一阶段又可以以世纪之交为界一分为二：

前半期两岸语言的融合主要通过大陆对台湾的吸收，而台湾新引进的大陆词汇语法等形式相对较少。虽然已有汇集大陆词语的一些工具书和手册之类开始出现，但总体而言这一阶段的词语引进数量不多、范围不广、使用频率不高、用法变化不大。因此，二者是不平衡、不对等的，更多地表现为单向性。

后半期这种情况有了很大改观，台湾对大陆词语的引进"提速"和"扩容"始于此时。就我们的调查结果来看，基本是时间越靠后数量越多，用例越多，并且表达负面信息的越少，中性或客观的越多。

与前阶段的贬损性引进相比，此时可以称为中立性引进，李行健、仇志群则称之为"积极性的融合"。那么，与此相对，前一阶段也可以称之为"消极性的融合"。

所谓"两个层次"，实际上是说大陆词语进入台湾后的使用和发展情况，分别可以概括为"引进"和"吸收"（与前边所说的"引用"与"自用"大致相当）。

引进是大陆词语进入台湾的第一个层次，通常是指台湾媒体及语言用户直接或间接引用大陆媒体用语或一般用语，或者报道大陆相关新闻和事件等时用到大陆词语，其结果自然都是使大陆词语出现在台湾媒体上，或者进入台湾民众的具体使用中。但是，在这个层次上，通常都是用例不多（甚至很少），用法也基本保持原貌。就我们所见，目前处于这一层次的大陆词语占不小比例。

吸收是指大陆词语进入台湾后，在一定或很大程度上"站稳脚跟"，具体表现大致是：其一，离开或模糊了上述引进时的大陆语境；其二，有了一定（甚至较高）的复现率；其三，在原有基础上有所扩展或延伸（如意义泛化、类推使用等）。以上三点表现大致也可以表述为引进后吸收的三个阶段，而到了第三个阶段，表明该词语已经真正"融入"台湾"国语"之中了。到目前为止，真正被台湾"国语"吸收，或者说已经融入其中的大陆词语已经越来越多，因此我们可以说，海峡两岸民族共同语的融合已经发展到基本均衡的双向互动交流，这无疑是令人非常高兴和很受鼓舞的可喜变化。

相对于大陆对台湾词语引进的前多后少，台湾则是前少后多，所谓"风水轮流转"。

2. 中立性引进

随着台湾社会环境日益宽松，与大陆的交流和交往持续进行，在这样的社会背景下，两岸民族共同语的交流和交融也进入了一个新的阶段，具体表现是进入台湾的大陆词语数量大增，使用频率也在提高，而最能反映两岸关系以及台湾民众对大陆态度和心理变化的，就是由前一阶段的贬损性引进和使用到本阶段的中立性引进和使用。

所谓"中立性引进"，就是不带有特定的感情色彩，比较理性、客观地引进当时或当下反映大陆社会及民众生活的语言形式，特别是那些同实异名的大陆词语，有很多都在台湾获得了一定的知晓度和使用度。

据台湾《自立晚报》2012年10月3日报道，新任"台湾陆委会"主任王郁琦对大陆的认知能力和水平受到质疑，在赴"立院"质询时，再度面临各方拷问，其中有以下一段话：

蓝委江启臣也特地拿出"U盘"（随身碟）、"博客"（部落格）、"沙发"（抢头香）等词汇来考验王郁琦，最后他都顺利通过考验，就连最难的"B超检查"（超音波检查）也难不倒他。

由此可见，这些与台湾异名同实的大陆词语在台湾还是有一定知晓度的，而它们无疑都是"中性"的。

下边我们再看一下2015年度大陆十大流行语在台湾的使用情况。

上海的语文刊物《咬文嚼字》近年来每年都会评选上一年度的十大流行语，其2015年上榜的年度热词依次为"获得感、互联网＋、颜值、宝宝、创客、脑洞大开、任性、剁手党、网红、主要看气质"。以上十个流行语，在台湾媒体中都已出现，以下各举一例：

习近平强调，要充分考虑两岸双方社会的心理感受，努力扩大两岸民众的受益面和获得感。

相关行业如信息经济的云端计算、大数据、互联网＋，现代服务业的医疗养老、体育文化等，随政策对新兴服务消费产业的扶植力度有望进一步加强，将有利于未来消费服务类股表现。

王朝辉：青春气色好 激似裸妆颜值高

陈建宇致词时……谈到同仁们的努力，更引用时下流行语"宝宝心里苦，但宝宝不说"来形容。

于6月底成立"台北创客帮"社群网络，结合"台北创客聚"聚会活动，邀请新创事业奖得主担任"创业梦想导师"。

小米科技联合创始人洪锋日前表示，MIUI 8系统将在10日与小米Max手机同时发布,将有大家期待很久的新功能,也有"脑洞大开"的新设计、新体验。

"有钱就是任性!"叶宇真强调,目前有三个趋势证明增量资金持续流入A股市场。

一年一度网络购物节日"双11"又来了,剁手党们也摩拳擦掌蓄势待发,准备发挥"一指神功"抢便宜。

时下众多新热词,无论是"网红经济"还是"眼球经济",皆与数位内容产业脱不了关系。

最特别的是还拿下大陆2015年十大流行语的"主要看气质"。

以上十大流行语中,有的还有较高的使用频率,并且有一些属于自主性的使用。

以下我们再看"工程"一词在台湾的使用情况。

《两岸常用词典》(高等教育出版社2013年版)中此词的释义是:

①指将自然科学理论应用到具体工农业生产部门中形成的各学科的总称。如水利工程、生物工程、建筑工程、海洋工程等。②指作业规模庞大,流程复杂,对经济发展有重要影响的建设项目。[例]地铁~|高铁~。③泛指某项涉及社会发展或人民生活,须投入较大人力和物力的工作。[例]希望~|菜篮子~。

其中第三个义项标注为"陆",表明认为是大陆特有义。其实,台湾"国语"中,表示此义的"工程"也不乏其例,如下:

以民粹取代军事专业幕僚的规划,这样所谓的民主深化工程,怕是开了一个恶例。

他相信"教育脱贫"的理念,故长期以来一直支持中心的助学工程,不遗余力地协助孩子就学。

周丽芳认为,文化扎根是项重要的社会软实力工程。

两岸关系也是承先启后的历史工程,在不同阶段,因为环境背景和客观条件的差异,往往会有截然不同的发展轨迹和经验。

此义的"工程"在台湾"国语"中使用最为充分的,是由其构成的"希望工程",我们将在下一小节进行讨论。

以下再看"给力"一词在台湾的使用情况。

"给力"本是一个方言词,2010年世界杯期间开始成为网络热门词语,并在2010年11月10日登上《人民日报》头版头条(《江苏给力 文化强省》),这种被官方媒体的认可和使用,使得此词有如鲤鱼跳过龙门,一下子成了一个真正的热词,并在稍后被收入2012年的《现代汉语词典(第6版)》(以下简称《现汉》)中。此词《现汉》释义有三,前两个是动词义,一是"给予力量、给予支持";二是"出力、尽力";三是形容词,义为"带劲儿"。

"给力"一词在大陆刚火起来不久就登陆台湾了。台湾《苹果日报》2010年10月28号曾有一篇文章报道大陆的十大口头禅,文章最后一句是:"而'给力'一词,也在今年南非世足赛后暴红,如玩游戏时闯关成功,网友就会欢呼'给力'表示'真带劲'。"

此后,"给力"一词在台湾就一直都在使用,大致涵盖了上述三个义项。例如:

今年县政府更持续给力,透过台湾农渔会超市中心、枋山乡公所及枋山地区农会共同创意促销。

参与本次活动的国泰志工,更响应乌来"一同给力,让爱延续"活动,订购饭店指定料理捐出20%全额作为"乌来国中小清寒学童奖学金"。

今年美力妈妈庆祝表扬活动共有六个奖项类别,分别为"毅力妈妈"——奉献家庭照顾及社会公益;……"给力妈妈"——全心不懈教养身心障碍子女。

行动装置不给力　经济成长下修为1.47%

台湾"国语"对大陆词语从贬损性引进到中立性引进,其间的主要变化,大致可以归纳为以下几点:

其一,两岸社会生活的变化以及台湾各界和普通民众对大陆态度及感观的变化,导致了所引进大陆词语感情色彩的"整体性转换"。

其二,引进词语的范围和数量都有明显变化:就前者而言,由比较明显地集中在"政治"方面,到比较均衡地分布在社会生活的各个领域和各个方面;就后者来说,目前虽然我们一时还难以给出一个比较准确的表述,但前少后多的表现是非常明显的。

其三,引进词语的质量发生明显变化,这里主要是指有更多的大陆词语引进后,一是使用频率增加,甚至成为台湾主流媒体的常用词语;二是自主性的使用更为明显。

其四,从贬损性引进到中立性引进,反映的社会现实是,大陆越来越成为对台湾社会及民众的生存与发展有巨大影响,甚至是起决定性作用的一个重要因素,因此受台湾各界关注的程度日益提高,日趋理性和客观,并且引进和使用的"正能量"词语也日益增多。

其五,互联网的强力助推,是造成上述变化的一个重要因素:一是无远弗届的网络拉近了海峡两岸的距离,使得"沟通无处不在",此方的一个新词语,几乎可以即时传到彼处,进而成为一个共有词语;二是网络世界模糊了一些词语的地域标记,有些新词语甚至不太好判断它的具体出处,这样客观上也减少了可能在一定范围、一定程度上存在的引进"阻力"。

3. 从"进入"到"融入"

考察台湾"国语"与大陆普通话的趋同现象，不能只看"数量"，还要看"质量"，前者反映大陆词语是否进入台湾，代表着趋同的初级阶段；后者则说明大陆词语是否融入台湾"国语"，即是否由初级阶段进入高级阶段。

以下我们以大陆家喻户晓的"希望工程"为例，来进一步了解和认识大陆词语融入台湾"国语"的具体情况及表现。

"希望工程"第一次见于《人民日报》是在 1989 年 10 月 31 日。此日，该报第二版发表一篇报道，题为《"希望工程"为失学孩子带来希望　我国设立救助贫困地区失学少年基金》。文章开头的两段如下：

本报北京 10 月 30 日讯　新华社记者张宿堂、本报记者袁建达报道：中国青少年发展基金会今天在这里做出决定：设立救助贫困地区失学少年基金会，长期资助我国贫困地区品学兼优而又因家庭困难失学的孩子重新获得受教育的机会。

这项被命名为"希望工程"的救助活动，得到了许多党和国家领导人特别是老一辈革命家的赞许和支持。

"希望工程"这一称名几天后就出现在台湾媒体上，例如：

大陆"中国青少年发展基金会"日前宣布成立大陆第一个救助贫困地区失学少年基金组织，并将展开一项被称为"希望工程"的活动。

此例见于该报大陆版的新闻报道，自然属于引用，而此后这样的引用也时能见到，如下：

中国尚有多少穷困的家庭，儿童没有受教育的机会？旧金山侨委李竞芬每年在侨界努力募款，以支持希望工程，希望协助这些失学儿童。

如果仅有这样的用例，那充其量只能说这个大陆特色词语已经进入台湾"国语"，只有当台湾"国语"中出现了自主性使用，特别是借助这一形式表达另外的意思，它才算是真正的融入。其实，就《联合报》的使用情况来看，这样的用例早在 20 世纪 90 年代初就产生了，例如：

期待院长以大气魄、大决心为台湾的弱势同胞搭建"希望工程"，以合理分配的社福预算使弱势者得到基本生存权的保障。

台湾本土产生的、与大陆最初含义不同的各种"希望工程"为数不少，仅《自立晚报》中这一指称形式就有 6 页，100 余例，其中多数均为此类。比如以下一例：

杨秋兴十五大对策，包括：……（八）希望工程：贫困、单亲、隔代教养等孩子，接受完整教育，摆脱贫穷循环。

这里对"希望工程"作的定义，显然不同于大陆的"希望工程"，但似乎相去不远。而以下各例差得就更远一些了：

希望以"社会福祉"的追求及"社会经济"的发展为承载基础,运用投资创新概念,协助处于发展体质弱化的地区,建构地方永续活动的经验,也为政府挑战 2008 厚植城乡下一个世纪竞争力的希望工程做准备。

杨秋兴表示,四年前他以产业科技、观光文化为主轴,提出八大希望工程,作为"县政蓝图"。

谢长廷不回应,仅说,新的一年,希望台湾恢复秩序、恢复安定,有一个新的希望工程,这个希望工程就是社会安定、经济发展、人民能够平安过日子。

上述"希望工程"有的是专指,有的是泛指。我们所见,《自立晚报》中以"希望工程"构成的指称形式计有以下一些:

就业希望工程、台湾高尔夫希望工程、校园创造力教育希望工程、单亲妈妈希望工程、教育希望工程、复育屏东市河岸新绿带的希望工程、滚球运动希望工程、一二三希望工程、苗栗教育新希望工程、原住民孩童希望工程、三星希望工程、百年环境希望工程、三中一青希望工程、客家希望工程、征服疾病—癌症希望工程、美若康视光希望工程、再生计算机希望工程、棒球希望工程协会、希望工程超值纪念组、高雄县低收入户新生代希望工程脱贫计划、屏北地区弱势家庭第二代希望工程脱贫助学方案、辅导单亲妈妈创业与就业的希望工程计划、新生代希望工程计划、希望工程教育基金、青年希望工程计划、台湾希望工程学会、部落希望工程委员会、屏东市希望工程服务协会、灾民重建家园的希望工程

基于以上语言事实,我们的基本判断是,目前台湾"国语"对大陆词语的引进和吸收已经步入"快车道",不仅引进词语的范围拓展、数量增加、质量提高,而且引进后的融入过程也在加速,融入程度也在不断加深。上述事实清楚地说明,两岸民族共同语融合的天平,由最初大陆向台湾一方倾斜,到现在已经基本平衡,处于一种积极的双向互动之中,也可以说是两岸民族共同语化异为同的进程明显提速,这是我们非常希望和愿意看到的。

参考文献

[1] 刁晏斌. 流行在大陆词语中的"港台来客"[J]. 北方论丛, 2001 (02).

[2] 刁晏斌. 海峡两岸及港澳地区现代汉语差异与融合研究 [M]. 北京:商务印书馆, 2006.

[3] 李行健, 仇志群. 汉语文词典编纂的新课题——两岸合编语文词典的一些感受 [J]. 辞书研究, 2012 (06).

[4] 石定栩, 邵敬敏, 朱志瑜. 港式中文与标准中文的比较 [M]. 香港:香港教育图书公司, 2006.

(原文刊于《云南师范大学学报(哲学社会科学版)》2017 年第 1 期)